Metalinguagem e Teatro

Coleção Estudos
Dirigida por J. Guinsburg

Equipe de realização – Edição de Texto: Raquel Siqueira Ramos; Revisão: Marcio Honorio de Godoy; Sobrecapa: Sergio Kon; Produção: Ricardo W. Neves, Raquel Fernandes Abranches, Sergio Kon e Luiz Henrique Soares.

Catarina Sant'Anna

METALINGUAGEM E TEATRO
A OBRA DE JORGE ANDRADE

PERSPECTIVA

CIP-Brasil. Catalogação-na-Fonte
Sindicato Nacional dos Editores de Livros, RJ

S223m

Sant'Anna, Catarina
    Metaliguagem e teatro : a obra de Jorge Andrade / Catarina Sant' Anna. – [2.ed. revista e ampliada]. – São Paulo : Perspectiva, 2012.
    (Estudos ; 304)

    Inclui bibliografia
    ISBN 978-85-273-0962-2

    1. Andrade, Jorge, 1922-1984 – Crítica e interpretação. 2. Teatro brasileiro – História e crítica. 3. Metalinguagem. I. Título. II. Série.

12-5544.	CDD: 869.92	
	CDU: 821.134.3(81)-2	

03.08.12	13.08.12	037881

2ᴬ EDIÇÃO REVISTA E AMPLIADA

Direitos reservados à
EDITORA PERSPECTIVA S.A.

Av. Brigadeiro Luís Antônio, 3025
01401-000 São Paulo SP Brasil
Telefax: (011) 3885-8388
www.editoraperspectiva.com.br

2012

Sumário

Prefácio:
Uma Dramaturgia Devassada – *Sábato Magaldi* xv

Apresentação xix

1. O LUGAR DA METALINGUAGEM
   NA OBRA DE JORGE ANDRADE 1

   Concepção de Toda uma Obra em "Ciclos" 1
   Funcionamento e Sentido do Ciclo 4
   O "Ciclo de Marta" ou "Ciclo 1" 11
   Um "Ciclo Enclave": A Tetralogia
   Metalinguística 33
   O Perfil de um Outro Ciclo, Inacabado 55

2. A TRAMA DA METALINGUAGEM:
   A Engenhosa Construção Textual das Imagens Elos . 77

   Marta 79
   Árvore. 98

Relógio 110
Ilustrações e Epígrafes do Ciclo Editado 117

3. METALINGUAGEM: TEATRO E VIDA
A Representação do Eu Através do Teatro 129

4. METALINGUAGEM: TEATRO E HISTÓRIA 153

O Ambiente Teatral Brasileiro: A História como
Alegoria nos Anos de 1960 153
O Discurso de Jorge Andrade Sobre a História . 167
A Caça da História: Alguma Matéria-Prima
de *As Confrarias* e *O Sumidouro* 186
A Tetralogia Metalinguística Pensa a História:
A Escada, Rasto Atrás, As Confrarias
e *O Sumidouro* 214
Intertextualidade no Jogo da Metalinguagem:
Rasto Atrás, As Confrarias e *O Sumidouro*. 246

Posfácio:
JORGE ANDRADE LEVA SEU TEATRO
PARA AS TELENOVELAS. 279

Bibliografia. 303
Índice Remissivo 321

O escritor trabalha como um operário. [...] Escrever é um trabalho árduo. Tão árduo como quebrar pedra. A inspiração pode até existir, mas é o trabalho constante, persistente, o único que conta.[1]

---

1 Jorge Andrade: O Escritor Trabalha Como um Operário, *A Gazeta*, 5 maio 1977.

A Jorge Andrade, in memoriam

Ao Teatro-Escola Macunaíma de São Paulo
À Universidade Federal de Mato Grosso e à EDUFMT
À Universidade Federal da Bahia e à EDUFBA
À Universidade de São Paulo e à Edusp
Aos amigos das Universidades de Lyon 2 e Lyon 3, da França
Aos amigos da Universidade de Sorbonne Paris 3, da França
À minha família

AGRADECIMENTOS ESPECIAIS

Aurora Fornoni Bernardini
Helena de Almeida Prado, *in memoriam*
Gianni Ratto, *in memoriam*
Boris Schnaiderman
Sábato Magaldi

AGRADECIMENTOS GERAIS

Capes, Fapesp, Idart, Biblioteca do SNT, Biblioteca Nacional, Biblioteca Mário de Andrade, Biblioteca Lasar Segall, Arquivos da Televisão Globo, da Televisão Bandeirantes, da Televisão Cultura, do Banco de Dados do *Jornal do Brasil*, do Banco de Dados da *Folha de S.Paulo* e do Banco de Dados do jornal *O Estado de S.Paulo*; a Maria Angélica Olivieri, a V.D. Zamparoni, aos profs Teixeira Coelho e Cleusa Rios Pinheiro Passos.

PREFÁCIO:
Uma Dramaturgia Devassada

Diga-se desde logo a respeito deste livro de Catarina Sant'Anna: é o melhor estudo sobre o teatro de Jorge Andrade. Se ele se fixa sobretudo nas peças metalinguísticas – *A Escada, Rasto Atrás, As Confrarias* e *O Sumidouro* –, não se esgota nelas, tratando também das outras seis obras que formam o ciclo *Marta, a Árvore e o Relógio*, bem como dos textos que não figuram nele, escritos antes ou depois do lançamento do volume.

Não é difícil justificar o qualificativo empregado. A ensaísta procurou, antes de mais nada, recolher toda a documentação relativa ao dramaturgo, examinando informações, depoimentos, entrevistas. Levantou as mudanças de projetos ao longo da carreira. Deu-se ao trabalho de cotejar os originais com as alterações realizadas para obter a unidade do ciclo em torno de *Marta,* da *árvore* e do *relógio,* ícones que atravessam as peças. Em apoio da concepção histórica de Jorge Andrade, identificou os livros e autores que lhe serviram de fundamento. E, num magnífico trabalho de intertextualidade, trouxe à luz o rico universo literário com o qual ele dialoga.

Com minúcia de pesquisa, que não dispensa nenhum instrumento, Catarina Sant'Anna foi enfrentando, um a um, todos os problemas propostos. É de se admirar a paciência com a qual ela rastreia as mais diferentes pistas, antes de oferecer uma conclusão. Normalmente, os estudos apresentam um ou outro exemplo; este livro tem a ambição de esgotar as várias hipóteses questionadas, e o faz sem se tornar massudo. A curiosidade permanentemente despertada não deixa quebrar o interesse pela leitura.

Observa-se que a analista acompanha, passo a passo, o itinerário percorrido por Jorge Andrade. A intimidade que ela alcançou com a obra dele sugere, muitas vezes, que ele lhe teria confiado seus segredos. Estou certo de que aqueles que conviveram com Jorge, lendo e discutindo as diversas versões de seus textos, se surpreenderão com a quantidade de dados que desconheciam.

Parte a autora da visão correta segundo a qual, no teatro jorgeandradino,

A História é o grande eixo de interseção, o grande ponto de cruzamento, base para aproximações iluminadoras, para analogias de todo tipo. Entram em curto-circuito o Brasil da ditadura militar pós-1964, o Brasil colonial à procura de minas preciosas no século XVII (com Pe. Antônio Vieira), o Brasil colonial da Conjuração Mineira no século XVIII (com Tomás Antônio Gonzaga), a França pré-revolucionária do século XVIII (com Beaumarchais), a Roma do século I a.C. (do Luculus de Brecht ou do Catão de Garrett), a Grécia de Sófocles e a Alemanha da era nuclear (de Heimar Kipphardt). No fundo desse painel, fermentando esses vãos, encontra-se a cidade interiorana paulista de Barretos nas décadas de 1920, 1930 e 1940, matriz espacial obsessiva dos sentimentos de opressão sentidos pelo dramaturgo e projetados em Vicente ou Marta[1].

Apontados esses nomes, Catarina pode concluir que,

pelo ângulo da História, a tetralogia é crítica, é dessacralização, e Jorge Andrade consegue, desse modo, inscrever-se na atualidade das produções teatrais do período. Em contraposição ao memorialismo anterior, o revisionismo consegue o toque do novo pela metalinguagem, inclusive quando afirma nas peças de 1969, que é preciso lutar, fazer algo contra a opressão. Como dissemos, aliás, a exaltação da bastardia é grande avanço no universo jorgeandradino sufocado pela "árvore genealógica".[2]

1 Cf. infra, p. 217.
2 Cf. infra, p. 244.

A propósito de *As Confrarias,* a ensaísta afirma que

o discurso da personagem José, ator e conspirador nas Minas do século XVIII, dirige-se à sua plateia por meio de textos pertinentes à questão da exploração do povo e à necessidade de luta para mudar a situação. Assim enquadrados, figuram Almeida Garrett, Beaumarchais e o poeta inconfidente Tomás Antônio Gonzaga, dentre os quais só Beaumarchais tem título e autoria assinalados nas indicações cênicas. Observamos, porém, a ocorrência de intertextualidade implícita no caso da *Antígona* de Sófocles e de uma adaptação, sem aspas, de trechos de um sermão do Pe. Antônio Vieira[3].

Para mencionar um só exemplo do cuidado com o qual Catarina confronta os textos envolvidos, cito o que se refere às *Cartas Chilenas,* de Gonzaga:

Jorge Andrade, para montar a longa fala da encenação do ator José, que aparece como uma espécie de bufão, desatando muitas gargalhadas entre os membros da confraria mais "aberta" (a Ordem Terceira das Mercês), procede da seguinte forma: adapta três versos (41 a 43) da 5ª Carta de 343 versos e recolhe vinte versos (202 a 208, 216 a 221, 228 a 231 e 255 a 257) da 8ª Carta de 365 versos. Apenas três versos (403 a 405) da 9ª Carta de 404 versos, 26 versos (256 a 281) da 10ª Carta de 319 versos, apenas três versos (263 a 265) da 2ª Carta de 305 versos e quatro versos (148 a 151) da 5ª Carta já citada, todos esses versos são arrumados exatamente na sequência em que se encontram no original.[4]

Diferentemente da maioria dos estudiosos que não enxergam defeito na obra de seus eleitos, Catarina mostra grande objetividade na avaliação da dramaturgia de Jorge Andrade. Valoriza os textos metalinguísticos da tetralogia, pela complexidade e pelo teor artístico alcançado, ainda que julgue *A Escada,* com razão, uma peça "popular" (as aspas, no caso, têm evidente cunho restritivo), distinga *Vereda da Salvação* como o melhor texto do ciclo e não se preocupe em fazer pesadas restrições a *A Loba* ou *Milagre na Cela.* A isenção traz autoridade a seus juízos.

E o que ressalta do livro, por último, é a enorme importância da dramaturgia de Jorge Andrade, ainda não suficientemente

3   Cf. infra, p. 253.
4   Cf, infra, p. 261.

proclamada pela crítica e aceita pelo público. Sabe-se que muitos autores, após a morte, entram numa espécie de purgatório (Jorge, nascido em 1922, faleceu em 1984, antes de completar 62 anos), até que as novas gerações os redescubram. Recentemente, registraram-se duas valiosas montagens de suas peças: *Vereda da Salvação,* dirigida por Antunes Filho, com o grupo Macunaíma, e *Rasto Atrás*, encenada por Eduardo Tolentino de Araújo, com o Grupo Tapa. São signos certos de uma próxima subida ao paraíso.

Mas é preciso reconhecer a dificuldade da produção do teatro de Jorge Andrade. Depois de ter tido êxitos significativos com *A Escada* e *Os Ossos do Barão*, no Teatro Brasileiro de Comédia de São Paulo, ele se viu injustiçado pela incompreensão que determinou o malogro da primeira montagem de *Vereda*. Desamparado pela esquerda e pela direita, ele preferiu não fazer nenhuma concessão, e elaborou os últimos textos do ciclo sem se preocupar com o número de atores e os problemas técnicos a serem enfrentados pelos diretores e cenógrafos. Daí continuarem apenas em livro, até hoje, duas de suas peças metalinguísticas, *As Confrarias* e *O Sumidouro*, certamente as mais ambiciosas de sua dramaturgia.

Esse fenômeno, por outro lado, fornece melancólico testemunho acerca das precárias condições da produção teatral brasileira. Um empresário particular não poderia pensar em lucro, ao aventurar-se em qualquer dessas duas montagens. O significado cultural da iniciativa requereria ponderável participação do Estado, sendo problemático o apoio das leis de incentivo vigentes. Enquanto não se modifica essa equação, o público deixa de conhecer profundas sondagens nas bases da nacionalidade. Nenhuma dramaturgia levou tão longe, como a de Jorge Andrade, o questionamento da História do país.

Acredito que *Metalinguagem e Teatro: A Obra de Jorge Andrade* contribuirá, decisivamente, para que um maior número de interessados ame e encene um dos melhores autores que escreveram entre nós.

Sábato Magaldi

Apresentação

A obra de Jorge Andrade, por sua extensão, qualidade estética, capacidade crítica e pelo momento histórico conturbado em que foi produzida, há muito exigia um estudo que tentasse abarcá-la inteira, ao menos em alguns dos seus principais aspectos. Suas peças teatrais, novelas de televisão, reportagens jornalísticas estão fincadas em exatos trinta anos de profundas transformações na paisagem política, econômica e sociocultural do Brasil, ou seja, as décadas de 1950, 1960, 1970 e início da década de 1980. Sua obra mostra a resistência à mudança, ou a força de inércia das classes hegemônicas pré-1930, assim como forças emergentes – o homem urbano, o industrial, o homem de televisão, o gosto do público... Na história de nosso teatro, sua obra foi atingida por vários momentos, ou "hegemonias", segundo uma classificação que Sábato Magaldi propôs em 1996: a hegemonia do encenador, a partir de 1948, a hegemonia do autor, a partir de 1958, a hegemonia da censura, a partir de 1964, e a hegemonia dos encenadores criativos, a partir de 1978.

Este livro origina-se de uma tese de doutorado, seguida pelo estudo de toda a obra de Jorge Andrade, em pós-doutorado. Ao lado de outros eventos[1], vem comemorar os noventa anos do nascimento do autor[2], cada vez mais presente no teatro brasileiro contemporâneo, como provam as encenações de suas peças. Nos últimos tempos, são dignas de nota as premiadíssimas montagens de *Vereda da Salvação*, em 1993, por Antunes Filho, e as de *Rasto Atrás*, em 1995, e de *A Moratória*, em 2008, ambas por Eduardo Tolentino de Araújo.

Quanto ao nosso trabalho, historiamos a produção de Jorge Andrade, passo a passo, com o auxílio de grande material obtido nas mais variadas fontes e com o auxílio de algumas entrevistas. Fizemos também uma espécie de trabalho filológico, ao cotejar diversas edições e originais de uma mesma peça para recuperar seu processo de criação no conjunto da obra do autor. Tudo isso para situar o relevante papel das peças metalinguísticas na construção da coesão textual que faz do ciclo de Marta[3] um caso único até hoje na dramaturgia brasileira. A grande importância da metalinguagem na dramaturgia de Jorge Andrade ainda não merecera uma atenção maior por parte da crítica, salvo uma ou outra menção sobre os problemas do teatro retratados em *Rasto Atrás*, em *As Confrarias*, ou em *O Sumidouro*, esparsas em artigos de apresentação da obra do autor. Tampouco as dissertações de mestrado sobre o autor, de que tivemos conhecimento, trataram desse aspecto ou se lançaram a toda a sua obra.

O leitor vai encontrar, no primeiro capítulo deste livro, uma explicação do processo criador do autor e uma praticamente completa apresentação de sua obra teatral relacionada com sua obra

---

1 Como, por exemplo, "Jorge Andrade 90 Anos", com histórias de vida do autor, documentários e encenação de *Os Ossos do Barão* e *Vereda da Salvação*, na cidade de Barretos/SP, realizado de 24 a 26 de maio 2012; e "Jorge Andrade 90 Anos: (Re)Leituras", no Tusp, de 08 de maio a 06 de junho de 2012 , evento no qual se deram as leituras dramáticas das dez peças de *Marta, a Árvore e o Relógio* e debates. Entretanto, o Centro Cultural Jorge Andrade, que seria construído em Barretos, segundo lhe informara em carta de 8 de maio de 1996 o diretor Reinaldo Maia (1954-2009), ainda não veio à luz.

2 Nascido em Barretos, a 21 de maio de 1922 e que viria a falecer em São Paulo, a 13 de março de 1984.

3 Ciclo de 10 peças publicado em *Marta, a Árvore e o Relógio* pela Perspectiva em 1970, cuja idealização será tratada mais à frente. Quando não houver referências explícitas, as citações das peças de Jorge Andrade, quer informe ou não o número da página, foram extraídas dessa obra, cuja edição disponível atualmente é a de 1986 (2ªimpressão, 2008), que manteve o mesmo conteúdo e paginação.

televisiva e até jornalística, sempre que possível. O capítulo 2 mergulha na análise das obras, perseguindo o fio criado pelo autor para interligá-las num ciclo. Nos capítulos 3 e 4, examinamos a tetralogia metalinguística, isto é, o conjunto formado por *A Escada*, *Rasto Atrás*, *As Confrarias* e *O Sumidouro*, em seus dois pontos básicos: o questionamento do *eu* e o questionamento da História, por meio do recurso da metalinguagem teatral (o que é *ser ator, ser personagem, ser dramaturgo?*, a dramatização do *ato de ser* e do *ato de criar teatro*). Não pretendemos analisar a construção artística da angústia da busca de identidade para descobrir por trás dela o autor Jorge Andrade, muito embora isso ocorra naturalmente, uma vez que o próprio dramaturgo afirmou ter feito do teatro psicanálise. Interessou-nos, sobretudo, observar o rendimento artístico desses problemas tratados por meio da metalinguagem, que revela, afinal, a trajetória de reconstrução não só de um *eu em crise*, como também de uma *obra em crise*.

Nesse sentido, a tetralogia é valiosa para a compreensão de um momento de virada completa na obra do autor, processo ali anunciado, mas não levado a cabo, entre outros motivos pelo afastamento de Jorge Andrade do teatro, nos anos de 1970, para dedicar-se à televisão, o que lhe valeu toda uma carga de preconceitos (certamente por ter esse veículo de massa crescido acentuadamente justo no período da ditadura militar no Brasil). Por outro lado, o questionamento do *eu*, que implica, nesse movimento de autocrítica, uma revisão de um *passado familiar*, leva, no caso específico do autor, automaticamente à revisão do *passado do país* e, consequentemente, a um questionamento da própria História em suas bases, isto é, em sua competência para registrar os fatos históricos. Trata-se de um movimento articulado de dessacralização, que também conta com o empréstimo de textos de outros autores, num fecundo processo de intertextualidade.

Consideramos essa tetralogia o conjunto de peças mais artisticamente elaborado de Jorge Andrade e não temos conhecimento de outro caso no teatro brasileiro de *conjunto* metalinguístico mais orgânico e denso de informação. Esperamos estar prestando alguma contribuição para que as futuras pesquisas sobre o dramaturgo experimentem novas direções.

Não deixamos de considerar a natureza própria do texto teatral, a sua peculiaridade de construção em duas camadas fundamentais, o diálogo e as didascálias, estas últimas contendo virtualmente, potencialmente, o que é necessário a ser concretizado no palco por meio de outros códigos, sobretudo não linguísticos (som, luz, cor, gesto etc.), que convertem em tridimensionalidade o que no texto teatral é forçosamente linear. A vocação do texto teatral é o palco, não devendo ser tratado como literatura pura e simplesmente. Concordamos com a semióloga de teatro Anne Ubersfeld, para quem ler um texto teatral seria apenas preparar as condições de produção de seu sentido, o qual só pode ser concretizado sobre o palco, a cada representação. Logo, uma leitura poderia oferecer um leque de matrizes de sentidos (nunca haveria um sentido[4] preexistente à representação), de possibilidades de concretização que só se realizariam na prática com a participação também do público na construção do sentido. Dever-se-ia, outrossim, considerar o discurso teatral como parte de uma prática totalizante, que se caracterizaria por ser uma prática social, segundo a autora, envolvendo não só o dramaturgo, mas os leitores, espectadores, encenadores, cenógrafos, atores, enquanto agentes vivos (num circuito cultural, econômico, geográfico, político) da História. Esse primeiro dado explica, de um lado, nossa preocupação em apresentar, sempre que possível, as condições de produção de um texto do autor, isto é, sua posição no quadro do momento da escritura e/ou da encenação e, de outro lado, valorizarmos sempre as didascálias, além dos diálogos, para a análise dos diversos tipos de personagens e suas funções, suas relações com o espaço, com os objetos cênicos, como também para depreender a construção dos espaços, do tempo e as condições em que se dão suas falas.

Quanto à noção de *metalinguagem* no teatro, o termo denominaria um dos dois níveis de linguagem distinguidos pela lógica moderna, segundo Jakobson[5], ou seja, *metalinguagem* seria a linguagem que fala da própria linguagem, diferentemente da *linguagem-objeto*, que fala dos objetos. Isso explicaria uma das seis funções da linguagem verbal, *a função metalinguística*, quando o discurso centra-se no código (o discurso centrado nos outros cinco elementos básicos do ato de comunicação

---

4 *Para Ler o Teatro*, p. 192.
5 *Essais de linguistique générale*, p. 216 e 218.

APRESENTAÇÃO   XXIII

verbal, como destinatário, destinador, mensagem, contexto e canal, explicaria as outras funções: emotiva, conativa, poética, referencial e fática). Aplicada ao teatro, a noção deve levar em consideração alguns pontos: trata-se de uma arte em que estão em jogo linguagem verbal e não verbal, daí o *discurso teatral* poder significar tanto o *conjunto organizado de mensagens* cujo produtor é o dramaturgo, quanto o *conjunto de signos e estímulos* (*verbais e não verbais*) que são produzidos pela representação, cujo produtor é plural (dramaturgo, encenador, atores etc.)[6]. Mesmo no caso do dramaturgo, há que se considerar a especificidade do texto teatral, composto de diálogos e didascálias, as quais se concretizam no palco em signos não verbais – daí as funções da linguagem de Jakobson serem aplicadas ao discurso das personagens, à fala das personagens.

Igualmente complexa é a questão do código teatral, uma vez que o fenômeno teatral em seu conjunto não pode remeter a um código único, senão a uma pluralidade de códigos (verbais e não verbais), não se podendo determinar tampouco um código dos códigos[7] para ser o código teatral, válido para todas as representações (a não ser para um determinado gênero), pois cada espetáculo é uma combinação singular, infinitamente variável de códigos. Acresce-se a isso que não há somente códigos teatrais no teatro, isto é, específicos do teatro (a convenção da quarta parede no teatro realista, a distinção básica pessoa/personagem etc.), que aliás variam de acordo com os gêneros e através do tempo, mas também códigos culturais em grande parte. Nesse ponto, pode-se entender uma afirmação de Patrice Pavis sobre a inexistência de uma significação final definitiva na representação, pois muitas são as significações que podem se prender aos signos expostos, não sendo possível falar de *mise-en-scène* (encenação), mas de *mise-en-signe* (que traduziríamos por "ensignação")[8].

Diante disso, poderíamos tentar, precariamente, definir a metalinguagem no teatro como uma *decodificação* que tornasse transparente para o receptor (leitor ou espectador) os

---

6 A. Ubersfeld, op. cit., p. 157-158.
7 E. Ertel, Eléments pour une sémiologie du théâtre, *Travail Théâtral*, n. 28-29, p. 141.
8 *Problèmes de sémiologie théâtrale*, p. 137-143.

códigos (verbais e não verbais) que constroem uma peça (escrita ou encenada). Essa decodificação se efetivaria de forma infinitamente variada, considerada a complexidade do teatro. Compreenderia, por exemplo: o uso do recurso da *peça-dentro-da-peça*; ou da apresentação da realidade como já teatralizada (o mundo como teatro)[9]; ou da obra autorreferente, que apresenta as reflexões do autor sobre a problemática de sua atividade teatral; ou a exibição, na encenação, do trabalho oculto dos bastidores (concernente ao ator ou a outro elemento do espetáculo); enfim, todas as formas em geral de não ilusionismo[10] que, através do tempo, vão servindo às mais diversas finalidades (de lúdicas a pedagógicas, críticas) e às mais diversas ideologias. O *barroco* contrapõe a mutabilidade e a falsidade das aparências à inalterabilidade do eterno, de Deus; em Brecht vemos a tentativa de dotar o espectador de uma consciência crítica indispensável à mudança do *status quo*.

Resta assinalar que este livro se enquadra hoje plenamente no campo da "crítica genética", por analisar um processo de criação (textual e não só) detalhadamente.

9 E. R. Curtius, *Literatura Europeia e Idade Média Latina*, p. 144-150. Segundo o autor, as metáforas teatrais – "mundo como teatro" – remontam a Platão, em *As Leis*, para o qual somos "'como fantoche' de origem divina, fabricado pelos deuses, seja apenas como brinquedo, seja com qualquer intenção mais séria, apenas um brinquedo nas mãos de Deus". Falaria ainda em "comédia e tragédia da vida". O mesmo ocorreria nas diatribes dos cínicos – o chavão da comparação do homem ao ator. Em Horácio, "o homem é um fantoche", ou em Sêneca, que falava dessa "farsa da vida humana, que nos atribui papéis que desempenhamos mal". A mesma ideia estaria presente ainda no cristianismo primitivo (Paulo, Agostinho e Clemente de Alexandria) e até na Idade Média, no século XII, na obra *Policratus*, de João de Salisbury, que cita Petrônio: "A multidão representa num palco: dá-se a um o nome de pai, outro chama-se filho, e há quem atenda pelo nome de rico. Logo depois, ao encerrar-se a página sobre esses papéis ridículos, volta o verdadeiro rosto, desaparece o simulacro". A metáfora teria sido nessa obra bastante ampliada, "palco da vida" transformando-se em *Theatrum mundi* e retornando assim nos séculos XVI e XVII, provavelmente graças à popularidade do *Policratus*. Essa seria ainda a origem da metáfora do teatro barroco.

10 L. Abel, *Metateatro*; D. Couty; J-P. Ryngaert, Le Theatre dans le théâtre, *Le Théâtre*; E. Ertel, op. cit.; M. Fumaroli, Microcosme comique et macrocosme solaire, *Révue des Sciences Humaines*, n. 145; J. Fuzier, La Tragédie de vengeance elisabethaine et le théâtre dans le théâtre, *Révue des Sciences Humaines*, n. 145; A. Michel, Le Théâtre et l'apparence, *Révue des Sciences Humaines*, n. 145; R. Stam, *O Espetáculo Interrompido*.

1. O Lugar da Metalinguagem na Obra de Jorge Andrade

> *Agora tem urna coisa que eu acho que nunca contei: nunca comecei uma peça e terminei.[...] de repente paro, ponho de lado, e escrevo outra, uma parte de outra. Depois é que volto à peça interrompida.*
>
> JORGE ANDRADE[1]

Antes de configurar como *ciclo enclave* certo conjunto de quatro peças metalinguísticas contido na reunião de dez obras publicadas em *Marta, a Árvore e o Relógio*, cumpre examinar o conceito de ciclo, seu funcionamento e seu sentido dentro da obra do autor, bem como tentar determinar a origem do fenômeno.

CONCEPÇÃO DE TODA UMA OBRA EM "CICLOS"

Tornou-se consenso localizar a articulação das peças de Jorge Andrade em um conjunto ordenado segundo um critério cronológico e temático, sobretudo em 1970, quando da primeira publicação de *Marta, a Árvore e o Relógio*. O fato realmente ocorreu, facilitado, porém, pela constatação de que as peças abrangiam quatro ciclos da história da formação de São Paulo – resultado de dois decênios de trabalho dramatúrgico de Jorge Andrade, de 1951 a 1969. A consciência de que construía um painel desse gênero foi se formando, todavia, à medida que as

---

1 As Confissões de Jorge Andrade, 2ª parte, *Boletim Inacen*, p. 19.

peças iam sendo publicadas separadamente e provocando comentários dos críticos a respeito do seu conteúdo.

Podemos afirmar, no entanto, que a intenção confessada de elaboração de um *ciclo* remonta aos meados dos anos de 1950, quando Jorge Andrade se referia ao seu primeiro trabalho, que consistia na tetralogia das *Raízes da Terra*[2], composta por *Pedreira das Almas* (1957), *Sesmarias do Rosário* (em projeto em 1957), *A Moratória* (1954) e *O Telescópio* (1951), nessa ordem, que intencionava retratar a formação, o desenvolvimento e a decadência das famílias de fazendeiros paulistas. Nota-se, desde então, as características formais básicas do seu trabalho: concepção de conjunto que une pela temática várias peças, numa sequência interligada com princípio, meio e fim; ordenação das peças segundo a cronologia temática em detrimento da ordem cronológica de sua elaboração; realização da obra a partir de uma espécie de programa, projeto, no qual determinadas fases são apenas esboçadas, para posterior elaboração – o caso de *Sesmarias do Rosário* que, como veremos mais à frente, nem chegou a ser escrita –; enfim, a preocupação de um título para o conjunto, que tanto denota a inteireza do bloco quanto funciona como uma espécie de indicador de leitura.

Um dado importante, este de ordem biográfica, pode aclarar a compreensão da continuidade desse processo, ou seja, como esse primeiro ciclo se diluiu em outro bem maior, ao longo de mais de dez anos de trabalho, indo resultar no conhecido ciclo de Marta. Trata-se do seu casamento, em 1956 (após o sucesso de *A Moratória*), com Helena de Almeida Prado, membro de tradicional família paulista, descendente direta de todas as dezesseis famílias aristocráticas que teriam vindo na expedição colonizadora de Martim Afonso de Souza em 1530. Segundo o autor, esse fato enriqueceu sobremaneira sua linha dramatúrgica e determinou toda a sua vida posterior – o que é passível de constatação, quando se examinam as fontes de inspiração das peças posteriores, muitas vezes calcadas diretamente em relatos dos membros da família Almeida Prado,

---

2 J. J. de B. Bella, A Terra: Preocupação Dominante da Obra de Jorge Andrade, *Folha da Manhã*.

muito conscientes "de pertencer a uma história, de dominar essa história, de tê-la na sua memória"[3].

Esses dois ciclos, entretanto – Raízes e Marta, não se sucedem estanques. Observe-se que *Pedreira das Almas,* segundo depoimento de Helena de Almeida Prado, viúva do autor, foi escrita durante seu primeiro ano de casamento, em 1956, quando moraram em uma fazenda perto de Jaborandi[4], logo após a encenação de *A Moratória,* momento em que o autor já tem começada *Vereda da Salvação,* que amplia a perspectiva da obra, incluindo o ponto de vista do colono. Essa simultaneidade de projetos constitui igualmente um aspecto importante do seu trabalho dramatúrgico, o que o caracteriza como obra em processo, em progressivos e constantes desdobramentos, como veremos depois no quadro total da obra realizada.

Outro elemento pode explicar essa peculiaridade de um "ciclo dramático" dessa natureza, fato único até agora no teatro brasileiro, só observado no terreno da ficção[5]: trata-se da admiração do autor pelo trabalho do escritor francês Balzac, que lhe serviu de modelo ao fazer a crítica da sociedade francesa do século XIX na forma de um painel de romances. Outra leitura determinante em sua formação nesse sentido foi a obra de Roger Martin du Gard (1881-1958), *Les Thibault, roman--fleuve,* escrito de 1922 a 1940, em oito partes, que deu impulso ao gênero *roman-cycle,* centrado não em uma vida individual, mas na história de uma família que podia atravessar diversas gerações, aliando o estudo psicológico do homem e o estudo histórico social da época a uma preocupação ético-filosófica. Dadas essas origens, resta examinar como funcionaria a obra dramatúrgica em ciclo de Jorge Andrade.

---

3   As Confissões de Jorge Andrade, 2ª parte, op. cit., p.16.
4   Entrevista a Catarina Sant'Anna, 17 ago. 1988.
5   É lugar comum na crítica situar o painel dramatúrgico de Jorge Andrade ao lado de outros realizados no romance brasileiro, como o de José Lins do Rego para o ciclo da cana-de-açúcar, ou o de Jorge Amado para o ciclo do cacau. Francisco Iglésias (O Teatro de Jorge Andrade, O Estado de S.Paulo, 7 mar. 1971) menciona ainda a poesia de Jorge de Lima e de João Cabral de Melo Neto, bem como o teatro de Ariano Suassuna. Quanto a Balzac e Roger Martin du Gard, são citados pelo próprio Jorge Andrade, em depoimento ao Inacen (As Confissões de Jorge Andrade, 1ª parte, p. 7 e 10.).

FUNCIONAMENTO E SENTIDO DO CICLO

> *L'homme de théâtre et son commentateur*
> *repondent à la même vocation ou, si l'on préfère,*
> *partagent le même secret.*[6]

A encenação de cada peça de Jorge Andrade era acompanhada de críticas pelos jornais, que situavam a peça em questão no conjunto da obra do autor. Esse discurso crítico, ao qual se junta geralmente o depoimento do próprio dramaturgo, constitui valiosa fonte de pesquisa no caso de Jorge Andrade.

Trata-se de um caso privilegiado em que produção (criação) e recepção especializada (discurso sobre a criação) fazem parte de um mesmo processo, enquanto dois momentos, como duas faces. Daí essa crítica ultrapassar os limites de um mero julgamento da peça, funcionando como verdadeiro acompanhamento intelectual da produção artística do autor. O fato se deve à peculiar condição de Jorge Andrade como aluno de teatro da Escola de Arte Dramática (EAD), onde contava com amigos como Sábato Magaldi, professor universitário, e Décio de Almeida Prado, ambos críticos de teatro, com grande espaço no jornal *O Estado de S.Paulo*. Interlocutores privilegiados do jovem dramaturgo, suas leituras críticas interfeririam, alimentando o processo de criação com sugestões e correções de nível técnico, aconselhamento bibliográfico e uma conscientização das necessidades do teatro no Brasil. Jorge Andrade confessou o fato em diversos momentos de sua carreira:

> Eu sempre ouvi muito, sobretudo quando eu estava me formando como dramaturgo, [...] eu seguia cegamente, porque eu acreditava. [...] Vejo assim o Candido como um homem de uma grande honestidade, de uma grande sensibilidade, de um grande valor crítico-literário. O Décio, com uma grande capacidade crítica teatral, de situações e tudo mais. E acho o Sábato um grande analista de texto. [...] Mas eles influíram no sentido de mudança do meu trabalho, mais de me levar a ver que eu não estava alcançando o propósito que eu estava anunciando[7].

---

6   "O homem de teatro e seu comentador respondem à mesma vocação ou, se preferir, partilham o mesmo segredo." T. Ferenczi, La Critique entre l'humeur et la théorie, *Le Théâtre*, p. 180.

7   Entrevista ao Centro Cultural São Paulo, p. 17.

A crítica produzida nessas condições comungava de uma intimidade tal com a obra em processo, que podia divulgar junto ao público informações precisas de ordem não só estética, como histórico-social e até mesmo autobiográfica, na apresentação do texto e na avaliação da encenação.

A economia verbal dos textos críticos sobre Jorge Andrade reúne expressões que remetem fundamentalmente à arquitetura do ciclo: estrutura, funcionamento e significação. A noção de totalidade vem inscrita nas fórmulas "painel", "conjunto", "bloco", "um todo", "quadro", "inteireza" e "esquema orgânico", e é calcada na constatação de certos princípios estruturais na obra, como "repetição", "continuidade", "sequência", "organicidade", "ligação" e "inter-relação", que ensejam denominações como "linha de peças", "linha de textos", "série" e "filão". A organização interna do ciclo sugere "movimento", "processo", "leque que se abre", "grande e complexo mecanismo", em que *peça* ganha conotação de peça de uma engrenagem: há "linhas mestras", "fios", "vertentes", que partem de peças "raízes". Há peças "elo", "encruzilhada", que operam intersecção de linhas ou de peças de uma mesma linha e, finalmente, "peças conclusivas", "peças sínteses", que fundem linhas mestras ou "troncos".

A dinâmica do processo, que justifica a denominação *ciclo*, segue a direção começo-auge-fim, ou formação-ascensão-queda, unindo lado a lado, num jogo especular, a trajetória da *família paulista* e a da história de São Paulo durante quatro séculos, ou quatro ciclos econômicos (apresamento do índio, ouro, café e indústria). A inteireza do *ciclo*, todavia, não significa unidade de ponto de vista, mas contém antes uma *visão dialética* de um mesmo problema, ou seja, há a tentativa de mostrar *duas faces* de um mesmo processo, daí enquadrarem-se as peças do autor em duas vertentes ou linhas – rural e urbana, mineira e paulista, dramática e cômica, memorialista e de atualidade.

No final da década de 1960, Jorge Andrade considerou encerrado o conjunto de obras que vinha construindo desde 1951 e publicou uma reunião de dez peças, que se convencionou chamar de ciclo de Marta, ciclo do passado, ciclo paulista, ciclo da memória, ciclo da experiência pessoal. As peças que não entraram na coletânea juntaram-se, reformuladas ou não, a outras escritas na década de 1970, constituindo um novo ciclo, o *ciclo de Jupira*, ciclo de interesse social e político, ciclo do presente, ciclo da atualidade, ou ciclo 2.

Quanto ao ciclo de Marta, obedeceu a um programa de trabalho, perseguiu uma meta e resultou da realização de peças programadas de antemão (o outro ciclo[8], melhor diríamos fase, examinaremos mais adiante). É bem verdade que, de um conjunto de 35 títulos, só temos realizadas dezoito peças[9]. De algumas se conhece o argumento e a posição dentro do respectivo ciclo; de outras, somente o nome, o que se explica pelo gosto pessoal de Jorge Andrade pelos títulos, os quais, segundo depoimento de Helena de A. Prado, sempre foram um ponto de partida para a escrita das peças[10]. Do primeiro ciclo de dez peças escritas e publicadas, oito foram encenadas; do segundo ciclo de oito ou nove peças realmente escritas, somente quatro foram ao palco.

Concluindo, a noção de ciclo na obra de Jorge Andrade não somente sugere um conjunto de obras de ficção versando sobre um mesmo tema em que figuram mais ou menos as mesmas personagens, como implica fundamentalmente a noção de "ciclo histórico", em razão da meta de trabalho do autor: "As peças que escrevi compõem um ciclo, que conta a ascensão e a queda da família paulista, de Fernão Dias até o intelectual, que sou eu, em 1976"[11]; "um painel no qual uma peça se completa e se explica nas outras. [...] Meu programa de trabalho consta

---

8 Sábato Magaldi não concorda com a denominação "ciclo 2". Resolvi mantê-la em certos momentos, entretanto, para distinguir sob essa rubrica uma produção de obras em tudo diferentes do planejado "ciclo 1", conforme apresentado neste capítulo. Além do mais, Jorge Andrade anunciou, como veremos, o fim do primeiro ciclo de obras e o começo de outro diferente.

9 Se considerarmos a existência da peça curta *Lady Chatterley em Botucatu*, escrita em 1979, serão dezenove peças. Segundo Helena de Almeida Prado, o autor teria partido de uma sugestão entre amarga e jocosa de seu muito amigo, o diretor Antônio Abujamra, num período de crise financeira que ambos estavam vivendo. O original, dado ao diretor, nunca retornou ao dramaturgo ou à sua família.

10 Entrevista a Catarina Sant'Anna, 17 ago. 1988. Segundo Helena, Jorge Andrade não conseguia escrever sem antes escolher o título. No caso da novela *Sabor de Mel*, sofria imensamente com as alterações que faziam no texto e, sobretudo, com a mudança do título, que não suportava ouvir pronunciarem à sua frente. *Laurita* e o definitivo *Segredos de Laura* foram recusados pela TV Bandeirantes. Helena refere-se à novela de 1983 como "Sabor de Fel", por estar entre os motivos que o levaram a adoecer e vir a falecer.

11 W. Soares, O Autor Está Mudo, *O Estado de S.Paulo*, 1976.

de 23 peças, das quais escrevi onze e atualmente escrevo a 12ª: *O Sapato no Living*"[12]; "o ciclo do apresamento do índio com *O Sumidouro*, o ciclo do ouro com *As Confrarias*, o ciclo do café com *A Moratória* e o ciclo industrial com *Os Ossos do Barão*"[13].

Um breve exame da já obsoleta concepção de ciclo na história poderia aclarar e fundamentar certo pensamento de Jorge Andrade sobre um pretendido sentido último de sua obra dramatúrgica. Os depoimentos do escritor, bem como a crítica de sua obra, permitem intuir da ideia de *ciclo* certa sucessão de fenômenos numa ordem determinada, a se repetirem num certo ritmo, num movimento periódico, cumprindo as fases de começo, auge e fim; cada ciclo engendrando um outro, sucessivamente, numa cadeia de causas e consequências. O paradigma histórico subjacente aponta para os já citados ciclos econômicos da história paulista e estrutura o almejado painel.

Ora, a teoria dos ciclos históricos[14] representa uma explicação rítmica do processo histórico, que se sucede em momentos repetidos, na mesma ordem. Ela se aplicaria ao estudo da queda das civilizações e suporia, assim, uma predestinação das sociedades, teoria baseada certamente na comparação da vida da civilização com o universo físico – ciclo terrestre de dia e noite, ciclo lunar, solar. A preocupação de configurar as civilizações em sua gênese, crescimento, decadência e desintegração revelaria um "naturalismo", um gosto em "botanizar" a história, em aprisioná-la num esquematismo inadequado à sua natureza multiforme, uma vez que as etapas não são necessárias nem fatais, não sendo possível prever um período futuro. Logo, não seria aconselhável considerar o processo histórico de uma civilização como "uma mera rotação da história, segundo um ciclo de fases fixadas", pois a história nunca se repete, modifica-se na nova fase em forma diferenciada da que foi antes. Não haveria um círculo, e sim uma espiral[15].

Jorge Andrade tinha uma noção de ciclo histórico analógica à de ciclo vital, durante a década de 1960, quando concluiu

---

12 Y. Michalski, Senhora na Boca do Autor, *Jornal do Brasil*, 10 mar. 1968.
13 As Confissões de Jorge Andrade, 2ª parte. op. cit., p. 19.
14 J. H. Rodrigues, Periodização, *Teoria da História do Brasil*.
15 Idem, p. 121.

seu primeiro ciclo de peças. Isso fica patente em sua explicação sobre o mecanismo de inter-relação causal entre as obras:

As peças rurais e urbanas tratariam em bloco [...] da decadência de uma sociedade e do nascimento de outra. [...]. Mas como todo processo já traz em si o gérmen de sua própria destruição – assim como uma vida que começa traz em si sua própria morte –, aquela nova sociedade fatalmente entrará em decadência, se as leis que a regem continuarem as mesmas[16].

Apesar da leve restrição ao final da declaração acima, o mecanismo de sua produção traduz uma quase obstinação em abrir e fechar ciclos, a ponto de conceber a morte do próprio ciclo industrial, que daria prosseguimento à peça *Os Ossos do Barão*: "Mas, se *Os Ossos do Barão* é fim de processo, é também início de um outro, que terá seu desfecho em *Allegro Ma Non Troppo*. [...] Com o 'ouro fácil das engrenagens das máquinas', seu mundo cairá também"[17].

O autor tenta, no entanto, para contemporizar a visão amarga que já se esboçava em seu discurso, posicionar-se por meio de uma equação um tanto desajeitada, parecendo desvincular homem e sociedade: "A visão pessimista que pode estar contida aí não se refere aos destinos do homem, mas sim à sociedade que o congrega"[18]. Ao final da década de 1970, quatorze anos após essa afirmação, quando retornou ao teatro com a polêmica peça *Milagre na Cela*, depois de um afastamento de oito anos, Jorge Andrade reavaliou o sentido de uma peça de 1957 e do próprio ciclo de Marta, argumentando com mais clareza as razões do seu não pessimismo. *Pedreira das Almas* significaria resistência, dentro de um processo histórico que o autor encarava como sendo rumo à libertação do homem:

Para se alcançar toda a plenitude da peça, é necessário que se entenda todo o ciclo *Marta, a Árvore e o Relógio*, em que mostro que o homem vive prisioneiro de ciclos que têm começo, auge e fim. Aparentemente, cada um desses ciclos parece não ter fim; contudo,

---

16 J. Andrade, *Os Ossos do Barão*, programa da peça.
17 Idem.
18 Idem.

vistos à luz da história, eles logo se esgotam, abrindo perspectivas às mudanças, à libertação do homem[19].

O raciocínio de Jorge Andrade opera nova equação que envolve relações entre todo e parte, em que uma analogia acaba emprestando ao ciclo de Marta uma perspectiva de esperança: *Pedreira* está para o processo histórico assim como cada fase do ciclo de Marta está para o processo histórico. Ou seja, assim como *Pedreira* significa resistência, porque inserida, como fase, num processo maior de libertação, temos igualmente cada fase do ciclo de Marta enfocada como um passo a mais para essa mesma libertação. Em vez do eterno retorno que tornaria o homem uma espécie de Sísifo andando prisioneiro em círculos, temos "retornos" sempre diferentes, no sentido de voltas que não se fecham, mas se ampliam desenhando espirais. Desse modo, o autor situa o universo do ciclo de Marta como parte do universo maior da história, alargando as fronteiras do tempo na direção do passado e do futuro, conseguindo assim uma perspectiva de valoração de progressos parciais. Seu pensamento segue de perto a ideia de relatividade histórica exposta por Paulo Mendonça, seu mestre na EAD, no prefácio de *Pedreira das Almas* em 1960, no qual é feita uma defesa de Jorge:

> Infantil sustentar que é reacionarismo escrever sobre os antigos senhores da terra, numa época em que se prepara a coletivização. Os senhores da terra, no seu tempo, representaram fatores de progresso, do mesmo modo que o trabalho escravo foi progresso em relação ao massacre de prisioneiros, a monarquia, progresso em relação ao feudalismo, a burguesia, progresso em relação à monarquia, e o proletariado, hoje, progresso em relação à burguesia[20].

O sentido do ciclo de Marta pretendido por Jorge Andrade deriva, enfim, das próprias convicções pessoais do autor, algo positivistas, em relação à história – uma visão finalista (tudo se orienta para um fim determinado) e progressista (o destino do homem será obrigatoriamente sempre melhor): "Acredito imensamente na história, no processo histórico, concluindo

---

19 J. Andrade, Resistir É Preciso, entrevista a José Arrabal, *Isto É*, 15 jun. 1977, p. 48.

20 A Propósito de Jorge Andrade, em J. Andrade, *Pedreira das Almas*, p. 9.

disso que o homem irá alcançar seu momento de libertação social e existencial, apesar de viver mesmo com todas as suas contradições"[21].

Jorge Andrade hesita, entretanto, em apontar soluções e meios objetivos de luta para o alcance dessa libertação no corpo de suas obras: "Penso que um escritor de teatro deve ser como um radiologista: ele radiografa e interpreta os males do homem, e os especialistas indicam os tratamentos"[22].

Essa posição, todavia, data de 1963. Os percalços políticos por que passou o país após o golpe militar de 1964 parecem ter despertado em Jorge Andrade uma certa consciência política "participante", que se reflete nas belas produções do final do primeiro ciclo – *Rasto Atrás* (1966), *As Confrarias* (1969) e *O Sumidouro* (1969), como veremos. O dramaturgo ousa até mesmo avançar uma crítica direta à situação do Brasil quando comenta a encenação de *Pedreira das Almas*, em 1977:

> Nós não vivemos em democracia, mas o sentido de "Pedreira", além de particular, é sobretudo universal. Pois eu me pergunto em que parte do mundo o homem que deseja ser livre não está sendo torturado ou perseguido. Em que lugar ele não está sofrendo por suas próprias ideias[23].

Esse sentido universal pleiteado mediante alargamento de espaço, que supõe *Pedreira* como amostragem da opressão em qualquer lugar do mundo, é conseguido, outrossim, por meio de um alargamento no tempo, como no caso de *As Confrarias*, que mostra em diversas épocas e países o homem lutando contra a opressão. Essa operação metonímica (a parte pelo todo) consegue elevar elementos bem datados (Ouro Preto colonial, as Bandeiras paulistas etc.) à categoria de símbolos, emprestando ao seu teatro grande densidade poética, que tem no texto seu principal suporte.

Concluímos que é fundamentalmente a história a responsável pela concepção de ciclo, de sua estruturação e funcionamento, bem como pelo seu sentido primordial.

---

21 J. Andrade, entrevista a José Arrabal, op. cit., p. 49.
22 *Os Ossos do Barão*, programa da peça.
23 J. Andrade, entrevista a José Arrabal, op. cit., p. 48.

Examinemos os dois conjuntos de peças do autor – o "ciclo do passado" e o "ciclo do presente" –, para que possamos situar entre eles a tetralogia metalinguística.

O "CICLO DE MARTA" OU "CICLO 1"

Também denominado ciclo do passado, ciclo da memória ou ciclo paulista, o ciclo 1 enfeixa dez peças publicadas em um só volume sob o título *Marta, a Árvore e o Relógio*, cuja produção abrangeu duas décadas de trabalho: de 1951 a 1969.

Trata-se, contudo, de uma seleção, pois nesse período de produção há notícia de mais treze títulos: peças prontas não aproveitadas no ciclo, peças inacabadas ou tão somente em projeto, bem como obras que deram origem a determinadas peças do bloco publicado. As peças publicadas em 1970 se interligam, formando uma só unidade graças à temática, sobretudo, e a certa visão de mundo. Jorge Andrade afirma que *Marta, a Árvore e o Relógio* constitui uma única peça em "dez atos", o que ficaria claro numa encenação de todas "em dez noites consecutivas".

Quanto às peças prontas não inseridas no ciclo, são quatro, *As Colunas do Templo*, *Os Crimes Permitidos*, *Os Vínculos* e *O Incêndio*, das quais somente a última teve publicação.

As Colunas do Templo, denominada inicialmente *Faqueiro de Prata*, constitui a segunda peça do autor, escrita em 1952. Sua temática se reporta ao presente, retratando a crueldade do sistema financeiro por meio dos problemas de um velho bancário, razão pela qual certamente se alinha entre as obras do ciclo 2, como veremos. O mesmo ocorre com *O Incêndio*, peça de 1962 calcada em um *fait divers*: no interior de Santa Catarina, em 1950, dois homens acusados injustamente de incendiarem a igreja local são presos, torturados e linchados. A peça retrata as tramas políticas do coronelismo para a manutenção do seu poder. Como em *Vereda da Salvação*, elaborada de 1957 a 1963, a perspectiva é daqueles subjugados ao poder da oligarquia rural. A ação centrada na cidadezinha, no entanto, mostra uma solução diferente: a resistência política silenciosa através do voto. Talvez por privilegiar as causas sociais em detrimento de aprofundamentos psicológicos das personagens, ou porque não se referisse, ou não quisesse se referir à oligarquia paulista, a peça não foi incorporada ao ciclo 1.

Quanto às peças escritas em parceria com Cló Prado, *Os Crimes Permitidos* e *Os Vínculos*, assegurou Helena de Almeida Prado tratar-se de uma colaboração gentil do autor, instado pelo desejo pessoal daquela "senhora de sociedade" de escrever teatro. O programa da peça *Pedreira das Almas*, em 1958, cita *Os Crimes Permitidos*, uma peça de três atos, como datando daquele ano. *Os Vínculos* data de 1960 e, segundo Delmiro Gonçalves, constitui uma peça sem grandes pretensões, que não chegou a ser encenada[24], opinião compartilhada por Sábato Magaldi que, embora não situe a data de sua elaboração, considera-a igualmente de "teor artístico limitado"[25].

Já as obras inacabadas ou somente projetadas são sete. *Sesmarias do Rosário* data de 1957 e teria uma ligação com *Os Coronéis*, segundo a viúva do autor. Seria situada no auge do império do café e envolveria personagens autossuficientes e poderosas, "não compreensão das coisas, cegueira e prepotência", segundo informação de J. J. de Barros Bella[26], e ocuparia o terceiro lugar na tetralogia *Raízes da Terra*, pequeno ciclo de preocupações sociológicas retratando a formação, o desenvolvimento e a decadência das famílias de fazendeiros paulistas, que partiria de *Pedreira das Almas* (1957), passaria por *Sesmarias ...* (1957), quando os fazendeiros saídos de Pedreira, em Minas Gerais, chegaram ao planalto paulista e fundaram quase todas as cidades que dividem os dois estados, e chegaria em *A Moratória* (1954) e *O Telescópio* (1951), para apresentar a decadência daquelas famílias com a crise do café, como explica Jorge Andrade no programa dessa última peça em 1957. A peça *Sesmarias do Rosário,* no entanto, não chegou a ser escrita.

A primeira comédia do dramaturgo seria *Adão e as Três Serpentes*, peça em três atos que se encontrava em processo de elaboração em 1958, como noticia o programa da peça *Pedreira das Almas.* A obra não foi escrita, conforme assegurou a viúva do autor.

24 Drama do Café Encontrou Seu Autor, *Visão*, 19 jun. 1964.
25 Um Painel Histórico: O Teatro de Jorge Andrade, em J. Andrade, *Marta, a Árvore e o Relógio*, p. 683.
26 Op. cit.

O LUGAR DA METALINGUAGEM NA OBRA DE JORGE ANDRADE 13

Em 1963, o autor anunciou a peça urbana *Allegro Ma Non Troppo* no programa de *Os Ossos do Barão*, da qual seria a continuação, enquanto desfecho do ciclo industrial – com o "ouro fácil das engrenagens das máquinas", o mundo de Egisto Ghirotto cairia também. A obra não foi realizada.

Em 1968, Jorge Andrade confessou ao crítico Yan Michalski o projeto de construção de *Os Coronéis*, que funcionaria como peça "cruzamento" entre duas linhas de obras: a linha oriunda de *Pedreira das Almas*, das famílias mineiras, e a linha originária de *O Sumidouro*, das famílias paulistas quatrocentonas[27]. O projeto, no entanto, é bem mais antigo, remontando a 1963, pelo menos, segundo esclarecimento do próprio dramaturgo no texto do programa de *Os Ossos do Barão*. Teria uma ligação com *As Sesmarias do Rosário*, mas não foi escrita tampouco.

Uma peça que constituiria uma síntese da linha de *O Sumidouro* (*A Escada*, *Senhora na Boca do Lixo* e *Os Ossos do Barão*) seria *Usufruto*, segundo Sábato Magaldi[28]. A obra já era mencionada por Jorge Andrade em 1968, na citada entrevista a Yan Michalski, como pertencente àquela linha junto a *Os Coronéis*, *O Sapato no Living* e *As Colunas do Templo*, inclusive. Não foi realizada.

Outra peça síntese dos dois "troncos" saídos respectivamente de *Pedreira das Almas* e de *O Sumidouro* seria *Barragem*, não escrita, segundo noticiou Sábato Magaldi[29].

Para fechar esse longo repertório, resta citar *Bico do Pavão*, peça que não figura nas relações dos críticos, nem tampouco é citada pelo dramaturgo. Descobrimos, porém, notícia de sua existência entre papéis soltos na pasta de versões antigas da peça *A Escada*, num dos quais, ao final de uma apresentação desta última peça, sob a rubrica "Outros Trabalhos", Jorge Andrade escreveu:

Até novembro devo terminar uma peça em três atos, *Bico do Pavão*. O primeiro ato já está pronto, e os outros, inteiramente esboçados. A peça conta um episódio de Barretos pertencendo à mesma história que me propus a contar e já iniciada com *O Telescópio*,

---

27 Senhora na Boca do Autor, *Jornal do Brasil*, 10 mar. 1968.
28 Um Painel Histórico: O Teatro de Jorge Andrade, em J. Andrade, *Marta...*, p. 683.
29 Idem, ibidem.

A Moratória e *A Escada*. Além dessa, já iniciei o esboço de outra peça, intitulada *O Incêndio*, baseada nos incidentes de Chapecó[30].

O escrito é contemporâneo ao período dos ensaios de *A Escada*, de modo que podemos datá-la de 1961. Quanto ao título, supomos que se trate de um topônimo, pois encontramos referência a um lugar de mesmo nome em uma das versões antigas de *O Incêndio*, numa fala da personagem Jupira que lá habita: "Jupira: Já disse, Omar: no Campo Redondo e algumas casas do Bico do Pavão!"[31].

Há também o caso de obras que, mediante transformações, deram origem a duas famosas peças publicadas em *Marta, a Árvore e o Relógio*: *Os Demônios Sobem ao Céu* e *As Moças da Rua 14*. Da primeira, encontramos uma referência datada de 1957, na crítica já mencionada de J. J. de Barros Bella, o qual afirmava tratar-se do "problema da terra ligado ao misticismo das populações rurais", em que haveria uma "constante fuga: fuga às condições em que se debatem os posseiros, fuga de suas próprias personalidades"[32]. Como tudo indica, trata-se da primeira tentativa de *Vereda da Salvação*, cuja versão final só ocorreria em 1963.

A outra obra, *As Moças da Rua 14*, anteriormente denominada *Lua Minguante na Rua 14*, é citada no programa de *Pedreira das Almas* em 1958, como peça de três atos em processo de elaboração. Segundo Sábato Magaldi, a peça teve origem em 1957 e diferia fundamentalmente de *Rasto Atrás*, à qual deu origem: o protagonista Vicente não aparecia ainda como personagem, e a trama "guardava nítida a atmosfera de *As Três Irmãs*, de Tchékhov"[33], focalizando, sobretudo, as solteironas Etelvina, Jesuína, Isolina e Elisaura nas suas relações com o pai, Silvares, de modo muito semelhante ao Quim de *A Moratória*. Na elaboração de *Rasto Atrás*, com a inclusão de Vicente, as solteironas tornam-se tias deste, Elisaura passa a ser sua mãe, falecida, Silvares é eliminado em favor da figura da avó Mariana, cujo marido é agora Bernardino, tocador de

---

30 *A Escada*, acervo da Seção de Artes Cênicas do Centro Cultural São Paulo.

31 *O Incêndio*, de 1954; exemplar datilografado do autor, doado por Décio de Almeida Prado ao Arquivo de Artes Cênicas do Centro Cultural São Paulo; p. 7.

32 Op. cit.

33 À Procura de Rasto Atrás, em J. Andrade, *Marta...*, p. 658.

flauta já falecido. O interesse da trama passa a girar em torno da dupla Vicente e João José, seu pai. Já estavam em jogo dados da experiência real de Jorge Andrade, como nos informa Sábato – as solteironas, por exemplo, eram amigas da avó do dramaturgo e viviam em Barretos.

Além das treze obras até aqui citadas, haveria a primeira de todas as peças do autor, escrita como exercício de curso na Escola de Arte Dramática de Alfredo Mesquita, imediatamente antes de *O Telescópio*, denominada *O Noviço*, sobre um rapaz com vocação religiosa que queria ser padre. A peça tem pouca ação e muita discussão teórica:

> Não tinha ação porque eu tentei pôr nas falas tudo o que queria falar sobre a vida, a minha visão de mundo. Eram dois personagens que ficavam falando o que eu imaginava que fosse filosofia. Não era nada, mas apenas o desespero de encontrar resposta para tudo o que fervilhava na minha cabeça[34].

As dez peças publicadas conjuntamente em 1970, no entanto, formam o denominado ciclo 1. Foram elas que, na década de 1970, deram origem à maior parte das peças não realizadas do ciclo 2, bem como a adaptações para novelas de televisão. A exceção das duas últimas, *As Confrarias* e *O Sumidouro*, todas foram encenadas ao menos uma vez profissionalmente.

O Telescópio, peça em um ato escrita em 1951, é considerada a primeira peça do autor e constitui a quarta no ciclo de Marta. Recebeu o Prêmio Fábio Prado em 1954 e foi encenada em 1957 no Teatro Nacional de Comédia por Paulo Francis, com cenários de Gianni Ratto, figurinos de Kalma Murtinho e estrelada por atores como Milton Morais (Luís), Tereza Rachel (Ada), Fábio Sabag (Antenor) e Beyla Genauer (Leila). Integrava o primeiro ciclo de obras concebido pelo autor e denominado *Raízes da Terra*. O texto, publicado pela editora Agir em 1960, difere grandemente do editado no ciclo em 1970, não caracterizando ainda o que Anatol Rosenfeld chamaria de "peça encruzilhada" do ciclo, por tecer fios entre todas as outras[35]. Constatamos no cotejo das edições a origem dessa sua peculiar natureza nos inumeráveis acréscimos e outras modificações que promoveram a

---

34 As Confissões de Jorge Andrade, 1ª parte, *Boletim Inacen*, p. 16.
35 Visão do Ciclo, em J. Andrade, *Marta…*, p. 603-604.

intensa intertextualidade da versão mais recente, conseguindo ser, dessa forma, a única peça fora da tetralogia metalinguística que cita Vicente, a personagem dramaturga do ciclo. *O Telescópio* já traz o que seria a marca do autor: certa nostalgia do passado, a decadência do meio rural e seu confronto com a realidade urbana, e o conflito de gerações – um fazendeiro arruinado olha as estrelas por um telescópio, enquanto seus filhos jogam cartas e disputam com voracidade sua herança: as terras que ainda restam e pelas quais nenhum deles zela.

Em 1954, surgiu uma peça de elaboração bem cuidada, praticamente intocada na publicação do ciclo em 1970: *A Moratória*. Ainda a transição do rural para o urbano, a decadência, a inadaptação, a nostalgia do passado, enfim, as consequências da queda do café em 1929. No entanto, a obra se destaca pela forma ousada da fragmentação temporal, que faz dialogarem no palco passado e presente por meio de um jogo rápido de planos alternados que se inter-relacionam e se explicam, recurso que representa uma dívida para com o Nelson Rodrigues de *Vestido de Noiva*, leitura aconselhada por Sábato Magaldi[36] a Jorge Andrade, o qual, ainda aluno na EAD, buscava uma solução para trabalhar dois momentos, 1929 e 1932, simultaneamente. Esse efeito seria buscado novamente nas últimas peças do ciclo, *Rasto Atrás* e *O Sumidouro*, mais de dez anos depois. O tratamento da decadência da sociedade cafeeira tem acento tchekhoviano, retratando os instantes da perda da propriedade, como em *O Jardim das Cerejeiras*, e a posterior imobilidade de ação presa à esperança inútil da volta ao lugar perdido, à moda de *As Três Irmãs*, como notou a crítica da época. Há igualmente a influência de Arthur Miller:

> Quando escrevi *A Moratória*, tinha visto uns meses antes o Jaime Costa representando *A Morte do Caixeiro Viajante* no Teatro Cultura Artística. [...] Nunca esqueci esse espetáculo [...]. Por isso posso dizer que o Arthur Miller me levava a ter vontade de escrever. Aquele homem me lembrava um pouco o velho caído na fazenda, me lembrava um pouco a derrota[37].

---

36 Um Painel Histórico: O Teatro de Jorge Andrade, em J. Andrade, *Marta...*, p. 673.

37 As Confissões de Jorge Andrade, 1ª parte, op. cit., p. 19.

A peça constitui um marco no nascimento do moderno teatro brasileiro, junto a *Vestido de Noiva* da década anterior, com ressonâncias semelhantes na crítica, seja pelos efeitos no jogo temporal, seja por se tratar de texto nacional retratando a vida brasileira, numa época em que o repertório teatral privilegiava obras estrangeiras, como bem assinalou Gianni Ratto, diretor e cenógrafo da primeira encenação, em 1955, no Teatro Maria Della Costa. A peça ali estreara a 6 de maio de 1955, com figurino de Luciana Petrucelli, músicas de Zequinha de Abreu e a assistência de direção de Fernando Torres, com o seguinte elenco: Elísio de Albuquerque (Joaquim), Moná Delacy (Helena), Milton Morais (Marcelo), Sérgio Britto (Olímpio), Wanda Kosmo (Elvira) e Fernanda Montenegro (Lucília). Jorge Andrade assistiu praticamente a todos os ensaios, colaborou zelosamente até mesmo com o cenário e os figurinos e viveu intensamente a gênese de seus personagens, sobretudo através de Fernanda Montenegro, com a qual conversava noites inteiras após os ensaios[38].

A obra retrata momentos autobiográficos fundamentais: com sete anos, em 1929, o autor assistira aos fatos que transformaria em teatro, conservando um nome real no texto, Arlindo, o responsável pela perda da fazenda pertencente à família do dramaturgo[39]. Por outro lado, a obra desencadeia outros tantos fatos em sua vida pessoal que só viriam ao palco mais de dez anos depois em *Rasto Atrás*, tais como o famoso reencontro com o pai, a volta à cidade natal para ser homenageado, o contato pessoal com Arthur Miller e o casamento com Helena, filha de tradicional família paulista. Outro efeito da peça diz respeito à sua influência sobre um jovem autor e principal ator do Teatro de Arena, Gianfrancesco Guarnieri que, ainda líder estudantil, viu a obra e se motivou para escrever *O Cruzeiro lá no Alto*, enfocando uma greve de operários, texto que seria rebatizado em sua estreia, em 22 de fevereiro de 1958, como *Eles Não Usam Black-Tie*,[40] segundo informa o crítico Edélcio Mostaço: "uma alusão direta ao repertório do TBC e às elites engalanadas que desta vez não estavam em cena nem na plateia"[41].

---

38 Idem, p. 20.
39 Entrevista ao Centro Cultural São Paulo, p. 1-2.
40 As Confissões de Jorge Andrade, 2ª parte, op. cit., n. 2.
41 *Teatro Político*, p. 33.

Pesquisando parte da obra televisiva do autor[42], constatamos que *A Moratória* transformar-se-ia em telenovela da Globo, como prova a cópia de um memorando interno de cinco páginas da Divisão de Novelas, datado de 2 de agosto de 1974 e endereçado por Fábio Sabag, produtor artístico, para Daniel Filho. Examinando a pasta de originais da adaptação, vemos nos esboços de capítulo, na lista das personagens e na sinopse dos espaços do texto que se trata de uma fusão de *A Moratória* com *Rasto Atrás*. O autor oscila entre os seguintes títulos: *A Queda*, *O Prazo*, *Os Coronéis* e *Crepúsculo dos Deuses* (menciona ao lado deste último o nome de Visconti a lápis). A cidade de Jaborandi é riscada, oscilando o autor entre Águas Belas e Bari. Entre as anotações de Jorge Andrade, encontramos dados minuciosos sobre a época retratada, certamente fruto de pesquisas do autor, que atestam o grau de distanciamento do passado conseguido, ou ao menos procurado no reenfrentamento da obra de 1954. Vejamos alguns: "As OLIGARQUIAS [sic] desconfiam de todas as ideologias, defendendo a hierarquia e a autoridade, os valores experimentados e as situações adquiridas. [...] O passado de prepotência, de fanfarronice, de impostura, de mando sem discussão e de excessiva altivez é a tônica que continua a caracterizar essa classe, mesmo nos seus momentos de instabilidade" (p. 2); "O PARTIDO [sic] representa, nessas condições, vontade particular, e não o equilíbrio de várias facções, o que conduz a formas políticas e radicais" (p. 3); "Fechar as urnas, negar boletins, não instalar mesas, recusar fiscais, adulterar resultados, afugentar eleitores, comprar votos, falsear alistamento, invadir as mesas com policiais, arrebatar livros eleitorais e procurações de candidatos, fazer eleição antecipada, não aceitar votação em cartório, sonegar, enfim, ao cidadão o direito de votar ou forçá-lo contra a sua consciência são fatos degradantes"; "o público deverá ficar sabendo que a revolução trazida por Getúlio Vargas é a mais importante da história do Brasil moderno. [...] divisor de águas: para trás fica o mundo de Quim, fixo no tempo e no espaço, virando história. Para a frente está uma nova realidade que irá construir um Brasil diferente e mais justo" (p. 10).

---

42 Acervo particular de Helena de Almeida Prado.

A novela, que beneficiaria a peça certamente com uma nova postura crítica do autor, não chegou a ser realizada.

Pedreira das Almas, escrita em 1957, também integrava o ciclo *Raízes da Terra*, na qualidade de peça-origem, ou seja, onde o fio da história da tetralogia tinha início. A ação se passa na cidade morta de São Tomé das Letras, em Minas Gerais, durante a revolução de 1842 e, diferentemente das peças anteriores, se desenrola em espaço aberto, numa praça envolvendo o conjunto de todas as personagens em torno de um interesse comum da coletividade: conseguir emigrar daquele lugar onde o ouro se esgotara, deixando a terra inútil para a agricultura. A ideia surgiu logo após a encenação de *A Moratória*, quando um primo do autor ofereceu-se para mostrar-lhe a cidade mineira situada no alto de uma montanha, de onde teriam partido os antepassados de Jorge Andrade rumo a São Paulo havia dois séculos[43] – as fazendas dos Junqueira situavam-se ao redor da montanha. Vê-se que a temática histórica do autor ganha corpo e se configura em etapas nítidas: depois do período de decadência (*O Telescópio* e *A Moratória*), a concepção de *Pedreira das Almas* leva certamente ao desejo de preencher uma lacuna temporal entre as peças com a elaboração da já citada *Sesmarias do Rosário*, lugar utópico a beira-rio, de extrema fertilidade, citado em *Pedreira das Almas* como alvo da migração daquele povo. Cremos, portanto, ter nascido já em 1957, claramente, a ideia de ciclo na obra do autor.

A peça estreou na comemoração do décimo aniversário do TBC, em 1958, dirigida por Alberto D'Aversa, com cenários de Mauro Francini, figurinos de Darci Penteado, direção musical de Diogo Pacheco, direção de coro de Maria José de Carvalho e estrelada por Fernanda Montenegro (Mariana), Dina Lisboa (Urbana), Oscar Felipe (Martiniano), Leonardo Villar, Ítalo Rossi, Sérgio Britto e outros. O programa da peça, o mais substancioso em informações entre todos da obra do autor, traz cada detalhe do trabalho de montagem descrito e justificado respectivamente pelos vários diretores do espetáculo.

Tem início aqui uma nova experiência do autor com a crítica. Embora lhe seja reconhecido um raro talento trágico, apontado uma filiação a O'Neill no uso moderno do coro[44],

---

43 As Confissões de Jorge Andrade, 2ª parte. op. cit., p. 19.
44 Pedreira das Almas, *Nossos Autores Através da Crítica*, v. 2.

sublinhado a sua linguagem simultaneamente poética e teatral, lamenta-se na encenação as excessivas preocupações estéticas que acabaram por empanar o drama, estilizando-o demais e tornando-o retórico[45]. Jorge Andrade toma a si a tarefa de revisar a obra:

> Quando subiu à cena em 1958, [...] eu senti durante os espetáculos, e depois lendo as críticas e avaliando as reações da plateia, que ela ainda não estava terminada. Então retomei a peça e trabalhei muito. Na remontagem, doze anos mais tarde, é que o texto era definitivo. [...] a peça não foi entendida na ocasião [...] porque toda a concepção estava errada, e partia de uma peça que não estava pronta[46].

A versão da editora Agir de 1960, dois anos após a primeira publicação pela editora Anhembi, já traz a seguinte observação do autor: "Nesta edição de *Pedreira das Almas* não sai publicada a distribuição das personagens na encenação feita [...] em novembro de 1958, porque se trata de uma nova versão da peça onde personagens foram cortadas, e outras, acrescentadas ao texto"[47].

As alterações, no entanto, não terminam aí. Comparando a edição de 1960 com a definitiva de 1970 no ciclo de *Marta, a Árvore e o Relógio,* constatamos ainda algumas mudanças: o autor elimina a quase totalidade das exclamações, reticências e indicações cênicas, extremamente numerosas no texto de 1960, suprime ou condensa falas repetitivas, corta as indicações de "pausa" e semeia pelo texto acréscimos e pequenas transformações para efeito de ligação com as demais peças do ciclo. Consegue, desse modo, agilizar o ritmo e limpar certas situações do risco de melodrama.

Jorge Andrade e a crítica reavaliaram *Pedreira das Almas* em maio de 1977, quando a peça inaugurou o Teatro Alfredo Mesquita, dirigida por Teresa Thiériot, com música de Murilo Alvarenga , figurinos de Flávio Phebo e um elenco de quatorze atores. Optou-se por um acento realista, centrando-se o espe-

---

45 B. Becherucci, Pedreira das Almas, *Anhembi.*
46 As Confissões de Jorge Andrade, 2ª parte. op. cit., p. 20.
47 *Pedreira das Almas. O Telescópio*, p. 16.

tácuło no povo e não nos protagonistas, por entender-se a peça como uma lição (a luta dos oprimidos contra os opressores), na qual todos os atores eram "celebrantes"[48]. A crítica, por sua vez, salientou a atualidade da peça no contexto da realidade brasileira, bem diferente então do Brasil de 1958 sob o governo de Juscelino Kubitschek, e alinhou *Pedreira das Almas* ao lado de peças como *Gota d'Água*[49]. Jorge Andrade, que já se afastara do teatro desde 1969 e tinha quase pronta a peça *Milagre na Cela*, assume um discurso crítico dentro do mesmo diapasão, como já citamos, fazendo críticas à pseudodemocracia de então.

Como no caso de *A Moratória*, *Pedreira das Almas* seria adaptada para a televisão. Há notícia, porém, de que a peça foi proibida pela Globo em 1975, por mostrar que a mulher pode modificar os padrões vigentes em uma sociedade[50].

Vereda da Salvação também surgiu em 1957. Jorge Andrade começara a escrevê-la antes mesmo de iniciar *Pedreira*, deixando-a de lado, porém, para retomá-la em seguida[51], num processo contínuo de revisão e reconstrução que só findaria em 1964, ano de sua estreia no TBC, dirigida por Antunes Filho. Durante esses oito anos o autor escreveu três peças – *A Escada* (1960), *Os Ossos do Barão* (1962) e *Senhora na Boca do Lixo* (1963) – e reuniu material para elaborar as últimas peças do ciclo, *As Confrarias* e *O Sumidouro*.

A peça aparentemente ousa um desvio do universo até então retratado pelo autor, o qual assegura, no entanto, tratar-se ainda de "seu" mundo, pois convivera longo tempo com os colonos da fazenda de seu pai na qualidade de fiscal e amigo. Trata-se da primeira peça de Jorge Andrade inspirada em notícia de jornal: o fato real ocorrera na fazenda São João da Mata, em Catulé, no município de Malacacheta em Minas Gerais, durante uma Semana Santa, quando meeiros membros da Igreja Adventista da Promessa mataram quatro crianças que estariam "possuídas pelo demônio" e foram atacados pela polícia requisitada pela fazenda. No episódio de traços messiânicos, um meeiro afirma-se Cristo, promete e tenta levar seu grupo

---

48 "Pedreira das Almas", *Jornal da Tarde*, 20 maio 1977.
49 M. A., Pedreira, no Momento Certo, *Folha de S.Paulo*, 8 jun. 1977, p. 38.
50 "Pedreira das Almas", *Jornal da Tarde*, 20 maio 1977.
51 As Confissões de Jorge Andrade, 2ª parte. op. cit., p. 20.

para o céu, voando. Segundo Sábato Magaldi, Jorge teria lido o assunto em *Estudos de Sociologia e História*, de 1957, obra que dentre outros ensaios contava com três sobre "o demônio no Catulê"[52].

A versão de 1964 foi publicada em 1965 pela editora Brasiliense e constituía a oitava versão da obra, então dedicada a Sábato Magaldi – este acompanhara uma a uma todas as versões, possuindo cópia de todas até há pouco tempo, como nos afirmou pessoalmente em 1989. Jorge Andrade aponta a principal modificação que ocorreu ao longo de duas mil páginas datilografadas: transformar Joaquim em "símbolo do sofrimento de seu grupo"; para isso deslocou o voo libertador do personagem, do segundo ato para o final da peça, o que do ponto de vista técnico representou um ganho, na medida em que se manteve o interesse do público até o final. No que concerne à mensagem, por outro lado, o problema deixou de ser individual, psicológico – a culpa de Joaquim por ter fracassado no voo julgando-se por isso o demônio, para se tornar um problema coletivo, social –; todos tentam o voo juntos e são mortos à bala pela força policial. Logo, o voo que no fato real ocorria bem antes da chegada dos policiais passa a ocorrer simultaneamente ao ataque repressivo, para exprimir "a inútil saída para um céu, quando a vida deve ser conquistada na própria terra"[53].

Vereda, na qual Sábato Magaldi vê aspectos devedores, mais uma vez, a Arthur Miller, de *As Feiticeiras de Salém* (*The Crucible*), estreou no TBC a 8 de julho de 1964, com direção de Antunes Filho e assistência de Stênio Garcia, cenários de Norman Westwater, música de Damiano Gozzella e o seguinte elenco: Cleye Yáconis (Dolor), Raul Cortez (Joaquim), Renato Restier (Manuel), Esther Mellinger (Artuliana), Aracy Balabanian (Ana), Stênio Garcia (Geraldo), Ruth de Souza (Germana), Anita Sbano (Conceição), José Sbano (Pedro), Sílvio Rocha (Onofre), Yola Maia (Daluz) e Lélia Abramo (Durvalina)[54].

Uma série de fatores que poderiam levar ao sucesso da obra, dentro do quadro específico da época, redundaram em

---

52 Revisão de Vereda, em J. Andrade, *Marta...*, p. 634-635.
53 "Jorge Andrade Fala Sobre sua 'Vereda da Salvação'", montada pelo TBC. *Revista de Teatro SBAT*, jul./ago. 1964.
54 Idem, ibidem.

O LUGAR DA METALINGUAGEM NA OBRA DE JORGE ANDRADE

seu grande fracasso, o qual Jorge Andrade parece não ter conseguido jamais superar, como deixa expresso em seu romance *O Labirinto* e em sua tetralogia metalinguística. Todos os dados sobre a montagem, esparsos na imprensa da época, encontram-se condensados na seguinte fala de Maurice Vaneau, então diretor artístico do TBC (que, aliás, teria perdido o cargo por conta desse "fracasso"):

> Queremos fazer de *Vereda da Salvação* a grande montagem do Teatro Brasileiro de Comédia, a atual temporada [...], tendo custado quase 15 milhões de cruzeiros [...], seis meses ininterruptos de ensaios, com exigentes exercícios. Trata-se do mais oneroso espetáculo de toda a história do conjunto, e só foi possível encená-lo em virtude do êxito extraordinário de *Os Ossos do Barão*. [...] Entrou diversas vezes no programa do Teatro e chegou a ter seus ensaios iniciados antes da crise de 1962. [...] O próprio Jorge Andrade, que já nos deu dois êxitos, com *A Escada* e *Os Ossos*, considera *Vereda* sua obra mais madura. Como o TBC não pode fugir de sua linha artística de apresentar grandes êxitos, impôs-se a montagem de *Vereda*, logo que pudemos saldar as dívidas prementes[55].

Os "exigentes exercícios" acima mencionados, muito comentados nos jornais[56], eram cerca de cinquenta, concebidos por Antunes Filho e seu assistente Stênio Garcia e inspirados em Grotowski (linha estranha ao modelo TBC/EAD). Tinham por objetivo afastar os atores do "naturalismo internacionalmente consagrado", para que interpretassem o verdadeiro comportamento do homem do campo. Para descondicioná-los das técnicas que refletiam sua formação dentro da "tradição brasileira do realismo citadino" e criar um "realismo brasileiro" que poderia vir a "revolucionar a arte da representação no Brasil"[57], praticava-se, por exemplo: o *lobo*, para ganhar uma visão animal do mundo, desenvolver a ausência de autoestima e demonstrar a estagnação de uma sociedade enjaulada; *vermes*, para se ter a noção da incapacidade do movimento preciso, da ausência de

---

55 "Vereda" Será a Grande Montagem do TBC em 1964, *O Estado de S.Paulo*, 26 jun. 1964.

56 Hoje no TBC Estreia "Vereda da Salvação", *O Estado de S.Paulo*, 8 jun. 1964; Sobre o Espetáculo de "Vereda da Salvação", *O Estado de S.Paulo*, 16 jun. 1964; A Estreia no TBC: Quase Vaiaram…, *Folha de S.Paulo,* 10 jul. 1964.

57 Procura-se, no TBC, um Estilo Brasileiro, *O Estado de S.Paulo*, 14 jun. 1964.

agressividade e da cegueira; a *caminhada*, que ajudava o ator a encontrar o andar certo do caboclo brasileiro; o *samurai*, para a noção de força física; a *contra palavra*, para se conseguir gestos instintivos, naturais, não retóricos ou verborrágicos e a pouca fala sertaneja; e as *árvores*, para se evitar o romântico na interpretação se, numa atitude de concentração, se convencessem de serem seres que nascem, crescem e morrem, dentro dos "preceitos rígidos dos vegetais, sem gestos lânguidos, sem tremores", para uma lentidão e consciência de todos os músculos[58].

O público não compareceu, segundo noticiaram os jornais, e a peça não se manteve mais que duas semanas no palco. Jorge Andrade descreveu as reações e apontou uma parte das eventuais causas do fenômeno:

O Antunes fez um belíssimo trabalho de preparação dos atores [...]. Mas todos esses exercícios deviam ter ficado na sala de cima, nos ensaios [...]. Agora, aliado a isso, veio uma reação terrível. A direita acusou violentamente o espetáculo de ser comunista e exigia a saída da peça de cartaz. Escreveram cartas a O *Estado de S.Paulo* [...]. De outro lado, a esquerda festiva, a esquerda burra, me acusando porque eu apresentava uma chaga viva do homem brasileiro, só que nenhum personagem levantava de repente e fazia o discursinho partidário. Conclusão (deles): os personagens eram alienados[59].

O quadro geral das condições de recepção tem a sua melhor síntese nas palavras do crítico Sábato Magaldi, mais tarde, em sua revisão do ocorrido: ao público de espectadores financeiramente favorecidos, afeito ao teatro como divertimento, não poderia agradar a exibição da miséria dos "agregados" (ex-posseiros) das fazendas, ou seja, esse outro lado e outra perspectiva do universo apresentado até ali pelo autor de *A Moratória*, *O Telescópio*, *Pedreira* e, sobretudo, *Os Ossos do Barão*. A matéria da peça, em princípio, aparentava-se àquela dos panfletos reivindicatórios repudiados pelo poder pós-1964 – a questão agrária, o que torna sintomático o rápido comunicado da direção do teatro reconhecendo a inviabilidade total do espetáculo, sem que decorresse um prazo razoável para que se

58 Idem, ibidem.
59 As Confissões de Jorge Andrade, 2ª parte. op. cit., p. 24-25.

chegasse a uma conclusão a respeito da frequência do público. Finalmente, além da reserva ao texto, somava-se, no meio teatral, um "franco repúdio" ao método de ensaios de Antunes Filho que, se bem-sucedido, tornaria "acadêmicos" os sistemas tradicionais de interpretação[60].

Outra polêmica dessas dimensões só ocorreria em fins de 1970 com *Milagre na Cela*, do ciclo posterior, única obra além de *Vereda* a se transformar em filme. Em janeiro de 1964, ainda em ensaios no TBC, *Vereda* teve seus direitos de filmagem vendidos por Jorge Andrade a Anselmo Duarte pela quantia de seis milhões de cruzeiros, considerada fabulosa na época, "um dos maiores negócios na história do cinema e do teatro nacionais"[61]. O filme, no entanto, não conseguiu, no Festival de Berlim, a mesma recepção alcançada por *O Pagador de Promessas* em Cannes[62]. Jorge Andrade atribuiu a si o fracasso da película, por ter exigido que a adaptação fosse realizada por ele mesmo: "Veja um negócio: o autor fez a adaptação. O diretor esperou a peça sair do teatro; saiu num dia e começou a filmar no outro. Então ficou a peça filmada. [...] Ficou um mundo fechado [...], ficou demais o espetáculo do Antunes filmado"[63].

Em 1993, *Vereda* foi novamente encenada pelo tenaz Antunes Filho, agora no Teatro Sesc Anchieta, e recebeu finalmente a aclamação que sua história cobrava, recebendo o prêmio de melhor espetáculo do ano e de melhor atriz (Laura Cardoso) da Associação Paulista dos Críticos de Arte (APCA). Levou também o prêmio Shell de Teatro em 1994 de melhor atriz, novamente para Laura Cardoso, e de melhor cenografia para J. C. Serroni, que receberam um troféu e 3.500 dólares cada um. Foi ali a peça com o maior número de indicações: Antunes Filho para melhor direção, Luís Melo para melhor ator, Luciana Buarque para melhor figurinista, além dos citados Serroni e Laura Cardoso, que realmente foram premiados. Quanto à premiação Mambembe de Teatro em 1994, *Vereda* foi a peça mais glorificada: Antunes foi aclamado melhor diretor, Luís Melo, melhor ator, e Laura Cardoso, melhor atriz. O espetáculo participou

---

60 Cf. S. Magaldi, Revisão de Vereda, em J. Andrade, *Marta...*, p. 635-636.
61 J. Soares, Vereda por Seis Milhões, *Última Hora*, 21 jan. 1964.
62 "Vereda da Salvação", *Folha do Norte*, 19 nov. 1970.
63 Entrevista ao Centro Cultural São Paulo, p. 19.

em 1994 do Terceiro Festival de Teatro de Curitiba e do FIT (Festival Internacional de Teatro), em Belo Horizonte.

Essa encenação que, mais uma vez, ainda que infelizmente, provou a atualidade da peça no cenário do país trinta anos depois de sua estreia (veja-se a entravada reforma agrária e casos de massacre por força policial), contou com os cenários de Serroni, que há uns sete anos trabalhava no Centro de Pesquisa Teatral do Sesc Anchieta. De comum acordo com Antunes, e por questão de economia, Serroni aboliu uma das três casas previstas pela peça na clareira da floresta e só insinuou as outras duas, "fazendo apenas suas entradas, que pareciam as de um templo". Para "aliviar" o naturalismo, criticado por Antunes, reduziram ainda da cenografia os duzentos troncos de árvores a apenas 110, três dos quais foram pintados, um de laranja, um de vermelho e outro de verde. Os troncos pretenderam dar verticalidade, consoante com a ideia de ascensão contida na religiosidade e no misticismo do texto. Julgaram, ainda, que uma mancha branca numa parede azul à frente e à direita do palco também aliviaria o realismo e emprestaria uma expressiva carga simbólica ao cenário, possibilitando muitas leituras à montagem[64]. Uma iniciativa interessante constituiu remissão clara a um fato ocorrido em um presídio de São Paulo, no governo de Fleury, e denominado pela grande imprensa como "o massacre do Carandiru", recurso louvado pelo ator Renato Borghi, ao elencar as boas realizações do teatro brasileiro de agora: "Ele [Antunes] encheu o palco de caixões com pessoas mortas. E daí? Por que a tragédia grega podia fazer isso e aqui ficam cheios de dedos, sem querer tomar posições, com medo de escancarar as verdades?"[65].

Após *Pedreira das Almas*, enquanto construía *Vereda,* o autor escreveu *A Escada*, em 1960, sua primeira peça metalinguística, quando foi criado Vicente, a personagem dramaturga, uma projeção de Jorge Andrade, inaugurando a "linha artística" do ciclo, que engloba quatro peças, as quais serão apresentadas separadamente.

---

64 D. Piza, Estamos Atrasados 20 Anos…, *Folha de S.Paulo*, 24 jan. 1994.

65 D. Carneiro Neto, Prazer de Representar É Herança do Oficina, *O Estado de S.Paulo*, 19 jan. 1996.

O LUGAR DA METALINGUAGEM NA OBRA DE JORGE ANDRADE   27

Em seguida à *Escada* surgiu *Os Ossos do Barão*, maior sucesso de bilheteria do TBC, que ficou quase dois anos em cartaz. Datada de dezembro de 1962, estreiou em 8 de março de 1963, foi publicada em 1964 pela editora Brasiliense e foi para o Teatro Ginástico, no Rio de Janeiro, em 1965. Para ingressar na publicação conjunta do ciclo em 1970, o texto sofreu algumas acomodações, a fim de abrigar ou explicitar melhor as imagens-título do livro. Essa primeira e única comédia do dramaturgo inspirou-se em um dos muitos casos narrados pelo avô de Helena de Almeida Prado, sua esposa, incorporando igualmente a vivência rural do próprio Jorge Andrade:

"Imagine, Jorge, que um italiano que morava no Brás comprou uma casa que foi de uma baronesa e descobriu no quintal a capela dos antepassados do barão. Sabe o que ele fez? Vendeu os ossos. A quilo. Então você acha que isso é gente que se apresente?", mas essa comédia é profundamente relacionada com a minha vida na fazenda com os italianos[66].

A peça, anterior à divulgação de *Vereda*, apresenta o mundo "quatrocentão" paulista pela perspectiva do colono italiano que enriqueceu, tornando-se industrial após longo trabalho na lavoura do café. Representa o último dos quatro ciclos econômicos da história paulista retratados na dramaturgia do autor até 1969. A obra focaliza o orgulho de casta e demais preconceitos da classe social falida em 1929, por meio do cômico leve e de situações armadas de tal modo contemporizador, que tornam suportáveis e mesmo agradáveis todas as críticas, em razão do tom geral de conciliação entre as facções sociais em jogo. A nova classe em ascensão e a velha aristocracia decadente selam seus respectivos interesses a partir do casamento de dois jovens unidos pelo amor. A fórmula, muito bem recebida no teatro, seria levada com sucesso à televisão dez anos depois. A montagem de 1963 teve a direção de Maurice Vaneau, cenários e figurinos de Marie Claire Vaneau e o seguinte elenco: Otello Zeloni (Egisto), Lélia Abramo (Bianca), Maurício Nabuco (Martino), Rubens de Falco (Miguel Camargo), Cleyde Yáconis (Verônica), Aracy Balabanian (Izabel), Aurea Campos (Elisa), Hedy Toledo

---

66 As Confissões de Jorge Andrade, 2ª parte, op. cit., p. 18.

(Copeira), Dina Lisboa (Ismália), Marina Freire (Clélia), Lélia Surian (Lucrécia) e Sílvio Rocha (Alfredo).

O texto de 1964 sofreu pequenas alterações para figurar na edição conjunta de 1970, entre elas uma significativa troca de nomes de uma personagem: a tia Marta, que vende os ossos do barão, chamava-se anteriormente tia Ismália. Pesquisando uma pasta com edições antigas de *A Escada*, encontramos entre as anotações de Jorge Andrade a origem da personagem: "Ismália deve ser igual à tia Nana!"[67]. Em entrevista com Helena de Almeida Prado, ela revelou tratar-se de sua tia-avó Ana Blandina ou Donana, como lhe chamavam os empregados, uma "velha moderna" que, sempre que ouvia falarem "no nosso tempo", respondia irreverente: "*nosso* tempo, não; eu não morri, eu ainda estou no *meu* tempo"[68]. Características que conferem perfeitamente com os traços do caráter de Marta, a personagem-título do ciclo 1.

A obra constituiu a primeira incursão de Jorge Andrade na televisão, adaptada com elementos de *A Escada*, para uma telenovela da Rede Globo no período de 1973/1974, sob a direção de Régis Cardoso. Em duas pastas de originais do autor, encontramos entre os estudos da adaptação uma sinopse intitulada *Peneira de Ouro*, cuja grande personagem seria a indústria, sendo o eixo central constituído pelos *Ossos do Barão*, mas contendo paralelo o "mundo de Antenor ou Barão de Jaraguá", que inclui Vicente como um dos filhos[69]. Cremos ser essa a origem da novela da Globo[70].

Em 1997, portanto 24 anos depois, a telenovela de Jorge Andrade voltou a ser produzida, dessa vez pela emissora SBT (dentro do filão "histórias de época"), estreando a 28 de abril de 1997 e com término previsto para outubro, com as gravações de todos os capítulos já finalizadas na estreia, a um custo de aproximadamente 50 mil dólares por capítulo. O projeto teve a supervisão de Nilton Travesso, adaptação de Walter George Durst que, segundo noticiou-se, adaptou duas telenovelas

---

67 *A Escada*, Acervo da Seção de Artes Cênicas do Centro Cultural São Paulo.
68 Entrevista a Catarina Sant'Anna, 17 ago. 1988.
69 Acervo particular de H. de A. Prado, pasta de *A Escada* e *Os Ossos do Barão*.
70 Ver maiores detalhes em C. Sant'Anna, A Telenovela "Os Ossos do Barão", *Comunicação & Educação*, n. 8, 1997, p. 63-74.

de Jorge Andrade (*Os Ossos do Barão* e *Ninho de Serpentes*), direção de Henrique Martins e Luiz Armando Queiroz, direção geral de Antônio Abujamra (que não dirigia novelas desde 1982, mas aceitou por ser um texto de Jorge Andrade), cenários luxuosíssimos e um elogiado elenco de 41 atores, dentre os quais: Juca de Oliveira (Egisto Ghirotto), Jussara Freire (Bianca), Cleyde Yáconis (Melica), Leonardo Villar (Antenor), Tarcísio Filho (Martino), Ana Paula Arósio (Isabel), Petrônio Gontijo (Vicente), Bia Seidl (Lavinia), Mika Lins (filha de um banqueiro), Christiana Guinle (uma psicóloga), Bete Coelho (Norma, "uma das pioneiras da psicanálise no Brasil"), Othon Bastos (Miguel), Daniela Camargo (Mariana), Clarisse Abujamra (Verônica), Thales Pan Chacon (Otávio), Rubens de Falco (Candido, poderoso banqueiro e patriarca da família Caldas; "odeia Vicente por este não se ter casado com sua sobrinha Lídia"), Imara Reis (Guilhermina), Antônio Abujamra (Sebastião) e vários outros[71]. Os créditos, na abertura da telenovela, indicam ainda Duca Rachid, Marcos Lazarini e Mário Teixeira como escritores do texto.

Em 1963, Jorge Andrade escreveu *Senhora na Boca do Lixo*, outra peça inspirada em um *fait divers*, publicada pela editora Civilização Brasileira em 1968, com estreia no Rio de Janeiro a 5 de março do mesmo ano. O tema da atualidade, certo tipo de contrabando, caracterizaria a peça como obra do ciclo 2, não fosse o tratamento do autor, sobretudo no que concerne à versão integrante do ciclo editado em 1970: a protagonista é pintada com as tintas da nostalgia de um passado perdido e inclui em seu discurso referências às demais peças do ciclo. Jorge Andrade explica que se tratava de uma certa "senhora", presa ao desembarcar com contrabando no aeroporto de Viracopos:

> As célebres andorinhas que vão à Europa fazer compras e depois vendem para pagar a passagem, mas acham que não estão contrabandeando. Ela era parente do governador da época e do secretário

---

71 O elenco constante da abertura da telenovela é integrado ainda por Denise Del Vecchio, Laerte Morrone, Ewerton de Castro, Mayara Magri, Dalton Vigh, Rubens Caribé, Otávio Müller, Maria Eugênia de Domênico, Jerusa Franco, Cláudio Cury, Bárbara Fazio, Yara Lins, Elizabeth Henreid, Tânia Bondezan, Gésio Amadeu, Cristina Bessa, Chica Lopes, Philipe Levy, António Ghigonetto, Wagner Santisteban, Rita Almeida, Paula Sardá, Renato Caldas, Luciano Quirino, Eduardo Gabriel, Leonardo Monteiro e Filipe Ribeiro (duas crianças).

de justiça. Foi levada à delegacia, [...] alertou o delegado [...], pois um telefonema seu seria o suficiente para tirá-lo do cargo. No final da tarde, ela foi liberada e ainda teve à sua disposição uma viatura para transportar a bagagem[72].

A peça estreia primeiramente em Lisboa, pela Companhia Amélia Rey-Colaço, em 1966. Dois anos depois, Eva Todor encarnaria o papel de Noêmia, na montagem carioca do Teatro Gláucio Gil, dirigida por Dulcina de Moraes, com cenários de Pernambuco de Oliveira, figurinos de Antônio Murilo e o seguinte elenco: Carlos Eduardo Dolabella (Delegado Hélio), Alzira Cunha (Camila), Alberto Péres (Garcia), Ivonne Hoffmann, Elza Gomes, Lúcia Delor, Paulo Navarro, Cirene Tostes e Alvaro Aguiar.

Além de um incidente com a censura, a obra obteve da crítica uma recepção impiedosa. A censura federal acusou o autor de indispor o povo contra a polícia e deliberou os cortes que julgou convenientes. O impasse foi resolvido com a limitação da idade mínima do público para dezoito anos. Jorge Andrade comentou o caso pelos jornais, com um discurso digno de quem estava terminando as peças *As Confrarias* e *O Sumidouro*:

> Achar que eu pretendi incompatibilizar o povo com a polícia era subentender que o povo pudesse assistir a teatro nas condições financeiras em que se encontra. E todos sabemos que a audiência aos espetáculos se limita a uma pequena camada da população. Na peça, aliás, se há defesa do povo, há também da polícia, pois ela pertence ao povo e não pode ser considerada uma entidade superior, desligada dele[73].

Em São Paulo, uns vinte dias antes da permitida estreia no Rio de Janeiro, a imprensa noticiara a participação ativa do dramaturgo em uma greve da classe teatral nas escadarias do Teatro Municipal de São Paulo, "protestando contra os atos ditatoriais da censura". São enumeradas as acusações contra *Senhora..*: levantar o povo contra a polícia, colocar o clero em má posição e insinuar que no Brasil só se progredia com o auxílio dos militares[74].

---

72 Entrevista concedida a Maria José Gonçalves, *Jornal Cidade de Santos*, 16 ago. 1981.
73 Jorge: Polícia Também É Povo, *Última Hora*, 9 mar. 1968.
74 Jorge Andrade Recusa Critério da Censura, *O Estado de S.Paulo*, 14 fev. 1968.

O LUGAR DA METALINGUAGEM NA OBRA DE JORGE ANDRADE

A crítica carioca, em março de 1968, considerou *Senhora* a pior peça de Jorge Andrade, estranhou que o autor permitisse sua encenação e lamentou o desperdício de um bom tema, aconselhando-o a descobrir urgentemente novos caminhos para não comprometer o prestígio alcançado[75]. Sublinharam a tendência ao melodrama e à caricatura, a inautenticidade psicológica, a implausibilidade da trama e a arquitetura falha de certas cenas. O elenco foi considerado fraco, o cenário, comprometedor, os figurinos, pouco plausíveis, a direção, acomodada, antiquada, superficial. Somente o esforço de Eva Todor em mudar os caminhos em sua carreira de atriz foram louvados, apesar de seu desempenho desigual. Uma única voz destoou, a de Rubem Rocha Filho que, já em fins de maio, diante da evidência de um teatro sempre lotado, teceu considerações sobre a discrepância entre críticos e público e ensaiou uma defesa da obra: a importância do apelo do melodrama e das situações de telenovela para levar o público a ir e gostar de teatro, e as sutilezas de denúncia no texto, que veiculadas de outra forma afugentariam o público – uma mulher do povo na delegacia e a cena que perfila um general, um padre e grã-finos na defesa da quatrocentona (trecho, aliás, cortado pelo autor em 1970).

As críticas tinham razão, e Jorge Andrade pareceu tê-las de certo modo considerado, se observarmos as transformações operadas na obra de 1968 para que integrasse o ciclo de Marta editado em 1970: como em *O Telescópio* e em *Pedreira das Almas*, as alterações ultrapassam o projeto dos elos intertextuais que forjam a unificação das peças em um só bloco. É o texto mais retalhado dessa operação de revisão, com cenas inteiras cortadas ou transplantadas, condensadas etc. Ainda assim, as personagens e a trama continuam algo inverídicas e com certo acento melodramático.

Em 1981, o dramaturgo foi convidado a adaptar uma de suas peças para o "Teleconto" da tv Cultura e apresentou *Senhora*, que foi recusada. Jorge Andrade contou o episódio:

e foi recusada sob a alegação de que a personagem é parente de uma senhora muito importante da sociedade paulista, e a emissora

---

75 Y. Michalski, Senhora na Boca do Autor, *Jornal do Brasil*, 10 mar. 1968; F. Wolff, Senhora na Boca do Lixo: O Pior Jorge Andrade, *Tribuna da Imprensa*, 25 mar. 1968.

METALINGUAGEM E TEATRO

é subvencionada pelo Estado. Aí eu pergunto, onde está a abertura? Onde é que fica a censura? Acontece que, em qualquer regime, os poderosos não vão para a cadeia. É o que eu digo na peça. Isso é realidade[76].

A peça só iria ao ar, pela mesma emissora, no ano seguinte, numa adaptação de Arlindo Pereira, com cinquenta minutos de duração e interpretada por atores como Marilena Ansaldi (Noêmia), Françoise Fourton (Camila), Herson Capri (Delegado) e Laura Cardoso (Marta).

Decorridas as experiências de vida pessoal e artística do autor nos anos de 1950, após o desempenho de *A Escada* (1960), no Rio de Janeiro (1961) e em Lisboa (1965), como veremos adiante, o enorme sucesso de *Os Ossos do Barão* em 1963/1964, seguido imediatamente pela grande derrota de *Vereda da Salvação*, em 1964, Jorge Andrade já reunia elementos suficientes para perceber a realidade do mundo além-fazenda: o mundo da arte, que descobrira com certo encanto, não estava alheio aos problemas de ordem econômica, política ou ao caprichoso gosto do público. A matéria de suas lembranças provocava reações diametralmente opostas em um mesmo espaço de recepção (o TBC). A desejada liberdade de expressão também podia ser sufocada na grande metrópole, tanto quanto na cidadezinha interiorana. A sociedade brasileira se transformara naquela década e meia, e o meio teatral estava cada vez mais envolvido nesse processo. O autor não estava, portanto, isolado com "sua" arte, mas fazia parte da comunidade artística paulista e brasileira, e o teatro, enfim, estava encravado na totalidade da vida nacional. As lembranças de ora em diante, no ciclo "da memória", não seriam mais tão somente contadas, mas julgadas, e o olho que observava atento tornar-se-ia também observável, exibindo-se à plateia e explodindo a carcaça da forma teatral naturalista[77]: as lembranças passaram a ser reveladas como recordações pessoais do contador, que se assumiu como dramaturgo dentro da peça e explorou tanto os mistérios de si mesmo como os mistérios da

---

76 Entrevista concedida a Maria José Gonçalves, *Jornal Cidade de Santos*, 16 ago. 1981.

77 Veja-se que *A Moratória* já ensaiara uns passos na quebra da dramaturgia clássica, num tratamento ousado dos planos temporais. A tetralogia metalinguística, porém, vai muito mais além.

arte teatral – o que é ser dramaturgo (*Rasto Atrás*), o que é ser ator (*As Confrarias*), o que é ser personagem (*O Sumidouro*). O passado pessoal se esgarçava para poder acolher problemas semelhantes aos seus em outras épocas e lugares.

O ciclo de Marta, portanto, é fechado por três peças autorreferentes, ou metalinguísticas, que integram a "linha artística" iniciada com *A Escada* em 1960, formando a tetralogia que propusemos examinar.

UM "CICLO ENCLAVE": A TETRALOGIA METALINGUÍSTICA

As quatro peças que concluímos formarem um bloco articulado com princípio, meio e fim, dentro do ciclo 1, foram mencionadas enquanto conjunto uma única vez pelo dramaturgo, durante um depoimento em 1976. São elas *A Escada, Rasto Atrás, As Confrarias* e *O Sumidouro*:

E isso é dito através do filho de Marta, que foi ator – entrando aí a arte dramática e a arte através da realização. [...] Parte daí então essa linha da arte, na primeira peça, através de José, que é ator, [...] até no fim do ciclo quando, pouco a pouco, na metade do ciclo começa a aparecer uma personagem chamada Vicente, que é dramaturgo, que é jornalista, que começa a trabalhar até que ele se torna personagem principal nas duas últimas peças, e sobretudo na última[78].

Nessa tetralogia, o autor se insere como personagem, tornando as peças autorreferenciais ou metalinguísticas, isto é, voltadas para o próprio código teatral que é nelas explicitado, comentado, julgado. Essa linha da arte não se limita, porém, à condição de porta-voz privilegiada da poética de Jorge Andrade; vai além e manipula criticamente, no mesmo processo, o próprio objeto de sua dramaturgia: a História. No momento, entretanto, interessa observar a origem de cada uma dessas peças, suas eventuais relações com as obras do ciclo, sua posição no conjunto, bem como as inter-relações que as caracterizariam como um bloco quase autônomo no livro.

---

78 Entrevista ao Centro Cultural São Paulo, p. 13.

A *Escada* surgiu inteira, entre peças inacabadas, mais precisamente entre uma tragédia e uma comédia, constituindo a primeira produção do autor a incorporar os dados ganhos com a vivência do casamento com Helena de Almeida Prado. Vejamos:

> Depois da *Pedreira* eu pensei ter terminado *A Vereda*. Mas não tinha. E como eu disse que no meu casamento a caravela entrou e ancorou na minha mesa [...]. Foi aí que escrevi *A Escada* em 1960. [...] E depois de *A Escada* é que realmente terminei *Os Ossos do Barão*[79].

Constitui a primeira peça propriamente urbana do ciclo (se não considerarmos *As Colunas do Templo*, de 1952, que veremos mais adiante), ao tratar de um caso de inadaptação crônica ao espaço cidade, por parte de um aristocrata rural decadente. Tem início, desse modo, a *linha* da família paulista, cônscia de sua linhagem, ilhada em seus preconceitos, zelosa de seu nome e de um *status* sem o devido suporte financeiro: *Os Ossos do Barão*, *Senhora na Boca do Lixo* e, de certo modo, *O Sumidouro* – na qual o autor pretendeu expor e desmontar a raiz do que denominou "orgulho paulista". Jorge Andrade explicou a fonte de inspiração da peça:

> Pois o avô de Helena descendia de uma baronesa que foi dona do Brás inteiro. E, durante 19 anos, ele tocou uma demanda para botar para fora toda a população do Brás, porque o Brás pertencia à família. As filhas lhe lembravam: Papai, o Brás tem milhões de pessoas morando, tem prédios, tem igrejas, tem cemitério. Aquelas pessoas já são donas. E ele ripostava: Mas as terras pertenceram ao Barão Não-sei-o-quê e eu sou descendente direto, portanto... Eu não mandei ninguém fazer prédio no Brás, o Brás me pertence. Foi daí que nasceu *A Escada*[80].

É sintomático, em se tratando de uma peça que inaugura um ciclo metalinguístico – implicação, portanto, de certo distanciamento –, que a personagem símbolo vivo da tradição e do passado, o velho Antenor, seja internado em um asilo por seus filhos, entre os quais se encontra justamente o dramaturgo

---

79 As Confissões de Jorge Andrade, 2ª parte. op. cit., p. 21.
80 Idem, p. 18.

O LUGAR DA METALINGUAGEM NA OBRA DE JORGE ANDRADE 35

Vicente, que, por meio dessa obra, ingressa no ciclo de Marta com suas angústias pessoais e profissionais estreitamente ligadas, numa relação conflitiva com a tradição e o passado. Por outro lado, a conjunção de obras antípodas em processo de elaboração, como *Vereda* e *Ossos*, pode explicar o esgarçamento da perspectiva de Jorge Andrade, entre a adesão do trágico e o distanciamento do cômico, rompendo a cortina da ficção e exibindo seus bastidores: o passado vira matéria de teatro nas mãos de um dramaturgo que se expõe dentro de sua obra aos olhos do público.

Dentro do ciclo de Marta, pela ordem da enunciação, portanto, teríamos: *O Telescópio* (1951), *A Moratória* (1954), *Pedreira das Almas* (1957), *Vereda da Salvação* (1957-1963), *A Escada* (1960), *Os Ossos do Barão* (1962), *Senhora na Boca do Lixo* (1963), *Rasto Atrás* (1966), *As Confrarias* (1969) e *O Sumidouro* (1969).

Observemos que uma fricção de formas teatrais diversas (tragédia, comédia, metalinguagem) se deu exatamente no meio do ciclo, numa virada de década em que o teatro brasileiro já sofria transformações substanciais e como que afetou o autor de *A Moratória*, que parecia ensaiar novos caminhos formais. Após a mal sucedida *Senhora*, Jorge Andrade retomou e radicalizou a experiência nascida em *A Escada*, e assim fechou o ciclo com *Rasto Atrás*, *As Confrarias* e *O Sumidouro*.

Diferentemente das outras obras metalinguísticas do ciclo, *A Escada* é uma obra popular, isto é, de fácil compreensão e empatia, como provou o sucesso de sua encenação no TBC, em 1961, quando foi a peça mais premiada do ano, assistida por mais de trinta mil espectadores em cinco meses[81]. Teve, então, a direção de Flávio Rangel, que contou com a assistência de Stênio Garcia, cenários de Cyro Del Nero, maquiagem de Leontj Tymoszanko e os seguintes atores: Luiz Linhares (Antenor), Carmem Silva (Amélia), Cleyde Yáconis (Maria Clara), Miriam Mehler (Zilda), Nilda Maria (Lourdes), Elísio de Albuquerque (Francisco), Maria Célia Camargo (Noêmia), Gianfrancesco Guarnieri (Ricardo), Nathália Timberg (Helena Fausta), Laércio Laurelli (Sérgio), Juca de Oliveira (Vicente), Ruthinéa de Moraes (Isabel), Stênio Garcia (Omar), Flávio Migliaccio

81 D. Gonçalves, op. cit.

(Juca), Homero Capozzi (Industrial), Noel Silva (Homem), José Egydio (Vendeiro), Cuberos Neto (Oficial de Justiça) e Leda Maria (Marlene).

No Rio de Janeiro, foi representada em fins de 1963, no Teatro do Rio, dirigida por Ivan de Albuquerque, sob os auspícios do Serviço de Teatros da Secretaria de Educação e Cultura do então Estado da Guanabara, com igual sucesso de público[82].

Jorge Andrade, no entanto, considerou melhor o espetáculo realizado em Lisboa em 1965, por mostrar melhor a família como personagem, por meio da excelente cenografia de Lucien Donnat[83]. Amélia foi interpretada por Amélia Rey-Colaço, atriz que dirigia a Companhia do Teatro Nacional Dona Maria II (a mais importante de Portugal) havia 36 anos e cujo desempenho no papel representou seu segundo melhor trabalho em teatro. A direção, muito elogiada, foi de Henriette Morineau, que sugerira o texto à atriz portuguesa que, por sua vez, consultou o ministro da Educação de Portugal sobre a montagem. Jorge Andrade foi convidado oficialmente e recebeu inúmeras homenagens no país: "Com uma solicitude impressionante, os representantes do governo abriram-me todas as portas"[84]. Esse detalhe não é nada desprezível, considerando-se a visão da História do Brasil contida na peça e o momento político vivido pelo governo português, cuja autoridade e hegemonia estavam sendo contestadas pela eclosão da luta armada, nacionalista, em suas colônias africanas.

Quanto às edições da peça, o cotejamento das versões publicadas em 1964 e em 1970 mostra algumas alterações, como a inserção de muitos trechos elo visando a unidade do ciclo e uma maior valorização da personagem Vicente: extensão e número das falas, sua presença na ação e completa reformulação da cena entre Omar e Zilda acerca do preconceito de cor. Nesta última, fica evidente uma nova condução, mais tática, do diálogo, que elimina trechos francamente preconceituosos da personagem feminina, branca e descendente de família aristocrática decadente. A cena de 1964 é ainda substancialmente en-

---

82 G. Vieira, "Escada" de Jorge Andrade, *Jornal do Brasil*, 10 nov. 1963.
83 "A Escada" em Portugal Vista Pelo Seu Autor, *O Estado de S.Paulo*, 24 nov. 1965.
84 Idem, ibidem.

riquecida com elementos da peça *As Confrarias*, da qual toma de empréstimo trechos do discurso do ator José, também mulato como Omar de *A Escada*. Por exemplo, a imagem do dilaceramento entre dois sangues: "Parecia que carregava em mim duas forças que queriam me destruir. Sentia-me como se tivesse atravessado uma fronteira… num lugar sem nome, sem nada! […] Zilda: Pois seja negro! Sinta que pertence… não importa a que lado"[85].

A peça, além de integrar a já citada novela *Os Ossos do Barão* em 1973, seria matéria de outra novela intitulada *Longa Despedida* para a TV Bandeirantes em 1982, como provam sinopses, estudos de personagens, a redação do capítulo seis e um estudo contendo o histórico jornalístico que fundamenta a novela, no qual Jorge Andrade escreveu: "A novela terá um interesse primordialmente jornalístico, porque gira em torno de um tema que está sendo debatido no mundo inteiro: 1982 foi determinado pela ONU o ano internacional da pessoa idosa"[86].

O autor justifica a atualidade do tema com uma longa exposição de dados estatísticos sobre a população idosa no planeta e sobre os problemas daí decorrentes, com perspectivas para o século XXI. A proposta sublinha que, tendo a personagem Antenor a idade de oitenta anos, terá nascido no início do século e assistido, portanto, às suas grandes transformações, podendo a novela chamar-se *Longa Despedida*, *Escada da Vida* ou *Escada Mágica*, pois em torno da escada tudo iria acontecer, transformando-a no divisor de dois séculos. Antenor encarnaria o século XX e os valores do passado, e seus netos, o século XXI e os valores do futuro, que se imporiam no final da novela[87]. Dois fatos são dignos de nota: Jorge Andrade propõe abordar o problema da imigração judia, segundo ele, inédito em televisão, por meio do amor entre uma jovem não judia e um filho de judeus, fato que criaria "sério problema religioso e de tradição", e refletiria muito bem os valores que os jovens brasileiros ou judeus, em sua opinião, não aceitavam mais[88]. O outro fato diz respeito a uma metalinguagem

---

85 *Marta…*, p. 385-386; cf. idem, p. 49 (*As Confrarias*).
86 *Longa Despedida*, acervo particular de H. de A. Prado.
87 Idem, p. 2-7.
88 Idem, p. 5-6.

na telenovela: "SALA DE VICENTE: Telefonema da Bandeirantes. O chamado pra escrever uma novela"[89]; e "Deve chegar um momento em que o telespectador deverá compreender que, como personagem, Vicente está escrevendo a novela que ele, telespectador, está assistindo"[90]. Esses últimos dados dão conta de como estava o autor ainda envolvido com o ciclo 1 de sua obra dramatúrgica, quando parecia dedicar-se exclusivamente à televisão.

Rasto Atrás constitui a segunda peça da tetralogia, surgida em 1966, ano em que consegue o primeiro prêmio no Concurso de Dramaturgia do SNT. A personagem dramaturga, Vicente, surgido em *A Escada*, volta agora como protagonista, para veicular todas as preocupações da vida pessoal e artística do autor, englobando um espaço de quarenta anos: a ação vai de 1922, nascimento de Jorge Andrade, até 1965, quando completaria 43 anos. Constitui uma espécie de confissão dramatizada, de uma vida passada a limpo, na mesma clave do romance que conceberia no começo dos anos de 1970, *O Labirinto*. Aliás, o cunho narrativo da obra se evidencia na presença cênica de Vicente com 43 anos, que fica em princípio extremamente esvaziada no palco, tal a quantidade de ação narrada (fatos acontecidos no passado) que o imobiliza no presente na condição de simples espectador que se vê aos 23, 15 e 5 anos de idade, descobrindo o mundo e a vocação teatral. Esta, que corresponde à única restrição da crítica à peça:

No plano do presente a peça é menos realizada; o excesso de subjetividade não deixou que o material autobiográfico se transformasse numa autêntica personagem de teatro. [...] O dramaturgo Vicente é uma coleção ambulante de ideias e conceitos, mas não é uma personagem dotada de um sopro de vida própria e independente. [...] A personagem não tem liberdade de movimentos [...]. Linguagem inautêntica, dura, pesadamente conceituosa: a de Jorge Andrade emitindo teses sobre a vida e aspectos da realidade brasileira, mas não de personagem autêntica[91].

Leonardo Villar é o protagonista sem papel. A rigor nada tem para fazer. Passeia o espetáculo com dignidade, nem tanto em busca

---

89 Idem, cap. 7, p. 1.
90 Idem, Sinopse de personagens, p. 10.
91 Y. Michalski, "Rasto Atrás" (1), *Jornal do Brasil*, 31 jan. 1967.

da verdade da personagem como de um instante dramático que o dramaturgo esqueceu de lhe conferir[92].

Rasto Atrás aproveita o texto de *As Moças da Rua 14*, operando as transformações anteriormente citadas. Outras determinantes são apontadas, entretanto, na sua produção: tomando-se como base o ágil manuseio dos planos temporais nessa volta sobre o passado, evoca-se novamente *Vestido de Noiva*, de Nelson Rodrigues, com a ressalva de que o recurso em Jorge Andrade serve antes a uma "demonstração impiedosamente lúcida e sistemática", diferentemente do clima de "alucinação expressionista" procurado na peça de 1943[93]. São lembrados, outrossim, um romance francês de Constantin--Weyer, *Un Homme se penche sur son passé* (Um Homem Se Inclina Sobre Seu Passado), prêmio Gouncourt de 1928[94], como também duas peças teatrais norte-americanas: *Longa Jornada Noite Adentro*, de Eugene O'Neill, e *Depois da Queda*, de Arthur Miller[95]. Na primeira, as relações pai-filho e o exame do passado, e, na segunda, o jogo das associações de lembranças e o autoquestionamento. Menciona-se, ainda, a obra do inglês Peter Ustinov, *Photo Finish*, em cuja estrutura o protagonista se apresenta aos 20, 40, 60 e 80 anos, realizando um balanço de sua vida[96]. Embora bem conhecida na época e apesar das semelhanças evidentes com *Rasto Atrás*, não podemos assegurar que o dramaturgo paulista tenha nela se inspirado[97].

A peça contém uma característica em comum com as outras obras do final do ciclo, seja a elaboração cuidadosa, a complexidade dos recursos cênicos, as personagens numerosas, a recusa da linearidade no tratamento dos planos temporais e espaciais, uma inquirição sobre a vida e sobre a arte teatral, uma discussão, enfim, em que a busca individualista do próprio *eu* ladeia o encontro com o coletivo, os problemas da injustiça e da opressão.

---

92 V. Jafa, "Rasto Atrás" (2), *Correio da Manhã*, 21 fev. 1967.
93 Y. Michalski, "Rasto Atrás" (1), *Jornal do Brasil*, 31 jan. 1967.
94 Um Homem se Inclina Sobre o Seu Passado, *O Jornal*, 2 fev. 1967.
95 S. Magaldi, À Procura de Rasto Atrás, em J. Andrade, *Marta…*, p. 657.
96 V. Jafa, op. cit.; S. Magaldi, À Procura de Rasto Atrás, em J. Andrade, *Marta…*, p. 664.
97 G. Ratto, Entrevista a Catarina Sant'Anna, 12 abr. 1988.

A premiação e a encenação oficiais da peça foram amplamente comentadas pelos jornais do Rio de Janeiro, que sublinharam as dificuldades de uma montagem que exigia atores para cobrir um período de quarenta anos, o que impediria a tarefa por um empresário particular, a não ser que fosse substancialmente subvencionado pelo governo[98]. O Serviço Nacional de Teatro, sob a direção de Barbara Heliodora, após a concessão do prêmio de 2 milhões de cruzeiros ao autor, tomou a si o encargo da montagem, que despendeu a quantia de 120 milhões de cruzeiros velhos, considerada vultosa na época para uma temporada de apenas um mês[99]. A estreia, a 26 de janeiro de 1967, reabriu a temporada oficial do Teatro Nacional de Comédia, que se interrompera havia três anos (apesar da existência de verbas), contando com a presença inesperada do então presidente Castelo Branco, que não só assistiu ao espetáculo como cumprimentou o elenco, elogiando Leonardo Villar e Isabel Ribeiro[100]. Todo esse apoio estatal, ironicamente, fez soarem gratuitas as queixas contidas na peça contra as condições da arte teatral e da cultura em geral no país.

A direção e cenografia couberam a Gianni Ratto, assistido por Potiguar de Souza, figurinos de Bellá Paes Leme, maquilagem de José Jansen e o seguinte elenco: Leonardo Villar (Vicente aos 43 anos), Renato Machado (Vicente aos 23 anos), Carlos Prieto (Vicente aos 15 anos), José Carlo Júnior e Paulo Roberto Hofacker (Vicente aos 5 anos), Thaís Moniz Portinho (Lavinia), Rodolfo Arena (pai de Vicente), Isabel Tereza (mãe de Vicente), Iracema de Alencar (Mariana, avó de Vicente), Selma Caronezzi (Etelvina), Maria Esmeralda (Jesuína), Isabel Ribeiro (Isolina), Francisco Dantas (Dr. França e Padre), Oswaldo Louzada (Pacheco), Adalberto Silva (Vaqueiro), Potiguar de Souza (vendedor e 1º músico), Carla Neli (Marja), Suzana Negri (avó materna de Vicente e empresária teatral), Fernando Reski (amigo de Vicente e 1º aluno do ginásio), Lola Nagy (Jupira), Guiomar Manhani (Eugênia Morozoni), Waldir Fiori (guarda ferroviário e 2º músico), Grace Moema

98   "Rasto Atrás", Peça de Mais Difícil Montagem, *O Jornal*, 22 jan. 1967.
99   H. Oscar, "Rasto Atrás" no TNC: A Peça, *Diário de Notícias*, 31 jan. 1967; H. Oscar, "Rasto Atrás" no TNC: O Espetáculo, *Diário de Notícias*, 1 fev. 1967; V. Jafa, "Rasto Atrás", *Correio da Manhã*, 18 fev. 1967; Y. Michalski, "Rasto Atrás" (II), *Jornal do Brasil*, 1 fev. 1967.
100   Visita Inesperada, *O Globo*, 28 jan. 1967.

O LUGAR DA METALINGUAGEM NA OBRA DE JORGE ANDRADE 41

(Josina), Ary Fontoura (Galvão e diretor de TV), Fernando José (poeta), Paulo Nolasco (prefeito e diretor de teatro), Jomar Nascimento (jornalista e 3º músico), Scilla Mattos (dramaturgo), Lauro Góes (2º aluno do ginásio), Alexandre Marques (3º aluno do ginásio), Dersy Cavalcanti (4º músico), Edmée Cavalcanti (1ª senhora) e Iraci Benvenuto (2ª senhora). Os dados dessa enumeração já atestam que a obra encenada em 1967 não confere com o texto publicado no ciclo de 1970, nem mesmo com o outro publicado pela editora Brasiliense em 1967, como veremos mais adiante.

A encenação de Gianni Ratto, que já fizera os cenários de *O Telescópio* e dirigira *A Moratória*, obteve a aprovação geral da crítica carioca, ficando às vozes discordantes as observações sobre um eventual desequilíbrio entre a riquíssima plasticidade do cenário e a interpretação dos atores[101], ou sobre a impropriedade de se realizarem as projeções coloridas da mente de Vicente em cima do próprio ator que o interpretava[102]. Mesmo nesses casos é a construção textual de Vicente que vem à baila, pois sua inação ressaltaria exclusivamente o jogo fisionômico para expressão dos sentimentos, tipo de interpretação facilmente empanável pelos abundantes recursos cênicos. Não obstante, todos os críticos louvam as soluções de Gianni Ratto, sobretudo o uso das projeções de filmes e *slides* intimamente integrados na ação cênica que seria, segundo Yan Michalski, a primeira demonstração no Brasil do que seria o grande futuro da cenografia. Ainda quanto aos recursos técnicos, há notícia do uso de ponto eletrônico, a primeira experiência de tradução simultânea realizada no teatro brasileiro[103], recurso empregado durante uma sessão da peça para uma plateia de cinquenta estudantes californianos que passavam pelo Rio de Janeiro em sua viagem de circunavegação ao redor do globo.

A engenhosa montagem, segundo Gianni Ratto, derivou da necessidade de se explorar ao máximo os poucos recursos de um teatro pequeno[104], o que o levou a utilizar a tecnologia que lhe estava ao alcance das mãos: um projetor de cinema de 16 e 35 mm, um projetor de *slides* de 3.000 w emprestados do

---

101 L. A. Sanz, A Direção de Gianni Ratto, *Hora*, 31 jan. 1967.
102 V. Jafa, "Rasto Atrás", *Correio da Manhã*, 18 fev. 1967.
103 "Rasto Atrás", *O Jornal*, 23 mar. 1967.
104 Entrevista a Catarina Sant'Anna, 12 abr. 1988.

Teatro Municipal e oito projetores menores. Criou também um palco giratório um pouco inclinado para agilizar a mudança de cenários e uma série de painéis brancos suspensos que se movimentavam. O diretor procurou tornar plástico o dado textual da fragmentação das imagens dentro da memória de Vicente, usando os painéis mais como uma linguagem e menos como um simples recurso:

joguei com a ruptura das imagens: em lugar de projetar as imagens sobre uma superfície, projetava sobre várias superfícies, de tamanhos diferentes e em profundidades diferentes. Então, vamos supor, o seu rosto em cima de planos diferenciados, de diferentes tamanhos, você vai ter, por exemplo, seu olho pequeno aqui, a boca muito grande lá; fragmentam-se e é um dos dados do texto muito importante[105].

A multiplicidade espacial do texto exigiu do diretor soluções rápidas, que garantiram a elogiada movimentação cênica em uma peça em que a memória – o passado – ocupa o primeiro plano:

Eu usei cinema de 16 mm – no início, as personagens estão numa sala de cinema, então eu projetei o filme em cima de três camadas de filó, tinha a caçada, então à medida que os filós se afastavam dava a impressão que eram três dimensões, trucagem mesmo. De repente esses filós desapareciam e, enquanto isso, o pessoal que estava no cinema carregava suas cadeiras e saía como se as cadeiras fossem malas, e de repente entra sobreposta a isso uma imagem de cinema filmada numa estação com a máquina de 35 mm com objetiva de cinemascópio, que projetava uma imagem de estação com pessoal andando, tinha os trens chegando e saindo, e de repente um trem chegando (na direção da plateia) que parava e aí entravam as duas personagens conversando; tinha também sinais vermelhos, verdes, ao vivo, toda uma coisa de cidade, uma mistura de valores; [...] vinha o giratório [...] ela [Lavínia] ficava aqui, a plataforma começava a rodar, o trem começava a andar, [...] aí desaparecia a plataforma. [...] Roda o giratório, desaparecia tudo isso [...] e aparecia a árvore da qual saía a criança[106].

Um espaço fundamental no texto, a floresta, que voltará mais tarde como espaço central e quase personagem em *O Su-*

---

105 Idem, ibidem.
106 Idem, ibidem.

O LUGAR DA METALINGUAGEM NA OBRA DE JORGE ANDRADE 43

midouro, teve solução original, que justifica os elogios da crítica ao diretor. Vejamos o que diz Gianni Ratto:

eu tinha oito projetores de *slides* dentro do palco, tinha até de 3.000 w nas laterais fora da plateia, que nos dava a floresta. Não era uma floresta realista, era tudo imaginado, eram todas manchas que eu pintei em cima de vidro, eram todas manchas de cores, como se fossem aquela floresta assim do tipo... de sombras, raízes, então as pessoas ficaram mergulhadas dentro dela e focos batendo sobre as personagens evidenciadas[107].

Muito embora a crítica tenha frisado que as novidades da montagem já constituíam um fato banal fora do Brasil (Estados Unidos e Europa), a beleza, a precisão, o rigor do espetáculo souberam valorizar o difícil texto de Jorge Andrade. É preciso lembrar ainda que Gianni Ratto fora responsável pelo lançamento profissional de Jorge Andrade em 1955, quando zelou pela apresentação de *A Moratória* no Teatro Maria Della Costa: além de escolher o texto, recebido das mãos de Décio de Almeida Prado, para a temporada, designara Fernanda Montenegro, uma jovem e excelente atriz, para representar Lucília (em lugar de Maria Della Costa, que ambicionava o papel), podara o texto de uma cena que julgava piegas (a Pietà Fazendeira[108]) e discutira a viabilização cênica dos planos espaciais e temporais (1929 e 1932):

Eu discuti com ele: "como você está propondo não dá para fazer, primeiro porque tecnicamente não resolve a simultaneidade e principalmente a rapidez de passagem de um plano para o outro". Ele queria fazer um plano embaixo e um plano no alto – evidente influência da montagem de Ziembinski de *Vestido de Noiva*. Aqui

---

107 Idem, ibidem.
108 "Pietà Fazendeira" refere-se a uma cena presenciada pelo autor aos sete anos de idade: "ouço o som apavorante. Parece-me grito de pássaro ou de animal ferido de morte, mas que lembra a voz de minha mãe. [...] e entro na sala: meu avô segura a espingarda com o rosto congestionado, ameaçando um inimigo invisível para mim. [...] Minha avó, de joelhos, abraçada às pernas dele [...]. Minha mãe, agarrada à espingarda, é um anjo lutando – determinação não registrada na arte de Michelangelo. [...] Meu avô cai ajoelhado, ainda abraçado por vovó [...]. Minha mãe segura a cabeça dele, encostando-a no rosto molhado [...]. A espingarda caída no chão [...]. Assim ficam para sempre [...] marmorizados na minha 'Pietà Fazendeira'". *Labirinto*, p. 63-64. O fato se situa na crise de 1929, quando os 30 mil alqueires das fazendas dos Andrade se reduziram a 61. M. Chiaretti, Sesc Discute a Obra de Jorge Andrade, 14 mar. 1994.).

não, você tem que ter o plano do palco com dois níveis leves, mas um ao lado do outro. Então o que foi que eu fiz? Você tem um elo de ligação entre esses dois segmentos históricos que é Lucília, [...] botei a Lucília no centro do palco, no centro do proscênio entre o lado esquerdo e o lado direito – o lado da fazenda e o lado da cidade; e no centro a máquina de costura [...] abria o pano e *tá tá tatá tá tá*, ela costurando. [...] E os diálogos se cruzavam[109].

Esses dados sobre *A Moratória* têm interesse aqui, na medida em que testemunham um aspecto importante da aprendizagem cênica de Jorge Andrade, que iria se refletir, sobretudo, no complexo manejo dos recursos cênicos das grandes peças da tetralogia metalinguística. A encenação de Gianni Ratto constituiria, sobretudo, uma espécie de educação artística para o autor, cuja tendência à autobiografia, já manifestada nesse começo de carreira, marcaria todo o ciclo 1 e exigiria do autor um enorme esforço para tentar novos caminhos na década de 1970. Quanto à cena cortada em 1955, o próprio Jorge Andrade conta o fato: "E o mais engraçado é que a cena que determinou tudo, toda a minha dramaturgia, todo o meu sentimento do mundo, a Pietà Fazendeira, não pôde ir ao palco por ser antiteatral. Foi cortada, não funcionava"; "é uma cena melodramática que, posta no palco, não funcionou, foi cortada. Nem sempre a realidade é teatral ou artística, mas leva a uma forma artística"[110]. Considerando essas bem-sucedidas montagens de duas grandes obras do autor, do início e do final do ciclo, concordaríamos com o crítico Henrique Oscar[111] que, em 1967, comparou a simbiose Gianni Ratto-Jorge·Andrade a outras, por exemplo, como Ziembinski-Nelson Rodrigues e Stanislávski-Tchékhov.

Em 28 de novembro de 1995, *Rasto Atrás* voltou aos palcos, gloriosamente, dentro de um projeto do Grupo Tapa, sob a direção de Eduardo Tolentino, com um elenco de 22 atores vivendo 25 personagens, cenários de Lola Tolentino, iluminação de Guilherme Bonfanti e os seguintes atores para o papel central: Daniel Machado (Vicente aos 5 anos), Zé Carlos Machado (Vicente aos 43 anos), Rubens Herédia (Vicente aos 15 anos) e

---

109 Entrevista a Catarina Sant'Anna, 12 abr. 1988.
110 As Confissões de Jorge Andrade, 1ª parte, op. cit., p. 2 e 188.
111 H. Oscar, "Rasto Atrás" no TNC: A Peça, *Diário de Notícias*, 31 jan. 1967; idem "Rasto Atrás" no TNC: o Espetáculo, *Diário de Notícias*, 1 fev. 1967.

Tony Giusti (Vicente aos 23 anos). Já participara em outubro do mesmo ano do 5º Festival Nacional de Artes Cênicas, em São Paulo, antes da temporada a partir de novembro no Teatro da Aliança Francesa de São Paulo, num projeto criado e desenvolvido a partir de 1994 pelo Tapa, intitulado Panorama do Teatro Brasileiro, cujo objetivo visava "mapear os autores de teatro que melhor discutiram o homem brasileiro", reunindo seis textos que iam do século XIX até a década de 1970: O Noviço, de Martins Penna, A Casa de Orates, de Arthur e Aluísio de Azevedo, Morte e Vida Severina, de João Cabral de Melo Neto, Corpo a Corpo, de Oduvaldo Vianna Filho, Vestido de Noiva, de Nelson Rodrigues, e, finalmente, Rasto Atrás, de Jorge Andrade.

Sucesso de público e de crítica em São Paulo e, depois, no Rio de Janeiro, Rasto Atrás foi considerada uma das cinco melhores peças de 1995, recebendo por isso um Troféu Mambembe 1995. Foram também premiados Ana Lúcia Torre, na categoria de atriz coadjuvante, e o Grupo Tapa, pelo Projeto Panorama do Teatro Brasileiro, o qual, aliás, recebeu também um troféu da Associação Paulista dos Críticos de Arte (APCA). Quanto ao diretor, embora tenha dado "um tratamento sinfônico ao texto", colocando várias cenas simultaneamente no palco, concordando que "as peças de Jorge Andrade não admitem soluções cênicas fáceis", dispensou, diferentemente de Gianni Ratto, truques de luz e alterações cenográficas para trabalhar as sutilezas de mudança de tempo, ou mescla de presente e memória. Os efeitos foram obtidos a partir de um trabalho de "construção interiorizada das personagens"[112].

Quanto às versões de Rasto Atrás, a obra publicada em 1967 já não era a mesma que fora encenada. Duas cenas que o autor julgara excrescentes já durante os ensaios, e que não puderam ser retiradas por causa de contratos já firmados, foram consideradas redundantes pela crítica carioca[113] e já não entraram na publicação da editora Brasiliense. Trata-se da cena da empresária teatral que se recusa a encenar certa peça de Vicente por ser dispendiosa – decerto, uma alusão a Senhora na Boca do Lixo – "Comovente! E maravilhosa a cena em que vai à

---

112 M. A. Lima, Acerto de Contas Entre Sujeito e História, O Estado de S.Paulo, 15 dez. 1995.

113 S. Magaldi, À Procura de Rasto Atrás, em J. Andrade, Marta..., p. 660-661.

delegacia". A cena se localizava antes do episódio da conferência sobre Coelho Neto e perfazia cinco páginas datilografadas. Quanto à outra cena, envolvia Vicente e um diretor de TV e estava situada logo após o incidente na estação de trem, quando o protagonista, aos 15 anos, tenta fugir da cidade inutilmente – enquanto desaparecia a cena da estação, Vicente, aos 43 anos, era envolvido por uma infinidade de filmes de propaganda comercial de televisão, e o diretor de TV propunha ao dramaturgo que sua novela fosse reescrita por outro para que se tornasse comerciável; o episódio somava quatro páginas datilografadas.

Além das cenas citadas, o autor elimina trechos menores, como, por exemplo, uma fala de Vicente que bem poderia ilustrar as críticas referentes à inautenticidade de sua linguagem. Sublinhamos a parte mantida na versão publicada:

> Vicente (43 anos. Consigo mesmo): Entre o que foi e o que é, perdida no silêncio de tudo, está a verdade de cada um; a CHAVE PARA SE CRIAREM RAZÕES VERDADEIRAS DE VIVER... e UM FUTURO! (Subitamente, desliga-se, virando-se para Lavínia. Muda o tom.) *Há muitas coisas em minha vida, Lavínia, pedindo explicações. De muitas, lembro-me bem. Mas, são as escondidas que nos atormentam (Volta a cabeça, ligeiramente, numa recordação fugidia. O GA-ROTO, ESCONDENDO ALGUMA COISA, SURGE CORRENDO, PARA, MEIO ASSUSTADO, OLHA PARA OS LADOS E DESAPARECE, RÁPIDO. Vicente retoma o tom.) As que ficam perdidas não sei em que imobilidade, agarradas às paredes como hera, guardadas em fundos de gavetas de cômodas velhas, refletidas em caixilhos...!* (a EMPRESARIA, O PADRE e O GINASIANO passam ao fundo e desaparecem numa expressão fugaz. Vicente volta-se, atormentado, para Lavínia.) Ver a nós como os outros nos veem é uma vantagem moral, Lavínia![114].

A edição de 1970 traz o texto de 1967 com as alterações de praxe realizadas para integrar a obra ao ciclo – a inclusão de *Marta* e do *relógio*, como veremos mais adiante.

Quanto às peças *As Confrarias* e *O Sumidouro*, têm em *Marta, a Árvore e o Relógio*, em 1970, a sua primeira edição. Não foram encenadas até agora, e delas não existem outras versões ou vestígios de feitura: toda a papelada acumulada durante uma década de trabalho foi queimada pelo autor, conforme

---

114 *Rasto Atrás ou Lua Minguante na Rua*, p. 31.

assegura a viúva Helena de Almeida Prado. Com a edição da Perspectiva, o autor teria dado um basta às infinitas revisões a que se via impelido. Junto a *Rasto Atrás*, são as peças mais elaboradas, não somente do ciclo 1, como de toda a obra do autor, e dão continuidade à exposição do pensamento de Jorge Andrade sobre o teatro, sobre a História e, antes de tudo, sobre si mesmo, por meio dos protagonistas Vicente e Marta, que encarnam seu discurso. Além disso, realizam no ciclo a paradoxal existência de um movimento rumo à interiorização mais profunda, ao lado de um estiramento máximo da perspectiva rumo ao coletivo, ao social – no caso de *As Confrarias* e *O Sumidouro*, o paradoxo abala a própria razão de ser do teatro, pois, se por um lado, o discurso dos protagonistas assume uma forte coloração política, traço fundamental do teatro brasileiro da época, por outro lado, a possibilidade de fazer essas peças chegarem ao público foi desdenhada pelo autor, que as fez complexas e economicamente inviáveis, por sabê-las de antemão censuráveis. Todos os textos para a edição conjunta de 1970 foram entregues por Jorge Andrade à Perspectiva em 1969, como confirmou J. Guinsburg. Portanto, à falta de outra informação, essa deve ser a data das versões finais de *As Confrarias* e *O Sumidouro*.

No caso de *As Confrarias*, há uma referência na imprensa à sua elaboração, que remete sua origem a pelo menos janeiro de 1967, quando, às vésperas da estreia de *Rasto Atrás*, Jorge Andrade mencionou o título entre outras obras que "tinha, então, na cabeça"[115]. Em 1968, no lançamento de *Senhora na Boca do Lixo*, o autor deu conta do andamento da obra:

> *As Confrarias* já tem a sua bibliografia pronta. [...] Como ela deve conter o que eu diria ser minha filosofia, vai sendo escrita ao longo das outras peças. Como ainda não conheço a verdade em toda a sua integridade [...]. A verdade é que precisamos participar e atuar, não importa em que condições, mesmo que não sejamos compreendidos. Cheguei à conclusão de que o plano de trabalho é mais importante do que a aceitação e o sucesso imediatos[116].

---

115 Y. Michalski, "Rasto Atrás" (1), *Jornal do Brasil*, 31 jan. 1967.
116 Idem, Senhora na Boca do Autor, *Jornal do Brasil*, 10 mar. 1968.

METALINGUAGEM E TEATRO

Podemos, entretanto, recuar até 1966, quando Jorge Andrade foi a Ouro Preto com a esposa à procura de material para a peça. Segundo Helena de Almeida Prado, o autor visitou inúmeras instituições eclesiásticas e, quando não podia recolher cópia dos documentos, consultava-os lá mesmo, dedicando-se a extensos períodos de leitura e perguntando muito, como costumava fazer sempre[117].

A peça pertence, todavia, à época da encenação de *Os Ossos do Barão*, em 1963, a referência mais antiga encontrada sobre a peça, quando esta figura em uma lista de obras planejadas e "por escrever", ao lado de *As Moças da Rua 14*, *Allegro Ma Non Troppo* (continuação de *Os Ossos*), *Os Coronéis* e *O Sumidouro*[118].

Pensamos, enfim, apenas por hipótese, que a ideia da peça poderia ter surgido antes, pelo menos em 1962, durante as pesquisas para a elaboração de *O Sumidouro*, ano em que o autor, convalescendo-se do seu primeiro enfarte, lia em seu leito os dez volumes de uma edição da *História da Companhia de Jesus*, que Helena, sua esposa, fora buscar naqueles dias em um sebo da rua São Bento, a pedido seu[119].

A peça critica a separação dos homens em confrarias/facções (classe social, raça, religião, profissão, posição política), sugerindo que um dia "uma só seria a confraria de todos". A obra retoma o motivo do corpo morto exposto à decomposição, já explorado em *Pedreira das Almas*, bem como o sacrifício do amor maternal em benefício do amor à coletividade. A resistência política de Marta repete aquela de Urbana, embora sua fala fácil e seu discurso ardiloso a diferenciem substancialmente da silenciosa figura de pedra da outra. E Jorge Andrade, como anunciara durante anos, delegou a Marta a divulgação de sua "filosofia", o que aliás se evidencia na cuidadosa elaboração dos diálogos, fazendo dessa peça, ao lado de *O Sumidouro*, a mais literária de toda a sua produção.

As Confrarias é responsável pela síntese da personagem título do ciclo, Marta, surgida de diversas formas nas peças anteriores do conjunto. No momento da publicação de 1970, essa é uma das três imagens elos que Jorge Andrade distribui

---

117 Entrevista a Catarina Sant'Anna, 17 ago. 1988.
118 H. Viana, "Os Ossos do Barão", *Revista de Teatro* SBAT, jan./fev. 1964.
119 Entrevista a Catarina Sant'Anna, 17 ago. 1988.

O LUGAR DA METALINGUAGEM NA OBRA DE JORGE ANDRADE

cuidadosamente pelas obras, escrevendo "rasto atrás", a fim de solidificar a unidade do conjunto. Dentro da tetralogia, cabe a ela discutir o fenômeno da *representação teatral* a partir da figura do ator José, assim como *A Escada* abordara o problema da *inspiração* frente a um objeto a ser representado dramaturgicamente, e *Rasto Atrás* discutira o problema do autor diante de si mesmo e da sociedade (vocação, sucesso, derrota, obstáculos, dúvidas e angústias da autorrealização).

As preocupações com as condições de encenação foram conscientemente postas de lado, como se também a forma devesse constituir um protesto, pois, segundo informou a viúva do autor, Jorge construiu *As Confrarias* e *O Sumidouro* propositadamente complexas, quase num regozijo de liberdade, por julgá-las inviáveis segundo os critérios da censura e as condições de penúria material por que passava o teatro naquele momento[120]. Dessa resolução resultaram peças tão ou mais complexas que *Rasto Atrás*. *As Confrarias* tem, no mínimo, 43 personagens (se considerarmos os grupos indicados, "irmãos" e "público", como uma unidade, respectivamente).

O Sumidouro, à qual se costuma atribuir o ano de 1970, ficou pronta igualmente em 1969, posto que seus originais foram entregues à Perspectiva junto aos das demais peças. Igualmente inédita nos palcos, tem elaboração um pouco mais antiga que *As Confrarias*, e sobre ela Jorge Andrade falou bem mais em diversas ocasiões, certamente por constituir a "peça conclusiva" do ciclo. Na época da estreia de *Senhora na Boca do Lixo*, em 1968, Jorge Andrade afirmou que a peça, a partir de 1967, já recebera dois tratamentos[121]. Mas a obra parecia estar bem delineada já em 1964, no final da temporada de um ano e meio de *Ossos do Barão*, quando *Vereda*, que se dizia estar fazendo sucesso na Polônia, era anunciada pelo TBC para suceder *Os Ossos*. Em junho daquele ano, escreveu Delmiro Gonçalves: "Todavia, a obra mais ambiciosa de sua carreira, segundo o autor, é *O Sumidouro*, na qual vem trabalhando há cerca de dez anos e que agora está reescrevendo em versão definitiva. Deverá estar pronta até o próximo ano"[122].

120 Idem, ibidem.
121 Y.Michalski, Senhora na Boca do Autor, *Jornal do Brasil*, 10 mar. 1968.
122 Op. cit.

Essa informação torna essa a obra de mais longa construção do autor: teria surgido em 1954 ou 1955 e, ao cabo de revisões contínuas, chegado à forma definitiva em 1969, processo que infelizmente não se pode acompanhar por inexistência de documentos, como já se justificou. É curioso, todavia, que não haja nenhuma menção à obra durante a década de 1950.

No artigo de 1964, Delmiro Gonçalves apresenta *O Sumidouro* como uma "interpretação social e política da tragédia de Fernão Dias" e prossegue com uma explicação do problema central da peça, causa dos embates entre pai e filho, Fernão Dias e José Dias, o mameluco: "interessará à colônia descobrir minas de ouro e de pedras preciosas para enriquecer a metrópole e automaticamente se empobrecer, exaurindo uma de sua principais fontes de riqueza, antes de conquistar a independência?"[123].

Trata-se claramente da obra de 1970. No mesmo artigo, os protagonistas são apresentados por Jorge Andrade, já com o perfil inteiro da versão final, o que nos leva a supor que muito pouca coisa foi alterada a partir dali. Nesse sentido, talvez não seja mera ficção a procura angustiada de Vicente na peça, desde que o pano sobe, em busca da palavra final. Ao encontrá-la, cai extenuado sobre a máquina de escrever, e a peça termina ali: fim do ciclo de Marta. Eis a obra descrita pelo dramaturgo em 1964:

O mameluco, pelo fato mesmo de já não se sentir como português, tem antevisão da fatalidade histórica que a descoberta dos caminhos das minas de ouro criará para os seus descendentes, provocando o nascimento de uma sujeição maior ao reino. O bandeirante, perseguindo uma miragem (a descoberta das minas de esmeralda), prende-se apenas à palavra empenhada, da qual não pode fugir, e falseia o fim último de sua vida e de sua obra, descobrindo, tardiamente, que sacrificara tudo – filhos, fortuna, família – por algo sem sentido, no qual punha toda a esperança de realizar a maior obra de sua vida[124].

Esse processo de investigação da história e maturação do tema da peça pode-se concluir que antecede 1960:

---

123 Idem.
124 Idem, ibidem.

O LUGAR DA METALINGUAGEM NA OBRA DE JORGE ANDRADE   51

Nesse meio tempo, morreu o avô de minha mulher, que tinha um paulistanismo doentio e deixou para mim, numa coincidência muito feliz, toda a sua biblioteca. E a biblioteca dele era só constituída das atas da Câmara de São Paulo desde a sua fundação, no século XVI, até hoje. [...] Então, durante três ou quatro anos eu tive a paciência de ler as atas da Câmara de São Paulo[125].

Ali o autor deduz estar na raiz da "conspiração" de José Dias o primeiro caso de "nacionalismo" na história de nosso país. Recorremos à viúva: o citado avô falecera em 1960, deixando seus livros ao dramaturgo. A obra, portanto, pode ter surgido ainda nos anos de 1950.

Como ocorrera no caso de *As Confrarias*, *O Sumidouro* também conseguiu uma elaboração final de algumas imagens do livro – a *árvore* e, sobretudo, o *relógio*, como se verá. E exigiria, igualmente, uma encenação dispendiosa, por conta do imenso número de personagens (quase 40, sem contar os figurantes para a corte, colonos, índios, soldados e povo), da multiplicidade de espaços cênicos (mata, corte, escritório de Vicente, vila, salão do papa etc.) e do jogo temporal rápido que exige o emprego de filmes e slides que, aliás, é controlado por Jorge Andrade numa advertência inicial – observe-se aí uma certa ressonância da encenação de *Rasto Atrás* por Gianni Ratto, em 1966:

Os filmes e *slides* sugeridos pelo texto ou determinados pelo autor não podem ser projetados em tela, mas sobre o palco, o cenário e os atores. As imagens cinematográficas não devem ser nítidas. Por isto, recomendam-se projeções de filmes e slides para telas panorâmicas que envolvam, se possível, a própria plateia. Caso contrário, filmes e *slides* não devem ser usados[126].

Localizamos as quatro peças metalinguísticas no ciclo 1, segundo o plano da enunciação (ordem de sua elaboração). Trata-se das obras de mais longa maturação, com exceção de *A Escada* que, no entanto, parece ter se beneficiado de uma fase criativa muito rica de experiências do autor.

Pela ordem do enunciado (a ação narrada no corpo de cada peça), temos a sequência da história de São Paulo que Jorge

---

125   Entrevista ao Centro Cultural São Paulo, p. 6.
126   *O Sumidouro, Marta...*, p. 529.

Andrade pretendeu contar. Assim, *O Sumidouro* e *As Confrarias* se deslocam do final para o início do ciclo. Vejamos:

	PEÇAS DO CICLO 1: ORDEM DO ENUNCIADO
F	*O Sumidouro* (1969) – Século XVII
	As Confrarias (1969) – Século XVIII: 1792
C	*Pedreira das Almas* (1957) – Século XIX: 1842
B	*A Moratória* (1954) – 1929/1932
A	*O Telescópio* (1951) – Pós-1930
D	*Vereda da Salvação* (1957/1963)
	A Escada (1960)
	Os Ossos do Barão (1962)
	Senhora na Boca do Lixo (1963)
E	*Rasto Atrás* (1966) – 1922/1965

As letras, indicando a sequência de feitura, deixam transparente no percurso do autor uma busca, consciente ou não, de raízes, a tendência a um *movimento* para trás A → B → C. Note-se que, no presente do autor (D), estão suas produções mais rápidas, seus sucessos de bilheteria, mas não suas melhores peças. Seu melhor texto e sua maior derrota, *Vereda*, demorou oito anos para ser construído. Passada essa fase, há uma tentativa de unir as pontas do tempo (E) efetivamente vivido em busca de suas próprias origens (1922, o nascimento do autor): é o *balanço* do trabalho já realizado. Mas esse mergulho no tempo (*seu* tempo) não é suficiente. O movimento, então, prossegue mais fundo (F), rumo ao passado histórico mais remoto da sociedade que retrata e da qual é produto direto. A memória familiar se alarga rumo ao passado coletivo, do país, e a análise psicológica cede a vez ou ladeia um exame antes de tudo político-social. A perspectiva sofre uma transformação no sentido do distanciamento, que começa no cômico em D e chega à metalinguagem em E e F. A tetralogia metalinguística, portanto, é signo de madurez na obra do autor: tem início no centro do ciclo (*A Escada*, 1960), em um momento encruzilhada de opções formais, ressurge mais à frente num momento de revisão e início de síntese (*Rasto Atrás*, 1966), prosseguindo a síntese e encerrando finalmente o ciclo 1 com uma reflexão sobre a arte de fazer teatro – o mistério de criar e representar um texto (*As Confrarias* e *O Sumidouro*, 1969).

O LUGAR DA METALINGUAGEM NA OBRA DE JORGE ANDRADE

Segundo a ordem escolhida por Jorge Andrade para a publicação do ciclo no livro *Marta, a Árvore e o Relógio,* temos:

PEÇAS DO CICLO 1: ORDEM NA PUBLICAÇÃO CONJUNTA	
A	*As Confrarias* (1969) *Pedreira das Almas* (1957) *A Moratória* (1954) *O Telescópio* (1951) *Vereda da Salvação* (1957/61963) *Senhora na Boca do Lixo* (1963)
B	*A Escada* (1960) *Os Ossos do Barão* (1962)
C	*Rasto Atrás* (1966)
D	*O Sumidouro* (1969)

Observe-se que tanto a ordem da enunciação (produção) quanto a ordem do enunciado (história narrada) foram negligenciadas em benefício de outra lógica sequencial. Peças escritas no mesmo ano, 1969, vão alojar-se nos extremos opostos do ciclo. *A Escada* desloca-se para a frente, situando-se quase junto a *Rasto Atrás,* não houvesse a interposição da comédia *Os Ossos do Barão,* que se distancia das demais e perfila-se entre as obras metalinguísticas. Quanto a *O Sumidouro,* ocupa um lugar totalmente inverso ao de sua posição na sequência da História.

Fica evidente que a atenção do dramaturgo deslocou-se para o âmbito da *forma,* como provam as posições estratégicas de A, B, C e D.

Com *As Confrarias* (A), o ciclo se abre sob o signo do mistério da representação teatral, trabalhando o conceito de ator sistematicamente e o próprio conceito de representação por meio de um jogo de mascaramento/desmascaramento também da sociedade. Vemos lançada aí, sobretudo, a ideia de que o teatro (o texto, a linguagem, a encenação) pode servir à luta social pela liberdade. Marta abre o ciclo jurando que seus mortos não serão mais inúteis e dispõe-se, na fala que encerra a peça, a *contar* (ou plantar) sua história para quem quiser ouvir. Suas histórias podem ser as peças entre A e B.

Com *A Escada* (B), Jorge Andrade reforça a ideia lançada no início, como que se apresentando na pele da personagem dramaturga Vicente, enquanto elemento tocado-inspirado- -influenciado por Marta: sua resolução consiste em usar seus mortos, jogá-los no palco, contar igualmente suas histórias, começando por *Ossos do Barão*, que realmente constitui a peça seguinte no ciclo. Começa a tentativa, ainda tímida, anunciada em A, do uso do teatro para mudar o *status quo*. Com Ossos, no entanto, malgrado a arma do cômico, consegue a maior bilheteria do teatro brasileiro até 1964, o que contribui certamente para sua imagem de "passadista" (rejeitada com veemência pelo autor) e para mergulhá-lo em dúvidas.

Com *Rasto Atrás* (C), Jorge Andrade/Vicente empreende uma revisão de sua vida e obra, expondo francamente suas dúvidas no ciclo, questionando a validade de todo o seu trabalho (teria ficado "apenas em lamentações sobre a decadência... sem ter saído dela?!") e procurando um meio de resolver o impasse da incomunicabilidade (suas obras não são montadas por vários motivos). Artista acuado, volta ao passado e constata a validade da resistência à adversidade do meio: seu pai reconhecera finalmente sua arte. Analogicamente, era necessário resistir às novas adversidades (Brasil pós-1964), continuando a produzir à espera de tempos melhores em que suas criações seriam reconhecidas e encenadas.

Com *O Sumidouro* (D), Jorge elabora um "rasto atrás" na história paulista que se propusera a contar. É hora de fechar o ciclo, e a forma escolhida é a de um grande julgamento do passado em suas bases mais remotas, o século XVII. A História não é apenas contada, é interpretada: ressurreições cênicas (Fernão Dias e José Dias) tornam os mortos úteis, no jogo de desmascaramento da História, e o teatro se põe a serviço da luta social, devolvendo ao povo (José Dias) o seu lugar nos fatos históricos. Mas se trata ainda de teatro: o ciclo que se abrira com a arte do ator sucumbe agora ao mistério da personagem que, num jogo face a face com o dramaturgo, abala qualquer pretensão de objetividade no exame do passado: em que medida a criatura não seria uma projeção do seu próprio criador? Quanto à razão de ser do artista, procurada a partir de *Rasto Atrás* (C), tem sua resposta na última fala da personagem Fernão Dias, registrada imediatamente pelo dramaturgo Vicente em sua máquina de escrever e lida por Marta que, desse modo, fecha a peça e o ciclo.

A tetralogia funciona, enfim, como uma espécie de arte poética de Jorge Andrade, constituindo um verdadeiro ciclo: conjunto orgânico com início, meio e fim, engastado no ciclo 1.

O PERFIL DE UM OUTRO CICLO, INACABADO

Para avaliar sua posição dentro do quadro geral da obra do autor, é necessário percorrer o restante da produção jorgeandradina, para além de 1970.

O PERFIL DE UM OUTRO CICLO, INACABADO

> [...] *o teatro brasileiro vem sendo destruído há mais de dez anos.*[127]
>
> *Ele [o teatro] foi massacrado, ele foi morto. Eu já me sinto, assim, um autor póstumo.*
>
> *Eu digo que a televisão no século XXI vai dominar o planeta inteiro. [...] Então eu prefiro continuar num veículo em que alguém me ouça e me veja.*[128]

A nova fase dramatúrgica de Jorge Andrade compreende o período entre 1970, ano da publicação do ciclo 1, *Marta, a Árvore e o Relógio*, e 1984, ano do falecimento do autor. Trata-se de uma década e meia de produção algo turbulenta, em que a fatura propriamente teatral ocupa um segundo plano e atesta uma qualidade inferior à das décadas anteriores. Toda a produção televisiva de Jorge Andrade pertence a esse período, bem como a redação de um romance, ao lado de uma intensa atividade jornalística e outras atividades ocasionais.

A síntese desse momento na carreira do autor poderia caber numa fórmula como "morto o teatro, viva a tevê", tamanha a sua decepção com as condições do palco brasileiro e tamanho o empenho com que se devotou ao outro veículo. Segundo suas declarações nos anos de 1970 e de 1980, a similaridade da novela com o teatro "exigia escritores que soubessem fazer diálogos e dar vida às cenas", e o público tinha "condições para entender e apreciar bons espetáculos", embora nem todos tivessem condições para escrevê-los. Os intelectuais só não tinham ido para a TV porque não tinham sido convidados. Ele próprio nunca escrevera tanto quanto no ano de 1982, sem nenhuma

---

127 Os Escritores Paulistas Denunciam seus Impasses, *O Estado de S.Paulo*, 13 ago. 1978.

128 Sobe o Pano: Onde Estão os Autores Nacionais?, *O Estado de S.Paulo*, 3 out.1982.

experiência desagradável e atingindo um público infinitamente maior[129].

Sua obra televisiva constituiu inicialmente um prolongamento de sua obra teatral, com adaptações de suas peças de maior bilheteria, *A Escada* e *Os Ossos do Barão*, e de outras, como *As Colunas do Templo* e *Senhora na Boca do Lixo*. Outras peças constavam desse programa, como já citamos, *A Moratória*, novamente *A Escada* e até mesmo *Pedreira das Almas*, que não chegaram à realização.

Entre as obras efetivamente realizadas e chegadas ao público temos as telenovelas *Os Ossos do Barão*, de 1973/1974, pela Globo, resultado de uma adaptação das peças *A Escada* e *Os Ossos do Barão*; *O Grito*, de 1975/1976, pela Globo, sob a direção de Walter Avancini; *As Gaivotas*, de 1979, pela Tupi, prêmio de melhor texto do ano da Associação de Críticos de Arte; *Dulcineia Vai à Guerra*, de 1980/1981, pela Bandeirantes, a partir do 41º capítulo, quando Jorge Andrade sucede Sérgio Jockyman; *Os Adolescentes*, de 1981/1982, pela Bandeirantes, iniciada por Ivani Ribeiro e concluída pelo autor; *Ninho de Serpentes*, de 1982, na mesma TV, sob a direção de Henrique Martins; e finalmente *Sabor de Mel*, ainda na Bandeirantes, de 1983, que marca a ruptura traumática do autor com esse meio de comunicação, quando é repentinamente dispensado e substituído por Jaime Camargo[130].

As obras mais curtas não são menos numerosas: *Exercício Findo*, de 1974; Caso Especial de 50 minutos para a TV Globo, resultante da adaptação de *As Colunas do Templo*; *Mulher Diaba*, filme para a Bandeirantes baseado em uma reportagem que fizera sobre canaviais nordestinos para a revista *Realidade* em janeiro de 1970; *Senhora na Boca do Lixo*, especial de 50 minutos para a TV Cultura em 1982, adaptação da peça homônima por Arlindo Pereira. Há também uma série de adaptações de obras literárias para os programas Tele-Conto, de cinco capítulos, e Tele

---

129 L. Gonzalez et al., Os Ossos do Ofício: Jorge Andrade e a TV, *Fatos e Fotos*, 19 nov. 1973; J. Andrade, A TV É Tão Válida Quanto o Teatro, *A Tribuna*, 19 nov. 1975; J. Andrade, O Teatro Político Que Jamais Quis Ser Partidário, *Jornal do Brasil*, 27 mar. 1981.

130 Segundo Helena de Almeida Prado, Consuelo de Castro, amiga do autor na última fase de sua carreira, considera o episódio da "dispensa" do dramaturgo fator determinante de sua doença e seu decorrente falecimento. Para Helena, no entanto, essa seria apenas uma causa a mais, uma vez que o dramaturgo era "conflitíssimo" por natureza. (Entrevista a Catarina Sant'Anna, 17 ago. 1988.)

Romance, de 25 capítulos, para a TV Cultura, em 1981: *O Fiel e a Pedra*, de Osman Lins, *O Velho Diplomata*, de Josué Montello, e *Memórias do Medo*, de Edla Van Steen.

No início dos anos de 1970, o autor trabalhou ainda como repórter e redator da revista *Realidade*, durante quatro anos, da *Revista Visão* e, mais tarde, em 1979, colaborou com a *Folha de S.Paulo*, escrevendo crônicas.

Da atividade jornalística resultou o romance *Labirinto*, começado em 1973 e terminado em 1978, ano em que foi publicado pela editora Paz e Terra, baseado em diversas entrevistas que fizera para a revista *Realidade*. É uma obra essencialmente autobiográfica, que o próprio autor afirmou ser fundamental para o entendimento de seu teatro, por explicar o pano de fundo em que se criaram suas peças. Outro romance nasceria da produção televisiva, no caso a telenovela *O Grito*, o qual Jorge Andrade escreveria imediatamente quando chegasse a Barretos, onde voltaria a residir, conforme seus últimos sonhos, segundo nos informou Helena de Almeida Prado[131].

No período aparentemente vago entre as novelas *O Grito* e *As Gaivotas*, o dramaturgo exerceu o cargo de consultor cultural da Prefeitura da cidade paulista de São Bernardo do Campo, de 1977 a 1979, com jornadas diárias de oito horas de trabalho, quando criou um Plano de Ação Cultural, que levou 930 mil pessoas a assistirem mais de mil atividades culturais na cidade em apenas um ano[132]. A esse respeito, o autor deu o seguinte depoimento, em julho de 1978:

Eu trabalho na Prefeitura […], trabalho certinho, com hora de entrada e saída, horário comercial durante toda a semana. Eu gosto de estar lá e preciso disso. […] Ainda existem os sábados, domingos, feriados, ainda existem as noites. E nessas folgas eu estou escrevendo. Fico em casa, escrevendo e pensando. A verdade é esta, quem realmente quer trabalhar, encontra tempo[133].

É nesse contexto que se produz a *segunda fase* da dramaturgia jorgeandradina, ou um segundo ciclo, cujas obras, em sua

---

131 Idem

132 A. M., Morre Jorge Andrade, Autor de Os Ossos do Barão, *Diário do Grande ABC*, 14 mar. 1984.

133 Qual É a Sua… Jorge Andrade?, *Última Hora*, 14 jul. 1978.

maioria, constituem peças de ato único, como *A Receita*, *A Zebra*, *O Mundo Composto* e *A Loba*, ou peça em coautoria, como *A Corrente*, da qual escreveu o 3º ato, e peças que tinham ficado fora do ciclo 1, publicado em 1970, como *O Incêndio* e *As Colunas do Templo*, porque centradas em temática voltada para a atualidade. Muitas são igualmente as obras que ficaram apenas no projeto, como *O Sapato no Living*, *O Náufrago*, *Os Avaliados*, *O Professor Subversivo*, *Ressurreição às 18 Horas* e uma espécie de peça síntese total de sua vida e obra, no estilo de *Longa Jornada Noite Adentro*, de O'Neill. Consta existir até mesmo uma peça erótica, escrita por blague, *Lady Chatterley em Botucatu*. A peça principal desse período, no entanto, é *Milagre na Cela*, escrita especialmente para inaugurar a nova fase de sua carreira.

Milagre na Cela data de 1977, após o longo afastamento do autor, que decidira ausentar-se do teatro em 1969, após terminar o ciclo 1 e entregar os originais de dez peças selecionadas à editora Perspectiva para a edição conjunta. A peça, que fora maturada durante uns cinco anos, enquanto produzia as novelas *Os Ossos do Barão* e *O Grito* e adaptava *Pedreira das Almas* (proibida para a televisão em todo o território nacional), foi escrita no espaço de um mês[134] e parte de um problema da atualidade, a tortura política no Brasil pós-1964, sendo baseada em casos reais ocorridos com amigas do autor: "foi baseada em fato real, pois tenho três amigas – uma freira e duas educadoras – que foram torturadas pelo delegado Fleury"[135].

O título remete à reviravolta da situação base da peça, em que se opera uma inversão na relação torturador *versus* torturada, ou seja, quando o algoz passa a ser torturado pela vítima. O "milagre" é resultado de uma "paixão" nascida da posse sexual da freira Joana que, diante da perspectiva de ser cruelmente violentada por meio de um cabo de vassoura, sugere ao delegado que use seu próprio corpo nesse ato de tortura. A freira torna-se amante do delegado, engravida, é protegida por ele durante algum tempo e sai livre da prisão, após assinar uma declaração isentando-o de qualquer crime. A mensagem

---

134 P. M. Leite, "Milagre na Cela", *Folha de S.Paulo*, 13 jul. 1977; idem, "Milagre na Cela" Traz o Novo Jorge Andrade, *Folha de S.Paulo*, 15 jul. 1977.

135 O Teatro Político que Jamais Quis Ser Partidário, *Jornal do Brasil*, 27 mar. 1981.

final vem do cântico de Joana que encerra a peça: "É preciso sobreviver, para o amanhã que virá".

A obra constitui a grande polêmica dessa nova fase, em situação análoga à de *Vereda* no ciclo 1, muito embora sem compartilhar com aquela as qualidades artísticas ou o nível de encenação. Apresentada no ciclo de leituras dramáticas de peças proibidas pela censura federal, no teatro Ruth Escobar, no final de 1977, por Irene Ravache, Ruth Escobar, Gianfrancesco Guarnieri e Walter Marins, foi mal recebida pela crítica, decepcionada diante do esquematismo extremo das situações, da má estruturação das personagens, dos lugares comuns, da superficialidade emotiva, do tratamento mais metafísico do que físico dado à tortura e do comodismo impregnado na mensagem final[136]. O esquematismo da peça ficou evidente no momento de sua publicação em janeiro de 1978, quando a crítica observou sua semelhança a um roteiro de televisão[137].

Jorge Andrade, que voltava ao teatro, sentiu-se acuado e deu sua interpretação do episódio, enfatizando um aspecto ideológico e esquecendo o lado artístico da questão. Sua argumentação repete as mesmas convicções da década anterior – "a arte não deve ser partidária", "teatro não é palanque", "uma obra não deve ser maniqueísta". O autor se ressente, sobretudo, de uma ausência de comentários sobre a peça, o que ele denomina *conspiração de silêncio*:

Não se comenta porque é Jorge Andrade, porque Jorge Andrade é Junqueira, é Almeida Junqueira, é um quatrocentão nostálgico, um reacionário, latifundiário, de família mineira (que veio de Pedreira das Almas). Isso fica remoendo lá na cabeça deles. Mas não adianta, eu não dou recadinhos, não entro no jogo deles, de falar que eles resolveram o problema do homem, porque não resolveram não[138].

A irritação do autor apresenta evidentes resíduos emocionais das experiências de *Vereda da Salvação* em 1964, que

---

136 A. Beuttenmuller, "Milagre na Cela", *Jornal do Brasil*, 13 out. 1977. O articulista cita pareceres de alguns membros da mesa, como Leo Gilson Ribeiro e Sábato Magaldi, além de sua própria opinião.

137 T. Pacheco, Sanidade, Loucura, Fantasia, Realidade, *O Globo*, 22 jan. 1978.

138 Teatro Não É Palanque, *Isto É*, 19 abr. 1978.

lhe dificultam uma perspectiva mais ampla do problema. Sua análise da oposição à obra é reducionista e demonstra a falta de familiaridade com a nova temática escolhida, que é, aliás, a falha básica apontada pela crítica paulista. Jorge Andrade comenta e aceita a opinião de sua amiga, a educadora Maria Nilde Macellani, uma das fontes de inspiração da peça, para quem o autor atacara *quatro forças* que não o perdoariam: a *esquerda burra*, porque a peça "humanizou" os torturadores, a *direita fascista*, porque se ousou escrever sobre tortura, cuja existência era negada, a *Igreja Católica*, porque a freira gostou de sexo e isso era uma inconveniência e, finalmente, os próprios *torturadores*, que não teriam gostado de se ver retratados.

De resto, a argumentação de Jorge Andrade só confirma uma imaturidade diante do problema, provando a precocidade do tema em sua obra artística e nos levando a intuir as dificuldades do pretendido ciclo 2 de sua dramaturgia, que tencionava justamente retratar a realidade *presente* do homem brasileiro de então:

> Não, eles não admitem que você humanize. [...] Ele não pode se apaixonar, tem de ser torturador até o fim [...]. Ainda há poucos dias vi uma reportagem sobre o Sérgio Fleury, beijando a mulher. Dizem que é um boníssimo marido, um amantíssimo pai, um ótimo amigo, formidável. Mas quando chega lá...[139].

A peça seria encenada por Miriam Mehler em 1977[140], que a enviou para a Censura, não obtendo nenhuma resposta inicialmente, por dois meses, ao fim dos quais os censores resolveram opinar pela proibição em todo o território nacional. A obra só estrearia em 1981, no Rio de Janeiro, pelo Grupo de Barr, que com ela se profissionalizou, e se transformou em filme, *A Freira e a Tortura*, em exibição em 1984[141].

Pensamos que a origem de *Milagre na Cela* talvez explique parte dos equívocos de sua construção final. A peça estaria intimamente ligada ao ciclo 1, apesar de todas as evidências em

---

139 O Teatro Político que Jamais Quis Ser Partidário, *Jornal do Brasil*, 27 mar. 1981.

140 P. M. Leite, "Milagre na Cela", *Folha de S.Paulo*, 13 jul. 1977; idem, "Milagre na Cela" Traz o Novo Jorge Andrade, *Folha de S.Paulo*, 15 jul. 1977.

141 M.A., Pedreira, no Momento Certo, *Folha de S.Paulo*, 8 jun. 1977.

O LUGAR DA METALINGUAGEM NA OBRA DE JORGE ANDRADE 61

contrário, pois seria a continuação das lutas de Marta no tempo presente, sob o título *Marta na Cela 44*. Seria a Marta "de hoje", uma freira que, presa, inocente, é interrogada nua, mas resiste, mantém-se firme, porque não se sentiria nua, como explica Jorge Andrade em 1976:

> O físico, o homem, pra ela tem uma importância fundamental, porque ela traz o novo pensamento da Igreja, que já aparece em Marta, em *As Confrarias*, de que Deus não está na Igreja, nem no céu, nem em lugar nenhum, mas dentro do homem. [...] E estando dentro dela, ela se sente protegida de uma nudez [...] e pouco a pouco ele começa a se sentir nu. Ele, o torturador[142].

Vê-se que o autor, mais tarde, não evoca essas origens, conquanto seus resíduos lá permaneçam, tornando obscuro o projeto do dramaturgo. A obsessão pelos *elos* entre suas obras ele denominou *coerência*, ao desejar Marta como ponte entre o ciclo 1 e o ciclo 2. Dar vida concreta e atual ao símbolo quase intemporal, metáfora da mudança, que é Marta na totalidade do ciclo 1, resultou na configuração da personagem Joana, tão criticada em sua falta de estofo humano, de autenticidade psicológica e, consequentemente, linguística:

> Então eu acho que se eu quiser ter coerência depois do ciclo, eu tenho que escrever Marta em 1976. Se eu quiser ter coerência. [...] Teatro para mim é o registro do homem no tempo e no espaço. [...] Tenho que ver a realidade que me cerca, eu tenho que entender a realidade e transpor essa realidade para o papel. Então, se eu quiser ter coerência, eu só posso escrever uma peça sobre Marta. Essa peça é *Marta na Cela 44*, pra dizer o que é que aconteceu nas décadas de 1960 e de 1970. Em que ponto está o homem brasileiro em sua realidade, que é essa perseguição, essa morte, essa desvalorização do homem, como se ele não valesse nada[143].

O autor, que havia terminado a novela *O Grito*, explica sua protagonista como uma continuidade da Marta teatral, não aquela de *As Confrarias*, mas a Marta urbana, da cidade de São Paulo, a de *Marta na Cela 44*. Por meio da telenovela, Jorge Andrade diz se libertar do ciclo 1, não por meio da Marta de Ouro

---

142 Entrevista ao Centro Cultural São Paulo, p. 8.
143 Idem, p. 15.

62 METALINGUAGEM E TEATRO

Preto, que não fora encenada, mas de um desdobramento no presente, a Marta de *O Milagre na Cela 44*:

> Então o filho é a rua doente, o prédio doente, é a humanidade doente, e que ela carrega, a Marta da minha cela. [...] É uma ex-freira, veja, na novela, que esteve no convento, saiu para casar, casou, teve o filho, o filho nasceu doente, porque ela encontrou um homem doente, uma sociedade doente, e ela acha que só pode ser religiosa aquela que vive como mulher. Ela está dizendo coisas da minha personagem da *Marta na Cela 44* [...]. Então ela anuncia muito a filosofia da Marta que seria *Marta na Cela 44*. Ela anuncia muito[144].

Não obstante o resultado decepcionante do texto, a peça constitui a principal obra da nova fase do autor e seria, certamente, reescrita. Representou um marco em sua dramaturgia. ao menos pelo esforço louvável de renovação: "Eu só me libertei do ciclo anterior quando escrevi *O Milagre na Cela 44*"[145].

A outra longa peça dessa fase constitui *O Incêndio*, em dois atos, publicada em 1979 e ainda inédita nos palcos. Considerando-se o intervalo entre a primeira e a última versão, essa seria a obra de mais longa elaboração do autor. Envolve também um caso de tortura, ocorrido em 1950, como já mencionado: quatro homens presos e linchados na cadeia; descobre-se que dois deles eram inocentes e que o movimento fora incentivado pelos poderes locais coligados, padre, delegado e coronel, que os incriminam sob tortura, por temerem a postura crítica e independente daqueles populares elementos (cantadores de cordel), cujo desprezo pelas "autoridades" punha em risco a ordem oligárquica, o poder do coronel local, justamente em uma época de eleição.

Para explicar as razões pelas quais a peça pertence mais a um segundo ciclo, Jorge Andrade traça em poucas linhas as características básicas de sua nova dramaturgia, a saber: uma ação dramática centrada no tempo presente, com uma análise dos mecanismos sociais das situações, em detrimento dos fundamentos psicológicos das personagens:

---

144 Idem, p. 18.
145 As Confissões de Jorge Andrade, 2ª parte. op. cit., p. 20-21.

O LUGAR DA METALINGUAGEM NA OBRA DE JORGE ANDRADE   63

Acho que *O Incêndio* vai funcionar como uma peça que quer contar o que está acontecendo com o homem hoje, no mundo do Brasil. E que é consequência de um passado que não preciso tratar mais nas minhas personagens. Ninguém precisa mais estar falando em memória [...]. E o mesmo sentido da *Zebra*, [de *Mundo Composto*, *A Receita*, *A Loba*], que já pertence a outro ciclo de um autor libertado [...]. Então eu retomo *O Incêndio* e reescrevo inteirinho [...]. Então a coisa vem muito mais objetiva, porque eu não preciso dar conotações psicológicas para um crime – o crime é determinado por uma realidade social, e eu mostro a realidade social[146].

Essas peculiares premissas estéticas certamente são responsáveis pelo esquematismo excessivo de que padecem situações e personagens das peças desse novo ciclo e derivam do esforço realizado pelo autor para desprender-se dos cânones antigos e evitar o subjetivismo exacerbado que caracterizava até mesmo suas últimas peças metalinguísticas no ciclo 1: o autor incorre agora numa prática radicalmente oposta, que beira a sinopse, sobretudo nas peças curtas.

O texto de *O Incêndio*, no entanto, é superior ao de *Milagre na Cela*. A trama política é desenvolvida com clareza e economia de recursos, com linguagem adequada (os políticos, os cantadores) e diálogos ágeis. Basta que se compare Jupira, uma evidente encarnação de Marta do ciclo 1, com a Irmã Joana de *Milagre*: a ação viva, a linguagem espontânea, seca, rápida, eficaz está muito longe da elaboração e da filosofia grandiloquente e falsa da outra. Jupira, aliás, também comparece em *O Milagre na Cela* e na *Receita*, sempre como prostituta, "figura forte, uma figura limpa", "mulher que luta", como a descreveu Jorge Andrade, que se baseou na figura real de uma mulher paraguaia de mesmo nome e características que conhecera em sua adolescência[147], como narra em *Rasto Atrás*. A primeira versão da peça data de 1962, segundo depoimento do autor em 1981, quando a evoca para atestar uma face diferente de sua dramaturgia, vertente não conhecida que resolveu assumir nos anos de 1970. A obra teria nascido naqueles anos de intensa experimentação aos quais já nos reportamos, ao lado de *A Escada*, *Os*

---

146   Entrevista ao Centro Cultural São Paulo, p. 20.
147   Idem, p. 23.

Ossos do Barão e *Vereda da Salvação*. Argumenta o autor: "há vinte anos escrevi *O Incêndio* contando uma história [...] acontecida em 1950. Portanto, há trinta anos. Há vinte anos vêm sendo repetidas frases desconexas de que sou memorialista"[148].

Outra versão ocorreria em 1965, quando Jorge Andrade julgou a obra acabada e concorreu ao Prêmio do Instituto Nacional do Livro, conseguindo a primeira colocação, resultado que foi revogado por não ser a peça inédita, conforme depoimento do autor ao Inacen[149]. Em 1978 a peça foi retomada, e a versão definitiva foi publicada em 1979, o que foi possível, na opinião do dramaturgo, graças à experiência adquirida nos anos de 1960 e à elaboração de *Milagre na Cela*, já terminada.

É curioso, todavia, que o autor tenha assinalado, nos originais das primeiras versões da obra[150] o ano de 1954. Trata-se de uma sinopse de cinco páginas datilografadas apresentando a peça detalhadamente, quando ela ainda se denominava *Os Ausentes*. Com traço forte a lápis, o autor risca o título original, sobrepõe o nome atual (*O Incêndio*) e faz três indicações no alto da página: "1º estudo", "Curso de Dramaturgia na Escola", "1954". A data é ainda aposta a uma versão de *Os Ausentes*, "tragédia em três atos" descrita em cinco páginas, aos "primeiros estudos" da "tragédia em dois atos e um epílogo" e a uma versão completa do primeiro ato da obra. Não encontramos razão para esse recuo da época de elaboração da peça.

Também *As Colunas do Templo*, denominada inicialmente *Faqueiro de Prata*, ficou fora do ciclo 1, embora escrita em 1952. Foi premiada com uma menção honrosa no Concurso Martins Pena, no IV Centenário da Cidade de São Paulo, e obteve o 2º lugar no Concurso Fábio Prado, em São Paulo, em 1954. Em 1968 seria reescrita, conforme confessou o dramaturgo a Sábato Magaldi[151]. Foi aproveitada pelo autor para o Caso Especial *Exercício Findo*, de cinquenta minutos, veiculado pela TV Globo em 1974, com música de Edu Lobo, produção de Moacyr Deriquém, direção de Paulo Afonso Grisolli e Paulo Gracindo como protagonista.

---

148 O Teatro Político que Jamais Quis Ser Partidário, *Jornal do Brasil*, 27 mar. 1981.
149 As Confissões de Jorge Andrade, 2ª parte. op. cit., p. 20.
150 *A Escada*, Acervo da Seção de Artes Cênicas do Centro Cultural São Paulo.
151 À Procura de Rasto Atrás, em J. Andrade, *Marta...*, p. 666.

A primeira versão de 1954, com 65 páginas datilografadas, que nos foi emprestada pela viúva do autor, mostra uma peça em três atos, muito riscada a lápis, com correção de muitas falas e pequenos cortes, o que julgamos ser o início da adaptação da obra para a televisão. O tema é a atualidade, característica de um novo ciclo, e se prende certamente à breve experiência do autor como bancário, depois de desistir de estudar Direito em São Paulo e antes de retornar aos trabalhos na fazenda do pai em 1940. É retratada a crueldade do sistema financeiro por meio da figura de um velho bancário (com trinta anos de serviço, nenhuma falta e muitos sonhos), preterido na tão esperada promoção que acaba favorecendo um funcionário jovem. Seu drama tem como metáfora o "numerário dilacerado": "São as notas velhas, sujas, manchadas, rasgadas, desvalorizadas, que o Tesouro recolhe para queimar"[152]. Diríamos que a personagem central da peça é o próprio Banco, espaço sufocante em nome do qual os funcionários são massacrados e levados à acomodação e à resignação, configuradas na seguinte imagem síntese: numa "pescaria" de feira de diversões, o maior prêmio constituía um faqueiro de prata, mas ele só conseguiu uma boneca de massa[153]. O terceiro ato, contudo, mostra, em contraponto com as falas no interior do Banco, o ruído que vem da rua feito pelos bancários grevistas, enfrentando a polícia aos gritos de "Queremos aumento!", que fecham a peça. É significativa a evolução da personagem Pantine, contrária à greve na abertura da peça, carreirista zeloso da eficiência da instituição ("*Al lavoro! Al lavoro!*"), que chega ao final com uma constatação como a seguinte: "As greves são necessárias, *capisci*, Fioravanti? Consigam ou não aumento, haverá outras! A gente, de vez em quando, sente necessidade de protestar e deve protestar"[154].

O título da obra sugeriu-nos a princípio o espaço no qual é centralizada a ação: o Banco enquanto *templo* sustentado pelos submissos funcionários que seriam suas *colunas*. A epígrafe favorecia essa interpretação: "Costumamos chamá-los Tântalos, pobres no meio das maiores riquezas e sedentos no seio do vasto oceano... (Plauto, *Aululária*)". Trata-se, no entanto, do próprio

---

152 *As Colunas do Templo*, acervo particular de Helena de Almeida Prado, p. 63.
153 Idem, p. 55.
154 Idem, p. 64.

protagonista, que afirma ter feito de sua vida um templo, vivendo "de acordo com os mandamentos de Deus", havendo, porém, forças que destroem os templos, como o dinheiro, por exemplo.

Essa peça, marcadamente atual e urbana, confirma o gosto do autor pelo motivo do lugar utópico, já presente um ano antes em *O Telescópio* (as estrelas). Aqui é a Suíça que polariza os sonhos do protagonista, ganhando as tintas do paraíso terrestre: a "eternidade" das neves nas montanhas, o "sentido da amizade muito desenvolvido" entre os homens, os quais se preocupam uns com os outros "como se fossem todos irmãos", beleza, calma, paz, lugar onde "um sapateiro pode ser Presidente da República" e onde houve homens que "não devem ser esquecidos", para que "seu exemplo não se torne inútil" – Guilherme Tell, que "sozinho conquistou a liberdade do país".

Apesar de muito bem construída, retratando com propriedade a vida no interior de um banco, a obra contém certa tendência ao melodrama: o sonho utópico do protagonista, se funciona como excelente contraponto para o espaço central da peça, está vinculado, no entanto, à sua filha doente, para quem criara a ideia da viagem à Suíça como forma de mantê-la viva – expediente do qual discordava Marta, a realista esposa do velho bancário. No final, a jovem morre ao saber do sonho perdido, o pai entra em delírio e tenta se apossar de um dinheiro à sua guarda na seção. A cena do delírio, entretanto, consegue bom rendimento pelo concurso de vários efeitos cênicos que diluem o clima de melodrama: dinheiro jogado para o alto, som de ambulância para buscar o protagonista, sirene de polícia que, aos gritos, tenta dissolver os grevistas que gritam suas palavras de ordem na rua, toque de telefone e movimentação geral dos funcionários.

A versão televisiva de 1974, denominada *Exercício Findo*, a julgar pelas críticas dos jornais, enfatizou com "incômoda pieguice" e "melodrama" a derrocada dos sonhos pessoais do velho protagonista, interpretado por Paulo Gracindo[155]. Examinando o texto adaptado, surpreendemos uma lamentável mutilação da peça que contesta, em princípio, a afirmação de Jorge Andrade sobre a liberdade de expressão que a televisão lhe facultara,

---

155 V. Andrade, Fora de Circulação, *Jornal do Brasil*, 23 ago. 1974; Y. Michalski, Um Contrabando Que Não Compensa, *Jornal do Brasil*, ago. 1974.

diferentemente do teatro pós-1969. Em síntese, as alterações são as seguintes: a lista de personagens ganha elementos femininos e elimina os diretores do banco, bem como as figuras de Lucas e Sebastião, dois funcionários que sabiam como usar o dinheiro do banco; a greve não comparece, deixando lugar à futilidade de conversas sobre futebol, cinema, televisão, moda; a cena final fixa a imagem dos fornos do Tesouro queimando notas velhas, ilustrando uma fala final que compara a vida dos bancários ao dinheiro que cai em *exercício findo*; *takes* com imagens da Suíça e da filha doente entrecortam as cenas do banco durante toda a obra, e a morte da jovem, apenas intuída no original teatral, ganha o primeiro plano na versão televisiva, apresentada como resultado da alienação do pai que, em vez de uma cura em Campos do Jordão, pensava em sanatório na Suíça; quanto ao protagonista, é tratado pejorativamente por todos como "Messias", por causa de suas pregações religiosas em lugares públicos, com a *Bíblia* na mão, sobre a fraternidade entre os homens; no trabalho, refere-se à rigidez de sua própria honestidade, comparando-a à firmeza das colunas que sustentam o edifício do banco.

Conclui-se que *As Colunas do Templo*, de 1954, ao lado de *O Incêndio*, de 1962, comprovam uma interessante vertente teatral não explorada por Jorge Andrade e esquecida outrossim pela crítica. A qualidade de ambas atesta um potencial artístico e uma disponibilidade em termos de visão de mundo para tratar de temas em tudo diferentes daqueles trabalhados no ciclo de Marta. Talvez, a singularidade do que se foi tornando sua obra teatral (cadeia de peças formando um ciclo) tenha prendido o autor a um só tipo de projeto e levado as outras realizações ao esquecimento.

Quanto às peças menores, temos *A Receita*, em um ato, de 1968, apresentada na Primeira Feira Paulista de Opinião. Trata-se de um episódio da vida rural envolvendo colonos extremamente pobres e decaídos moralmente, sem nenhuma consciência das causas de sua condição social. A ação se concentra em um casebre de pau a pique, dentro do qual um jovem médico recém-formado lavra uma receita que, evidentemente, não poderá ser cumprida pelo paciente, cujo pé precisa ser urgentemente operado, sob pena de pôr em risco toda a perna;

não há vagas nas casas de saúde das cidades mais próximas, e as filas de espera são extensas. Os *slides* de fachadas de universidades, de salas de aula bem equipadas, de sadios estudantes de medicina, de pessoas pobres em fila etc., cuja projeção Jorge Andrade recomenda que seja em sobreposição, para dar impressão de "ambiente gangrenado", reforçam a crítica proletarização dos trabalhadores rurais, cujos problemas são arrolados na fala preponderante de Jovina, a mãe, voz em tudo semelhante a de Dolor em *Vereda da Salvação*. O final abrupto desse texto sinopse é melodramático: Carlinda, a irmã considerada débil mental, após adormecer o enfermo com bebida alcoólica, ergue firmemente um machado, decidida, na direção do pé a amputar, quando o pano desce. Na obra comparece Jupira, a prostituta do *Bico do Pavão*, personagem recorrente nessa fase de criação.

Talvez a mais esquemática dessas obras menores seja *O Mundo Composto*, peça em um ato, de novembro de 1972, baseada em uma reportagem realizada por Jorge Andrade para a revista *Realidade* e publicada em forma de encarte, na mesma revista, junto ao trabalho jornalístico de que se originou[156]. A obra bem parece um estudo, um esboço de peça teatral, em que Jorge Andrade se permite, após o final, depois que o pano corre, acrescentar um epílogo para mencionar os movimentos messiânicos de Canudos e do Contestado, comparando a personagem João Leite a Antônio Conselheiro e a João Maria, respectivamente, dos quais seria um embrião. O autor se revela em primeira pessoa: "Epílogo – Sentado à sombra do juazeiro, com meu caderno de notas nos joelhos, presencio o que deve ter sido o nascimento místico de personagens que se tornaram messiânicas em Canudos e no Contestado, de guerreiros terríveis combatendo em defesa de determinações celestes"[157].

Ressurge a temática de *Vereda da Salvação*, agora discorrida em longo e entediante diálogo de sete páginas de revista, entre dois pobres camponeses, João Leite de 67 anos e Cícero de 52 anos, que, na sua didática oposição de caracteres, descrevem as dificuldades da vida rural, "batendo feijão" no terreiro diante

---

156 Misticismo 1: Deus é Leite, e o Cão, Arado Quebrado, *Realidade*, nov. 1972, p. 233-247.

157 Idem, p. 246.

O LUGAR DA METALINGUAGEM NA OBRA DE JORGE ANDRADE   69

de sua tapera ao amanhecer do dia. À mentalidade radicalmente religiosa de João Leite, que atribui a Deus todos os fenômenos bons ou ruins da vida agrária e crê manipular o mundo com orações, opõe-se Cícero, homem de ação, crente somente na força dos músculos, nas máquinas, nos agrotóxicos, na instrução dos filhos, no gozo dos instintos. Dir-se-ia que são Joaquim e Manoel de *Vereda*, peça que pode ter interferido na transfiguração rápida do material jornalístico em "peça de teatro".

O título da obra vem justificado na fala de Cícero, a personagem realista que se nega a ver o mundo de forma maniqueísta e religiosa. Sua expressão para definir o mundo tem ecos do "mundo misturado" de Riobaldo, o protagonista de *Grande Sertão: Veredas*, de Guimarães Rosa[158]. Vejamos a peça jorgeandradina:

Cícero: Eééé. O mundo é composto, compadre João. Tem de tudo. Tem a seca e tem a chuva. Tem a morte e tem a vida. Tem patrão e tem empregado. Tem o branco e tem o preto. Tem até quem tem pena da gente. Bota tudo de mistura, o que dá? A vida que um homem conhece. O homem é muito sabido mas é outro homem que pega ele. Não tem as defesa das criação[159].

A reportagem de Jorge Andrade levara-o ao Sítio do Saco, em Itaíba, a 300 km de Recife, à procura do mundo do "misticismo nordestino", um misticismo puro, verdadeiro, segundo o autor, ligado ao trabalho e à vida, onde Deus é a espiga de milho, o leite, a enxada, e o diabo é a seca, o arado quebrado, e, "muitas vezes, o patrão é o coronel", como é explicado na introdução do texto. Eis o objetivo do autor e os procedimentos de sua pesquisa:

Entre mais de dez camponeses indicados por Gérson Maranhão, proprietário da fazenda do Angico, escolhi Cícero e João Leite, moradores do Sítio do Saco, a duas léguas, que ilustrariam em profundidade a minha tese: o verdadeiro, o misticismo puro, só é encontrado nas relações do homem com o meio onde vive e trabalha[160].

---

158   Cf. p. 169.
159   Misticismo 1: Deus é Leite, e o Cão, Arado Quebrado, *Realidade*, nov. 1972, p. 244.
160   Idem, p. 234.

O autor, dez anos depois de *Vereda*, esclareceu na reportagem seu pensamento sobre misticismo, dissociando-o do "simples folclore", das "imagens da indústria da fé, montada em Juazeiro, Bom Jesus da Lapa ou Aparecida do Norte", ou do "falso conceito" nascido da má interpretação de *Os Sertões* de Euclides da Cunha, que transformara uma "revolta já no plano político em manifestação mítica". Para Jorge Andrade, o homem está ligado a uma visão mística do mundo, sobretudo se lida com a terra, ou "tem raízes nela". Seria um sentimento que marca suas relações com a natureza, o trabalho, o meio e se manifesta na oração, na promessa, no temor, na música, na fome, no sonho. A condição necessária para seu surgimento, diz, seria o sofrimento como essência da vida, "quando o homem acaba transferindo para resoluções extraterrenas sua condição de cocriador, de responsável pelo seu destino, de ser atuante no bem e no mal". A precariedade material da existência levaria ao desespero, à revolta e ao fanatismo, que desaguaria nos movimentos "messiânicos ou paramessiânicos", tangendo o homem "como gado" para locais como Juazeiro.

Enfim, muito embora pareça haver nessas declarações certa cautela na articulação do misticismo ao aspecto político dos movimentos messiânicos, Jorge Andrade conclui que as atitudes ditas místicas nascem em situações socioeconômicas, em que Deus se confunde com a espiga, o leite etc., e o demônio, com a seca, a rês estéril, a doença. Conclui-se que o autor considera como "verdadeiro misticismo" somente as manifestações iniciais da relação mágica entre o homem e o mundo oriundas das precárias condições de vida, que geram medo, ignorância, sentimento de impotência, excluindo do conceito eventuais desdobramentos em direção a um trabalho concreto de modificação do *status quo*, o que atesta a notável coerência do dramaturgo com algumas de suas discutíveis posições expressas na polêmica de *Vereda da Salvação* em 1964.

Quanto à *Zebra*, peça em um ato de 1978, foi escrita depois do romance *Labirinto*, apresentada na Feira Brasileira de Opinião e publicada ainda no mesmo ano na edição conjunta que reuniu mais nove autores participantes do evento. Nesse caso, houve uma considerável melhora da versão original que tinha dois atos.

O texto publicado, de um ato, narra uma cena de família, da qual participam os vizinhos, em torno de um radinho de pilha à espera dos resultados finais do jogo da loteria esportiva. O título prenuncia o final: após largos sonhos e desavenças, sobretudo entre um *pai* descendente de grande patriarca fazendeiro e o *filho* universitário, esclarecido estudante de ciências sociais, o clímax se desfaz no gol contra o protagonista apostador. Pertence a um vizinho a fala final: "Que zebra, hein?" É interessante surpreender no filho Gustavo claras ressonâncias de Vicente de *Rasto Atrás* e, no pai, uma derivação nítida daquela linha de personagens inadaptadas à existência de classe média urbana, como Noêmia de *Senhora na Boca do Lixo*, Antenor de *A Escada* ou os descendentes do barão em *Os Ossos*. Quanto aos vizinhos, têm uma construção muito ao estilo de Nelson Rodrigues. A peça, enfim, tem andamento rápido, suspense, humor, atualidade, leveza e síntese.

A versão original possuía dois atos e duas personagens a mais – um casal de vizinhos com idade semelhante à do casal protagonista[161]. O primeiro ato, muito prolixo, apresentava os filhos do apostador como "amantes do asfalto" e estudantes negligentes, o passado do pai enquanto neto de poderoso fazendeiro arruinado em 1932, o filho Gustavo como estudante da PUC, numerosas falas sobre a *zebra* (estampa comprada em uma banca de jornal para dar sorte), o casal de vizinhos fanáticos por novela de televisão e o ato de preenchimento do volante do jogo. Jorge Andrade aproveitou somente o 2º ato, cortou o casal coadjuvante e tornou menos melodramático o fechamento da peça, pois na versão original o filho Gustavo expulsa os vizinhos, consola o pai em longo e lacrimoso discurso, no qual abandona as convicções sobre a alienação da loteria, incentivando-o a sonhar e voltar a apostar. O pano descia sobre o soluço convulsivo do filho e o *poster* da zebra iluminado. Esse caso de peça escrita e retrabalhada no ciclo do presente atesta a permanência da mesma atitude adotada pelo autor no ciclo 1 e leva a crer que as demais obras desse período sofreriam revisões e desdobramentos igualmente.

---

161 *A Zebra*, acervo particular de Helena de Almeida Prado.

72 METALINGUAGEM E TEATRO

A Loba é outra peça de um ato, também escrita em 1978, não encenada nem publicada, contendo apenas cinco personagens em torno de uma mesa de sala de jantar de apartamento de alta burguesia: uma rica paulista quatrocentona de Higienópolis, com preconceitos, reacionarismos, zelos de etiqueta e das aparências sociais beirando a caricatura; um marido, de passado pobre na Moóca, dois filhos e uma sensual empregada nordestina[162]. A mulher, autoritária, a loba, exerce controle sobre todos, num diálogo desajeitado e interminável com o marido, em que vemos ressonâncias das peças do ciclo 1 e até mesmo uma alusão a *O Sumidouro*. O melodrama acentua-se, sem que a tensão falsamente armada sobre uma situação flácida consiga nos envolver, e termina abruptamente como a *Receita*: o marido silenciosamente mata a esposa com uma estatueta de bronze, comunica aos filhos que estão enfim livres e que chamara a polícia para contar outra versão do ocorrido – que ela caíra e batera com a cabeça na canastra –; feito isso, os filhos ficam nus e começam a dançar um rock alucinado, ao qual se junta a empregada também nua, tudo terminando numa sugestão de posse a três, com uma luz ressaltando o quadro da morta na parede. Não se pode compreender o que levou o autor a construir uma obra de tão baixa qualidade.

Para *A Corrente*, de 1980, peça em coautoria, Jorge Andrade escreveu somente o 3º elo, ou 3º ato. O primeiro, escrito por Consuelo de Castro, refere-se a um operário em greve, o segundo ato pertence a Lauro César Muniz e trata de um executivo alienado, e o terceiro centra-se em um empresário médio esmagado por grupos estrangeiros. A peça estreou no Rio de Janeiro no final de 1981, no Teatro Senac, sob a direção de Luís de Lima, com os atores Mauro Mendonça e Rosamaria Murtinho.

O texto repete o esquematismo, o lugar comum, o melodrama, a caricatura, e o diálogo atinge aqui um mau gosto inconcebível num autor como Jorge Andrade. A trama é simples: um grande empresário falido necessita de capital estrangeiro, mas para obtê-lo é necessário que use sua esposa como favor sexual na transação. O texto enfoca o momento em que a mulher se arruma, diante do marido, para ir jantar com o empresário alemão. Trava-se então uma conversa que prima pela inauten-

---

162 *A Loba*, acervo particular de Helena de Almeida Prado.

O LUGAR DA METALINGUAGEM NA OBRA DE JORGE ANDRADE   73

ticidade psicológica e chega ao ridículo. No final, o medo da perda do patrimônio da família vence o amor. Essa é a última peça escrita pelo autor da qual se tem conhecimento.

Consta que, um ano antes, em 1979, o autor escrevera *Lady Chatterley em Botucatu*, peça teatral curta, do gênero erótico, para atender ao desafio de seu amigo, o ator Antônio Abujamra[163], a quem deu a guarda do texto, até o momento não divulgado em atenção a um pedido da família do dramaturgo que, embora não o tenha lido, atesta ser uma obra escrita por brincadeira, muito ruim, fruto de um momento descontraído de humor de Jorge Andrade.

Quanto às cinco peças programadas e não escritas pelo autor, três delas seriam um desdobramento de obras do ciclo 1, para enfocar problemas da atualidade. *O Sapato no Living*, por exemplo, sua primeira tentativa de criar uma peça com poucas personagens (quatro), começada em 1968, mas "programada" desde 1962, teria como fonte a experiência de Jorge Andrade como professor na USP (1967/1968) e no Ensino Vocacional do Brooklin (1965/1969) e contaria os problemas da juventude, como parte do mundo de Vicente depois de *Rasto Atrás*, em que o tema é lançado na cena entre alunos e padres. O adolescente protagonista seria o neto de Egisto Ghirotto de *Os Ossos do Barão*. O dramaturgo justifica o procedimento: "Já disse que certos temas ou personagens não são totalmente desenvolvidos numa peça para se constituírem no núcleo dramático de outras peças"[164].

Os problemas da *educação* seriam tratados mais de perto em *Os Avaliados*, que mostraria a luta entre as novas propostas pedagógicas e a mentalidade histórico-social vigente[165]. Outra obra, *O Náufrago*, pensada em 1968, sairia de *A Moratória*, retomando a personagem Marcelo em seu emprego no frigorífico, para enfocar o problema do *operário*[166]. Já *O Professor Subversivo*, programada no mesmo ano, trataria da questão do negro na sociedade brasileira, desdobrando o tema anunciado em *A Escada* com a personagem Omar[167]. Quanto a

---

163 H. de A. Prado, Entrevista a Catarina Sant'Anna, 17 ago. 1988.
164 Y. Michalski, Senhora na Boca do Autor, *Jornal do Brasil*, 10 mar. 1968.
165 S. Magaldi, À Procura de Rasto Atrás, em J. Andrade, *Marta...*, p. 665.
166 Idem, p. 666.
167 Idem, ibidem.

Ressurreição às 18 Horas, estava em processo de elaboração em 1977, quando o autor era conselheiro cultural em São Bernardo do Campo e afirmava dormir umas cinco horas por noite, trabalhando nessa peça entre as três e as seis horas da manhã[168].

Finalmente, em 1984, já em seus últimos dias de vida, Jorge Andrade teria feito a sinopse de uma peça, na qual haveria a síntese de toda a sua vida pessoal e profissional, dentro do modelo de *Longa Jornada Noite Adentro*, de O'Neill, como já se comentou[169].

O ciclo 2, portanto, não obstante a pouca qualidade artística de suas peças, comprova o esforço de Jorge Andrade para renovar-se e, ao contrário de suas próprias afirmações, uma certa disposição para integrar-se ao meio teatral, adequando-se ao teatro da época, que ele afirmava estar morto. Sua produção naqueles difíceis anos de 1970, reflete o poder de aniquilamento exercido pela opressão política sobre o teatro, ilustra igualmente a força daqueles que resistiram e continuaram tentando. Se, como alguns outros, desviou suas energias para a televisão, escrevendo praticamente uma novela por ano nesse período, seduzido pelo número de espectadores que poderia atingir em uma única noite, a tentativa de adaptar para a televisão muitas peças do ciclo 1 são prova de que era o seu desejo de expressão artística que se agarrava às oportunidades do momento: "Mas no teatro a gente pode ver a reação da plateia, há o aplauso e a vaia. Na televisão, o autor vive uma grande solidão"[170].

Não se pode falar propriamente de um *ciclo inacabado*, seja porque a organicidade que caracterizou seu teatro até 1969 não se repete aqui, seja, consequentemente, pela ausência de um programa estabelecido em que se veja um quadro a completar. As peças foram como que nascendo em resposta aos fatos do presente desenrolados sob seu olhar atento – a observação do presente, seu único compromisso assumido com essa fase nova, ao qual poderíamos juntar outro, a experimentação, uma busca já indiciada no fechamento de *O Sumidouro* e do ciclo 1: "Procurar... procurar... procurar... que mais poderia ter feito...?"

---

168 P. M. Leite, "Milagre na Cela", *Folha de S.Paulo*, 13 jul. 1977.

169 As Confissões de Jorge Andrade, 1ª parte, op. cit. Cita-se, como fonte, Consuelo de Castro.

170 Teatro Não É Palanque, *Isto É*, 19 abr. 1978.

O LUGAR DA METALINGUAGEM NA OBRA DE JORGE ANDRADE

Desse modo, seria preferível classificar as obras da 2ª fase do autor como *ensaios*, experiências dramatúrgicas apressadas de um escritor, cuja ansiedade de criar não poderia aguardar momentos mais propícios.

No quadro geral da obra de Jorge Andrade, a tetralogia metalinguística aparece, portanto, como linha divisória entre duas grandes fases de criação.

OBRAS TEATRAIS CONCLUÍDAS: DOIS CICLOS

	CICLO 1 (1951-1969) – O PASSADO	CICLO 2 (1969-1980) – O PRESENTE
Anos de 1950	*O Telescópio* – 1951 *A Moratória* – 1954 *Pedreira das Almas* – 1957 *Vereda da Salvação* – 1957/1963	*As Colunas do Templo* – 1952
Anos de 1960	*A Escada* – 1960 *Os Ossos do Barão* – 1962 *Senhora na Boca do Lixo* – 1963 *Rasto Atrás* – 1966 *As Confrarias* – 1969 *O Sumidouro* – 1969	*O Incêndio* – 1962/78 *A Receita* – 1968
Anos de 1970		*O Mundo Composto* – 1972 *Milagre na Cela* – 1978 *A Zebra* – 1978 *A Loba* – 1978
Anos de 1980		*A Corrente* – 1980

TRAÇOS DOMINANTES

– Peças em três atos
– Personagens numerosas
– Pluralidade espacial (espaços abertos e fechados)
– Pluralidade temporal
– Aprofundamento psicológico das personagens
  (o psicológico acima do social)
– Complexidade dos recursos cênicos
– Ligação entre as peças
– Metalinguagem
– Jorge Andrade dramaturgo
	– Peças em um ato
	– Poucas personagens
	– Unidade espacial (espaços fechados)
	– Unidade de tempo (o presente)
	– Enfoque no aspecto social
	
	– Simplificação dos recursos cênicos
	– Não ligação entre as peças
	– Tendência ao melodrama
	– Jorge Andrade dramaturgo, escritor
	  de TV, jornalista, romancista,
	  professor, funcionário público etc.

Nesse contexto maior, a tetralogia funciona como uma encruzilhada, um espaço "entre", onde a reflexão assume simultaneamente caráter de balanço e de prospecção, o julgamento da obra realizada e a escolha de uma linha oposta à anterior, em termos de temática e de tratamento estético. A tetralogia marca duas viradas de década de forma significativa: inaugura um distanciamento em termos de abordagem ao prosseguir com a mesma temática dos anos de 1950 com *A Escada* e radicaliza esse procedimento, pondo em julgamento essa mesma temática (o passado) no final dos anos de 1960, com *Rasto Atrás*, *As Confrarias* e *O Sumidouro*.

A característica de enclave, de engaste que o conjunto assume dentro do ciclo 1, configura-se com maior nitidez dentro do repertório completo da dramaturgia do autor, tornando-se à primeira vista uma espécie de corpo estranho encravado na obra, apesar do seu caráter de transição. Entre o ciclo 1 e o ciclo 2, fases antípodas, situa-se Vicente (Jorge Andrade?) em crise: "Estou com mais de quarenta anos e ainda lutando para me realizar. [...] Será que estou no caminho errado, Lavínia? [...] (*Obsessivo*) Qual o caminho certo? Onde achar resposta? No presente? No passado?" (p. 508).

Situada a tetralogia no corpo da obra de Jorge Andrade, prosseguimos seu exame, enfocando a seguir sua contribuição no processo de construção das imagens título do livro publicado em 1970.

2. A Trama da Metalinguagem

a engenhosa construção textual das imagens elos

> Só quando organizei o livro é que vi que elas contavam quatro ciclos. E apenas modifiquei, para efeito de leitura do livro, algumas frases, que as ligavam ainda mais profundamente[1].
>
> [...] eu acho que os símbolos não foram procurados. Eles aparecem inconscientemente em todos os trabalhos. Marta, como eu disse, é uma personagem que aparece nas dez peças, mas que eu descobri no momento em que fiz o livro, o ciclo. O relógio mostra bem... não, [...] árvore mostra bem... a árvore aparece muito nas dez peças[2].

Como depreender a posição, o valor ou a função da tetralogia dentro do ciclo? Foi necessário partir da própria materialidade do livro publicado, com seu título, inúmeras ilustrações e epígrafes, e da própria organização das peças reunidas em uma determinada ordem. Pareceu-nos essa a melhor forma de penetrar na obra, porquanto a mão do autor esteve presente nesses momentos, interferindo, comandando.

O título remete a uma reflexão do autor sobre a obra, tornando-se um convite à caça daqueles três elementos – Marta, árvore e relógio – nos textos reunidos, pois estamos diante de um fenômeno antes de tudo textual, que ultrapassa os limites de uma peça e só se evidencia plenamente no conjunto, quando, reunidas, as três imagens alcançam a estatura de sistema simbólico. Daí certamente o sonho de Jorge Andrade: "pras pessoas realmente saberem o que eu, Jorge Andrade, escrevi, e é uma coisa impossível de ser feita, era fazer um espetáculo de dez dias, cada dia uma peça, cada peça como um ato da grande peça que é *Marta, a Árvore e o Relógio*"[3].

---

1 As Confissões de Jorge Andrade, 2ª parte, *Boletim Inacen*, p. 19.
2 Entrevista ao Centro Cultural São Paulo, p. 12.
3 Idem, p. 13.

A construção das últimas duas peças, *As Confrarias* e *O Sumidouro*, ensejou um olhar atento sobre a obra já realizada e por realizar, produzindo trocas, influências mútuas, que se explicitaram na publicação do ciclo: há textos praticamente intocados e outros que mais parecem colchas de retalhos, os dois casos revelando a busca da unidade do conjunto e o processo paciente de elaboração simbólica. Esse trabalho, somente um exame passo a passo de cada peça, em ordem cronológica de feitura, e não sob a ordem apresentada no livro, poderia esclarecer. Impôs-se obrigatório, portanto, o cotejo da última edição de cada obra em separado (com exceção das duas últimas, inéditas) com a edição conjunta de 1970. Lançamos mão, outrossim, de versões anteriores à primeira publicação em livro, quando possível.

Constata-se, então, a importância do "enclave" metalinguístico na construção de uma verdadeira "poética" do autor, sobretudo pelo adensamento sígnico que realiza de elementos já esparsos nas obras anteriores: há peças que, embora não contivessem nominalmente uma figura do título, "Marta", por exemplo, possuíam o "conceito" desse elemento – "Mafalda", em *A Moratória*, "Ismália" em *Os Ossos do Barão*, ou "A Mãe", em *Senhora na Boca do Lixo*. Outras obras, ao contrário, contihnam nominalmente o elemento, mas não suficientemente desenvolvido, como é o caso de "relógio" em *O Telescópio*. Há peças, ainda, que não continham de nenhuma forma a figura, mas cuja estrutura permitia um enxerto, por trazer na situação dramática um debate essencial próprio da área simbólica do elemento a enxertar – "Marta" em *Pedreira das Almas*, por exemplo. Enfim, de uma forma ou de outra, uma ou outra figura do título do livro está presente em todas as peças, sendo que nas três últimas, metalinguísticas, "Marta", "árvore" e "relógio" comparecem juntas, interligadas e ampliadas a um máximo.

Embora não haja nenhuma versão anterior das peças de 1969, como já explicamos, o exame do material existente das demais peças, entretanto, permite a hipótese de dois grandes movimentos na construção dos ligamentos do ciclo publicado. As peças da década de 1950, bem como as do início da década de 1960, teriam funcionado como matrizes inspiradoras para a construção das grandes peças metalinguísticas. Estas, síntese e reflexão das demais, depois de prontas, tornaram-se por sua vez matrizes, ou paradigmas, realimentando as obras anteriores, num movimento inverso, por meio de substituições, cortes, acréscimos, enxertos. Essa é a arquitetura da unidade do ciclo.

Considerando, entretanto, que peças como *As Confrarias* e *O Sumidouro* foram tecidas ao longo de toda a década de 1960, fica difícil julgar, por exemplo, se *A Escada* (1960) inspirou aquelas ou se, ao contrário, já é escrita por causa delas, ou se *Ossos do Barão* (1962) e *Senhora na Boca do Lixo* (1963) constituem tão somente uma continuação natural da década de 1950, ou se já se beneficiam da pesquisa das últimas obras do ciclo. Essa zona nebulosa (início dos anos de 1960), situada entre as primeiras e as últimas produções do ciclo 1, não invalida, todavia, a hipótese aventada anteriormente: teria havido uma conscientização paulatina dos elementos recorrentes nas primeiras peças, que possibilitou seu adensamento no final do ciclo, configurando uma intenção por parte de Jorge Andrade de construir uma rede simbólica com aquela tríade alçada à condição de título do conjunto e elo entre as obras ali reunidas, o que tornou todas as suas peças autorreferentes, em virtude da intensa intertextualidade construída.

Quanto às epígrafes e ilustrações estampadas nas duas edições do ciclo pela Perspectiva, só viriam sublinhar esse trabalho textual do autor, como se verá mais adiante.

MARTA

Não se trata de uma personagem-membro de uma família que percorresse o ciclo durante longos anos, como em um *roman-fleuve*, tipo de ficção tão ao gosto de Jorge Andrade. Tampouco de uma que se restrinja à materialização cênica de um corpo vivo no palco, mas ela tem antes um funcionamento retórico no tecido textual de cada peça e na constelação textual do ciclo inteiro, chegando a transbordá-lo e inaugurando um novo ciclo do autor, como se viu. Marta constitui-se como uma figura, metáfora ou metonímia, remetendo a certas ordens de realidade, de referentes histórico, social e até psíquico. Um inventário textual de sua presença pode configurá-la como símbolo na obra, devendo-se observá-la nas várias etapas da ação dramática (atos, cenas, quadros), para se perceber como se caracteriza sua ação no jogo de forças entre as personagens, seu modo de investida e deslocamento no espaço, seu relacionamento com objetos, o tipo de tempo em que vive, o discurso em que ela é o sujeito da enunciação (sua fala, tipo de intervenção, funções de sua linguagem) e o discurso em que é o sujeito do enunciado (a fala de outros sobre ela).

O Telescópio (1951) – Marta não estava presente na edição de 1960. Passa a integrar a peça em 1970, na condição de personagem citada, por meio de um enxerto no diálogo revisto e aumentado entre Ada e Geni: conversa fútil que tocava brevemente em Alberto, personagem citada que passava despercebida na versão original. Ora, esse namorado de Ada passa a denominar-se Martiniano e, em vez de "metido a intelectual", "existencialista", ganha o peso de elemento ligado à terra, à natureza, ao trabalho físico, na mesma linha semântica do Martiniano da versão original de *Pedreira das Almas*, que sonha com terras férteis alhures, o mesmo Martiniano aproveitado em *As Confrarias*, que parte das minas auríferas de Morro Velho para comprar terras em Pedreira. Vejamos o trecho criado: "Geni: Filho de Dona Marta, da fazenda Monte Belo. Uma chata! Precisa ouvir ela falando! 'O sol nunca me pegou na cama. Trabalho pra mim é oração. Vivo de joelhos diante de minhas plantas!' Ela e o filho são a cesta e a tampa. De encher!"[4]. A fala atribuída a Marta é um composto formado da fala de Quim na versão original de *A Moratória* sobre "relógio" e da fala de Martiniano de *As Confrarias* sobre trabalho como oração. Note-se a relação de cumplicidade mãe-filho, além da ligação à natureza, ao trabalho, à ação, enfim. Mesmo ausente da ação principal, seu discurso tem força e desencadeia a hostilidade de elementos "decadentes": uma fazenda descuidada, em franca ruína, e duas forças em conflito – no salão, os jovens filhos jogam cartas e se digladiam verbalmente quanto à herança e, no alpendre, dois casais de velhos recordam nostalgicamente o passado e trocam informações sobre astronomia. Há

---

4   *Pedreira das Almas*; *O Telescópio*, p. 139. *Marta, a Árvore e o Relógio*, p. 202.

A TRAMA DA METALINGUAGEM

propriedade na inserção de Marta, que vem sublinhar a inércia e a estagnação centrais da peça.

A Moratória (1954) – Marta não constava da edição de 1959. Entretanto, não foi necessário criá-la. Ela já existia na figura da costureira que ensina sua profissão a Lucília e, em seguida, dá-lhe um emprego. Foi o bastante substituir o nome de Mafalda que, embora atuante, é destituída de fala e de presença cênica. Sua existência é evidenciada pelo discurso hostil do fazendeiro arruinado Quim, pela fala complacente de Helena, além das referências objetivas de Lucília. Jorge Andrade cria pequenos acréscimos para frisar a posição da personagem nesse espaço, sempre na fala de Quim: "(*com desprezo*): Dona Marta! Uma costureirinha! Bastam algumas noções. A Lucília não vai ser costureira"; "É o que dão essas lições de costura. (*Retesado*) Dona Marta!"; "(*irritado*) essa Marta"; "(*Irritado*) De onde veio esse 'povo'? Acho que você não devia trabalhar para essa gente!"[5].

A hostilidade em relação à personagem se repete nessa peça praticamente intocada em 1970, e o espaço histórico-social é idêntico ao da peça anterior: a crise da oligarquia cafeeira paulista após 1929-1930. Marta está por trás de Lucília, a primeira personagem do ciclo que reage à decadência econômica e se adapta com lucidez à nova situação. Podemos situar aqui a gênese do símbolo "Marta": além de ação, esboçam-se os semas de mudança, ou resistência, de realismo (em oposição à quimera), algo de plebeu (em oposição à aristocracia), algo de novo (em oposição ao tradicional) e de solidariedade.

Pedreira das Almas (1957) – Temos aqui um exemplo típico de realimentação de uma obra por outra de produção bem posterior, no caso, *As Confrarias*. Marta não figurava na edição de 1960, passando a integrar o texto de 1970 por meio dos procedimentos de substituição de nomes e do enxerto textual. O primeiro recurso, aparentemente simples, quase não se percebe: "Cântico: Santa Marta quando andava no mundo! / ... / Os homens diziam: / Deixai as águas mais claras / Senhora tão bela!"[6].

Substituindo "Santa Luzia" por "Santa Marta", o autor logra um notável enriquecimento do signo pela inserção de um paradigma religioso cristão muito pertinente, pois a hagiografia

---

5 *A Moratória*, p. 57, 61 e 70; *Marta...*, p. 135, 137, 141.
6 *Pedreira das Almas. O Telescópio*, p. 21; *Marta...*, p. 76.

ratifica a imagem de Marta na totalidade do ciclo. Santa Marta, irmã de Lázaro e de Maria Madalena, tornou-se legendária como mulher de ação e, sobretudo, como boa hospedeira, tendo vivido no século I d.C., período em que dois episódios marcam sua imagem bíblica: certa vez, organizando em sua casa uma recepção e refeição para receber Cristo, ao não ser ajudada por Maria que se aninhava aos pés do convidado, Marta investiu: "Senhor, não vos importais que minha irmã me deixe servir sozinha? Dizei-lhe que me ajude!". Ao que Cristo teria respondido que ela se agitava e se inquietava por muitas coisas, quando uma só era necessária, e que Maria havia escolhido a melhor parte. A passagem sublinha o dom da presteza, da caridade e da atitude não contemplativa, da ação, do trabalho. Um outro episódio da hagiografia sublinha a irreverência, a fala ousada e desafiante de Marta, além de ligar sua imagem ao tema da putrefação presente em *Pedreira* e em *As Confrarias*. Santa Marta admoesta Jesus por ele ter chegado atrasado para a ressurreição de Lázaro – "Senhor, ele já cheira mal, pois está aí há quatro dias!" –, recebendo em resposta o conselho para que tivesse fé.

Quanto à outra alteração, o enxerto textual ocorre logo nas primeiras falas da peça, quando o sonho da emigração é deslocado de Gabriel, a personagem revolucionária, para Marta, que tem semelhante função em *As Confrarias*. Ela é ainda personagem que, investindo no espaço estagnado de *Pedreira*, inocula o gérmen da mudança, desestruturando as relações estáveis de poder (encarnado em Urbana), por meio de um discurso eficaz. Eis o acréscimo: "Mariana: Mas foi Marta quem nos convenceu... de que não devíamos continuar aqui. Pedras, lajes, túmulos... [...] / Clara (*evocativa*): Foi numa das viagens de Marta que meu pai ficou em Pedreira. / Mariana: Tanto falou, que Gabriel partiu à procura de novas terras"[7].

Dois outros trechos são alterados, no meio e no final da peça, com o mesmo propósito. Comparem-se as duas versões: a. 1960: "Um sonho que nos acompanha desde meninos. Que cresceu junto conosco"; em 1970: "Um sonho que nos acompanha desde que Marta apareceu"; b. 1960: "foi nestas rochas...

---

7 *Pedreira das Almas. O Telescópio*, p. 23; *Marta...*, p. 76.

foi nestas rochas… que tudo começou a viver!"; em 1970: "foi nestas rochas… ouvindo Marta… que tudo começou a viver!" Um longo acréscimo vem sedimentar a figura revolucionária de Marta, quase no auge do conflito. Trata-se da protagonista de *As Confrarias*, inteira: "Urbana (*retesada*): Foi aquela mulher! Cada vez que visitava o pai de Gabriel, alguma coisa acontecia em Pedreira. / Gonçalo: Marta? / Urbana: Ela mesma. E numa das vezes, deixou aqui esse Manoel de Abreu. Gentinha! / Gonçalo: Era uma pobre louca de estrada! São ideias de Gabriel. De ninguém mais. / Urbana: Sei o que digo, Padre Gonçalo. O senhor mesmo acaba de repetir palavras dela! [...] Quem falava em lençol de pedras e vales cobertos de cascalho? Quem maldizia o ouro da Província e nossas confrarias? Quem falava no empobrecimento da terra e dos homens? Deve ter feito a mesma coisa por onde passou!"[8]. Por uma ironia, ou capricho da criação, fora Urbana, a mais poderosa oponente de Marta, que inspirara seu destino em *As Confrarias*, quando se repetiu o motivo do corpo morto exposto. O intercâmbio entre as duas obras é evidente. Além da inserção de Marta, ou por causa dela, nota-se uma alteração na configuração do perfil geral das mulheres resistentes. Jorge Andrade elimina todas as indicações cênicas e traços do discurso que prescreviam submissão ao delegado – "suplicantes" e "senhor" –, e Mariana, em momento clímax de desafio, torna-se ainda mais forte por meio de uma pequena supressão em sua fala de 1960: "Leis! Leis! Não aceito, nem o povo de Pedreira das Almas aceitará outras Leis, além das de Deus"; em 1970: "Leis! Leis! Não aceito, nem o povo de Pedreira das Almas aceitará suas Leis".

A figura de Marta reúne até aqui praticamente todos os semas que a elevam à estatura de símbolo no ciclo. Ainda sem presença cênica, a força de persuasão de seu discurso, tanto quanto sua mobilidade no espaço físico e social e seu poder de corrosão da ordem estabelecida, é empréstimo de *As Confrarias*, como veremos. Nessa revisão, Jorge Andrade lança já em *Pedreira das Almas* traços fundamentais que lhe esmaecem os contornos de personagem concreta, emprestando-lhe o nebu-

---

8 *Pedreira das Almas. O Telescópio*, p. 39; *Marta…*, p. 83-84.

loso que a carrega para a esfera do mito: Marta é ser de passagem, algo marginal, algo maldito, uma quase lenda.

Vereda da Salvação (1957-1963) – Ironicamente, constitui a única obra do ciclo em que Marta aparece na versão anterior a 1970. Trata-se de um mundo estagnado, em que a única saída é procurada não no plano terreno, mas no espiritual. O abandono da ação, a renúncia à luta, a entrega resignada, a impotência configuram um espaço em que Marta não poderia ser introduzida, sob pena de alterar substancialmente o destino das personagens, ou, ao contrário, comungar desse mesmo destino e abalar, assim, a coerência de sua própria imagem no ciclo. Jorge Andrade não desejaria nenhuma dessas mudanças, nessa obra praticamente intocada em 1970.

Examinando melhor a rápida aparição do elemento título na peça, vê-se com nitidez a sua vocação no ciclo, não de ser concreto, mas de imagem, figura, representação, símbolo. Enfim, trata-se do único caso em que Marta é assumidamente "personagem" que se escolhe, ou, menos que isso, apenas um nome: "Geraldo: Daniel! Meu nome é Daniel! / Durvalina: O meu é Marta!"[9]. No mundo de *Vereda*, Marta só poderia ser máscara, que curiosamente coube a Durvalina, mãe de Artuliana, esta sim, a única personagem cujas características (insubmissão, irreverência, desejo de transformação) poderiam produzir no ciclo mais uma encarnação do símbolo da mudança. O que se vê, no entanto, é uma Marta mitigada, uma Artuliana sem poder de liderança e despossuída da arte de convencer.

Coincidência ou não, o papel de Durvalina foi interpretado em 1964 por Lélia Abramo, a mesma atriz eleita por Jorge Andrade para ilustrar com seu rosto a página anteposta a *As Confrarias*, peça de abertura do livro *Marta, a Árvore e o Relógio* que exalta a profissão de ator.

A Escada (1960) – Marta não constava da edição de 1964. O texto, no entanto, oferecia brechas para sua infiltração: poderia ser aproveitado, por exemplo, o perfil de Maria Clara, a filha do ex-fazendeiro Antenor que queima o processo, a demanda do barão, colocando um ponto final na quimera do pai de reaver

---

9 *Marta...*, p. 266; *Vereda da Salvação*, p. 71.

A TRAMA DA METALINGUAGEM

o Brás por herança. Lúcida, critica o apego a valores caducos de uma sociedade já morta, permite que a filha Zilda namore um mulato e termina por encampar a ideia de Lourdes, outra filha, sobre a internação dos pais num asilo. Esse procedimento, porém, o autor reservara à peça seguinte, *Os Ossos do Barão*.

O texto, o primeiro em que insurge Vicente, a personagem dramaturga, apresentava ainda outro elemento, este sem nome, que veio acrescentar uma nova dimensão a Marta, dentro da nova constelação de significados que se instala no ciclo por meio do recurso do "teatro no teatro". Na versão de 1964, no terceiro ato, tem-se conhecimento de uma vizinha que despertara a curiosidade de Vicente. Jorge Andrade nomeia a personagem, corta-lhe um aspecto inadequado à construção do símbolo – o "desamparo" –, e acrescenta-lhe outros traços, emprestados da tetralogia – o mistério, o poder de não se deixar ler e, consequentemente, de desencadear interpretações, uma certa nuance de perigo e algo de "voyeur". "Helena: Que negócio é esse de escrever sobre Marta, a nossa vizinha? Marta é uma mulher velha, tão feia! / Isabel: Vicente está apaixonado por ela. / Helena: Vigia todos os nossos passos. Sempre com aquela expressão enigmática, de esfinge. Sinto-me mal cada vez que a encontro. / Isabel (*sorri*): Vicente diz que quando a vê namorando a rua, [...] aquele camafeu horroroso no pescoço, tem vontade de parar e conversar sobre qualquer coisa que ele não sabe o que é"[10].

Essa ressemantização de Marta, personagem a partir de agora colada à figura de Vicente[11], instaura no ciclo um complexo jogo de espelhos, de projeções (Marta-Vicente-Jorge Andrade) que examinaremos mais adiante. Por ora, nessa primeira incursão metalinguística no ciclo, fica o esboço de Marta enquanto metáfora de *inspiração*. Um longo acréscimo é redigido pelo autor para inseri-la no segundo ato, quando, associada à ação metafórica de "abrir portas", fornece material para novas peças, incitando o ato de criação: "A velha Marta! Que mundo não deve estar atrás daquele rosto! [...] Olhou para mim de maneira estranha e me contou a estória das confrarias. Enquanto a ouvia, lembrei-me de três irmãs [...]. Possuíam objetos belíssimos... já vendidos para que fossem entregues depois que morresse a úl-

---

10 *Marta...*, p. 379; *A Escada e Os Ossos do Barão*, p. 70.
11 *Rasto Atrás*; *As Confrarias*; *O Sumidouro*.

86 METALINGUAGEM E TEATRO

tima. Um verdadeiro saque contra a morte. [...] Esta mulher me fascina...! (*Debruça-se sobre a máquina de escrever.*)"[12]. Note-se que os elos intertextuais[13] assumem, a partir daí, na tetralogia, a ficção como ficção – é o teatro que se afirma como teatro, o texto que se volta para o próprio texto, se autorrefere. E Marta está prestes a virar *personagem* de peça teatral. Outros textos ainda são anunciados, como *O Sumidouro* e *Os Ossos do Barão*.

Outra alteração em 1970, nas cenas finais entre Antenor e Melica, repete o recurso usado em *Pedreira*, substituindo o "São Pedro", evocado por Melica, por "Santa Marta". À primeira vista soando fácil e inadequado, o procedimento afinal logra uma ironia não destoante nessa primeira tentativa de um distanciamento em relação ao passado, dentro do ciclo 1: a santa é evocada nada menos que para auxiliar o arrogante Antenor a ganhar a demanda que lhe devolveria o Brás e desalojaria milhares de pessoas.

Os Ossos do Barão (1962) – A arquitetura dramática da peça – a armação do conflito, o ritmo das cenas, o jogo dos diálogos, a escolha de espaços e objetos cênicos, o perfil das personagens – é de tal forma econômica e eficiente que beira o didático, no que concerne à construção de símbolos. E o ciclo industrial insurge na obra de Jorge Andrade, instaurando um sistema semântico que se opera numa oposição binária de termos como passado/presente, estagnação/"progresso", mortos/vivos, fazenda/fábrica, rural/urbano, brasão-sangue/máquina-suor. No entanto, seus espaços – físico, social, cultural, econômico etc. – não são fechados, o que impediria em teatro o estabelecimento do conflito. É a circulação das personagens entre elas que move essa comédia e empresta ao tratamento simbólico dos objetos cênicos as tintas do cômico, como se verá mais adiante. A permeabilidade dos universos em confronto na peça tem sua encarnação maior em "Tia Marta", do lado do passado, e em Egisto Ghirotto, no presente: se o segundo consegue comprar os ossos do Barão, é porque a primeira os põe à venda.

Marta não figurava na versão da peça publicada em 1964, pelo menos "nominalmente". Estava presente, contudo, no perfil de "Tia Ismália", bastando a Jorge Andrade uma simples substi-

---

12 *Marta...*, p. 367-368; *A Escada e Os Ossos do Barão*, p. 50.
13 Alusão a *As Confrarias e Rasto Atrás*.

A TRAMA DA METALINGUAGEM

tuição de nomes[14]. A personagem já constituía uma verdadeira constelação de semas integrantes da construção simbólica final de Marta: lucidez, irreverência, fraternidade, sinceridade, decisão, ação, atualidade, uso utilitário dos mortos, oposição a valores ultrapassados, adaptação ao presente, certo dado de loucura (na visão hostil de seus oponentes) e uma posição deslocada no espaço que favorece sua mobilidade (lembra a "louca de estrada" de *Pedreira das Almas*). Basta que se observem alguns trechos: "Tia Marta tem cada uma! [...] Eu sempre disse que tia Marta tem o miolo mole."[15]; "Marta: [...] Não tive dúvida: fui à capela e disse: o senhor viveu, e muito bem. Agora, sou eu que preciso viver. [...] Com seu nome, ou sem ele, não posso passar fome. Vou vender tradição. Há uma freguesia enorme de tolos querendo comprar! Por que não vender? e vendi."[16]; "Marta: [...] Já cheguei à conclusão de que é grande desvantagem ter viajado naquela caravela!"[17].

Senhora na Boca do Lixo (1963) – Ao lado de *O Telescópio*, é a peça mais retrabalhada[18] pelo autor para a edição conjunta de 1970. Há cortes, deslocamento e alteração substancial de cenas, supressão de personagens e de certas referências de cunho preconceituoso, alteração ou correção de personagens,

---

14 Ver supra p. 28.
15 *Marta...*, p. 412; *A Escada e Os Ossos do Barão*, p. 129.
16 *Marta...*, p. 448-449; *A Escada e Os Ossos do Barão*, p. 188.
17 *Marta...*, p. 450; *A Escada e Os Ossos do Barão*, p. 190.
18 Constatamos alterações como as seguintes: corte da última cena do segundo ato, em que amigos de Noêmia (Padre Maurício, General, Fritz e Malu) intercediam junto ao delegado; corte da cena do suborno (entre Hélio e Penteado); deslocamento da conversa inicial entre Camila e a mãe sobre viagens e compras, que passa a anteceder a cena da visita de Elvira e Isméria; alteração da cena da chegada do delegado à casa de Noêmia, com a criação de um quiproquó que torna patética a figura da quatrocentona; alteração da chegada de Penteado à delegacia, que passa a explicitar seu envolvimento com contrabando e suborno. Há também a eliminação de passagens que soavam preconceituosas: Simão seria judeu, nas hipóteses do delegado; o alemão citado era chamado de nazista; a linguagem "desagradável" de Camila assemelhar-se-ia à de "uma simples datilógrafa"; o Oriente e o norte da África recebiam alusão pejorativa com termos como "vacas pelas ruas" e "civilizações exóticas, primitivas". Ocorre ainda supressão das falas e expressões em francês e de inúmeras referências literárias da composição da figura de Noêmia. Quanto às outras personagens, Simão era "Simon", Hélio, embora durão, era "do tipo envergonhado, desses que a gente precisa ajudar", enquanto Noêmia era menos nefelibata e algo consciente da situação.

além de enxertos que promovem uma intertextualidade com praticamente todas as demais peças do ciclo.

O terceiro ato, no entanto, é o segmento menos alterado, quase totalmente aproveitado pelo autor em 1970. Ali, Mãe contracena com Noêmia na primeira e longa cena inicial, na qual ficam didaticamente explícitos os dois paradigmas da ordem social da peça: a classe social privilegiada e a classe deserdada, ou marginalizada. O confronto, todavia, não é hostil, em razão do perfil das duas mulheres: Noêmia, de uma alienação patética e melancólica, e Mãe, de uma consciência aguda da realidade associada a um incomum sentimento de fraternidade. Mãe passará a ser Marta, em 1970, ao cabo de muito trabalho por parte de Jorge Andrade.

A partir do segundo ato, quando as personagens se deslocam para uma delegacia, o dramaturgo corrige as didascálias referentes à "Mãe", alterando com isso sua relação com o espaço, tornando-a mais segura e mais atuante. Comparem-se as duas edições: em 1968: "(*A Mãe sai aflita atrás dos rapazinhos* [...]. *Mãe, meio desorientada, vai até a saída, para, volta, senta-se em um dos bancos, onde passará toda a peça numa espera resignada, mas dolorosa*)"; em 1970: "(*Marta sai atrás dos rapazinhos* [...]. *Marta vai até a saída, para, volta-se e senta-se em um dos bancos. Observa as pessoas com intensidade, numa tentativa de comunicação. Durante o ato, ela percorre os bancos falando com as pessoas*)".

Vê-se, entretanto, que a personagem original já continha um aspecto importante dessa constelação sígnica que é Marta: a maternidade e a qualidade de ser maternal. A figura da mãe, oposta à do pai ausente, ou fraco, ou hostil (Francisco em *O Telescópio*, Miguel em *Os Ossos do Barão*, João José em *Rasto Atrás*, Fernão Dias em *O Sumidouro* etc.), constitui um importante paradigma na obra do autor: "*mater* dolorosa", bíblica, cujo ícone, a "Pietà", perseguiu o autor durante toda uma vida, quase se tornando romance (*A Pietà Fazendeira*), transformando-se em teatro (a cena foi cortada de *Rasto Atrás* por Gianni Ratto), integrando o romance *Labirinto* e sendo citada à exaustão em suas entrevistas – imagem autobiográfica ligada a 1929, como já mostrado.

Em 1970, a mãe, Marta, torna-se menos "dolorosa", recebendo atenção cênica mesmo nas cenas mudas, por meio da

A TRAMA DA METALINGUAGEM

criação de inúmeras didascálias. Notam-se aqui as nuances de enigma que passam a envolver sua imagem a partir de *A Escada*, toque de nebulosidade que lhe dilui os contornos de pessoa concreta e prepara o caminho na elaboração do mito. Eis os acréscimos em *Senhora na Boca do Lixo*: "Marta observa Noêmia e sorri com certo carinho"; "Percebendo, Marta vai ficar entre Noêmia e o fotógrafo"; "(Conversando com Shirley, solta uma gargalhada que ressoa em todo o cenário)"; "Garcia: (Incomodado com a expressão de Marta)"; "Noêmia cambaleia e é amparada por Marta, que só estava esperando a oportunidade"; "(Atônita) Noêmia senta-se amparada por Marta."; "Marta (Enigmática): Eu sei"; "Noêmia, ainda mais ansiosa, desce a escada e vai observar Marta, como se tentasse compreender alguma coisa. Marta sorri e continua o trabalho". O final da versão de 1970, por meio de pequenas indicações cênicas, transmuda o sentido de Marta: em 1968, enquanto apenas "Mãe", Marta estabelecia um contraponto situado no lado oposto da escala social de Noêmia, igualmente "não sofredora", não importando então os motivos diferentes que as levaram à delegacia. Uma condição humana as irmanava, e o pano descia sobre "a mãe, sentada, no meio do hall... ainda na mesma posição", portanto, inerte. O novo final, decorrência natural de tantas transformações, adensa a figura da mulher, emprestando-lhe nuances de clarividência, como se ela já conhecesse o final da trama, como se enxergasse em tudo algo além do banal, algum índice de mudança social talvez, sintoma de nova era – a autodemissão do delegado para não compactuar com a máquina do poder. Destacamos os acréscimos e alterações: "Marta (*astuciosa*): Que foi que aconteceu, doutor? [...] / Ela estava contando uma estória tão bonita... e de repente ficou com medo do lustre. **Desejou tanto que acendessem!** [...] Garcia: (*Olha o lustre, incomodado*). / Marta: **Apague! Fica parecendo túmulo!** (*Sorri, enigmática, olhando para o guarda*) **Para nós**, assim é melhor, **não é?** (*Firme*) **Melhor para todos!** / (*Garcia olha o lustre. Marta sentada no meio do hall, ainda sorrindo, é a última visão do cenário.*)"[19].

Quanto aos outros inúmeros acréscimos, mostram a compreensão da realidade social, a vocação caridosa e a presteza

19 *Marta...*, p. 338; *Senhora na Boca do Lixo*, p. 191-192.

solidária de Marta: interpõe-se entre o fotógrafo e Noêmia, ameaçando-o em seguida (p. 308), auxilia um indigente e sugere-lhe que use os túmulos do Cemitério da Consolação como abrigo (p. 304), tenta contato carinhoso com as prostitutas detidas (p. 311 e 319), sugere confecção de roupas com saco de farinha de trigo a outra mulher (p. 313) etc.

Outro traço fundamental do signo desenvolvido na tetralogia e aplicado em *Pedreira* é o envolvimento com uma causa social, que já comparecia de certo modo na versão original. Marta, esposa de grevista, ouve com animação a notícia dada por Noêmia de que na França também haviam ocorrido greves. Jorge Andrade enfatiza o entrecho em 1970, como destacamos a seguir: "Marta: Tomou parte num piquete, brigou e foi preso. **Aconteceu isto a vida inteira. Com ele, o pai, o avô... e por aí afora!**" (p. 326).

Em outras falas, a expansão feita por Jorge Andrade acrescenta-lhe simultaneamente algo da Marta de *As Confrarias* e de Dolor de *Vereda da Salvação*: temos a mulher boa hospedeira, a mãe abnegada que se esgota, a mulher em que se fundem sensualidade e maternidade, numa espécie de animalidade santa sem pecado, de força viva da natureza. Eis os acréscimos de 1970: "Homem bom! Só exige lençóis limpos e pão na mesa. Nada mais! Também!... ninguém tem lençóis mais brancos do que os meus. Nem pão mais crescido." (p. 327); "(*Terna*) [...] Cozinhei com filho pendurado nos peitos; lavei roupa com filho pendurado nos peitos; recebi meu marido com filho agarrado nos peitos. / Noêmia (*Passada*): Na frente deles? / Marta: Aprendem como é desde pequenos. Uma mulher é levada pra cama, abre as pernas, um homem entra e eles saem. É sempre assim, não é?" (p. 327). Enfim, como fizera em *Pedreira*, Jorge Andrade elimina o traço de uma religiosidade submissa em uma fala e acrescenta uma sugestão de intervenção no mundo mais efetiva, dentro da linha combatente de Marta. Comparem-se as versões: em 1968: "Noêmia: Amanhã ele sai. Com certeza vai se emendar. / Marta: Tenho rezado tanto"; em 1970: "Noêmia: Tão jovem! Com certeza vai se emendar. / Marta: Se não tomar juízo vai se ver comigo".

Rasto Atrás (1965) – Marta não constava da edição publicada em 1967, nem tampouco da versão encenada por Gianni

Ratto um ano antes. A partir de uma substituição de uma personagem citada (mãe de Mariana), Jorge Andrade consegue inserir o elemento na ascendência do dramaturgo Vicente, como sua bisavó paterna: "Mariana: [...] Quando **tia Marta, mãe de Bernardino**, me pediu em casamento [...] **Tia Marta sabia o que fazia, quando me escolheu!** Decerto já desconfiava do filho. É o que eu devia ter feito também com João José" (p. 470). Aparentemente Marta perde as nuances de musa inspiradora na tetralogia, esboçada em *A Escada*, e volta a encarnar o sentido da ação, do trabalho, da visão prática e objetiva da vida, mantendo-se como paradigma da "mulher forte" no ciclo, no qual se alinham a avó Mariana e a tia Etelvina, a Lucília de *Rasto Atrás*, Camila de *Senhora na Boca do Lixo* e tantas outras. Pode-se, no entanto, atribuir a Marta certo zelo em relação não só à fazenda como à arte, ao perceber as tendências musicais do filho Bernardino (que funda o paradigma do "homem artista" no ciclo, de que Vicente é o melhor herdeiro) e votá-lo ao casamento com Mariana, que supunha fosse sustentar a vida da fazenda.

Não se pode dissociar de Marta, mesmo quando ligada a Vicente na tetralogia, certo espírito prático, encarnado com propriedade na empregada do dramaturgo em *O Sumidouro*, que lhe cobra um senso prático da vida e questiona seu trabalho teatral, instigando-o a voltar os olhos para a realidade circundante, como veremos adiante.

As Confrarias (1969) – Essa é a obra em que Marta finalmente se torna protagonista no ciclo. Jorge Andrade delega à personagem, que sugerira ao dramaturgo Vicente a história das confrarias de Ouro Preto, a missão de contá-la, permitindo-lhe plenamente a palavra. Constitui o trabalho mais elaborado de Marta como signo/símbolo no conjunto publicado, tarefa que se beneficiou da observação do perfil das mulheres fortes já existentes nas peças anteriores a 1969. A síntese conseguida aqui, por outro lado, se reverteu no enriquecimento daquelas personagens matrizes, na escrita "rasto atrás" para unificar as peças em um só bloco, como se viu.

O suporte histórico da trama encontra-se no ciclo do ouro, no período em que ocorreu o episódio da Inconfidência Mineira, anterior, portanto, aos conflitos de *Pedreira das Almas*, que se ateve às revoltas mineiras de 1842, peça da qual Jorge Andrade retoma os elementos básicos para retrabalhá-los agora: retorna a mãe de um suposto conspirador assassinado, a qual permitia a lenta decomposição do corpo do filho exposto como arma de resistência e protesto político em benefício de uma causa coletiva. Diferentemente da peça de 1957, todavia, não repousa no trágico a construção de Marta. Em 1969, a mãe antes narra e representa do que vive a própria dor. Estamos diante de uma exímia contadora de histórias, oriunda da *Escada*, cujo trabalho de linguagem assemelha-a a um dramaturgo ou poeta, quando "chega a fingir que é dor, a dor que deveras sente".

Jorge Andrade dissera que essa seria a obra que conteria sua filosofia. Por ora, no entanto, cumpre examinar não tanto o que Marta diz, mas antes como diz, já que o principal elemento em jogo no texto é o próprio discurso da protagonista: ela começa por não impor a história que deseja contar, mas a motivar seus ouvintes por meio da linguagem que emprega, manipulando/sonegando as informações que deve dar aos padres, para lhes acirrar a curiosidade, conseguindo afinal o efeito desejado: "Ministro (*meio fascinado*): Conte-nos. / Irmãos (*entreolham--se, contrariados*) / Marta: Meu filho nasceu em vila distante daqui, onde, no princípio [...]" (p. 30).

Sua astúcia de boa contadora inclui dotes de atriz. Marta é uma espécie de encarnação amadora da profissão do filho, o qual, apesar de morto, contracena com ela, na rede, ou ressuscitado pelo poder da linguagem verbal e cênica no palco. O texto-armadilha que produz acompanha-se de expressão corporal rica de tons e meios tons, fazendo de seu papel talvez o mais marcado por Jorge Andrade, que entrecorta sua fala com uma quantidade considerável de indicações cênicas, tais como "enigmática", "com malícia fugidia", "sondando", "intencional", "ardilosa", "com temor astucioso" etc. Não só as didascálias, como também o discurso do enunciado de que ela é o sujeito frisa seu desempenho de corpo: "Ministro: Tem olhos de quem chorou muito. O filho não está morto? Por que ri? / Síndico: Tem olhos que parecem não ver a gente" (p. 30). O paradoxo estampado em sua imagem cênica deriva do eixo que sustenta seu discurso verbal, espécie de discurso "contra" e não a seu favor, que acaba por torná-la "enigma" não só para a comunidade eclesiástica, mas para nós, espectadores ou leitores. Não saber aonde ela quer ou vai chegar, este é o fio do suspense tecido por Jorge Andrade, que se revela em *As Confrarias* o grande artífice do texto teatral brasileiro, que além da qualidade cênica dos diálogos, procura emprestar-lhes também qualidade literária.

Examinemos brevemente as funções da linguagem predominantes no discurso de Marta para entender seu desempenho. A protagonista conta uma história para conseguir algo (o enterro religioso do filho). Cada trecho ou episódio vem ilustrar um argumento, justificar uma ideia naquela direção bem determinada. Seu desejo é atuar sobre seus interlocutores (os padres das confrarias), influenciá-los, mudar-lhes as atitudes contrárias, em suma, convencer. Esse discurso centrado sobretudo no destinatário da mensagem caracteriza a função conativa da linguagem[20], própria, aliás, do teatro, pois é ela que movimenta a ação dramática. São tais as tentativas retóricas de persuasão, que a última confraria a ser visitada pela mulher já a espera curiosa: "Quero ver como ela vai nos convencer".

Marta, no entanto, não faz uso do imperativo, seja para ordens – pois é diplomática, controla-se –, seja para súplicas. A não ser em dois momentos, quando se trata de uma armadilha e de uma explosão sincera, que se permite quase no final, respectivamente: "Marta: Mas, pelo [amor] que têm a Deus, deem um lugar a meu filho. (*Sondando.*) Em nome da caridade" (p. 29); "Marta: [...] Que ele se decomponha até aparecer os ossos. Que daquele corpo vigoroso fiquem apenas os cabelos. Que o odor do corpo dele torne insuportável a vida na cidade" (p. 58).

Seu discurso opta pelas asserções no modo indicativo (tempo futuro), ainda que "vencida" a cada tentativa frustrada, configurando-a como uma espécie de visionária que se comunicasse por enigmas: "Porque antes que o dia amanheça... vocês vão enterrá-lo" (p. 36); "Mas vão enterrar" (p. 45); "Eu farei as leis mudarem nesta noite!" (p. 45).

No entanto, esse discurso lúcido sabe entregar-se também à dor, à paixão, sejam ou não dissimuladas. A emoção é visível na exasperação contida, nas contorções de angústia, ou na fugaz alegria de uma recordação feliz que lhe provoca a res-

---

20 A. Ubersfeld, *Para Ler o Teatro*, p. 157-188; R. Ingarden, *A Obra de Arte Literária*, p. 413-434; R. Jakobson, *Linguística e Comunicação*, p. 118-162.

surreição cênica de seus mortos exemplares (marido e filho). A função emotiva subjacente em todo o discurso fica patente em trechos como estes: "Fiquei extasiada ouvindo o que ele dizia...!"; "Aquela figura é a do demônio? Chego a ter medo... de tão perfeita"; "(*Para si mesma*) Perdidos homens!"; "Malditos hipócritas!".

Esse discurso apaixonado, que deseja persuadir, vai fornecendo para tanto uma série de informações sobre a vida pessoal da protagonista, intimamente ligada à vida político-econômica, sociocultural e religiosa da colônia no século XVIII. Essa função referencial atinge não somente seus interlocutores no palco, isto é, os parceiros com quem contracena no nível da ficção, como também satisfaz a curiosidade da plateia, do espectador (ou leitor) da peça. É o perfil ideológico da personagem que desse modo vai se delineando igualmente: "Marta (*segredando*): Quebram nossos teares, porque o nosso ouro, com ligeira etapa nos cofres reais, vai amontoar-se nas arcas dos respeitáveis britânicos. E o que recebemos em troca, além de panos e padres? / Todos: O quê? / Marta (*incitando*): O quinto, dízimos e agora a derrama do Visconde. Já pensaram o que isto significa para vocês, comerciantes da Província?" (p. 62).

Marta, porém, é enigmática e desloca-se pelas ruas como uma sombra, impedindo que a cidade durma com o som de seus passos. O nebuloso de sua imagem não se deve apenas à sua construção fisionômica e gestual e à situação inusitada que vive, mas notadamente à sua fala. Seu empenho persuasivo soa mal elaborado, como se o andamento do seu discurso cumprisse a irônica função de impedi-la de atingir seus fins: um discurso "contra". Explora as possibilidades do código linguístico, comprazendo-se no jogo de palavras: responde a perguntas objetivas sobre o filho morto (causa da morte, profissão, raça, situação religiosa e política) com reticências, digressões, liberando aos poucos os semas de significados como "ator", "igreja", "mulato", "conspiração", por meio de um jogo indutivo, tal como nas práticas das adivinhações. Ou, ao contrário, finge ignorar certos conceitos do repertório do interlocutor, cometendo em voz alta os passos de uma dedução cujo intuito é enredá-lo. Procura, ainda, usar imagens e alusões da área semântica da sexualidade, numa evidente provocação das entidades religiosas a que recorre. A opacidade do seu discurso provoca reações que se inscrevem no âmbito da função metalinguística. Estanca-se o debate, e as atenções são voltadas de repente para a verificação do código linguístico que está em jogo: "Ministro: [...] Não se fala assim! / Marta (*meio áspera*): Mas esta é a minha linguagem [...] / Irmãos (*entreolham-se, contrariados*) / Tesoureiro: O que ela está falando?! / Síndico: Não entendo a linguagem dela! / Juiz: Nem eu. Não consigo anotar! / Pároco (Hirto): Onde aprendeu essa linguagem? / Marta: Vivendo. Por que tem medo de tudo, até das palavras? Elas existem porque existem atos" (p. 30).

Esse jogo paradoxal de se fazer entender e de não se fazer entender simultaneamente constrói um discurso velado que se apoia na conotação, operando sistematicamente desvios do sentido habitual das palavras (morrer "de amor", andar "por caminhos" etc.). Marta pratica o inverso do prescrito por Mariana de *Rasto Atrás* ("Lua é lua, flor é flor, rio é rio") ou por Fernão Dias em *O Sumidouro* ("Pedra é pedra"), indo perfilar-se no paradigma do *homus artisticus* junto a Bernardino e Vicente. Centrando-se nas potencialidades semânticas de palavras suas ou dos interlocutores, parece por vezes alhear-se do verdadeiro móvel de seu discurso, incorrendo no mesmo erro do filho José, a quem inutilmente recomendara: "É preciso encontrar a linguagem que eles entendem" (p. 64); "Esta linguagem eles não entendem, filho" (p. 66).

Erro aparente, pois, ao contrário de José, Marta cria suas próprias metáforas, "escreve" seu próprio texto, não se apropria de discursos artísticos de outrem, textos consagrados decorados, inadequados ao público destinatário a que visava José: o povo mineiro da colônia (crítica de Jorge Andrade aos poetas da Inconfidência, certamente). Os padres, interlocutores sagazes, passado o primeiro assombro, entram no jogo da mulher e fazem do verbo uma arma, o que justifica o seguinte pressentimento do ator José: "E tenho que levar aquela cena. / Quitéria (*ressentida*): É só levar. Palavra não custa carregar. / José: Há umas que pesam! (*Consigo mesmo*) E outras que podem nos levar até a morte" (p. 53). A linguagem de Marta não constitui exceção dentro da peça. O filho José, o marido Sebastião, como os padres, todos praticam em graus variados o mesmo uso elaborado, fundindo o dramático e o lírico: "Marta: […] Até então, não sabia que o desespero, nos bons, pode virar fúria, sementeira de todas as violências! […] Sebastião: Um homem planta sementes e colhe dízimos. Dízimos sobre a terra, sobre a planta, sobre o mantimento. Meses de trabalho reduzidos nisto: um saco de trigo e muitos de ameaças" (p. 40); "Marta: […] Duas forças dividiam aquele corpo. Mas uma terceira começou a lutar dentro dele… e as perguntas que se fez, teceram a rede onde está!" (p. 53); "Definidor 1: Quem deixará de entrever no peito desses homens as chamas da sedição, quando seus suspiros são tão energéticos" (p. 59).

O discurso de Marta, em verdade, objetiva unir todas as confrarias para juntas enterrarem seu filho. As confrarias funcionam como metáfora da divisão/separação dos homens em classes, raças, profissões, posições políticas, no mundo colonial. Ideologicamente, Marta se mostra engajada numa luta pela valorização do teatro, contra o racismo, pela agricultura (contra os excessos da mineração), pelo direito da colônia sobre os produtos de seu subsolo, pela indústria incipiente (teares), pela separação política da Metrópole e por uma Igreja mais humana e mais justa: "Mais um pouco… e uma só será a confraria de todos!".

Ao final, Jorge Andrade deixa habilmente a personagem em aberto, andando pelas estradas, pronta para novas narrativas. Como "plantara" o filho "dentro" das confrarias, seguirá fazendo o mesmo onde necessário for – a peça seguinte, por exemplo, *Pedreira*, no conjunto publicado. A fala final de Marta funciona como um "gancho" nessa abertura do ciclo, introduzindo as demais peças e frisando a vocação panfletária da personagem: "Marta: Venha! Há pessoas que me esperam… em toda parte […] contarei a você – e a quem quiser ouvir – a verdadeira estória de meu filho. Eu também gosto de plantar…!".

O Sumidouro (1969) – Marta, que sugerira histórias em *A Escada* e que mostrara, com o próprio exemplo, como se conta uma em *As Confrarias*, vela agora para que Vicente conte uma história própria, mas no mesmo estilo panfletário. Ela é, assim, a consciência crítica do dramaturgo, o qual nessa obra usa uma personagem como cobaia para descobrir a verdade artística de sua produção teatral: valeria ou não a pena continuar a escrever? "Vicente: Essa empregada me irrita. Está sempre dando

A TRAMA DA METALINGUAGEM

indiretas: ninguém gosta disto, ninguém gosta daquilo. Só falta me sugerir temas. Onde arranjou essa 'esfinge'? [...] Vicente: Sabe o que me perguntou ontem? 'Pra que serve escrever? Há muita gente passando fome por aí... e ninguém come livros!' Quer dizer: o que faço não tem a mínima importância. Não é um desaforo?" (p. 532). Essa consciência crítica parece cobrar um engajamento maior do autor ao seu espaço sociopolítico. E aqui ouvimos a Marta revolucionária de *As Confrarias* repetindo a Vicente o que recomendara ao filho ator: "um rosário de problemas, falou nos gemidos que há por todo lado que ninguém ouve. Em outras palavras: me chamou de alienado". Marta constitui uma extensão da vizinha de *A Escada*, que Vicente amava espreitar. Agora é ele o observado. Esse jogo de criatura que se volta contra seu criador é índice das relações que se estabelecerão entre Vicente e Fernão Dias, outra personagem querida de Jorge Andrade, que invadirá o escritório de *O Sumidouro* e proporá inúmeras questões fundamentais. Por ora, observemos Marta: "Vicente: Tenho impressão de que está constantemente me vigiando. Dou com aqueles olhos de águias para todo lado que vou. Pra mim, há um mistério na vida desta mulher. É cheia de enigmas! Não tem medo, não? Afinal, às vezes as crianças ficam com ela" (p. 532).

Esse estado de medo que beira a paranoia se traduz numa exasperação que abre a peça ("Lavínia! Lavínia! Que inferno!"). Sumira uma frase anotada em algum lugar e Marta é acusada pela perda, por ter arrumado sua mesa. Excitado diante da página em branco, à procura da última frase que deve fechar a peça, recomenda aos gritos: "não deixa Marta entrar aqui". No clímax da peça, quando acredita ter encontrado o que buscava, Vicente "desperta": entra Marta com Lavínia no escritório, e uma caneta que julgava ter-lhe caído das mãos estava agora realmente nas mãos de Marta, numa cena em que esta, embora sem fala, é cenicamente marcante. Jorge Andrade sublinha, coerentemente, a qualidade do olhar de sua personagem, cujo poder de observação da realidade circundante perpassa toda a tetralogia: "e olha Vicente com expressão impenetrável. Depois observa à sua volta com sorriso enigmático. Marta é grisalha, alta, magra, com cara de águia. Observa Vicente e Lavínia e sai erecta, sem olhar para trás" (p. 585). Marta, que abrira o ciclo contando uma história em favor da liberdade e prometendo continuar a fazê-lo, fecha a peça e o ciclo, assumindo a palavra final, como uma espécie de manifestação viva, uma personificação da criação artística de Vicente que, exaurido, acaba por inclinar-se sobre a máquina de escrever, adormecendo. A palavra-chave parece ter sido insuflada por ela, signo de ação, insubmissão, insatisfação perante o *status quo*: "*Marta entra, examina o escritório e começa a apagar as luzes. Aproxima-se da mesa e observa Vicente com sorriso enigmático. Tira a folha de papel que está na maquina e lê* [...] Marta: Procurar... procurar... [...] *Apaga a última lâmpada, enquanto / corre o pano*" (p. 594). O mesmo procedimento intertextual, no caso de "árvore", atingirá certo adensamento semântico nas peças da tetralogia em contato com o dramaturgo Vicente.

ÁRVORE

O segundo elemento do título é, em princípio, de natureza espacial e objeto passível de figuração no cenário. Pode, outrossim, como Marta, constituir-se em figura de retórica, segundo sua posição e valor no espaço social, cultural, histórico, psíquico da obra de que faz parte e em função de sua relação com as diversas personagens do texto e de suas respectivas visões de mundo.

O Telescópio (1951) – Na versão editada em 1960, não há uma árvore, mas árvores, mata, lugar citado pelas personagens, formando uma tríade espacial com "cidade" e "velha sede de fazenda". A relação espaços/personagens esclarece os paradigmas socioeconômicos e culturais em jogo no conflito, como já mencionado. As matas da Fazenda Vista Alegre são objeto de disputa e espelho em que se reflete o perfil das personagens. Leila e Luís, afetados citadinos, veem ali o pitoresco e a possibilidade de valorização financeira. Bié, elemento rural, mas displicente e simplório, só a enxerga como bom espaço de caçadas, na linha de João José de *Rasto Atrás*. Ada e Geni, elementos ambíguos, olham as matas como tudo o mais pelos olhos dos citadinos e se aferram na defesa de seus direitos. Já para os mais velhos, mata representa metáfora de um mundo perdido. Trecho: "Ada: Eu

A TRAMA DA METALINGUAGEM 99

sei. Todos aqui sabem que a 'Vista Alegre' é a melhor parte da fazenda. Mata virgem! Lá, tudo nasce, basta jogar na terra"[21].

Aproveitando esses dois aspectos presentes no texto original (fertilidade/mata virgem), Jorge Andrade constrói dois trechos para ligar a peça a *Vereda da Salvação* e a *Pedreira das Almas*, respectivamente, enxertos textuais que ultrapassam a mera função de elos e se mostram como esforços de construção simbólica. Um longo acréscimo menciona Dolor, o filho Messias, os fanáticos e o temor dos fazendeiros que previnem o delegado Hélio da situação na mata (p. 215). O outro trecho remete a *Pedreira* e insere em *O Telescópio* a árvore como metáfora das origens, dos começos, da fundação das fazendas paulistas e, por extensão, a passado, a antepassados, a tempo perdido, a poder, a abastança, a tradição: "Francisco (*perdendo-se*): Vovô Gabriel... vovó Clara! Quando traçavam um rumo, iam até o fim. Acreditavam no que faziam. Não consigo entender essa gente de hoje! [...]. Nem pensam no sofrimento que tudo isso nos custou! Quando vovô e o povo de Pedreira chegaram às margens do Rosário [...]. Perto de uma figueira branca, vovô determinou o lugar da sede. Foi quando tudo começou... para terminar...!"[22].

Um outro acréscimo concerne ao aspecto da fertilidade propriamente dita, denotativa, física, da terra, que vem enriquecer o perfil da personagem Ada, conotando-a no contexto da peça como mulher sensual que, na dramaturgia do autor, equivale à mulher fecunda, como a terra.

A Moratória (1954) – Nessa peça, praticamente intocada, o signo árvore já comparece inteiro na versão editada em 1959 e constitui certamente um dos aspectos da obra que levariam os críticos a tecerem pontes com *O Jardim das Cerejeiras*, de Tchékhov, pois o "jabuticabal" de Jorge Andrade permite realmente analogias com a obra russa.

Considerando-se o ciclo como uma grande peça em dez atos sobre a "história da família paulista", temos dois pontos-chaves: a quebra do mundo rural em *A Moratória* e a sua recomposição urbana, em *Os Ossos do Barão*. Evidentemente, um cafezal seria um elemento muito pertinente em termos econômico-político-sociais para ser trabalhado na peça, mas

---

21 *Marta*..., p. 208; *Pedreira das Almas. O Telescópio*, p. 151.
22 *Marta*..., p. 266; *Pedreira das Almas, O Telescópio*, p. 198.

cujo rendimento poético seria certamente limitado, em razão do forte referente 1929, que se associa a prejuízo e perda de poder, no repertório de nosso público. Optando por jabuticabeiras, Jorge Andrade consegue maior elasticidade da imagem, para integrar o paradigma estampado no título do livro (árvore), que abraça no ciclo figueiras, cedro etc., bem como figurações mais arrojadas nas peças metalinguísticas. Vejamos a gênese do processo de construção simbólica de árvore nessa peça matriz: a árvore prende, fixa o indivíduo ao seu espaço e tempo, para sempre, funcionando como raiz. Aprisionados desse modo, vemos as mais diversas personagens do ciclo, iniciando-se especialmente com o pai de Quim, paradigma de fazendeiro convicto, autêntico, e com o próprio Quim. Trechos: "Joaquim: Meu pai comeu a matula e sentou-se encostado ao tronco de uma árvore. Quando os outros caçadores chegaram, já estava morto. [...] e ele parecia dormir!"[23]; "Lucília: Ontem, encontrei papai no meio das jabuticabeiras, olhando-as, quase acariciando-as. [...] Por um momento me deu a impressão de estar perdido, sem poder sair do meio delas"[24].

Quando se deslocam para outro espaço, os fazendeiros levam, metonimicamente, a fazenda encarnada num ramo de jabuticabeira, resíduo concreto e cenicamente figurável na parede da sala urbana. Segundo nos informou Gianni Ratto, Jorge Andrade forneceu para a encenação o galho de jabuticabeira, fato confirmado pela viúva do autor, que nos contou o empenho e a dedicação do dramaturgo, em casa, na colagem de algodão naquele galho, fazendo-o "florido". Trata-se, como vemos, de um elemento cênico muito rico de referentes diversos, em círculos concêntricos, tais como o mundo rural de Quim, de Jorge Andrade, de São Paulo, do país. Eis momentos da migração espacial: "[...] (*No segundo plano, Joaquim aparece com um galho de jabuticabeira carregado de flores*)" (p. 181); "(*Joaquim volta à sala do Segundo Plano e pega o galho da jabuticabeira que havia esquecido em cima da mesa. Torna a sair, procurando não olhar nada [...]*)" (p. 184); "Lucília: [...] quando vieram da fazenda. Só aí poderia compreender até que ponto sofreram! [...] e esse galho de jabuticabeira nas

---

23 *Marta...*, p. 175; *A Moratória*, p. 156.
24 *Marta...*, p. 154-155; *A Moratória*, p. 105.

A TRAMA DA METALINGUAGEM

mãos... pareciam duas crianças assustadas, com medo de serem repreendidas" (p. 181).

O ramo é presença vicária do passado e signo de esperança de uma recuperação socioeconômica e talvez política: "(...*olhando o galho de jabuticabeira*) Ele vai voltar conosco, não vai, papai?"; "Joaquim: Uma jabuticabeira que parecia doente e, de um dia para o outro, ficou branca de flores. Bastou chover."

Remete, contudo, à inexorável realidade presente e é signo de morte, de perda irremediável, diante dos olhos lúcidos dos filhos: "Estamos apenas morrendo lentamente. Mais um pouco e ficaremos como aquele galho de jabuticabeira: secos, secos!"; "Lucília (*Vai à parede do fundo e passa a mão no galho de jabuticabeira; tem um momento de desânimo e dirige-se para a máquina de costura*)".

A patética esperança para além das evidências configura um estado de alienação, de inadaptação, de ilhamento temporal, social, contido no paradigma "árvore", no qual se alinha não somente a geração antiga, como também a nova. Por exemplo, os preconceitos de Francisco em *A Escada* e, de certo modo, a sublimação artística do passado, da prisão às raízes elaborada por Vicente na tetralogia, imagem especular do próprio Jorge Andrade com o seu ciclo do passado: "morrer em suas terras. Há homens que não sabem, não podem viver fora de seu meio"; "Helena: A verdade, Quim, é que não evoluímos"; "Joaquim (*subitamente aflito*): Helena! E as minhas jabuticabeiras?" Enquanto os homens idosos sonham, presos às suas árvores, suas esposas os acompanham só em parte, por condescendência. O sentido agudo da realidade nas mulheres de Jorge Andrade ou levam à ação (Marta, Lucília, Camila), ou bem ao abandono radical (Helena, Amélia): "Helena: Se a gente pelo menos morresse... (*Disfarça.*) como quer" (*A Moratória*); "Amélia: Podia ser tão mais rápido!" (*A Escada*).

Pedreira das Almas (1957) – Há uma única árvore, cenicamente figurável, no espaço físico de *Pedreira*, encurralada entre rochedos e muralhas: "na entrada de uma gruta – escondida por uma das pontas de rochedo –, uma árvore retorcida, enfezada, descreve uma curva como se procurasse, inutilmente, a direção do céu: é a única coisa de colorido verde que há no cenário".

Nessa descrição, que atesta a vocação literária da linguagem jorgeandradina mesmo nas indicações cênicas, parece esboçar-se uma configuração mais rica do signo, que passa a reunir também significações opostas às apresentadas até aqui, exigindo que se observem, além da raiz/tronco, as possibilidades da copa. Desde o cenário, fica marcado o confronto pedra *versus* árvore, responsável pela arquitetura dramática: ação, relação de poder entre as personagens, tempo, visões de mundo, tudo parece encarnar-se num ou noutro paradigma. A obra constitui um espaço-tempo situado entre a mineração e o ciclo do café, com o povo esgarçado entre duas forças opostas: um passado rico e um futuro utópico. No presente, estagnação, esterilidade, imutabilidade, peso da tradição, culto aos antepassados, exiguidade do espaço físico insuficiente para seus habitantes. Uma atmosfera de enclausuramento e opressão reflete os referentes históricos do esgotamento do ouro e do poder absolutista do império em 1842.

Sob o signo da pedra, move-se a matriarca Urbana, que mantém a "ordem" na cidade e impede qualquer tentativa de mudança, sobretudo de espaço, impedindo a emigração de seus habitantes. Em seu discurso, o passado constitui o ponto central, associado à tradição: "Aí nasceu o poderio de Pedreira. Essas pedras lembram feitos de bandeirantes que foram exemplos, Padre Gonçalo".

No paradigma árvore, encontram-se jovens líderes, cujo objetivo é levar os habitantes de Pedreira para terras férteis. Vivem à frente da comunidade e sonham com árvores do início ao fim da peça. Árvore metaforiza tempo futuro, trabalho, mudança, vida, esperança e, por esse ângulo, associa-se à figura de Marta, inserida na obra para a edição de 1970. Vejamos: "as figueiras centenárias. [...] eram a sua visão predileta. As figueiras!" (p. 77); "E começamos a sonhar com uma terra, onde o trabalho seria a lei, o amor, a justiça... e o horizonte uma porta sempre aberta. [...] (*numa evocação dolorosa*): Onde figueiras enormes" (p. 114).

Ora, os três jovens são filhos dos fundadores da cidade: Gabriel, o líder revolucionário, não concretiza o abandono de Pedreira, enquanto o pai permanece rico. Mariana e Martiniano, elementos igualmente dilacerados, têm raízes fincadas na pedra-passado, através da mãe Urbana, mas esgueiram-se

A TRAMA DA METALINGUAGEM 103

para o alto (futuro, horizontes abertos) em sua fidelidade a Gabriel. Curiosamente, o espaço físico da cidade reflete também essa subversão: a pedra termina por ceder, minada pelas próprias raízes dessas três árvores nela fincadas – é no interior das pedras (grutas, passagens subterrâneas) que se escondem, resistem e vencem os elementos da mudança. Acresce que Urbana, pedra-útero, recebe Martiniano morto que, decomposto, torna-se semente de liberdade. A própria Urbana, enfim, torna-se ela mesma solo e adubo das "árvores" em luta – o povo de Pedreira: "Subitamente, como se brotassem da terra, aparecem, à esquerda alta, três mulheres de luto [...] / Vasconcelos: [...] Sargento! Não proibi a presença dessa gente no largo das Mercês? / Sargento: É difícil impedir. As galerias têm saídas em diversos pontos da cidade, até mesmo dentro das casas. Não temos soldados suficientes" (p. 101-102).

Não bastasse esse belíssimo sistema de imagens, Jorge Andrade enriquece-o na edição de 1970, enxertando uma alusão que remete ao trabalho do signo em *As Confrarias*: a fundação da cidade seria oriunda de um ato de subversão abrigado nas próprias raízes de uma árvore. "Mariana: Foi neste vale que comprou sua primeira fazenda. [...] Ele contava que debaixo de uma árvore que todos temiam, havia um cruzeiro. Foi onde guardou o ouro para comprar a Bela Cruz" (p. 77).

Vereda da Salvação (1957-1963) – Concebidas pelo autor, ao mesmo tempo, *Vereda* e *Pedreira* apresentam um sistema invertido de imagens, que as próprias ilustrações do livro de 1970 traduzem. Na peça anterior, o povo vivia encurralado entre pedras, mas tinha perspectivas de árvores. Aqui, o povo vive entre árvores, encurralado entre elas como entre muralhas de pedras: "Clareira no meio de uma mata. Árvores frondosas formam uma muralha em volta [...]. Tem-se a impressão que os casebres estão sufocados pela mata exuberante".

As barreiras físicas são metáfora ou metonímia de outras barreiras em outros planos: trata-se de agricultores meeiros sem-terras que vivem o outro lado da decadência da sociedade rural pós-1929/1930: Jorge Andrade, com um pequeno enxerto intertextual, colocou-os na fazenda de Rita e Francisco, da peça de 1951, como se o telescópio agora desviasse sua lente das estrelas e a apontasse na direção das matas, exibindo os bastidores rurais ao público que aplaudira *A Moratória*. Árvore, conforme se lhe observem tronco ou copa, apresentará significações semelhantes às do signo em *Pedreira*. As raízes, evidentemente, estão fora de questão para esse povo eternamente vagante de fazenda em fazenda, despossuído de bens, de passado, de tradição familiar ("corpo nosso nem tem mais o prumo das árvores"). Como anuncia o cenário, o aspecto mais flagrante do signo é a força algo opressiva (observe-se quão diferente significa "morrer sob árvore" aqui e em *A Moratória*): "Seu pai morreu debaixo de uma árvore, numa derrubada pra café".

Se o espaço oprime horizontalmente por todos os lados (em toda parte sempre o mesmo estado de existência miserável, segundo a personagem Dolor), a única saída é vertical: a abertura na copa das árvores da clareira torna-se imagem isotópica de céu, instaurando na peça uma espacialização de valores[25] em termos de oposições binárias, como as seguintes: alto / baixo, aberto / fechado, liberdade / prisão, proteção / desamparo, salvação / perdição, céu / inferno (terra), Cristo / fazendeiros. O canal de ligação entre os dois termos da série constitui a "vereda da salvação", cujo processo de conquista é exibido na obra: "Joaquim (*enquanto ensaia o voo*): [...] É preciso saber pular pra alcançar o céu"; "Onofre: É assim que os horizonte fica tudo como porta aberta. É preciso levar uma vida justa, não fumar [...]. São ordens do livro" (p. 238).

Árvore, finalmente, passa a ser signo índice de paraíso no começo de um transe que envolverá toda a coletividade. A ideologia religiosa cristã de salvação pelo sofrimento, todavia, torna a vereda literalmente estreita, mantendo "árvore" como signo de opressão. Observem-se as diferentes alusões ao tronco e à copa: "Germana: ... As árvores estão cheia de anjo! Parecem passarinho branco! [...] Nas árvores! Nas cumieira! Passarinho branco que desceu do céu! Venha! Venha levar a gente!"; "Dolor: ... o livro diz pra gente chegar no Paraíso, [...] que qualquer maldade pesa mais que tronco de árvore... e não deixa a gente ir. (*Concentrada*) É tão difícil!".

A metáfora de opressão (significativa nessa estreia de *Vereda* logo após o golpe militar de 1964) revela árvore também

---

25 I. Lotman, Le Problème de l'espace artistique, *La Structure du texte artistique*, p. 309-322.

A TRAMA DA METALINGUAGEM   105

como metonímia do espaço-fazenda, cujos referentes são o latifúndio e o coronelismo do mundo rural brasileiro até hoje, 2012: "Ana: Não! Não, pai! Eles têm arma de fogo. Estão escondidos em cada pé de árvore"; "Vozes (*de todos os lados da mata*): Vamos acabar com essa raça! [...] (*percebem-se homens que passam correndo na mata, procurando não ser vistos: os casebres estão cercados por todos os lados*)". Essa é a outra face do signo presente em *A Moratória*, como parte integrante da mesma realidade lá exposta.

A Escada (1960) – Não há árvore cenicamente figurável, a princípio. Se considerarmos, entretanto, a alienação do velho Antenor para reaver o Brás – sua "chácara" –, permanece a metáfora do passado configurando no ciclo a linha de fazendeiros presos às suas árvores. E, na forma de "árvore genealógica", podemos encontrar seu conceito espacializado e cenicamente observável na própria escada do cenário, que liga os quatro apartamentos dos filhos de Antenor e Melica, "como elo de uma corrente". Os velhos, encarnações vivas do tronco, ocupam os patamares e degraus, no vaivém entre os apartamentos dos quatro filhos/ramificações. Sentem-se autônomos na escada, nesse espaço entre lugar nenhum, evocando um passado morto e aguardando um futuro que não virá. O conflito da peça tem origem nessa configuração da árvore-família, em que o tronco não sustenta mais seus ramos e se vê na iminência de ser podado (a internação no asilo). Mas eliminando-se o tronco, os galhos ficam sem suas raízes (nome, tradição, passado), o que atesta a decadência do mundo rural e uma luta pela sobrevivência em um espaço urbano: "Maria Clara: Nenhum de nós pode ficar com eles, e não é justo ver papai e mamãe descendo e subindo esta escada" (p. 374); "*Antenor e Amélia caminham em direção à saída. Todos os apartamentos estão em penumbra, só está iluminada a escada. [...] imóveis, olham fixamente para os velhos, revelando grande angústia!*" (p. 394).

Nessa primeira peça da tetralogia metalinguística, a árvore, como Marta, pode desempenhar, outrossim, a função de inspiração. Se mantemos a correspondência analógica entre escada/árvore genealógica/passado/velhos, o signo se transforma na metáfora de "realidade a retratar", dentro do paradigma "teatro de Vicente" (enxerto em 1970: "Começo a compreender este prédio, a escada... tudo!..."; "Vicente sobe a escada acariciando o corrimão, olhando à sua volta, ansioso").

Os Ossos do Barão (1962) – Não há árvore cenicamente figurável. Ela comparece, todavia, por meio de dois objetos metáfora (*peneira* e *caravela*) e do espaço *capela*, que remetem aos paradigmas *agricultura* e *nobiliarquia*/árvore genealógica no discurso das personagens. Pode-se, sinteticamente, visualizar a trama bem construída da peça: *peneira* (Egisto/não tradição) e *caravela* (netos do barão/tradição) em conflito, disputam *capela* (nome/tradição/História), mas chegam a um acordo mediatizado por *máquina* (Egisto / dinheiro/tecelagem/indústria).

A árvore genealógica, portanto, encontra-se no centro dos interesses em jogo, metaforizada nos ossos do barão; "podada" um ano antes, em *A Escada*, morrerá aqui na descendência do casal Isabel-Martino Ghirotto, que legarão ao filho unicamente o nome do avô italiano. Isso ocorre no terceiro ato, dando motivo para uma larga discussão sobre a nobiliarquia paulista de quatrocentos anos. A humilhação diante da falência do nome nos novos tempos enseja uma comicidade verbal calcada sobretudo na *caravela* de Martim Afonso de Sousa: "carregar caravela às costas", "desvantagem de ter viajado na caravela", "estar com a caravela pelo nariz", "uma caravela corre nas veias" etc. Esse processo de dessacralização da árvore será completado em *O Sumidouro*.

Senhora na Boca do Lixo (1963) – Originalmente, na versão publicada de 1968, não havia árvore. Ela é inserida por Jorge Andrade no discurso de Marta (Mãe), para contrapor-se espacialmente, socialmente, aos Champs Elysées, onde brincava Noêmia criança: "Nasci no trabalho e vivi no meio dele [...] não tive a sombra de uma árvore: brincava debaixo dos pontilhões". O aspecto da "sombra" traz explicitamente um sema até o momento apenas subjacente no signo: a proteção (do clã).

A inadaptação de Noêmia à faixa do espaço urbano paulista em que habita a filha (ironicamente, o tradicional bairro de Campos Elíseos se transforma em "boca de lixo") se reflete em sua relação conflitante com o espaço físico (a escada, mais atrás, expressava o mesmo problema): "Se pelo menos tivéssemos um jardinzinho. Tenho necessidade de verde. Sempre desejei terminar meus dias cuidando de rosas".

Rasto Atrás (1965) – O signo é afetado pelo fenômeno da representação instalado no ciclo e se transmuda para acompanhar a configuração do autoexame de Vicente: o cenário reflete sua mente, substituindo em parte a concretude de espaços e objetos cênicos pela imagem deles refletida sobre paredes, piso do palco, plateia e até mesmo sobre o protagonista; daí a árvore receber em cena o mesmo tratamento que a envolve no plano textual. Trata-se da diluição da denotação em conotação: são apenas massas de manchas coloridas, uma criação de Gianni Ratto em 1966, ao pintar placas de vidro para projeção por luzes, como já comentamos. Jorge Andrade prescreve a "projeção de *slides* coloridos sugerindo uma floresta", em cores sombrias, "sugerindo a evocação torturada de Vicente", "onde percebemos, vagamente, diversas luas, misturadas aos *slides* da floresta". Evidentemente, todo objeto que constrói ficção num palco de teatro, ainda que guarde semelhanças icônicas com seu referente no mundo real, é afetado tanto pelo próprio espaço teatral (uma árvore no palco não é árvore real, mas já representação), quanto pelo referente que tem no mundo ficcional sua função na história. Na peça, os *slides* logram certa economia nesse processo, pois as árvores em cena sugerem diretamente à percepção da plateia o espaço da lembrança e os valores que árvore ou mata recebem ali.

Há certa filiação de imagens com relação a *A Moratória* e a outras peças, quando o signo se prende ao perfil de João José, pai do protagonista, e se torna metáfora de fertilidade – como em *Pedreira das Almas* e *O Telescópio* –, de fazenda, prisão, ilhamento, passado: a "figueira branca, padrão de terra boa", o pai perdido na mata, a vontade de morrer no meio da mata, o hábito de João José de permanecer junto a um tronco de árvore.

Quando se associa a Vicente, o signo remete ao seu ofício de dramaturgo, sugerindo uma cadeia semântica já instaurada pela figura de Marta em *A Escada*: inspiração, representação artística do real, sensibilidade para ver além do banal, necessidade de expressão. No discurso, sempre figurado, com o pai que não lhe entende a linguagem, *mata* remeteria à própria conturbação mental das personagens, decorrente de dúvidas existenciais ("matas onde um homem pode se perder"). Sob uma árvore descobre sua vocação artística num instante de iluminação, sobre árvores escondia-se grimpado para ler, e é imitando-lhes o movimento, diante de uma superfície espelhada, com expressões corporais, que talvez já vivencie o futuro gosto pelo teatro.

As Confrarias (1969) – Há uma radicalização da imagem enquanto signo de mudança social e política, que teve sua gênese em *Pedreira das Almas*: árvore é agora o *topos* metonímico das conspirações contra o *status quo*. Sob uma árvore, Sebastião, marido de Marta, esconde os vestígios de seus crimes-protestos contra os excessos nocivos da mineração ("debaixo da árvore sentia-me protegido… e sonhava realizar o que me propus"). Igualmente procede Martiniano que, em lugar do enfrentamento suicida das forças coloniais, desvia o produto do seu trabalho (ouro) e enterra-o, da mesma forma, para conseguir comprar terras alhures (será um dos fundadores de Pedreira) e abandonar o espaço de opressão das minas.

Ainda calcada em *Pedreira,* ocorre a temática do corpo morto exposto: uma árvore assinala o local onde Marta deixa o corpo do marido à superfície da terra, cumprindo pedido do mesmo. O corpo decomposto como que alimenta a árvore, signo de resistência, esperança. Pode funcionar igualmente como metáfora de agricultura que, na obra, está em relação de conflito com *mineração*: "Marta: Quando parti […] Na paisagem… a única coisa verde era a árvore"; "Meus mortos não serão mais inúteis. Devem ajudar os vivos. Para que serve um corpo esquecido como galho de árvore… ou como laje?"

O verbo "plantar" na boca de Marta configura o discurso panfletário da protagonista e está intimamente ligado à árvore-subversão do texto, nos seus aspectos de *semente*, de *germinação*: "As cidades, os campos que percorri, foram plantando indignação e revolta em mim"; "Viu como consegui? Plantei você dentro deles!"; "contarei a você – e a quem quiser ouvir – a verdadeira estória de meu filho. Eu também gosto de plantar…!".

O Sumidouro (1969) – Prosseguem os problemas autobiográficos e da representação teatral. Aqui se busca a desconstrução da imagem histórica de Fernão Dias por meio do teatro, num jogo de projeções em encaixe: Fernão Dias e seu filho, Vicente e seu pai e Jorge Andrade com seu pai igualmente. O cenário reflete o espaço interior das personagens que se metaforiza em árvore/mata, como na peça de 1966: "um lugar impreciso sugerindo árvores, ruas, palácios, colunas, rios, como se fossem imagens de uma mente confusa"; "no meio de árvores enormes, sai uma índia de extrema beleza"; "*slides* de florestas dão um colorido sombrio ao cenário, impregnando tudo de verde". Nesse outro caso de conspiração na colônia, o bastardo José Dias alinha-se no paradigma *povo* na obra do autor. Árvore genealógica, aqui, é a metáfora máxima do poder e remete ao conceito de *confraria* da peça anterior: elite, grupo fechado de privilegiados, que excluem os demais da própria história, como teria acontecido àquele filho do bandeirante ("Resultado das famigeradas nobiliarquias, onde José Dias, sendo seu filho, não pertence a sua linhagem, [...] José Dias só existiu no crime"). No plano do presente, em que se move o dramaturgo Vicente, "árvore genealógica" é signo de alienação, de ilhamento, como ele atesta no ciclo ("Eu também estava preso a uma árvore que me sufocava").

Desprovido de árvore genealógica nobiliárquica paterna, a filiação materna indígena de José Dias advém de outras árvores, mais concretas e eficazes em sua luta política. A mata é mais do que nunca metáfora de resistência contra as forças coloniais, uma espécie de prolongamento do mameluco, ou, ao contrário, é José Dias uma extensão dessas árvores que integram o paradigma colônia *versus* metrópole e o paradigma natureza *versus* civilização: a expedição depende dele para sair da mata, na qual, como um "espírito da floresta", ele a todos enreda e deixa perdidos, usando as árvores como "paliçadas". O conflito entre o explorador F. Dias e seu guia torna-se trágico, por se tratar de uma relação pai *versus* filho; daí o signo "árvore", associado ao bandeirante, metaforizar culpa, e "mata" tornar-se labirinto, analogia entre as voltas na mata e aquelas que dá em seu espírito. Nas matas que antes dominava, subjugou a tribo da índia Marta, nelas enforcou seu filho numa árvore e, agora, vê-se derrotado e preso, psicológica e espacialmente ("Que foi? É a árvore novamente?"; "Ele pensa que essa árvore é aquela em que foi enforcado o mameluco do demônio").

Mata, em última instância, constitui a própria obra de Vicente, por onde Fernão Dias caminha sem rumo, uma personagem em (des)construção, ignorando que só falta sua última fala para fechar a peça teatral (e um ciclo) do outro: "Nunca perdi o rumo. / Vicente: Até na mata em que estamos? / Esta mata é diferente".

Em 1966, a primeira versão em livro de *Rasto Atrás* já continha as linhas mestras da construção sígnica de árvore como a vemos aqui, o que faz supor que *O Sumidouro* seja uma extensão daquela, ou que *Rasto Atrás* já se tenha beneficiado dos ensaios desta, já em andamento naquela época. João José vivia preso a uma árvore e recordava as palavras de Vicente, segundo o qual havia matas onde um homem podia se perder.

Como em *Pedreira*, o signo configura também um espaço utópico (lugar de "árvores sempre verdes", em "primavera constante", onde "não se morre"), galvaniza todas as forças do protagonista e se transforma no sentido de sua existência. Ao contrário, entretanto, das terras do Rosário, com Gabriel, a chegada de Fernão Dias à "serra que brilha mais que o sol" seria a perdição do povo da colônia, como o provam *As Confrarias*.

Como em *Rasto Atrás*, enfim, a árvore está associada aos momentos epifânicos de descoberta de um sentido existencial: a vocação de Vicente, em *Rasto Atrás* e em *A Escada*; o móvel real das aventuras de Fernão Dias, em *O Sumidouro*; e a razão de ser da atividade dramatúrgica do mesmo Vicente em um meio teatral adverso, também em *O Sumidouro*. As últimas falas da(s) peça(s) e do ciclo, o discurso a quatro vozes de Fernão Dias-Vicente-Marta-Jorge Andrade registra, sugestivamente, a revelação: quando Fernão Dias vislumbra a verdade de sua procura em meio à *escuridão da mata*, Vicente exclama "Luz! Ela começa a brilhar na vereda escura em que estamos caminhando", e Marta encerra a peça.

Mais uma vez constatou-se o aproveitamento, reelaboração e expansão de uma imagem recorrente no ciclo, por meio da tetralogia. Resta observar o percurso da última imagem do título: o relógio.

RELÓGIO

Como nos casos anteriores, há que se observar como o elemento, agora um objeto cênico, funciona nos espaços que ajuda

A TRAMA DA METALINGUAGEM

a povoar, se comparece na qualidade de elemento concreto passível de figuração cênica ou se, ao contrário, constitui elemento citado apenas e, o mais importante, se consegue transformar-se em "figura" retórica – metáfora ou metonímia – no jogo da ação que se desenvolve num tempo determinado entre diversas personagens. Assim, é interessante perceber também o que esse objeto revelaria dessas personagens, como agiria sobre elas e como seria, por sua vez, afetado por elas.

O Telescópio (1951) – A imagem do relógio parado, sem função, tem origem justamente nesta primeira obra do autor, constando na edição da Agir de 1960; funcionava como elemento caracterizador do perfil do fazendeiro Francisco que possuía igualmente o telescópio do título; era "enorme", um "verdadeiro encalhe", pertencera a "uma tal de marquesa, uma fulana qualquer, não sei bem o nome", custara um "preço exorbitante", fora "parar na cocheira", comprado porque o "pai tinha um igual", despertara a cobiça de Leila, a filha citadina. Ele é de "muito valor" e é "uma raridade". Jorge Andrade, na edição de 1970, aproveita esses dados e desenvolve-os com o auxílio de enxertos textuais que ligam a peça ao conjunto do ciclo. Reforça a inutilidade do objeto: "não serve para nada, não tem nem ponteiros". Altera sua origem, atribuindo-o à "baronesa de Jaraguá", que se torna aqui a tia-avó da mãe de Luís, fato que acirra ainda mais a cobiça de Leila. E, o mais importante para a construção simbólica do elemento, toma emprestado da peça seguinte, *A Moratória*, o traço fundamental: não se trata de objeto comprável, mas legado por herança, através das gerações de uma família, como signo evidente de trabalho, de ação: "Era o presente de casamento de meu avô para os filhos; o relógio e a recomendação: 'não deixe nunca o sol pegar você na cama'".

Não satisfeito, o autor cria um longo trecho para fixar a imagem e ligá-la melhor à *Moratória*, atribuindo a Lucília "um relógio igualinho" ("Uma das poucas coisas que o tio Quim conseguiu tirar da fazenda quando ela foi à praça"). A contiguidade dos dois objetos cênicos, o relógio e a máquina de costura, não parece gratuita, reforçando as significações de ação e trabalho.

A Moratória (1954) – O relógio já estava presente na edição da Agir de 1959, inclusive como objeto cenicamente figurável. Como ocorrera com a "árvore", ele tem aqui a origem de sua significação básica no ciclo, já mencionada acima: presente hereditário acompanhado da recomendação para não se deixar pegar na cama pelo sol. Na edição de 1970, o trecho sofreu duas pequenas alterações para atender à unicidade do ciclo: o "avô" passa a chamar-se Gabriel e o "filho", Martiniano, logrando o procedimento excelente economia de recursos. Cria um elo intertextual com *Pedreira das Almas* e estende o mesmo objeto a mais três peças: *Rasto Atrás*, *As Confrarias* e *O Sumidouro*, configurando, mais que um percurso histórico, uma visão afirmativa do trabalho intelectual e artístico no ciclo, como se verá. A característica de presente hereditário, por outro lado, enseja a afetividade que marca as relações entre o objeto e as personagens do ciclo do passado. Pode-se constatá-la na cena que sublinha a transição entre as duas grandes épocas no ciclo (antes e depois de 1929). A tchekhoviana despedida final da fazenda, assume as dimensões de um ritual: Joaquim toma a iniciativa de retirá-lo, utiliza uma cadeira para alcançá-lo na parede e, numa pausa longa sublinhada/preenchida pelo ruído alto da máquina de costura manuseada por movimentos rápidos de Lucília, o relógio desce com dificuldade, é admirado e abraçado pelo fazendeiro "com grande ansiedade".

A partir de *A Moratória*, o relógio perderá sua função utilitária e assumirá, portanto, uma função simbólica: a de "tempo perdido", "tempo parado", em relação ao presente, um "tempo de ação", "tempo de trabalho", quando há tentativa de renovação. Só voltará para a parede, no entanto, funcionando perfeitamente, no fechamento do ciclo, com Vicente.

Pedreira das Almas (1957) – Sintomaticamente, Pedreira era um mundo sem relógio, cidade morta, estagnada após o esgotamento do ouro. A matriarca Urbana, com sua fidelidade aos mortos, contribuíra para fixar a vida num tempo sem tempo, imutável. Desse modo, o elemento não constava na edição da Agir de 1960, nem tampouco da edição Anhembi de 1958. A peça oferecia, contudo, brecha oportuna para a inserção do objeto-metáfora: a personagem Gabriel, revolucionário que incita o povo a abandonar a cidade para trabalhar em terras férteis alhures. Para associar o objeto a esse elemento de ação e sedimentar o símbolo no ciclo, Jorge Andrade cria o seguinte acréscimo, que sublinhamos: "Gonçalo: Era conhecido

A TRAMA DA METALINGUAGEM 113

de todos o ódio do pai de Gabriel aos absolutistas. *Homem de ideias avançadas! Para ele o trabalho era uma oração! Costumava dizer: só obedeço ao relógio, única coisa que meu pai me deixou [...]"*[26].

O signo se enriquece, tomando uma coloração política de insubmissão, de ação que muda o *status quo*, fruto certamente da contiguidade com Marta, outro elemento inserido na peça, emprestado de *As Confrarias*, como vimos, cuja imagem de "trabalho como oração" lhe pertence. O autor aproveita ainda a última indicação cênica da peça, referente à emigração de Pedreira, para inserir o objeto, com um acréscimo: "(*Clara surge na saída que leva à cidade, acompanhada por um escravo que carrega um relógio grande de parede.*) / Clara: Desça e leve o relógio. Tome cuidado. (*O escravo sai e Clara [...]*)" (p. 115).

Vereda da Salvação (1957-1963) – Diferentemente de Pedreira, o mundo estagnado dos posseiros não permitiu a presença do relógio, como não comportara a presença de Marta. O objeto não figurava na edição da Brasiliense em 1965, e Jorge Andrade, coerentemente com sua visão do fenômeno do misticismo (a ausência de luta, o céu como única solução), deixou a peça intocada quanto a esse aspecto em 1970. No mundo dos colonos, a situação de anomia a que chegaram, além de refletir-se em um espaço entre realidade e utopia, projeta-se, outrossim, em um tempo entre cronológico (crepúsculo, noite, alvorecer) e de eternidade, o "não-tempo" do paraíso, para o qual se preparam desde o início da peça.

A Escada (1960) – Um relógio está presente na peça, tanto na versão de 1964 editada pela Brasiliense, quanto naquela que integra o Ciclo em 1970. Não se trata, no entanto, do objeto carregado de sentido que observamos até agora, sendo sua presença cênica praticamente imperceptível, compondo um gesto momentâneo do velho Antenor, nos últimos instantes da peça ("... Antenor tira o relógio, Maria Clara adianta-se"). A indicação cênica parece sugerir um relógio de bolso, o que seria plausível dada a condição nômade do casal, girando pelas escadas com valises; sublinharia a alienação de Antenor, sua pressa vazia, sua ansiedade e movimentos inúteis (a "demanda do

---

26 *Pedreira das Almas. O Telescópio*, p. 38. (Grifo nosso.)

barão"), uma vez que consulta o relógio no momento justo da ida para o asilo, realidade esta vagamente percebida pelo casal de velhos – um tratamento irônico do objeto que já denota certo distanciamento do autor em relação ao passado.

Os Ossos do Barão (1962) – Não havia relógio na versão da peça editada pela Brasiliense em 1964. Jorge Andrade insere--o na versão de 1970, não como objeto cenicamente figurável, mas apenas citado, criando dois acréscimos para contemplar duas faces diferentes do signo. O primeiro, em torno da fala de Egisto Ghirotto – "Manca l'orologio grande, senhora. Má arriveró saber onde está. (*Modesto*) Foi o que consegui encontrar" –, refere-se à sua ausência entre os pertences do imigrante que conseguira comprar "os mortos", "o passado" e inscrever entre os nomes tradicionais da capela o seu próprio nome. Fica preservado o aspecto de presente hereditário – o dinheiro não compraria tradição, afinal. O mesmo fato, porém, pode remeter à significação de ação, trabalho: a figura de Egisto, personagem metáfora de "trabalho", dispensaria tal objeto e sua mensagem inerente.

O segundo acréscimo, no entanto, sublinha o aspecto de tradição que compõe o signo, figurando no discurso irreverente da Tia Marta que vendera os ossos do barão: "Moro em um quarto que cabe três vezes nesta sala. Acha que o relógio caberia lá? E ainda sem ponteiros! Foi o primeiro que vendi". Trata--se do mesmo objeto comprado por Francisco de *O Telescópio*, limitando-se entre as duas obras seu percurso. E um distanciamento em relação ao passado, conseguido pela perspectiva do cômico, atinge o objeto, como ocorrera em *A Escada*.

Senhora na Boca do Lixo (1963) – Jorge Andrade repete o procedimento usado acima: o relógio, que não figurava na edição anterior, da Civilização Brasileira em 1968, é introduzido na versão de 1970 como objeto citado, em dois momentos e sob duas perspectivas diferentes: a nostalgia de Noêmia, aristocracia, tradição – "Ela foi à parede, passou a mão e perguntou pelo relógio!"; "Um relógio sem ponteiros que tinha lá. O outro delegado titular mandou para o depósito da Prefeitura."; e o trabalho árduo de Marta, o paradigma "povo" – "Nasci no trabalho e vivi no meio dele. Durante muito tempo, o apito dos trens era meu relógio. Não tive a sombra de uma árvore:

A TRAMA DA METALINGUAGEM 115

brincava debaixo dos pontilhões". Esse texto criado logra unir de uma só vez relógio, árvore e Marta.

Rasto Atrás (1966) – A versão da peça publicada pela Brasiliense em 1966 não continha o objeto. Por meio de vários enxertos textuais, todavia, Jorge Andrade consegue para a edição de 1970 não somente concentrar todos os aspectos do signo no espaço de uma só obra, como também enriquecê-lo com novas nuances – procedimento semelhante ocorrera com a figura de Marta em As *Confrarias*. Contrapõe-se a figura forte da matriarca Mariana ("Dá corda no relógio. Não gosto de relógio parado.") ao alheamento de seu filho João José, que só olha "no relógio antes de sair para caçar" e sublinha-se a inadaptação de Pacheco, o dono da companhia de troles que, inconformado com o advento da estrada de ferro, controla no relógio a velocidade dos trens. Signo ainda de tradição, na qualidade de objeto herdado hereditariamente, constitui, ao contrário do caso de *Os Ossos do Barão*, a única peça não hipotecada pelas tias solteironas de Vicente. O objeto que, veremos em *O Sumidouro*, não funcionava, passa às mãos de Vicente, o outro responsável pela perda dos bens da família (sua arte, um trabalho "inútil"): "Etelvina: Nada mais nos pertence: nem casa, nem louças, nem cristais. Só restou o relógio… porque é seu. Pode levar também".

Notável, porém, é o trabalho de ressemantização do objeto em contato com a personagem dramaturga: no caminho "rasto atrás" à procura de sua identidade de artista, vemos em sua infância o relógio (seu vidro) mediatizar as imagens da realidade como uma espécie de lente especial que aumentasse a percepção para além do visível, que desnudasse nos objetos e pessoas movimentos, formas e verdade usualmente despercebidos, e que imprimisse no mundo imagens desejadas: desse modo cremos ser o relógio uma metáfora da própria arte, do trabalho artístico. Agora resgatado, somente em *O Sumidouro* o objeto acompanhará a recuperação da "falta de sentido" na vida da personagem; por enquanto, apenas a lembrança do seu afastamento: "Fiquei para sempre com a impressão de ter perdido alguma coisa… sem saber o quê!" (p. 508).

As Confrarias (1969) – A penúltima obra do ciclo assimila a imagem do objeto construída em *A Moratória* e, simultaneamente, forja uma ligação intertextual com mais duas peças

(*Rasto Atrás* e *O Sumidouro*) e remete a dois ciclos econômicos da história de São Paulo (apresamento do índio e ouro): o caminhante encontrado por Marta no final, e que fundará com outros "Pedreira das Almas", guia-se pela mensagem colada ao relógio ("não deixe nunca o sol pegar você na cama") e leva na bagagem o objeto, fragmentado, mas ainda assim signo evidente de ação e trabalho no contexto: "Mostrador de um relógio. Meu avô comprou de um bandeirante. / Marta: E só o que leva? / Homem: Só. O móvel e o pêndulo seguiram na comitiva". Essa origem remota do relógio de Quim de *A Moratória* será reafirmada na peça seguinte, que assinala a transformação do símbolo.

O Sumidouro (1969) – Jorge Andrade reservou a essa última peça do ciclo a síntese final da imagem reelaborada em *Rasto Atrás,* que já parecia remeter ao trabalho artístico. O autor consegue unir, por meio da presença cênica do relógio que descera da parede em *A Moratória,* dois polos temporais no ciclo: o passado mais remoto (as bandeiras) ao presente mais vivo – o instante mesmo da elaboração da peça por Vicente diante de nossos olhos. Eleva igualmente o trabalho "mental" à mesma estatura do trabalho físico/"corporal" – este, o único aceito como tal no mundo de que provém Vicente. Sublinha no objeto o aspecto de tradição e uma consequente afetividade já assumida pelo "dramaturgo", além de elos intertextuais com o ciclo: "chegou o relógio que mandou buscar. Agora, é arranjar parede para colocar 'aquilo'. / Vicente: Não implique. Está com a família desde que ela veio de Pedreira da Almas. Muito antes! Desde a invasão holandesa!"

A presença do objeto parece presentificar os mortos de Vicente e acompanhar as ressurreições cênicas, como a de Fernão Dias, por exemplo. Um relógio carrilhão soa em três momentos significativos: quando o bandeirante se despede da família, quando o dramaturgo vacila e é desafiado por sua personagem e, finalmente, quando Vicente acredita ter encontrado o sentido que procurava para continuar seu trabalho artístico. As batidas do relógio assinalam o aumento da tensão nas duas personagens já esgotadas, como um batimento cardíaco, nos lembrando o mesmo recurso usado por Autran Dourado em *Os Sinos da Agonia.* No segundo desses momentos, Fernão Dias parece encarnar o pai de Vicente, desafiando-o: "E você? Vamos!

A TRAMA DA METALINGUAGEM

Tente me fazer desaparecer. / Vicente (*passa, aflito, a mão pela testa. Subitamente, volta-se ouvindo o som do relógio-carrilhão*): [...] Pensei ter ouvido a voz dos mortos".

Uma excessiva preocupação didática de Jorge Andrade o faz explicitar o processo de construção imagística operado no ciclo, sintetizando-o como se concluísse um projeto. Lavínia explica o conserto do valioso relógio (limpeza e ponteiro) e fala do filho Martiniano diante dele vendo imagens refletidas, sendo completada por Vicente – a migração do relógio na crise de 1929 e o sentido de sua arte: "Foi quando comecei a procurar em toda a parte... e em mim mesmo. Aí, nasceu o sentimento de mundo perdido, agora reencontrado". A validade do trabalho intelectual e artístico é então referendada neste final de ciclo.

Configura-se ainda a origem remota do objeto como um ícone do mundo despedaçado de Fernão Dias, efeito de sua obstinada empreitada que leva a família a vender seus bens em praça pública para financiar a famosa expedição: "(*Um escravo, carregando o mostrador de um relógio, acompanha Maria Betim.*)[...] / Maria Betim: Mostrador de relógio. / [...] O móvel e o pêndulo estão em minha casa. Pode ir buscar". Compare-se o perfil do objeto junto ao "Homem", em *As Confrarias*.

Esse processo de intertextualidade interna operada pelo autor oferece, por meio da tetralogia metalinguística, tanto uma lição de teatro quanto uma lição de literatura. Mas ao lado dessas imagens de natureza verbal, o ciclo oferece igualmente imagens gráficas estampadas na edição da editora Perspectiva, que passamos a examinar como continuação do sistema imagístico do conjunto.

ILUSTRAÇÕES E EPÍGRAFES DO CICLO EDITADO

As ilustrações do livro *Marta, a Árvore e o Relógio* não somente ornam, como sobretudo comentam as obras ali reunidas, funcionando como uma transcodificação visual do conteúdo textual de cada peça, procedimento este facilitado pela tarefa de dramaturgo, que supõe na criação de textos verbais uma visualização, uma "concretização" virtual em formas, cores, sons, luz etc. As gravuras, desse modo, seriam como objetos cênicos privilegiados às quais o autor delegasse a função de sintetizar cada obra, ou seja, espécie de "epígrafes visuais" que anunciassem o tema de cada peça, como bons ícones-índices. No livro *Marta, a Árvore e o Relógio* as imagens gráficas não somente dizem respeito a cada obra em particular, como também emitem mensagens que concernem a todo o conjunto, como se falassem de "uma só peça em dez atos", refletindo, visualmente, o sistema imagístico composto pela tríade Marta-árvore-relógio.

As ilustrações, doadas e selecionadas por Jorge Andrade com o auxílio técnico do artista gráfico Moysés Baumstein, são realizadas dentro de duas técnicas em tudo pertinentes ao conteúdo do ciclo: a retícula grossa e o sangramento[27]. Esta última é responsável pela imagem tomando toda a folha impressa, sem margem alguma, o que reputamos apropriado, por nos sugerir certos instantâneos da realidade, imagens vivas da memória, sem que houvesse o risco de enquadramentos que pudessem ilhar as imagens e distanciá-las, como "retratos", como imagens mortas; o recurso assemelha-se antes aos "closes" de uma câmera de filmagem ou sugere a mediação de lente poderosa que se interpusesse entre as imagens e seu observador. O tratamento da retícula grossa, por sua vez, vem completar e aumentar a sugestão dos efeitos da técnica anterior: as imagens decompostas, fragmentadas em pontinhos, se por um lado parecem remeter diretamente aos efeitos diluidores do tempo e da memória, facultam ao observador, por outro lado, o poder de recuperá-las em sua integridade mediante um distanciamento em relação às mesmas – basta que se afastem os livros de nossos olhos a uma distância razoável, para que as ilustrações ganhem nitidez.

Esse jogo de aproximação-distanciamento que supõe e sugere a participação do receptor, no caso o leitor, reproduz uma perspectiva fundamental no ciclo, seja em termos de abordagem de sua matéria-prima (o passado), seja em termos da organização estrutural do conjunto.

Quanto à abordagem do passado, o dramaturgo caminha inicialmente do drama e da tragédia, nos anos de 1950, até conseguir o distanciamento da metalinguagem no final dos anos

---

27 M. Baumstein, entrevista concedida à autora.

1960, não sem antes ter ensaiado um exorcismo pelo riso (*Os Ossos do Barão*) no meio desse percurso. Quanto à estrutura do ciclo, a fragmentação da memória pessoal/da História em dez pedaços, dez instantes, dez histórias, ganha nitidez e unicidade na leitura (ou encenação, como queria Jorge Andrade) total que permita uma percepção globalizadora: a visão do ciclo como uma peça única em dez atos.

O jogo visual de aproximação-distanciamento sugere, enfim, a própria natureza da construção estética da realidade por Jorge Andrade: suas peças oscilam entre a nitidez da realidade bruta, lucidamente (distanciadamente) captada por meio do estudo e da pesquisa, e o nebuloso do mesmo mundo apreendido por uma memória afetiva, resultado de mergulho pessoal, introspectivo, no próprio "eu". Daí vermos na indefinição das imagens que ilustram o livro um simulacro do próprio olhar do dramaturgo, preso a dúvidas e conflitos acerca da validade artística de sua elaboração do real, tão bem expressos por Vicente em *Rasto Atrás*.

Quanto às epígrafes, seguem o mesmo procedimento das imagens, anunciando cada peça e remetendo à unidade do conjunto. A citação maior, inicial, constitui um poema do próprio dramaturgo, uma espécie de prólogo em que são apresentadas as obras do ciclo, perpassadas pelo fio unificador da memória de um "menino", que é sem dúvida o próprio Jorge Andrade – cujo rosto, aliás, vem impresso logo após o índice. O poema é uma ampliação do texto citado por Vicente em *Rasto Atrás* e já figurava nas primeiras versões de *O Incêndio* como um dos cantos de Zé-Feição.

Já os fragmentos textuais que antecedem cada peça pertencem ao poema "Os Bens e o Sangue", de Carlos Drummond de Andrade, poeta admirado por Jorge Andrade. O dramaturgo já usara versos da obra em uma cena de uma das primeiras tentativas de *Os Ossos do Barão*: "Izabel: E um poeta… um grande poeta mineiro! Ele me entenderia!; 'Salva-me, capitão, de um passado voraz. Livra-me, capitão, da conjura dos mortos!'; Martino (*segura-a com firmeza*): Fique!… e acabe com seus fantasmas! Já se esqueceu? 'Salva-me, capitão de…' Como é mesmo? / Izabel: 'Salva-me, […] Os parentes que eu amo expiraram solteiros. / Os parentes que eu tenho não circulam em mim' / Martino: Como se chama?/[…]/Izabel: 'Os bens e o sangue?/Martino: Aceito como presente de casamento"[28]. Jorge Andrade aproveitou as partes VII e VIII do poema drummondiano, que vem incluído em *Claro Enigma*, reunião de produções do período 1948-1951, anterior, portanto, ao "Fazendeiro do Ar"(1952-1953)[29]. O poema se desenvolve como um testamento (Parte I), do qual se exclui certo menino frágil, "vergonha da família" (Parte II, III e IV), mas para o qual se pede proteção, porque vai "cair do cavalo", "errar o caminho" (Parte V) e viverá uma espécie de decadência, crescendo "doentio", enquanto no cemitério os antepassados "se rirão, porque os mortos não choram" (Parte VI); na parte VII responde o menino, perseguido por fantasmas, cumprindo a sina de ser desgarrado; a parte VIII, finalmente, parece ser a voz dos antepassados, diante do descendente poeta, inapto para as lides da fazenda, cuja "diferença" parece, enfim, ser compreendida e aceita.

Jorge Andrade toma de empréstimo o "diálogo" final formado pelas duas últimas partes do poema, perfeitamente identificado com o universo mineiro ali expresso. O Ciclo da Memória, pelo ângulo das epígrafes, pode demonstrar a predisposição de Jorge Andrade para um comércio de empréstimos com outros autores afins, dramaturgos ou não, fato comprovado na intertextualidade de suas últimas peças metalinguísticas que, se se enriquecem com o texto alheio, revivificam, outrossim, esses fragmentos, beneficiando-os com uma perspectiva renovada.

Examinemos o funcionamento de cada ilustração e epígrafe em relação às respectivas peças no ciclo.

As Peças Metalinguísticas

As ilustrações de *A Escada*, *Rasto Atrás*, *As Confrarias* e *O Sumidouro* não só ratificam o conteúdo das obras a que se referem, como também remetem-nas à totalidade do ciclo, pontilhando

---

28 *Os Ossos do Barão*, Acervo da Seção de Artes Cênicas do Centro Cultural São Paulo.

29 Cf. C. D. de Andrade, Os Bens e o Sangue, em *Claro Enigma: Poesia Completa e Prosa*, p. 259-263. A editora Perspectiva atribui as epígrafes ao poema Fazendeiro do Ar, publicado em *Poesia Até Agora*, pela Livraria José Olympio; não há indicação de data. Cf. *Marta...*, p. 596.

estrategicamente o conjunto com balizas anunciadas no título. Trata-se de dois rostos humanos, um objeto e um elemento espacial.

As Confrarias é sugestivamente antecedida pelo rosto de uma atriz admirada por Jorge Andrade – Lelia Abramo; sua presença nesta peça, que abre o ciclo com uma louvação ao teatro através da arte da representação do ator, sobrecarrega--se de sentido se lembrarmos que no episódio místico da troca de identidades em *Vereda da Salvação*, Durvalina, encarnada pela atriz, se afirma Marta. Sendo a protagonista da peça a per-sonagem-título do livro, a imagem automaticamente reproduz Marta que, sucedendo-se ao rosto de Jorge Andrade no volume, partilha com o dramaturgo da autoria das obras, revelando--se boa contadora de histórias e predispondo-se a continuar a fazê-lo ao final da peça. Em *A Escada,* inspirara Vicente e, em *O Sumidouro,* volta para cobrar do mesmo uma postura crítica diante da realidade, lendo, talvez satisfeita, as últimas palavras do ciclo. A ilustração, portanto, traz a Marta do título, "cons-ciência da história", uma metáfora de mudança e de transfigu-ração por meio da representação teatral: a mobilidade mesma de seu próprio rosto impresso, só aparentemente de perfil, nos remete, enfim, aos mistérios de toda e qualquer representação.

Quanto à epígrafe, é particularmente rica sua produção de sentidos em contato com a peça: ali está o sentimento de prisão em relação aos antepassados, gerando conflitos de identidade; vemos, outrossim, a afirmação rebelde de um "eu" que se quer marginal em seu próprio meio – Vicente e, em última instân-cia, Jorge Andrade. Os versos, no poema "Os Bens e o Sangue", iniciam a parte VII em que o menino deserdado, transformado poeta, dirige-se aos antepassados: "Ó monstros lajos e andri-dos que me perseguis com vossas barganhas / Sobre meu berço imaturo e de minhas minas me expulsais. / Os parentes que eu amo expiraram solteiros. / Os parentes que eu tenho não cir-culam em mim. / Meu sangue é dos que não negociam, minha alma é dos pretos, / Minha carne dos palhaços, minha fome das nuvens / E não tenho outro amor a não ser o dos doidos".

Há outra possibilidade de sentido, cuja fonte é bem remota, conquanto não desprezível, que concerne à própria figura de Marta: um dos aspectos marcantes da hagiografia da santa homônima consiste justamente em se lhe atribuir a virtude de exterminar monstros destruidores[30]. Nesse sentido, epígrafe e ilustração se combinam, enquanto problema e solução, ou seja, cabe a Marta o exorcismo dos fantasmas do passado.

A Escada, ilustrada pelo óbvio elemento-título do livro, pode suscitar uma especulação de sentido em razão do contexto da tetralogia, na qual se localiza em primeiro lugar. Aqui Vicente ingressa no ciclo, envolvido na angústia da realização artística, diante de seus textos, em busca da melhor forma, sem conseguir, no entanto, escrever. Além de se inspirar em Marta, supõe mundos estranhos por trás da porta de um quarto que reluta em abrir. Após o conselho da esposa ("olhe à sua volta e escreva"), a escada, num certo momento, é "acariciada" significativamente pela personagem, que parece ter apreendido algo. A escada em espiral da ilustração, enfocada de baixo para o alto, pode constituir uma apropriada sugestão de início da escalada da carreira teatral por Vicente, que já será famoso na peça seguinte, *Rasto Atrás*.

A epígrafe reproduz os versos 10, 11 e 12 da VIII parte de "Os Bens e o Sangue", por meio dos quais se evidencia o processo básico de reconstrução artística da realidade por Vicente, que tenta transubstanciar em arte a matéria do passado depositada em sua memória feito lodo incômodo, que tanto mais se avoluma quanto menos se lhe percebe a existência: "O Desejado, / O Poeta de uma poesia que se furta e se expande / A maneira de um lago de pez e resíduos letais".

Em *Rasto Atrás* figura outro rosto, desta vez um menino, ponto-final do caminho de volta ao passado empreendido por Vicente já famoso, porém insatisfeito. Poderia ser o rosto de Jorge Andrade menino, ou de um dos dois atores que interpretaram o papel em 1966, mas se trata, em verdade, de Gonçalo, filho do dramaturgo, como para lembrar (além da relação pai/filho) que não se volta o mesmo, que é impossível, enfim, "recuperar", resgatar o passado perdido; o tempo altera, seleciona as lembranças, sobretudo se o olhar que procura é aquele de um artista. Na volta que o reconcilia consigo mesmo e lhe devolve a segurança e a inteireza de seu "eu" (a identidade), unem-se

---

30 P. Pierrard, "Marthe", *Dictionnaire des prénoms et de saints*, p. 152.

A TRAMA DA METALINGUAGEM 123

as pontas do tempo, que se esclarecem mutuamente; daí certamente a dedicatória que se estampa no *Ciclo da Memória* publicado pela Perspectiva: "A Helena e meus filhos, pelo amanhã que trouxeram".

A epígrafe remete à estranha relação pai-filho, ou Vicente-antepassados, cujos conflitos parecem justificar-se pela necessidade da preservação da identidade de cada qual; são transcritos os versos 15 e 16 da parte VII do poema drummondiano: "Pois carecia que um de nós nos recusasse / Para melhor servir-nos". A citação remete à relação conflitiva presente na base do próprio ato de criação de Jorge Andrade, descrito por este no prefácio de *Marta, a Árvore e o Relógio* em termos de paradoxo igualmente: "Para se escrever sobre um meio, é necessário senti-lo até no sangue, e não poder viver nele. Assim como para escrever sobre um ser humano é necessário compreendê-lo, a ponto de amá-lo... e não poder fazer nada por ele – às vezes nem mesmo suportá-lo" (p. 14).

O Sumidouro, encerrando o livro, é ilustrada pelo terceiro elemento do título, o relógio. Diferentemente do objeto que figura na peça, consertado e em pleno funcionamento, pelos motivos já expostos, a gravura estampa um relógio sem ponteiros. Segundo Moysés Baumstein, Jorge Andrade desejava que se mantivessem os ponteiros, no que se nota a coerência do dramaturgo, não propriamente com relação à imagem dominante no ciclo – "relógio parado", decadência – mas com respeito ao resultado final do percurso imagístico do objeto que é mostrado em *O Sumidouro*: ele funciona de novo graças ao trabalho artístico de Vicente. Resistiu muito antes de finalmente ceder. Não julgamos que o autor se tenha curvado à sugestão de "choque", de "estranhamento" na imagem, defendida pelo talentoso artista gráfico da editora. Pensamos, antes, que lhe tenha provavelmente ocorrido a sugestão de um "não tempo" que, afinal, poderia advir da própria circularidade na peça, que termina repetindo a cena inicial, ou começa pela cena final, deixando intocado o tempo do mítico Fernão Dias, apesar de tudo. Ou bem a gravura remeteria à intemporalidade das histórias apresentadas no ciclo, apesar de bem datadas algumas delas, no sentido de uma universalidade sempre reivindicada pelo autor para as suas obras, a despeito de época e lugares –

124   METALINGUAGEM E TEATRO

um teatro sempre oportuno e atual, como constatou, feliz, no caso da reencenação de *Pedreira das Almas* em 1977. A uma intemporalidade das obras, corresponderia uma eternidade do artista: "Eu sou um autor, e sou um autor AMBICIOSO. Eu quero ficar. [...] Então eu escrevi e escrevo porque eu quero continuar vivo"[31]. Na epígrafe, vemos anunciado o confronto final entre Vicente e os fantasmas do passado. Os mortos, presentificados através de uma ressurreição cênica, são questionados, via Fernão Dias, pelo dramaturgo, o qual, reconciliando-se com o passado, encerra o "Ciclo da Memória", aparentemente "liberto": "Face a face / Te contemplamos, e é teu esse primeiro / E úmido beijo em nossa boca de barro e sarro".

Às demais ilustrações do livro, coube fornecer a síntese visual dos grandes problemas retratados no conjunto.

As Outras Peças do Ciclo

O movimento básico que caracteriza a sucessão dos momentos históricos no livro e se reduz à oposição ascensão/queda, encarnam-se visualmente nas ilustrações de *A Moratória* e de *Os Ossos do Barão*: a primeira estampa um moedor manual de café e a segunda as bobinas de uma tecelagem industrial, ícones, respectivamente, do "ciclo do café" e do "ciclo industrial", do passado e do presente, da tradição e distinção no mundo aristocrático rural e dos novos valores e massificação no universo urbano; de um lado a hegemonia do elemento quatrocentão, de outro a ascensão do imigrante.

A epígrafe de *A Moratória*, que retrata a perda de uma fazenda paulista na crise de 1929, confessadamente um episódio fundamental na vida e obra do autor, soa como uma espécie de oração, como se Jorge Andrade ainda precisasse, já terminado o ciclo, na edição de 1970, desse ato de exorcismo verbal do passado. São aproveitados os últimos versos da parte VII do poema fonte, em que o paradoxo tem mais uma vez pertinência no caso do ciclo: "Salva-me, capitão, de um passado voraz. Livra-me, capitão, da conjura dos mortos. Inclui-me entre os

---

31 Entrevista ao Centro Cultural São Paulo, p. 18.

que não são, sendo filhos de ti. / E no fundo da mina, o capitão, me esconde".

Para *Os Ossos do Barão*, o fragmento textual anteposto parece estabelecer uma ligação de dependência entre o ciclo do café e o ciclo da indústria, como de resto figura na perspectiva da peça, o que possibilita o curioso sentimento de gratidão de Egisto, o ex-colono imigrante italiano, para com o barão do café. Os versos 13 e 14 da parte VII, no poema de Drummond, se reportavam a um poeta, esclarecendo a relação de dependência entre o mesmo e os seus antepassados: "É nosso fim natural e somos teu adubo, / Tua explicação e tua mais singela virtude".

Ocorrem, outrossim, referências aos mundos ilhados, ou estagnados no ciclo. Exemplo disso são as ilustrações de *Pedreira das Almas* e de *Vereda da Salvação*. À primeira vista, as gravuras se chocam com o espaço central de cada obra respectiva: uma grande árvore para a cidade só pedras, e uma parede ou muro para a mata dos camponeses fanáticos. Trata-se, no primeiro caso, da árvore presente no título do livro, símbolo da tradição, dos valores do passado, do culto aos antepassados que, na peça, mantém a população presa a uma terra esgotada; a gravura privilegia as grandes raízes. No caso de *Vereda...* a imagem se reporta, do mesmo modo, não ao espaço cênico dominante, mas à relação das personagens com esse espaço: repete-se o sentimento de prisão, dessa vez ligado à impossibilidade material da existência dos trabalhadores rurais no seio do latifúndio.

Na epígrafe referente a *Pedreira,* sobressai notadamente a configuração da montanha como espaço estéril, que parece contaminar seus habitantes. A alusão se presta perfeitamente à matriarca Urbana: Martiniano morre e Mariana se recusa a casar (com Gabriel). São tomados os versos de 8 a 11 da parte VII do poema drummondiano: "Onde estás, capitão, onde estás, João Francisco, / Do alto de tua serra eu te sinto sozinho / E sem filhos e netos interrompes a linha / Que veio dar a mim neste chão esgotado".

Na epígrafe de *Vereda,* o trecho da obra de Drummond que se referia a um poeta passa a anunciar Joaquim, o líder religioso, pela alusão a certa fragilidade para as atividades do mundo rural; são usados os versos de 5 a 7 da parte II do poema citado: "O filho pobre, e descorçoado, e finito, / O inapto para as cavalhadas e os trabalhos brutais, / Com a faca, o formão, o couro". Por último temos dois casos de inadaptação de personagens do ciclo, para as quais a única saída diante da decadência do mundo antigo é a evasão: o lustre que anuncia *Senhora na Boca do Lixo*, elemento cênico caracteristicamente de natureza decorativa, compõe o perfil da personagem Noêmia, cujo gosto por "coisas belas" fá-la incorrer no crime do contrabando. Enquanto que as estrelas e nebulosa de *O Telescópio* configuram o espaço utópico em que se recolhe Francisco, o fazendeiro falido.

A epígrafe de *Senhora na Boca do Lixo* toma de empréstimo ao poema de Drummond os versos de 7 a 8 da parte VII, que remetem às quimeras do discurso nostálgico de Noêmia e sua decepção em face do desaparecimento de um passado que se distinguia, em sua opinião, sobretudo pelo bom gosto: "Ó tal como quiséramos / Para tristeza nossa e consumação das eras, para o fim de tudo que foi grande!".

A epígrafe de *O Telescópio* aponta para a geração descendente dos fazendeiros arruinados, inteiramente desligada dos problemas e valores do mundo rural e que tem na peça seus melhores representantes. Esse aspecto das relações pai-filhos é fundamental no ciclo como uma das fontes privilegiadas de conflito da ação dramática. Os versos são tomados do início da parte VII do poema de Drummond: "Ó meu, ó nosso filho de cem anos depois, / Que não sabes viver nem conheces os bois / Pelos seus nomes tradicionais... nem suas cores / Marcadas em padrões eternos desde o Egito".

A preocupação de Jorge Andrade em fixar à exaustão as imagens trabalhadas no ciclo fica evidente na epígrafe maior inicial, poema de seu próprio punho, que apresenta todas as obras do conjunto em dez estrofes de mesma estrutura, nas quais aponta a gênese do ciclo: os dísticos iniciados pelo sintagma "Veio de", cujo sujeito é certamente o ciclo, enumeram elementos integrantes de cada peça e vêm acompanhados de um refrão referente aos momentos da vida do menino que a tudo observa. Nota-se na abertura do poema uma sugestão da universalidade que reivindicava para suas peças: "Veio das sombras, / Da memória de todos os tempos. / Do menino nascendo, veio. / Veio das novenas, das lajes, dos terços / E de sinos tocando em monjolos e moinhos. / Do menino crescendo, veio".

Localizada a tetralogia metalinguística na obra do autor como um "ciclo enclave" e demonstrado seu papel no adensamento das imagens-título e na realimentação/ligação das demais peças do ciclo do passado, resta examinar de perto aquelas quatro peças com suas reflexões autobiográficas e acerca da História por meio da metalinguagem.

3. Metalinguagem: Teatro e Vida

a representação do eu através do teatro

A tetralogia constitui o teatro mais interessante de Jorge Andrade, não somente por dramatizar o *ato de criar* concernente ao teatro, como também o *ato de ser*, instalando no ciclo uma *dupla ruptura*, uma vez que o questionamento de um eu que deseja libertar-se do passado não se dá sem uma renovação igualmente na forma dramatúrgica em que essa tentativa vem vazada. Daí *a metalinguagem*, que devassa o fenômeno teatral e lhe desvela os avessos, revelar-se o instrumento ideal para realizar teatralmente os dois processos de devassa. O conflito de um sujeito consigo próprio que afirma "não sou", mas não pode ainda constatar um "eu sou", se delineia num espaço de busca que se traduz por um impasse no domínio do teatro: um *dramaturgo* que não consegue escrever, um *ator* que não consegue fazer bem um papel, uma *personagem* que se dá conta das reais condições de sua existência.

Nesse sentido, a tetralogia é no "ciclo do passado" uma "pedagogia", naquela acepção que lhe deu Montaigne, que considerava o teatro uma experiência fundamental no processo pedagógico, isto é, como "acesso à fala", sendo a fala o resultado de um "aclaramento de dentro". Como afirma Marc Fumaroli:

o teatro para Montaigne, como a pedagogia, *é uma iniciação ao conhecimento de si*, e este conhecimento passa pelo reconhecimento de sua própria mutabilidade, de sua própria multiplicidade, de sua própria aptidão à ilusão, ao erro, às quimeras, aos sonhos, à loucura. A fala clara só pode nascer a partir dessa *consciência de uma fundamental obscuridade*[1].

Aceitar-se como ator no mundo, o qual consiste em um teatro em que muitos são loucos por quererem ignorar essa sua condição[2], seria uma forma de, representando cada um a sua própria comédia humana, resolver suas contradições. Outra coisa não proporia outro humanista:

O que Erasmo quer ensinar [...] é a *fecundidade da dúvida*, a saúde que há na percepção das verossimilhanças como verossimilhanças, na aceitação do erro e da ilusão como ligados à condição humana. [...] Inexiste via iluminadora sem via negativa; fé autêntica e durável sem a experiência purgativa do ceticismo, *em face de si mesmo e do mundo* das aparências terrestres[3].

A busca de resposta para a indagação "quem sou" instaura na tetralogia uma polarização aparência/essência ou mentira/verdade, que promove uma espacialização do tipo frente/verso, fora/dentro, sobre/sob. Essa espacialização se configura em uma série de imagens tais como "abrir portas" para conhecer o que há "por trás", "ouvir gemidos" por baixo de alicerces de construções, possuir dentro de si sangues que não conferem com a cor da pele. E ela está presente, também, na preocupação em destruir estereótipos, rótulos, símbolos, como nas falas "a vida de artista é perigosa", Vicente "comunista", "aristocrata", "fascista", com "alma de mocinha", ou nos atos, como no caso da imagem de santo (Cristo?) espatifada por Marta.

A busca implica um tatear infinito de imagens: incapaz ou impotente para se ver (em *As Confrarias*, quem "enxerga seu próprio rosto"?), o sujeito se observa em uma série de *espelhos*, acatando/identificando-se com algumas imagens e rejeitando outras

---

1 Microcosme comique et macrocosme solaire, *Révue des Sciences Humaines*, n. 145, p. 97. (Grifo nosso.)
2 Idem, p. 98.
3 Idem, ibidem. (Grifo nosso.)

METALINGUAGEM: TEATRO E VIDA   131

tantas. Um espelho fundamental no ciclo são os livros, presentes no cenário, em profusão nas peças *A Escada*, *Rasto Atrás* e *O Sumidouro*, e ocupando uma longa cena em *Rasto Atrás*: livros escondidos comprados, rasgados, queimados, mas, sobretudo, venerados. Pode-se ler em *O Labirinto*: "Vejo-me entrando embaixo da cama branca para esconder meus preciosos livros. Olho à minha volta e compreendo que foi nos livros que busquei a verdade. Foi lendo dezenas deles que consegui encontrar a verdadeira face do bandeirante [...]. Mais do que isso ainda: eles permitiram a mais funda descida às minhas profundezas"[4].

Nos livros, vemos autores rechaçados (Olavo Bilac, o historiador Taunay) ou antropofagicamente admirados (intertextualidade) e a identificação com personagens como Jacques Thibault ou Oppenheimer. Do espelho maior, Arthur Miller, não citado nominalmente, mas presente até mesmo em fotografia do cenário (os outros assim homenageados são Tchékhov, Ibsen, Dostoiévski, Brecht e O'Neill), apreende, assume e repete exaustivamente na tetralogia uma fórmula-chave de conduta artística: "Volte para seu país, Jorge, e procure descobrir por que os homens são o que são e não o que gostariam de ser; e escreva sobre a diferença"[5]. Outros espelhos estão em jogo: a *História*, pela projeção no filho bastardo de Fernão Dias; o *público* de suas peças, que lhe faculta prêmios e derrotas; a *família*, seu espelho primeiro e raiz da dissolução de seu eu e da sua procura; e a profissão de *repórter* e de *dramaturgo*: "Além de dramaturgo, sou um repórter que gosta, não de fornecer dados, mas de encontrar o homem, e só ele, dentro do fato. É sua face que procuro, tentando encontrar a minha. É por isso que vou me perdendo no labirinto"[6].

Os espelhos, porém, não estão livres de distorções, bem como o olhar que os observa. Naqueles, a imagem só duplica o sujeito exposto, que não pode encontrar-se outro, como deseja, senão o mesmo (em *Rasto Atrás*, "carregamos o que somos até o último fim"), e a procura do olhar pode não ser real, revelando-se transferência tão somente: "A gente desce dentro

4   Cf. p. 91.
5   Idem, p. 116.
6   Idem, p. 51.

dos outros, e quando chegamos lá embaixo, encontramos nosso próprio rosto, tudo o que *somos*" (p. 568).

Na devassa do eu, todo recurso parece infrutífero: qual seria a verdade, o sentido de tudo, o que se procura mas não se encontra, qual seria a sua identidade, o que o distinguiria dos demais? A conclusão chega por meio de uma personagem sua, Fernão Dias: "de repente, compreendi que procurar era o que tinha me proposto [...] não importava mais achar, mas o ter feito tudo para encontrar". Portanto o seu ser se revela como *procura*. E é nessa chave que, onde se lê "procurar, procurar, o que mais poderia ter feito?", podemos entrever um *que mais poderia ter sido?*

Esse processo de busca decorrente do conflito de um sujeito consigo próprio implica em *cisão* acompanhada do sentimento de ser estrangeiro em si mesmo. Ao *eu* negado, com seu mundo e valores inerentes, é contraposto outro *eu* mal esboçado e que se constrói como procura, uma *procura por meio do teatro*, pois se trata de um dramaturgo: "Senti-me no começo de uma grande busca, perto de algo terrível! [...] Quem sou eu? Quem? Era o canto que começava. [...] Percebi... como devia ser maravilhoso compreender, interpretar e transmitir! [...] tendo como *instrumentos de trabalho apenas as palavras e a vontade*" (p. 486, grifo nosso). Esse momento de crise ocorre na esteira de uma situação de impasse, de redução fundamental do *eu* a um grau zero, tal a força com que fora negado. Essa situação é também retratada em *Rasto Atrás*, em que o pai de Vicente explode contra o filho "diferente": "E se ele não é assim, prefiro que ele..., prefiro que...! Seria melhor que não tivesse nascido!" (p. 505); "Vicente (*43 anos. Rememorando, profundamente ferido*): Seria melhor... que não tivesse nascido!" (p. 504). A cena preenche duas páginas (a frase ocorre oito vezes) no romance *Labirinto*, obra aconselhada por Jorge Andrade como fundamental para a compreensão do seu teatro (tal como Ariano Suassuna, que confessou ter escrito romance para poder expressar-se livremente, coisa que o teatro não lhe permitia pela constrição da síntese, assim Jorge Andrade parece ter feito, uma vez que suas peças são ali comentadas e entrelaçadas à sua biografia). O trecho é antológico nesse aspecto: a personagem sente-se então *prisioneiro do não ser, indivíduo*

METALINGUAGEM: TEATRO E VIDA 133

sem tempo e sem espaço, estrangeiro em sua casa, um *exilado, entre o real e o irreal,* num *continente estranho, continente do sonho,* espécie de *monstro dividido em mil pedaços* (todas as partes do seu corpo perderam a função), sem idade, homem e mulher, tudo e nada: "Não me compreendo nascido, mas sentindo dores do parto de um ser estranho que só depende de mim para nascer"[7].

Esse ser virtual transforma-se em *artista,* dotado que é de uma plasticidade/disponibilidade com a qual criará personagens, tanto com palavras (como dramaturgo) quanto com o corpo (como ator, não Vicente, que não tem mais corpo, mas um outro, José, em *As Confrarias*). Desse modo, o sentimento de exílio, o autoestranhamento, a zona frágil entre real e ficção, a dilaceração de um *eu* facilmente plasmável em outrem vão constituir o eixo da tetralogia.

Essa *procura-construção* não se dá, todavia, sem que se aproveitem os despojos do *eu* negado; daí o corpo/obra que se vai construindo exibir/exibir-se (metalinguagem) como um eu estilhaçado, expressão de conflito, rejeição e medo do passado, do *eu* passado. Esse expediente é descrito pelo protagonista de *Labirinto*: "eu fiz psicanálise, criando personagens que foram viver, no palco, os fantasmas que me atormentavam"; "há sempre um pai tentando destruir o filho diferente. Aparece constantemente um filho morto exposto"[8].

Essa construção exigia um espaço diferente – Vicente consegue romper com o seu meio e ir para a cidade grande (São Paulo está implícita na tetralogia) – e um nome novo para identificar-lhe como outro. Em *Rasto Atrás*: "Nunca nos mandou notícias. Mudou de nome, senhor Pacheco! Quer ingratidão maior? / Isolina: Não mudou. É nome literário. / Jesuína: Para mim, mudou. Há pouco tempo foi que descobrimos que os dois nomes eram de uma só pessoa. Renegou até o nome do pai! Então isso é coisa que se faça?".

A nova construção do eu/obra, no entanto, não se mostrou satisfatória: fugir do meio antigo, *ser alguém/ser outro,* realizar-se como *eu artístico,* ser reconhecido como tal pela sociedade e sobretudo pelo pai (compreensão canhestra em *Rasto Atrás*:

7 Cf. p. 140.
8 Idem, p. 130 e 192.

"Mas Vicente não é artista, não! É escritor!"), revelou-se, em certo momento, ser apenas uma etapa. Cumpria operar a libertação das últimas amarras/despojos do passado, expurgar sua obra de tudo que afinal já lhe prejudica o projeto/carreira, por soar como um *vício* (repetição formal, cristalização, esgotamento, estagnação), ou uma *adesão* (vínculo ideológico com as verdades daquele mundo que negara), o que ocorrera à revelia do seu desejo: "Agora vejo que tenho mentido" (em *Rasto Atrás*). E a luta deve se dar no texto, pois fora "com palavras e vontade" que resolvera construir-se outro. Daí a última peça (*O Sumidouro*) ser declarada literalmente por Vicente como "a última peça", entenda-se, a última de uma fase de criação, após a qual escreveria "liberto". Procurar é a última palavra que encerra a peça, a tetralogia e o ciclo, numa cena muito bem construída, como já examinamos, com tríplice enunciação da mesma fala, após um longo ritual parricida que *é O Sumidouro*.

Para além do ciclo publicado, no entanto, o que se vê é um longo vazio teatral, seguido de pequenas obras de valor bastante discutível. É como se o *novo eu artístico* se ressentisse de sua parte exorcizada/expurgada. Daí a cena final que encerra o ciclo com a morte do "pai"/"passado" figurar, outrossim, um dramaturgo igualmente esgotado e sem voz (é Marta quem lê sua conclusão e nos comunica, assim, que ele conseguiu finalmente preencher a página em branco). Ali poderíamos ler na voz de Fernão Dias/pai certo desdém num subtexto como este: "que mais ele poderia ter feito? Só procurar/tentar, pois, afinal, não se libertou de mim/do passado". E na voz da onisciente Marta há um tom de lamento sincero, baldados os últimos esforços de mudança ("última lâmpada", ou "luz"), interpretação que pode ser referendada por uma constatação do próprio protagonista em relação à sua obra e ao pai: "Agora sei que ele era a matéria-prima da minha realização. Fonte de inspiração onde mato a minha sede literária há mais de vinte e cinco anos!"[9].

A situação de opressão em *Rasto Atrás* já é um referente bem palpável no teatro e no país em 1969, exigindo um *parricídio* mais abrangente em *O Sumidouro*: não é sem propósito que Vicente declara ali a determinação de exterminar os demônios *culturais*,

---

9 Idem, p. 213.

METALINGUAGEM: TEATRO E VIDA 135

não mais tão somente os demônios *familiares* pretensamente já domados. O projeto de novo (re)nascimento de Vicente/Jorge Andrade se oblitera, portanto, também por pressão externa do meio: "o mundo não está centrado em nós, Fernão Dias. Há outras coisas acontecendo, independentes de nossa vontade".

Essa conjugação de forças internas e externas vence o dramaturgo que, forçado pelas circunstâncias, viu-se impelido a realizar-se na televisão, espécie de brecha sedutora na parede erguida à gente de teatro. Mas isso escapa ao universo da tetralogia, na qual Vicente ainda resiste a trabalhar para aquele veículo (em *Rasto Atrás*). Importante para a localização do paralelo construção da obra/construção do eu, que se dá na tetralogia, é evocar uma sintomática declaração de Jorge Andrade em um debate sobre o teatro treze anos depois:

Eu sinto, cada vez mais, que não tenho nada a dizer no teatro, nem quero dizer. Sinto que o que eu podia dizer, o que eu tinha capacidade de dizer, eu disse. Eu me propus a fazer um painel da família brasileira através da paulista, desde a era das Bandeiras até a era moderna, e fiz. [...] Eu acho que o teatro não resistiu mesmo, não resistiu. [...] Ele foi massacrado, ele foi morto. Eu já me sinto assim um autor póstumo[10].

Essa constatação representa simultaneamente um balanço e uma prospecção, na medida em que figura o sentimento de uma *morte tripla*: o esgotamento do eu artístico construído, depois de findo o *ciclo do passado* ("está aí nas estantes"); o esgotamento do novo ser que pretendia libertar-se do passado para continuar escrevendo, apesar das circunstâncias culturais do país ("o teatro não resistiu"); e o irremediável esgotamento físico do próprio Jorge Andrade, falecido um ano e cinco meses depois, aparentemente despojado desses *eus artísticos* e desconhecendo uma fórmula para fabricar outro, fosse no teatro ou na televisão (seria despedido no ano seguinte, 1983).

Nesse quadro geral, a tetralogia se reveste de um valor de *testamento artístico*, de documento em que foram legadas as balizas para que conhecêssemos todas as lutas do dramaturgo,

---

10 Sobe o Pano: Onde Estão os Autores Nacionais? *O Estado de S.Paulo*, 3 out. 1982.

mesmo aquelas para além do corpo a corpo com o texto. Eis a seguir os passos da exposição da construção de um eu/obra teatral.

A Escada – é a primeira etapa da construção. Uma obra, ainda na tradicional estrutura em três atos, que caracterizara as produções do autor nos anos de 1950, que dramatiza o processo de feitura do texto de uma peça teatral pelo ângulo do dramaturgo que não consegue escrever, ou construir, uma obra pela qual e na qual deseja renascer. As barreiras são ainda preponderantemente internas, mas a *procura* que abre portas e examina imagens no espelho já conta com dois elementos fundamentais: Marta/inspiração ("senti que também vivia emparedado, enquanto ouvia Marta") e árvore/tradição (a podar). No cenário do ciclo surge a ruidosa máquina de escrever e a materialidade da escrita com seu aspecto de luta física ("trabalho árduo", "quebrar pedras", "escritor operário"): escrever, ler, amassar papéis com irritação, corrigir, soluçar sobre a mesa de trabalho, cheia de papéis esparramados, folha vazia na máquina. Vicente não consegue terminar um ato ("não presta", "é besta"), amassa o papel, joga-o fora: "Vicente: Não vai. Não consigo achar o tom. Bati até as três da manhã e não saiu nada".

O motivo da insatisfação do dramaturgo não está presente nem na edição de 1970, nem tampouco na de 1964, mas em uma versão original não publicada, em que o caso da obra em construção não reflete um *eu novo*, mas sim preso ao passado, em luta com o passado ("carga insuportável"). Vicente explica: "Porque não está de acordo com a sua personagem. Não é ela quem está falando, compreende? Sou eu. Ela não tem nada comigo! / Izabel: Como não tem, Vicente? Não é você que está escrevendo?! / Vicente: Sou eu... mas a vida da personagem é a vida da personagem. Puxa! Será que você não entende?"[11]. Jorge Andrade, ainda iniciante no uso da metalinguagem, não divulgou esse desvelamento da forma. Aproveitou-o ao máximo, porém, em *O Sumidouro*, para encerrar a construção da tetralogia, revelando ali a segurança de um escritor de nome/obra já consolidados.

A outra cena mantida em todas as edições de *A Escada* ilustra bem a questão da dupla construção: o autor não manipula sua obra de fora, mas está nela contido, no mesmo plano

---

11 *A Escada*, acervo da Seção de Artes Cênicas do Centro Cultural São Paulo, p. 6.

METALINGUAGEM: TEATRO E VIDA

de existência das personagens: "Lutando com as minhas personagens. Eu queria uma coisa, elas quiseram outra. Agora não sei como sair desta embrulhada" (p. 371). Esse conflito autor/personagem se mostra literalmente vital, uma vez que um novo eu do autor toma vida também, o que justifica sua determinação ("tem que" dar certo) diante das objeções da mãe (passado, prisão), que questiona a forma de existência que ele escolhera: "Será que esse negócio de escrever dá certo mesmo?"; "Vida de artista é tão sem propósito!"; "Uma gente esquisita!"; "Não tem perigo!".

Nessa proximidade ainda com os anos de 1950, o passado está literalmente dentro da vida de Vicente (os pais são hóspedes regulares), mas é simbolicamente enterrado no ato da internação num asilo, quando um feixe de indicações cênicas configuram a angústia inerente a esse processo de libertação do eu. E embora Vicente vacile em abrir portas, a famosa fórmula receitada por Arthur Miller já comparece. Quanto às barreiras do presente, ainda estão circunscritas aos próprios umbrais de Vicente, sua vida doméstica cotidiana. Apesar da referência ao desgaste das oito horas de trabalho diário em uma redação de jornal, a peça reflete a situação do dramaturgo brasileiro nessa virada de década, ainda livre para produzir e descobrindo as potencialidades dramáticas da *realidade* do país ("olhe à sua volta e escreva"). Sobretudo, Vicente acredita no resultado material da profissão, acenando à esposa com um futuro melhor, afirmando à mãe que se dá certo "para os outros", tem que dar "para ele".

O processo de "nascimento" do escritor e sua obra tem analogia no recurso tradicional do nascimento real de um filho, índice convencional de esperança, (re)começo, renovação. Numa versão original da peça, após o parto do filho, o trabalho de Vicente tornava-se fértil, voltava-se para o presente e descobria justamente Marta, a primeira "porta": "Izabel: Como vai o trabalho? / Vicente: Agora, quem vai dar à luz sou eu! [...] Sabe, Izabel? Parece que tudo se tornou mais fácil. Sei perfeitamente o que quero dizer. [...] A verdade é que estão acontecendo coisas constantemente. [...] Olha! Você já reparou na vizinha?"[12].

Aliás, Izabel/Lavinia constitui outro elemento importante que entra no ciclo por meio da tetralogia, como já examinamos:

12 Idem, p. 2.

a figura inexpressiva da esposa de escritor. Não consideramos a personagem um erro de construção, como o fez a crítica carioca na estreia de 1966. Trata-se realmente de uma figura vazia, ou melhor, da figura seca de um elemento do código teatral, de uma convenção, o "confidente"[13], posto aqui a serviço da metalinguagem, pois a personagem com quem contracena é um dramaturgo que faz/se faz obra. Daí caber a ela, além das "tarefas indignas do herói", como cuidar do cotidiano, ressaltar por oposição a angústia nobre da criação artística e o alheamento/devaneio de Vicente, além de nos informar do projeto pensado e executado pelo "dramaturgo", dessacralizando com seu senso comum a aura patética com que o esposo envolve o passado e o ato de criar. Nesse sentido, na tetralogia, sua presença é forte antídoto[14], contraforça para o dramático (a tendência de Vicente), o complemento ideal, enfim, para a condução lúcida da construção do eu/obra: "Vicente: O passado é um monstro, Izabel! / Izabel: Vicente! Não fique assim. Não é só você que tem pais que criam problemas"; "Izabel: A peça sobre Fernão Dias está parada há um ano. A que pretendia escrever sobre as confrarias de Ouro Preto ficou só na intenção. Em vez de sofrer pelo passado, use-o para se realizar. Ele não está contido no presente de todo mundo? Pegue essa gente, barões ou não, e jogue no palco. É uma boa maneira de se libertar". Um interessante momento revelador desse "oco" da personagem, de sua existência como recurso do código teatral na construção (teatral) de Vicente, constitui o seguinte: "Vicente: Não sei o que teria sido de mim se não a tivesse encontrado. / Izabel: É melhor dizer... se não tivesse encontrado o teatro. Venha.

---

13 P. Pavis, *Dicionário de Teatro*, p. 66: "Confidente: personagem secundária que ouve confidências do protagonista, aconselha-o e o orienta. [...] faz o papel de narradora indireta e contribui para a exposição e, a seguir, para a compreensão da ação. Às vezes destinam-lhe tarefas degradantes, indignas do herói [...]. Raramente se eleva ao nível de alter ego ou de parceiro total da personagem principal [...]mas a completa. Dela não se tem uma imagem muito precisa ou caracterizada [...] não tendo geralmente conflito trágico a assumir ou decisão a tomar. [...] Do coro, o confidente conservou a visão moderada e exemplar das coisas. Ele representa o senso comum, a humanidade média e valoriza o herói por seu comportamento muitas vezes timorato ou conformista".

14 Nesse aspecto, não podemos deixar de ver em Lavinia/Izabel traços de Helena, a esposa de Jorge Andrade, que costumava dessacralizar-lhe a propensão ao drama e provia-lhe, no lar, de todas as condições necessárias ao seu trabalho de escritor.

METALINGUAGEM: TEATRO E VIDA

Vamos levar seus pais" (p. 392). É digno de nota que grande parte dessas intervenções de Izabel, notadamente as duas últimas aqui citadas, são criações inseridas na edição de 1970, prova de que Jorge Andrade só mais tarde soube explorar todas as potencialidades da personagem que tinha em mãos e sem a qual, aliás, Vicente, alheado e solitário que é, viveria falando às paredes (o que em geral ocorre, malgrado a presença cênica da confidente).

Rasto Atrás – nessa segunda etapa, a dupla construção do eu/obra, desejada e planejada em *A Escada*, parecia cumprida em grande parte, a julgar pela série de prêmios mencionados por peças escritas. Mas surge a primeira dúvida quanto à validade do processo, ou seja, a transformação em arte daquele passado que o atormentava. Basta o fracasso repentino de uma de suas obras para estancar o processo de construção que vinha em curso. Com o impasse, começa o balanço e a revisão do eu/obra: "A pior coisa que pode acontecer a um autor, Lavinia, é perceber que mente e não saber como sair da mentira"; "o fracasso [...] Devo aproveitá-lo para entender-me... e criar alguma coisa"; "Qual o caminho certo?". Desse modo, a *metalinguagem* acaba por se estabelecer no *ciclo do passado*, para não mais sair, até encerrá-lo em 1969; logo, a tetralogia não só exibe dúvidas, ela é dúvida.

Se o *eu* é obra teatral, é construção de palavras, é linguagem, a obra que deseja figurar o seu nascimento e os obstáculos que lhe são antepostos deve mostrar seu drama como *um drama de linguagem* e fazê-lo por meio da linguagem. Daí o mundo-prisão de Vicente ser representado por meio de situações em que as linguagens verbal e não verbal descrevem a luta passada e presente do protagonista: o *discurso fossilizado* (fórmulas, provérbios etc.), a imposição autoritária da *denotação*, os *rótulos* colados a Vicente, a *foto em jornal* e a insubmissão de um eu que procura recriar o mundo e recriar-se pela invenção de novas imagens verbais e não verbais. Todo esse movimento de desconstrução/construção reflete, como uma *mise-en-abyme*, a mesma operação realizada pela própria peça (e pela tetralogia) no seio do *ciclo do passado*: o questionamento do mundo "da memória" rompe a forma dramática tradicional em que esse mundo fora construído teatralmente até então no ciclo; e a narrativa se estilhaça em cenas fragmentadas, para acompanhar a divisão do *eu*. A encenação de Gianni Ratto em 1966 captou e explorou esse ponto fundamental (ver capítulo 2). Os momentos-crise do passado surgem aprisionados, cristalizados também em fórmulas verbais: "Seria melhor que não tivesse nascido"; "Você não passa de um vencido"; "Eu vou vencer. Provando a você que sou alguém"; "Eu não podia compreender, meu filho!" Ou cristalizados em três sonoridades que sintetizam a trajetória do *eu*: a *buzina* da caçada, signo da opressão, do passado; o *apito do trem*, a fuga para o novo; e o som da *flauta*, que representa a carreira artística e a vitória do novo elemento que, aliás, encerra a peça.

A cidade natal do protagonista é configurada por meio de vários tipos de discurso fossilizado, os quais traduzem uma imagem da vida e da mente de seus habitantes, petrificada, estagnada em fórmulas, clichês, congelada em convenções sociais, em valores caducos, em preconceitos: temos o discurso jornalístico da crônica mundana, na nota de casamento de João José e Elisaura, pais de Vicente; o discurso grandiloquente e vazio das autoridades locais na noite de recepção àquele que seria uma espécie de filho pródigo da cidade, Vicente; um discurso afetado e pseudoculto das tias com Pacheco; o afetado discurso pseudoartístico do poeta que recita em recepções (o paradigma na peça é Coelho Neto, com suas conferências).

As relações de Vicente com esse passado configura-se tanto na linguagem não verbal – ainda menino, seus experimentos com imagens refletidas no vidro de um relógio e expressões corporais para recriar o real –, quanto na linguagem verbal – ainda na infância, o interesse voltado para o significante dos signos linguísticos ("Zínias, ziiinias, ziiiiii, zínias…!"), com a construção de frases mediante apenas à aliança de sons, não importando seus significados (discursos vazios que soam absurdos e lhe rendem um primeiro rótulo, o de *louco*: "Vou caçar as negras malas, sulfurosas…").

A reação impeditiva do meio, figurada sobretudo na personagem da avó Mariana, constitui-se na *imposição da denotação*, como arma para impedir o devaneio e adequar Vicente ao mundo da fazenda, o qual exigiria uma relação mais elementar, física, corpo a corpo com a natureza ("lua é lua, flor é

METALINGUAGEM: TEATRO E VIDA

flor, rio é rio"; "pena que conheço é pena mesmo"). Em suma, o que o meio exige é que Vicente não seja um "fazendeiro do ar". Desse modo, pode-se sintetizar a relação de conflito da personagem com seu mundo passado em termos de *conotação versus denotação*: "quanto é terrível a condição camponesa, quando vive apenas na imaginação; de fazendeiro que planta nas estrelas, que só tange rebanhos de nuvens"[15]. A questão da inflexibilidade mental indiciada pelos rótulos ("comunista", "reacionário", "subversivo" etc.) consegue maior amplitude na peça por meio de *O Caso Oppenheimer*, de Heimar Kipphardt, peça em que um longo inquérito de uma comissão de cientistas acusa o físico Oppenheimer de "comunismo"[16]. Vicente comenta com seus alunos as consequências da vinculação do trabalho intelectual ao poder político, que assim ficaria à mercê de controles e perseguições contrários à livre expressão mental, e interpreta a dependência material como uma falha básica na atividade intelectual, tornando o sujeito um "instrumento cego". Esse aspecto da "independência" para escrever o que quisesse constituía uma obsessão do próprio Jorge Andrade, como provam seus depoimentos. Nesse paradigma se alinham na peça, de um lado, a forçada submissão à família/fazenda na juventude e, de outro lado, a difícil relação com os meios de produção/veiculação de suas obras na cidade grande. Nessa clave está a primeira crítica ao público, ao gosto do qual um autor deve submeter-se sob pena de não ser encenado (referência à TV, ainda distante em 1966, e ao teatro): "quem manda é o número de cartas que o programa recebe. Se o público não gosta de uma personagem, eles simplesmente cortam! Acha que podia aceitar uma coisa assim?"; "Agora vêm me dizer que o espetáculo vai ficar numa fábula, que teatro, neste país, é diversão para uma elite que não está interessada em resolver problemas... e por aí afora. (*Amargo*) O pior é que eles têm razão".

Dessa longa série de obstáculos ("estou num beco sem saída"), somente alguns são enfrentados em *Rasto Atrás*. São sintetizados na figura do pai ("Como vencer este homem que me barra todos os caminhos!"), numa solução traduzida na

15 *O Labirinto*, p. 25.
16 Ver infra p. 251-253.

viagem o'neilliana a Jaborandi ("Há uma imagem que precisa ser destruída, para que a verdadeira apareça"), a conselho da esposa do dramaturgo, na figura fundamental do "personagem confidente", cuja *função metalinguística* nessa peça se traduz na decifração sistemática para o público de todas as motivações internas de atos, gestos e palavras do protagonista referentes ao seu projeto artístico. Da viagem resulta a constatação fundamental: a realização de um *novo eu-obra* fora uma construção "*contra*" (como dissera Lavinia, para "provar algo ao pai"), desnecessária dali em diante em razão de sua "libertação" decorrente do "reconhecimento" do pai, o qual, embora se equivoque ao afirmá-lo "escritor" e não "artista" (pois este "pinta a cara"), não está longe da verdade, uma vez que Vicente não maquilara o rosto, mas construíra outro. Mesmo então, permanece ainda no episódio o aspecto de "enclausuramento mental" do meio, pois a foto em jornal e a "viagem a convite do governo americano" parecem ter sido as evidências fortes a que o pai realmente se rendera. Daí os limites do reencontro pai-filho: "Satisfeito, João José olha Vicente com expressão de orgulho profundo. Pouco a pouco, uma imensa solidão estampa-se no rosto de Vicente e de João José. Apesar de tão próximos, continuam distantes na sua incomunicabilidade".

Não julgamos um erro de construção essa "personagem sem papel"; diríamos que Vicente adulto se dilui junto aos demais Vicentes por constituir um empilhamento de dúvidas, angústias, de sombras, não podendo ainda prevalecer. Não tem um texto seu, do presente, pois esse presente ainda é busca; não pode dizer ainda *eu sou*, mas, no máximo, *eu era*; nem pode afirmar categórico "*eu fui*", pois seria estar liberto desse *eu* passado, o que seria equivalente a ter finalizado um ciclo, uma fase artística, já que se construíra *em* sua obra. *Rasto Atrás* apenas constata um impasse: "Não posso passar a vida perguntando quem sou eu!".

Passemos à peça seguinte, em que Vicente se ausenta da ação principal (e do país), para assistir de fora a um drama de identidade semelhante ao seu.

As Confrarias – essa terceira etapa da construção *eu-obra* lança mão da arte da representação do ator, por meio de uma história de recusa de enterro religioso para um ator mulato,

METALINGUAGEM: TEATRO E VIDA

pobre, não associado a confrarias religiosas e suspeito de conspiração em Vila Rica (Ouro Preto), no Brasil Colonial. Marta, a primeira "porta aberta" em *A Escada*, ocupa agora o primeiro plano com sua história: é no ciclo a primeira incursão de Jorge Andrade numa temática mais alargada, de cunho social mais marcado, com um grande mergulho na História, como veremos no próximo capítulo. O tema encontra referente na história do teatro brasileiro: a presença hegemônica do mulato no teatro de Vila Rica no século XVIII e início do XIX é um dado real, atestado, por exemplo, por viajantes como Saint-Hilaire[17], segundo o qual, embora os atores cobrissem o rosto com "uma camada de branco e vermelho", suas mãos denunciavam que eram mulatos. Segundo Galante de Souza, que historiou o teatro desse período, eram recrutadas para o ofício de ator pessoas de cor das camadas sociais mais ínfimas, pois os brancos ("sobretudo os das camadas superiores") desprezavam o ofício, preconceito herdado da metrópole: "Os portugueses, a exemplo dos romanos, têm os atores em grande desprezo. A profissão de comediante é a mais vergonhosa de todas. Consideram-na ainda abaixo das que são realmente infames e criminosas. Para nos convencermos disso, basta dizer-se que negam sepultura em solo sagrado aos atores, e que a dão aos salteadores e facínoras"[18].

Na oportuna história do enterro negado temos, portanto, um tríplice drama de identidade: o ser e não ser do conflito sangue/pele, da representação de um papel no teatro e da vida de colono subordinado aos valores alienígenas da metrópole. Daí a riqueza da personagem José, filho de Marta, para a tetralogia.

Nessa temática da procura do *eu*, *As Confrarias* reedita *Rasto Atrás* em muitos aspectos: a mesma angústia do ser que não mais se reconhece, que é *estrangeiro em sua própria casa* ("quem sou?") e que se perturba com sua multiplicidade ou mutabilidade ("para a senhora e ele, sou filho... mas para mim mesmo..."; "é mesmo mulato? Não parece"; "o que sou para mim e o que sou para os outros?"); o sentimento de exílio em seu próprio meio, ou seja, sentimento de não fazer parte ("alguém que tivesse atravessado uma fronteira, em uma nação sem geografia"; o problema é "sentir que pertence"); o sentimento de prisão em seu meio

17 O Teatro Regular: Século XVIII, *O Teatro no Brasil*, t. I, p. 113.
18 Idem, p. 118.

("estava trancado", "para mim é como se fosse uma parede"); a compulsão para partir ("correr mundo"); a necessidade de *abrir portas* ("ver como vivem, o que pensam, o que têm e o que gostariam de ter"; o verbo "ter" altera a fórmula e já indicia sua futura luta política por melhores condições de vida para a colônia); os mesmos sinais de vocação artística e as mesmas críticas da família ("em vez de imitar plantas, faça algumas crescerem, como seu pai"; "o que pretende da vida, hein?"); a mesma convicção de que era preciso realizar algo, mesmo sem saber exatamente o quê ("se não procuro, não posso achar", fórmula de *O Sumidouro*); enfim, a mesma tentativa de encontrar-se por meio do teatro e as mesmas barreiras, como incompreensão do público ("ninguém compreendeu nada") e preconceito ("trabalho, futuro, aspirações... tudo estava delimitado"), e até mesmo perseguição e controle político (suspeito de conspiração, morre encenando uma peça de mensagem em favor da liberdade).

Diferentemente de *Rasto Atrás*, a figura paterna é compreensiva e detentora de um discurso curiosamente semelhante ao de Fernão Dias de *O Sumidouro* ("a gente precisa ter certeza do que procura e não recuar diante de nada"). Tem especial relevo, entretanto, a figura da mãe que, revoltada com a morte do filho, resolve empenhar-se efetivamente na luta pela causa da colônia.

Em torno da arte da representação do ator gira, por analogia, um feixe de imagens, as quais, enquanto vão configurando o *eu* e seus conflitos de identidade, vão, outrossim, concebendo o mundo real como "representação teatral": seja no sentido negativo de "falsidade", de engano (*theatrum mundi*) – o caso das confrarias e seu poder temporal mascarado de devoção espiritual e, de certo modo, o caso dos inconfidentes poetas que apenas forjam uma revolução de palavras, de "ficção", e não uma luta de fato real; seja no sentido positivo da multiplicidade de papéis/rostos como inerente à condição humana. Nesse caso, o teatro seria o espelho em que o homem encontraria refletida sua identidade como mutabilidade e, ao mesmo tempo, veria as vantagens desse fato para efeito de sua comunicação com os demais. Segundo Marta: "Quem consegue sentir os outros, senão os que vivem divididos em mil pedaços?"; "É no trabalho [de ator] que compreendemos os outros. Quem se transforma em negro, em homem ou mulher, em judeu ou mouro, sente cada um como realmente é. Abandona seu corpo por um outro. Esquece seus sentimentos e faz outros nascerem. [...] Encontra em si mesmo sentimentos que são de todos".

Essa tríplice função do teatro é correlata àquelas funções do espelho, que não só reproduz imagens semelhantes, como também revela ao homem uma imagem que ele sozinho não conseguiria obter de si, podendo, outrossim, criar distorções, irrealidade, ilusão. O problema de José consiste em se perder nesse mundo infinito de reflexos, não sabendo mais distinguir, por entre tantas "cópias", aquilo que seria a imagem matriz, ou o que ele conceberia como seu *eu* verdadeiro. Se escolheu ser ator como modo de existir, e se essa existência se dá no ver, na aparência, seu ser flutua numa casca, é casca, daí ele ser aquilo que mostra, que apresenta, ou melhor, reapresenta: é realidade e ficção, pois empresta seu corpo para tornar concreta uma personagem. Eis o conflito: "Ser com perfeição o que a gente não é... e é, ao mesmo tempo"; "Não posso ser sem meu corpo. E sou o que meu corpo é. É de personagem, filósofo, ou meu mesmo?/"; "Marta: Quem sabe de quem é... o que um ator diz? (*Insinua*.) Às vezes é dele".

José, incomodado e perdido com a ambiguidade de sua condição de ser "entre" realidade e ficção, resolve, a conselho de Marta, escolher um papel imaginário (a personagem de um texto) para sê-lo tanto no palco quanto fora dele. Mas se confunde e acaba atuando mal tanto no palco (mistura sua própria fala à de outras personagens) como fora dele. Fixando-se, inadvertidamente, como Brutus, personagem resistente à tirania (papel social mais que necessário no período), descuida-se do corpo, expondo-se a perigos reais e morrendo assassinado. Marta avalia: "Para mim, não é orgulho como morreu, pois não devia era morrer. Quando mais precisou viver bem o seu papel... nunca foi tão mau ator!"

José se equivoca duplamente: primeiro, ao interpretar, literalmente, a sugestão de Marta. É que diante das angústias do filho em relação ao seu próprio *eu*, Marta o adverte contra esse egoísmo, lembrando-lhe a situação política da colônia: "Use sua revolta para alguma coisa. Causas não faltam"; "Veio para conquistar a cidade, abrir portas e ver como as pessoas vivem e não saiu do palco, ou de você mesmo. Sua indignação termina com os papéis que representa. Que importa saber de quem descende, se não enxerga nem os que vivem à sua volta?". É difícil não entrever aí Jorge Andrade penitenciando-se nesse quase encerramento do que denominou *ciclo do passado* (*seu* passado). O outro erro de José, decorrente do primeiro, foi pretender tornar sua arte realidade, fundindo real e ficção no palco, exibindo, junto com seu corpo, suas preocupações extrapapel e sua própria fala, "perdendo-se na personagem" (como consta na indicação cênica), isto é, perdendo aquele grão de consciência/lucidez/vigília que é condição necessária à representação do ator, justamente o que a diferencia de outros fenômenos de transformação de um *eu* em outro *eu* (os casos de possessão, por exemplo). Marta, diferentemente, não confunde sensibilidade real e sensibilidade representada, conseguindo melhores efeitos diante de seus espectadores (as confrarias) e maior eficácia tanto do ponto de vista artístico, quanto do ponto de vista social. Marta toma o corpo morto do filho (agora uma espécie de "significante" desgarrado) e usa-o em outro espetáculo (o seu), "dirigindo-o", isto é, conduzindo e regulando seu desempenho em função de outro texto, o qual ela vai construindo em quatro atos (as quatro confrarias). É contracenando com ela e se reapresentando sob a direção dela que José consegue veicular suas mensagens, ser ouvido e influir no real, subvertê-lo. Ele "fala" pela boca da mãe, que sabe, sobretudo, manobrar a linguagem, não se equivocando ou se perdendo tampouco, e se revelando eficaz não somente na direção do espetáculo, como também na construção do texto (diálogos ágeis, suspense, boa argumentação e qualidade "poética", graças à exploração sistemática da conotação).

Marta é, sobretudo, uma boa atriz, ao encenar o "papel" da mulher que quer enterrar um filho, quando, em verdade, o que deseja é não enterrar, ou melhor, não enterrar tão depressa, ou não enterrar em uma única confraria dentre as que vai visitando, senão ao final, com o concurso de todas – ou em todas ("plantei você dentro deles"). Até mesmo o desvelamento do jogo, quando o jogo de repente "vaza" como jogo ("para que está usando o filho?", "para vingar o marido?", "Destruir nossa igreja?", "Proteger uma sedição?"), faz também parte do jogo, está previsto em seu texto, são derrotas forjadas, derrotas criadas, não constituem erro de atuação, é anti-ilusionismo. Sua arte de improvisar, que leva em conta a atuação dos seus comparsas (os padres e o corpo do filho) e as atuações relatadas (passadas) do filho, só contava com um texto mínimo básico, uma situação, um "lazzi", como na comédia *dell'arte* ("fingir" que quer enterrar, para, no final, conseguir "realmente" enterrar o filho), e um "tipo" fixo dentro do qual se conduziria: a Marta revolucionária, signo de mudança previsto no "código" jorgeandradino.

Sob a direção de Marta, José, mesmo morto, consegue ao final "falar" com seu corpo e colaborar na montagem da última cena da mãe, um verdadeiro *coup-de-théâtre*, que fecha seu texto. Ou seja, após jogar com o direito e o avesso de tudo (joga no chão a opa da primeira confraria que visita e, mais tarde, oferece, como ouro, um saquinho cheio de areia aos padres), Marta completa a operação com um ataque ao próprio símbolo-fundamento da Igreja: "*Marta corre e sobe no altar.* [...] (*Atira a imagem aos pés do definitório.*) Arranquem o medo da alma. Esse Deus está morto. Não sentem o cheiro da sua decomposição? Está aqui na igreja: vem dos alicerces, das imagens, das confrarias". José, com seu corpo morto em decomposição, ganha novo papel no texto de Marta: torna-se mártir, remetendo a Cristo no paradigma religioso cristão e preenchendo o oco da imagem que estava no altar esvaziada de sentido pela ação desabonadora dos falsos "representantes" religiosos, que, para a restauração da desgastada imagem das próprias confrarias, enterram, finalmente, o ator.

Cena semelhante já fora experimentada por Jorge Andrade em seu único roteiro para cinema, *Vereda da Salvação*, em 1964 (ver capítulo 2): a imagem de Cristo erguida pelas mãos de Lélia Abramo, "Dolor", mãe do fanático Joaquim, é espatifada pelas balas da polícia em belíssimo close; ali, o sentido do Cristo "morto", confirmando o pensamento do autor sobre a inutilidade daquela fuga para o céu, quando os problemas dos camponeses deveriam ser enfrentados aqui na terra.

Essa quebra de imagens-símbolos como gesto vicário da quebra/dessacralização da instituição por elas representadas lembra ainda o final de *Santa Marta Fabril* s/A, de Abílio Pereira de Almeida, encenada com grande sucesso (e escândalo, por criticar os paulistas quatrocentões) em 1955, no TBC. A cena é curiosamente levada a cabo por uma personagem de mesmo nome (Marta) e mesmas características básicas (irreverência, audácia, oposição aos valores tradicionais da família, espírito de mudança). Nela, Marta, ao encontrar um bilhete da filha Martuxa comunicando-lhe que resolvera unir-se com o filho de um empregado (imigrante italiano) da fábrica, exulta com a audácia da moça e, junto com o ex-amante (imigrante rico que salvara a fábrica e os quatrocentões da ruína), executa o gesto simbólico com taças de champanhe: "Ambos: Abaixo a Santa Marta Fabril S/A! Morra a Santa Marta Fabril s/A! / [...] /(Espatifam as taças no painel de vidro em plena efígie da Santa Marta. Cai o pano lentamente ao som de uma gargalhada sonora de Marta)"[19].

Quanto a Vicente, retorna na peça a seguir, pondo em prática as lições aprendidas com Marta e José.

O Sumidouro – temos o quarto passo no caminho da construção *eu-obra* e, coerentemente com a natureza do projeto, um terceiro *parricídio*. Em seu escritório-laboratório, Vicente insiste no exercício de experienciar relações do tipo pai/filho de modo diferente, dessa vez descendo fundo tanto ao passado remoto do país/da família paulista/de sua família, quanto ao cerne de seu próprio processo de construção artística; logo, mais uma luta que se dá no texto, trazendo à cena o ato de escrever teatro. É a relação *dramaturgo versus personagem* que ocupa todo o plano para discutir/dessacralizar o exercício da *projeção*.

Marta, como já examinamos no capítulo anterior, comparece no papel de empregada doméstica do dramaturgo, ainda guardando as características básicas de figura crítica, inspiradora e algo estranha em sua forte ascendência sobre o artista, sempre a lhe cobrar mudanças, renovação. Quanto a Lavinia, prossegue em sua função metalinguística, decodificando passo a passo o processo de criação e promovendo elos entre as peças da tetralogia: "Voltou diferente de Jaborandi. Deve ser bom descer ao inferno"; "age como se tivesse de tomar uma decisão fundamental"; "é sempre assim: a última peça é a que contém

---

19 *Santa Marta Fabril S.A.*, p. 63.

METALINGUAGEM: TEATRO E VIDA

todas as verdades". Nessa peça, essa personagem-confidente é aquinhoada com uma louvação explícita, algo irônica, porque literal: "Se você não existisse, precisava ser inventada".

O ato de escrever repete a mesma configuração que tivera em *A Escada*: processo doloroso, folha em branco na máquina, confusão da mesa repleta de papéis, mesma excitação e angústia, o mesmo desgaste. Vicente grita, procura papéis perdidos, ou a caneta etc., todo esse drama sublinhado agora pelo relógio-carrilhão que reingressa no ciclo, consertado, como já examinamos: "Lavinia: Vicente! Será que é a melhor forma de se realizar sacrificando-se assim? / Vicente: É a minha forma".

Sacrifício é um termo adequado para a dupla imolação de criador e criatura, em que está em jogo um processo de construção por exclusão, ou seja, "ter que destruir o que ama, para ser [...], escolha que precisa ser feita, por mais que faça sofrer", como afirma Vicente em relação a José Dias, por exemplo, na História do "filho diferente destruído". Daí a tetralogia exibir por três vezes a *morte do pai*: em *A Escada*, com sua internação em um asilo; em *Rasto Atrás*, a morte física de João José, não antes, porém, do reencontro pessoal em que o filho lhe mostrara que "vencera"; e agora ele volta às mãos de Vicente, para morrer "historicamente" (pela recuperação da importância de José Dias) e textualmente como "personagem" na última peça do ciclo do passado. Morte lenta num "sumidouro", num ritual definitivo: "Vicente: Você está em agonia"; "Vicente: Há verdades que a gente só descobre na hora de morrer"; "revividas até o desespero: o último instante... e você está nele, Fernão Dias"; "Posso fazer você desaparecer quando quiser".

Trata-se, no entanto, de *parricídio teatral*, que, na verdade, por ser arte, tem efeito contrário, não faz desaparecer, antes imortaliza. Desse modo, vale para seu caso a verdade que mostra a Fernão Dias/Pai: "Quem vai manter você vivo não será o filho que foi cópia, [...] mas o que cometeu traição por acreditar. Essa é a vingança dos filhos diferentes...". A obra que se tece metaforiza-se em "Pietà", completando uma equação que já se tornara evidente: Vicente/Jorge Andrade está para José Dias assim como o pai de Vicente/pai de Jorge Andrade está para Fernão Dias.

Daí a personagem "mais querida" entrever algo por trás de tamanho empenho do dramaturgo em conscientizá-la de seu "erro": "Fernão Dias: Seu coração é também um ninho de serpentes. (*Volta-se para sair.*) Uma imaginação diabólica!" Nessa mata-obra, forjada de palavras que enleiam feito cipó, todos os recursos são usados para "derrotar", alquebrar Fernão Dias, realizando a advertência proferida em *Rasto Atrás*. Havia matas em que o pai poderia se perder; à "mata" denotativa do bandeirante, agregam-se pelo menos duas outras: "mente confusa" e peça teatral em processo, todas abrigando seres amarrados, dando voltas, andando em círculos.

Essa luta oriunda de uma inexistente identificação pai-filho-pai curiosamente põe em jogo uma série de *projeções* em cadeia, envolvendo os seis elementos já referidos e um longo exercício especular de compreender o outro pondo-se em seu lugar, que interliga as peças da tetralogia com situações ora de angústia, ora de louvor à mutabilidade, fragmentação: "Vicente: [...] apenas um mameluco. Por isso me fascina: é um homem ·sem rosto... com o rosto de cada um"; "José Dias: Não sou como ele, um homem sem rosto, com o rosto de cada um? Não vivo dividido em mil pedaços?".

A projeção autor-personagem não é mais solução, como em *A Escada* (jogue essa gente no palco etc.), nem tampouco um eventual "erro", como se lamentou em *Rasto Atrás*. Após o exercício de *As Confrarias*, temos em *O Sumidouro* uma longa explicação técnica evidenciando seu emprego consciente e assumido, numa espécie de *exorcismo formal por meio da metalinguagem*. É nesse momento que Vicente realmente desmonta as bases falsas em que construíra seu *eu-obra*. Uma relativa satisfação pode então ser notada no manejo lúcido/lúdico da técnica que, tornando-se jogo algo irreverente, consegue transformar uma relação que tendia ao trágico (autor e personagem prisioneiros um do outro) em evidente camaradagem. O riso de Vicente/Fernão Dias é o melhor índice de "libertação" na tetralogia e, consequentemente, a melhor prova da eficácia do procedimento metalinguístico na dissecação do *eu-obra*. Vejamos: "Fernão Dias: A dúvida é sua. Está querendo que eu sinta remorso"; "Vicente: Você não está falando?/Fernão Dias: É você quem fala"; "Fernão Dias: Sabe qual é o seu mal? Fala demais. Faça. / Vicente: [...] quando faço, é que você vive. / Fernão Dias: E quando vivo, é que deixa de falar"; "Vicente:

Está rindo de mim? / Fernão Dias: Não sou sua personagem? / Vicente: Que tem isto? / Fernão Dias: É você quem me faz rir. Incomodo? / Vicente: Não. Já é uma grande coisa, quando rimos de nós mesmos!". Daí a segurança que o dramaturgo Vicente/Jorge Andrade parece demonstrar ao dividir com sua personagem, confessadamente a "mais querida", o encargo de "completar" sua última peça com uma palavra final esperada "há dias" e que revelaria o sentido de todo o seu trabalho de dupla construção (eu/obra) empreendido até então. Fernão Dias/Pai, já solidário ("ainda posso ajudar você"), tendo descoberto a "projeção", declara a "verdade final" que já concluíra não ser só sua, mas de toda uma cadeia de seres tão ou mais insatisfeitos que ele próprio: uma procura intransitiva, pois "o que mais poderia ter feito…?".

Desse modo, encerra-se o longo processo de questionamento de um *eu* que se busca no teatro, exposto em quatro etapas, quatro peças, com o auxílio da metalinguagem, no *ciclo do passado*.

4. Metalinguagem: Teatro e História

A História não existe para contemplar, mas para agir. Ela não é Maria, é Marta.[1]

A tetralogia metalinguística, do ponto de vista da História nela retratada, exibe não só as maiores ousadias do autor, como também suas limitações mais peculiares, e poderia explicar parte das diferenças marcantes entre o dramaturgo e o teatro brasileiro de então. A metalinguagem se constrói através do recurso da peça-dentro-da-peça e da apresentação da realidade como já teatralizada (o mundo como teatro), tornando a obra autorreferente, apresentando as reflexões do autor sobre a problemática de sua atividade teatral e exibindo, consequentemente, ao leitor/espectador, o trabalho oculto dos bastidores.

O AMBIENTE TEATRAL BRASILEIRO: A HISTÓRIA COMO ALEGORIA NOS ANOS DE 1960

O uso da História em espetáculos teatrais brasileiros na década de 1960 nasceu vinculado a um movimento de insatisfação, não só com o que estava acontecendo, mas com o próprio teatro e com o público que o frequentava. Daí sua coloração po-

---

1   J. H. Rodrigues, *Filosofia e História*, p. 40.

lítica e sua trajetória estética desigual em virtude do perfil de cada artista e das mudanças na realidade brasileira do período. Essa insatisfação vinha do Teatro de Arena, cujo nascimento no início da década de 1950 já representava uma renovação na cena brasileira, a partir de um uso diferente do espaço cênico (o palco em "arena"), que ensejou não só uma nova relação com a plateia, como também a necessidade de novas formas de interpretação e, no final da década, em comunhão com as mudanças na realidade brasileira, de uma nova forma de dramaturgia. Para entender os objetivos do Arena nos anos de 1960, seria necessário remontar à sua origem e observar o teatro que se fazia então, cujo modelo era o TBC – Teatro Brasileiro de Comédia, criado em 1948 para atender a necessidades em tudo diferentes. Nesse amplo pano de fundo, podemos tentar compreender a figura de Jorge Andrade.

O teatro na década de 1940 fora marcado pela ação de grupos amadores formados por universitários, intelectuais e profissionais liberais interessados em mudar um panorama teatral de características desalentadoras: não havia encenadores, os espetáculos se estruturavam em torno do ator chefe da companhia (quase sempre também seu empresário), em função do qual o texto era escolhido, a fim de favorecer seus talentos naturais. Os atores não dispunham do texto inteiro, só dos fragmentos concernentes a seus papéis, marcados por *deixas* anteriores e posteriores às falas. Recorria-se ao uso do *ponto* e permitia-se a improvisação. Em torno do ator e do papel principais giravam os papéis secundários, dentro de uma dramaturgia baseada em tipos fixos, como o herói, o vilão, a dama ingênua etc. Bastava um cenário básico, sempre retocado a cada peça, para se excursionar por inúmeras cidades do país. Assim eram as companhias de Procópio Ferreira, Dulcina de Moraes, Jayme Costa, Odilon, Alda Garrido, cuja merecida importância só se evidenciaria aqui num recuo maior no tempo que atingisse o quadro do início do século.

Reagindo a esse panorama, os grupos amadores que mais se destacaram no eixo Rio-São Paulo, o TEB – Teatro do Estudante do Brasil, o GTE – Grupo de Teatro Experimental, de Alfredo Mesquita, Os Comediantes, o GUT – Grupo de Teatro Universitário, dirigido por Décio de Almeida Prado, e os

METALINGUAGEM: TEATRO E HISTÓRIA 155

English Players, procuravam textos de qualidade, de autores clássicos e modernos, que possibilitassem belos espetáculos. Encarnavam esteticamente a linha francesa de Copeau, Baty, Dullin, Pitoëff e Jouvet, o que os preservou da censura do Governo Vargas e do seu controlador Departamento de Imprensa e Propaganda – DIP –, criado em 1939, uma vez que, segundo Guzik, não se nota naqueles grupos "a preocupação de encontrar textos que refletissem de modo imediato problemas políticos e sociais contemporâneos"[2].

Essas preocupações urgentes com a estética permaneceriam e se aprofundariam quando, da fusão de elementos dos grupos amadores citados, sob o amparo financeiro e a liderança do industrial de origem italiana Franco Zampari, nasceu o TBC, em 1948, e com ele uma verdadeira profissionalização do teatro, com a importação de diretores italianos, cenógrafos e a fixação de uma sede muito bem equipada para a companhia. Graças a montagens regulares bem cuidadas, de nível internacional, o novo grupo ensinou, em pouco tempo, direção (principalmente), interpretação, cenografia, figurinos, permitiu o desenvolvimento da crítica teatral – Sábato Magaldi, Miroel Silveira, Décio de Almeida Prado, Paulo Mendonça, Delmiro Gonçalves, Clóvis Garcia –, a formação de um grande público, a divulgação de bons textos e um conceito novo de produção teatral.

O novo teatro, sob o signo de uma estética europeia e contando com espectadores economicamente privilegiados, foi durante alguns anos a única companhia estável em São Paulo, com a qual era bem difícil competir as companhias antigas que, obsoletas, foram sendo alijadas. Da acumulação progressiva de grandes atores ali formados, resultou um desdobramento/fragmentação em várias pequenas companhias, que fundaram seus próprios teatros a partir de meados dos anos de 1950, entre elas a dupla Maria Della Costa e Sandro Polloni, que criaram, em 1955, o TMDC – Teatro Maria Della Costa, onde estreou no mesmo ano o dramaturgo Jorge Andrade com *A Moratória*.

Faltava, no entanto, uma atenção maior à cultura brasileira, a qual, apesar de ter ajudado no aprimoramento técnico

---

2   TBC: *Crônica de um Sonho*, p. 9.

do teatro, o TBC não pensou em levar ao palco, contentando-se com a ausência de dramaturgos e diretores autóctones. Urgia, num segundo momento, "abrasileirar o teatro". Foi esse tipo de negligência que levou esse grande teatro a perder terreno para as novas companhias concorrentes, às quais coube dar prosseguimento à evolução do processo: procurar retratar a realidade brasileira no palco. Segundo Antunes Filho, tentativa houve de encenar, por exemplo, Nelson Rodrigues, em 1953, mas nem Ziembinski conseguiu "quebrar a barreira", em decorrência da descrença na viabilidade econômica de tais projetos: "Eles sabiam que estavam com a burguesia e tinham medo dessa jogada. [...] Se você falar que o autor brasileiro não era representado lá, eu digo também: o diretor brasileiro não era representado lá. Eles não acreditavam. É próprio do período!"[3].

Já em crise, o TBC tentou, no final dos anos de 1950, alinhar-se aos interesses do momento e recuperar-se. São desse período, entre riscos de fechamento, quatro encenações de textos de Jorge Andrade: *Pedreira das Almas*, em 1958, sem sucesso, *A Escada*, em 1960, e *Ossos do Barão*, em 1963/1964, que recuperaram o teatro financeiramente, e *Vereda da Salvação*, o grande prejuízo, logo após o golpe militar de 1964, ano ao fim do qual o conjunto encerrou sua existência. A esse período pertencem também *O Pagador de Promessas*, em 1960, e *Revolução dos Beatos*, em 1962, ambas de Dias Gomes.

Já entrara em cena o Teatro de Arena[4], cujos componentes haviam saído da EAD – Escola de Arte Dramática, de Alfredo

---

3 Entrevista concedida a Maria Lúcia Pereira, *Dionysos*, n. 25, p. 144.

4 Um outro grupo importantíssimo no período surgiu em 1958, também na cidade de São Paulo, na Faculdade de Direito do Largo São Francisco (sem vínculo direto com o Centro Acadêmico XI de Agosto, segundo Fernando Peixoto), e se profissionalizou em 1961 com casa de espetáculos própria (a mesma até hoje, na rua Jaceguai, n. 520) e o nome Cia. de Teatro Oficina Ltda. Teve um período inicial de alguma troca, de colaborações mútuas com o Arena, mas logo se destacou, exibindo inquietações e dúvidas permanentes, expressadas numa busca angustiada de caminhos de representação, renovação da linguagem cênica e relação com o público, produzindo "teatro, cinema, televisão, música, festas, debates, cursos, seminários, agitação e propaganda, passeatas, comícios, livros, jornais", em meio a sucessivas crises e dissidências. Em uma trajetória estética que vai de Stanislávski a Brecht, Grotowski e Artaud, incluindo experiências de contracultura, uma "apologia do desbunde" e uma poética do que se denominou "teatro de agressão", bem como uma "reivindicação atualizada do antropofagismo dos modernistas de 22" (com

METALINGUAGEM: TEATRO E HISTÓRIA

Mesquita, e tinham iniciado atividades em 1953, experimentando seu palco inovador em apresentações em escolas, fábricas e outros espaços, até constituírem sede própria em 1955, ainda com um repertório semelhante ao do TBC, embora com encenações bem mais econômicas. Em 1958, a partir do sucesso da encenação de *Eles Não Usam Black-Tie*, de Gianfrancesco Guarnieri – inspirada em *A Moratória*, de Jorge Andrade[5] –, com o enfoque de operários em greve, o grupo sentiu ali o caminho certo e promoveu um Seminário de Dramaturgia, visando descobrir e/ou formar atores nacionais que trouxessem à cena os problemas contemporâneos da realidade do país. Em 1959, Augusto Boal explicou o fato como uma exigência originária numa plateia que, não de todo "alienada" pelo TBC, reclamava um "teatro mais autêntico". Referia-se a "camadas burguesas inferiores", "virgens de influências estéticas estrangeiras, que o teatro de Zampari também atingira". Segundo o diretor, essa nova fase do teatro exigia perguntas como "fazer teatro para quem?" e "por quê?", abandonando-se o mero "prazer estético contemplativo" do TBC que, no entanto, fora importante pela "consciência do teatro como arte, determi-

o resgate de Oswald de Andrade, em 1967, com a polêmica encenação de *O Rei da Vela*), o grupo chegou até mesmo a uma negação radical do próprio teatro que faziam e ingressou, em crise profunda, por processos místicos e opção pelos *happenings*. Junto à figura galvanizadora de José Celso Martinez Correa, excepcional encenador que sempre carregou os adjetivos "criativo", "controvertido", "polêmico", "ousado", "louco", "corajoso", compuseram o grupo Renato Borghi, Fernando Peixoto, Ítala Nandi, Etty Fraser, Carlos Queiroz Telles, Amir Haddad, entre muitos outros. Segundo Renato Borghi, diferentemente do Arena, interessava-lhes e atraía-os o fenômeno da interpretação, o universo teatral em si, e não alguma preocupação política ou social, ou um "teatro de recado" (por isso nunca "achataram" as personagens como meros instrumentos de mensagens, mas optaram sempre pelo aprofundamento, numa representação rica, bem elaborada, até nas peças de acentuada conotação política). O repertório dramatúrgico do grupo começou com obras autobiográficas do próprio Zé Celso ("ciclo de Araraquara"), passou por um "ciclo norte-americano" (Clifford Odetts, T. Williams) e um "ciclo soviético" (Katáiev, Górki, Tchékhov), entremeado por Sartre, Brecht, Boal, Molière, Joaquim Manuel de Macedo, Genet, Oswald de Andrade e algumas criações coletivas, sendo que em diversos momentos os integrantes do grupo sentiram a necessidade de escrever peças. Ele se destacou, no entanto, pela escrita cênica do seu diretor e pela busca estética do conjunto. Essa trajetória inclui muitos problemas com a censura, dissidências internas, prisões policiais, exílio, sede teatral destruída por incêndio ou ameaças de despejo etc. Cf. *Dionysos*, n. 26; E. Mostaço, *Teatro Político*.
5 Ver supra p. 17-18.

nando um importante salto qualitativo no desenvolvimento do nosso teatro"[6].

O Arena visava criar uma dramaturgia que, além de tudo, pudesse formar um novo público, o popular, que, por sua vez, exigiria mais tarde outra dramaturgia. Tudo isso num processo não excludente, segundo previa Boal na época: "Além do teatro operário, já se pensa na experimentação com o teatro político, que é um dos meios de acelerar o aparecimento de uma plateia popular"[7].

A criação de textos brasileiros, refletindo a realidade brasileira, nascia em um momento histórico particularmente conturbado: o democrático governo Kubistchek, que, paralelamente, fazia uma tentativa de arrancada desenvolvimentista no país, com a construção de Brasília, do parque industrial de São Paulo, a expansão da classe média e da especulação imobiliária, que se refletiam em intensa agitação cultural, movimentação universitária, riqueza editorial, Cinema Novo, Bossa Nova, pairando a ameaça da dependência do capital estrangeiro e, dentro do país, uma necessidade de estender o programa a grandes massas esquecidas da população, que já se empilhavam nos morros e bairros distantes.

A tarefa do homem de teatro passou a ser envolvida por uma aura de responsabilidade tal, que foi extrapolando sensivelmente sua especificidade artística e ganhando cores marcadamente políticas, como se pode constatar em A. Boal, em 1959 (índice do patrulhamento ideológico já existente no meio teatral):

Lamentavelmente, até as ideias reacionárias e falsas podem encontrar uma forma artística válida e atuante. Por isso, mais do que nunca, requer-se uma definição exata do artista como homem e como ser social. A análise do artista como homem vivendo no mundo é certamente mais importante do que a do desenvolvimento do nosso teatro[8].

Quanto aos espaços teatrais convencionais, a nova dramaturgia, com sua pluralidade temática que se quer espelho de

---

6 Tentativa de Análise do Desenvolvimento do Teatro Brasileiro (escrita em 1959), *Arte em Revista*, n. 6, p. 9.
7 Idem, p. 10.
8 Idem, ibidem.

METALINGUAGEM: TEATRO E HISTÓRIA 159

todas as camadas sociais, sentiu dificuldades para continuar agradando aquele público pagante convencional, o que explica, por exemplo, um fenômeno observado em São Paulo pelo ator Juca de Oliveira, em 1962, segundo o qual "o sucesso de uma peça determina fatalmente o fracasso das demais"[9]. Daí a necessidade de um difícil equilíbrio para se obter um mínimo de estabilidade financeira em uma companhia como o Arena: conservar a sede fixa em São Paulo que, aliás, já atraía um público jovem, universitário, diferente do TBC, e reservar maiores ousadias (já em 1961) ao espaço do "caminhão itinerante" que, com sua economia de recursos, atingia um público específico, "não convencional", levando mensagens mais diretas, vazadas numa forma mais simplificada. Esse "teatro popular", "para o povo", a cargo de Oduvaldo Vianna Filho e Chico de Assis, no Rio de Janeiro inicialmente, integrava as atividades dos CPCs – Centros Populares de Cultura, de que participavam artistas e o pessoal universitário da UNE – União Nacional dos Estudantes, preocupados também com cinema, música, artes plásticas e até mesmo com a alfabetização de adultos, nos moldes aproximados dos MPCs – Movimentos Populares de Cultura nordestinos (estes, com o apoio do governo Miguel Arraes, em Recife, contavam com a figura galvanizadora do inovador pedagogo Paulo Freire).

Todo esse afã ditado pela urgência de "conscientizar" e "organizar as massas" não se deu sem muitas contradições e equívocos, só percebidos tardiamente, quando toda essa agitação cultural e política, aliás presente em todo o país, foi sufocada pelo golpe militar de 1964 apoiado pela burguesia. Um termômetro síntese das atividades daquele período constitui um depoimento de Oduvaldo Vianna Filho, publicado em 1980 na revista *Ensaio*: "Eu, no CPC, falava de operários, escrevia sobre os sentimentos, comportamentos, aspirações e valores do operário e na realidade não conheci um operário"[10].

Antes de 1964, recorreu-se à História, didaticamente, como exemplário de situações que se deveriam evitar no presente, usando-se, sobretudo, os capítulos da exploração colonialista portuguesa do trabalho escravo e das riquezas minerais brasi-

9 Apud A. Guzik, op. cit., p. 206.
10 Apud E. Mostaço, op. cit., p. 61.

leiras, para analogias evidentes com a ação imperialista norte-
-americana sobre o país. Uma obra dessa fase é o *Auto dos 99%*,
de março de 1962, redigido por uma equipe do CPC da UNE
integrada por Oduvaldo Vianna Filho, Antonio Carlos Fontoura, Carlos Estevam, Armando Costa, Cecil Thiré e Marco
Aurélio Garcia, com música dos três últimos e de Luiz Carlos Saldanha. O texto, com flexibilidade previsível para ensejar
eventuais improvisações adequadas ao público e ao momento
da representação, pretendia abordar a questão da reforma universitária como um problema pertinente a todos, pois 99% dos
brasileiros não tinham acesso àquele tipo de ensino que, além
de tudo, era considerado precário e deformador da realidade.

O *Auto dos 99%* continha índios, padres, negros, portugueses, estudantes, professores, um bedel, "velhos conservadores"
e figuras históricas como Cabral e Caminha, Deodoro, d. João e
Napoleão. A ação apresenta uma síntese da História do Brasil – descobrimento, colonização, independência, república –,
de uma forma caricatural, farsesca, ridicularizando seu ensino
oficial, com cenas intercaladas por um coro responsável pela
exegese das situações, fornecimento de dados estatísticos e con-
clusões. Em certo momento surge um arremate conceitual, adequado à condução geral do texto: "História. História. / Vida e
amargura do homem. / Onde sempre muitos trabalham. / E tão
poucos, / Tão pouquitos, comem!"[11].

Enquanto isso, a sede fixa do Arena em São Paulo, com
Guarnieri e Boal, apresentava nesse período obras como *Revolução na América do Sul* (1960), espetáculo musicado "de denúncia", *O Testamento do Cangaceiro* (1961), peça de Chico de Assis,
Os Fuzis da Senhora Carrar (1962), de Brecht, uma adaptação de
O Melhor Juiz, o Rei (1963), de Lope de Vega, e *Tartufo* (1964),
de Molière, procurando aliar preocupações políticas e estéticas.

Após 1964, em consequência da alteração do panorama
político do país, surgiram espetáculos de protesto que busca-
vam na História os mesmos pontos de apoio já mencionados,
estruturados, porém, numa forma estética diferente, o musical,
e apresentados em espaços convencionais (os teatros) a um
público simpatizante e cúmplice. Entre as novas características,

---

11 "Auto dos 99%", *Arte em Revista*, n. 3, p. 95.

METALINGUAGEM: TEATRO E HISTÓRIA   161

destacam-se a colagem de textos de variada origem (História, jornalismo, literatura etc.), o uso da metalinguagem (atores revelando-se como atores, dirigindo-se ao público, interrompendo e comentando o espetáculo), o recurso à linguagem velada (a analogia, a metáfora) e uma economia de recursos cênicos (poucos atores, palco desnudo, um ou outro foco de luz), os quais terminam por gerar um novo modo de encenação e interpretação.

A primeira obra nesses moldes é *Liberdade, Liberdade*, estreada no Rio de Janeiro a 21 de abril de 1965 pelo Teatro Opinião (companhia surgida em dezembro de 1964), em coprodução com o Arena, com texto de Millôr Fernandes e Flávio Rangel, representado por Paulo Autran, Nara Leão, Vianinha, e participação especial de Tereza Rachel. A obra é notadamente rica do ponto de vista intertextual, reunindo autores como Cecília Meireles, Manuel Bandeira, Drummond, Castro Alves, Beaumarchais, Büchner, Shakespeare e percorrendo a História, desde a morte de Sócrates até a Guerra Civil Espanhola, passando por Marco Antônio e César, Luís xiv e Danton, pela proclamação da República do Brasil etc. O objetivo era denunciar, protestar, reclamar, "mas sobretudo alertar", num momento em que "a palavra de ordem parecia ser retroagir". O espetáculo exorta a plateia à resistência política e tenta explicitar várias formas de liberdade, como a liberdade econômica – para o que era necessário que "as riquezas produzidas no país ficassem no país"[12].

Trechos particularmente interessantes pela visão que trazem dos bandeirantes paulistas, tema histórico trabalhado por Jorge Andrade em *O Sumidouro*, em 1969, são expostos por um ângulo incomum, característico de uma perspectiva histórica que privilegia o outro lado dos fatos, o problema dos vencidos, no caso os índios e os negros: "Vianna: [...] Em 1751, regressando de uma expedição contra índios escravos fugidos, Bartolomeu Bueno do Prado voltou trazendo consigo 3.900 pares de orelhas de negros que destruiu"; "Organizaram-se quilombos, o mais famoso dos quais, o de Palmares, foi brutalmente destruído pelo bandeirante Domingos Jorge Velho. Seu líder era o negro Zumbi"[13].

12 F. Rangel; M. Fernandes, *Liberdade, Liberdade*, p. 17.
13 Idem, p. 54-55.

Uma imagem de "putrefação", muito ao gosto de Jorge Andrade (*Pedreira das Almas* e *As Confrarias*), serve mais uma vez à visão de uma História contada pelo ângulo dos vencidos, cuja utilidade seria evitar mistificação e, com isso, a repetição dos mesmos erros do passado. O trecho implica ainda "revisionismo" histórico. Vejamos: "Quando um dia a História abrir nossas sepulturas, o despotismo ficará sufocado com o mau cheiro de nossos cadáveres"[14].

Um mês depois estreou em São Paulo *Arena Conta Zumbi*, de Boal, Guarnieri e Edu Lobo, transformando em programa estético as inovações já citadas do espetáculo anterior, sendo que aqui o ator se desvincula da personagem, o que facilita o rodízio dos vários papéis: a plateia identifica as personagens pela postura, inflexão da voz, um figurino esquemático básico. Também a História passou a fazer parte de um projeto, cujo objetivo é contar os fatos históricos sob uma nova perspectiva, devidamente revisados pelo Arena: adotou-se o ponto de vista dos derrotados, que, na obra, são os negros do Quilombo de Palmares.

A fim de examinar e desfazer as "lendas", separando a "verdade" da "mentira", e aplicar o resultado ao momento político vigente no país, esse musical em dois atos mostra os brancos comerciantes apoiando os negros, fornecendo-lhes armas em troca dos produtos do trabalho do Quilombo e, posteriormente, aliando-se aos senhores de terra na repressão contra os mesmos negros que tinham resolvido a certo momento suspender a compra de armas e aumentar os preços de suas mercadorias. Extremamente poético, o texto configura uma realidade telúrica e, não fugindo aos seus objetivos, extrai da derrota negra uma lição histórica, cujas virtudes analógicas para a situação brasileira pós-1964 são evidentes: os negros (massas populares) acabaram desarmados por terem sido envolvidos *por* e terem acreditado *numa* aliança com os brancos (aliança de classes diferentes).

O episódio de Palmares, o aniquilamento daquela aldeia negra, é ironicamente apontado na peça por um elemento palaciano, como necessário para que se mantivesse o curso normal do processo histórico, em que a classe dominante seria sempre

14 Idem, p. 38.

METALINGUAGEM: TEATRO E HISTÓRIA 163

vencedora: "E veja, Excelência. Esses negros, inferiores pela própria natureza, ameaçam construir uma sociedade bem mais aparelhada, produtiva e forte do que a nossa. É anti-histórico"[15].

Após *Zumbi*, o maior sucesso de público do Arena, a obra seguinte na mesma linha foi *Arena Conta Tiradentes*, dos mesmos autores, estreada em abril de 1967, em São Paulo. Procedeu-se uma vez mais à revisão da História, examinando-se as causas eventuais do fracasso do movimento libertário mineiro pela independência da colônia em 1792, para dali se extraírem lições, enfocando-se agora a classe dominante representada por Gonzaga, Alvarenga, Silvério e Francisco de Paula. A inconfidência teria sido palaciana e teria excluído deliberadamente o povo.

Pretendia-se, outrossim, despir a imagem de Tiradentes, o "Mártir da Independência", fixada na História, das mistificações forjadas pela classe dominante que, segundo Boal, sempre "adaptavam" os heróis das outras classes. Em suma, tratava-se de recuperar o conteúdo revolucionário da ação do alferes, o dado realmente "essencial", preterido em favor do aspecto do martírio na forca, da aceitação da culpa etc., dados apenas "circunstanciais".

A exposição da fábula, semelhante à empregada por Jorge Andrade em *O Sumidouro*, completa um círculo: a peça começa com a leitura da sentença de morte de Tiradentes e reserva a cena do enforcamento para o final. Entre uma e outra, mergulha-se no passado para esmiuçar na História as causas reais do fracasso do herói. A condução dos acontecimentos, simpatizante ao alferes, opera-se em dois níveis: o da fábula, protagonizado pelo herói, cuja consciência da história e da História se restringe aos limites de sua condição de personagem, interpretada por um só ator que se identifica com o papel, numa representação naturalista, que visa a empatia do público; e o nível da "conferência", comandado pelo coringa, que tanto desvela a história (e a História), interpretando-a passo a passo, quanto explicita igualmente os mecanismos teatrais em que ela se sustenta – constitui elemento onisciente, anti-ilusionista, desvinculado de seu papel, podendo, como o restante do grupo (exceção a Tiradentes), interpretar qualquer papel. Temos, então, lado a lado, o dramático, que "vive" e envolve, e o épico, que

15 A. Boal et al., "Arena Conta Zumbi", *Revista de Teatro Sbat*, nov./dez. 1970, p. 42.

"explica" e distancia o espectador. O texto, por seu lado, refletiu esse jogo cênico em sua estrutura: Dedicatória, Explicação, Episódio, Cena, Comentário, Entrevista e Exortação.

O difícil equilíbrio de perspectiva entre o naturalismo e o anti-ilusionismo produziu um fenômeno que Anatol Rosenfeld denominou com muita propriedade "a burrice do herói", oriunda da limitação de Tiradentes na peça, conduzido, naturalisticamente, frente às demais personagens dotadas de horizontes mais amplos, para além de sua época, ou seja, de uma "consciência de autor". A falha maior, contudo, apontada nesse sistema de encenação, consiste no seu endereçamento equivocado a um público inerte, tanto na sua ação (participação) durante o espetáculo quanto em sua ação fora das dependências do teatro. O próprio Boal, em 1968, fazendo um balanço da trajetória do grupo, apontou o senão básico dessa linha "sempre de pé" (teatro de "exortação"), cujo ambiente natural seria a praça:

> Insta-se a plateia a derrubar a opressão e até aí nada mal; o pior, no entanto, é que via de regra essas mesmas plateias são os verdadeiros esteios dessa mesma opressão. [...] ao enfrentarem plateias desse tipo, defrontam-se com a surdez. O teatro "sempre de pé" só tem validade no convívio popular[16].

A insatisfação inicial que levara o teatro de Arena a usar a história para intervir na História, no início da década, procurou a concretude da ação real no final daqueles anos de 1960. Explica o crítico Edélcio Mostaço que *Tiradentes* consistia "na primeira mobilização de opinião pública a nível de propaganda" da luta armada, fato evidenciado na condução da I Feira Paulista de Opinião em junho de 1968 (cinco meses antes da oficialização da ditadura militar no Brasil, com a decretação do AI-5), que invocava a união das esquerdas para derrotar a reação. Na opinião do crítico,

A estética já não é mais do que mera arma de incitamento, e o teatro senão o lugar de encontro da seita para ouvir a palavra de ordem a ser cumprida na rua. A mobilização atinge seu grau máximo, onde

---

16 A. Boal, Que Pensa Você do Teatro Brasileiro?, *Arte em Revista*, n. 2, p. 42.

METALINGUAGEM: TEATRO E HISTÓRIA 165

o mínimo desejável é que o espectador, saído do teatro, apanhe a primeira arma e comece a lutar[17].

Ao apresentar a História, o Arena o fez em termos de exortação, empregando processos maniqueístas na construção das peças, uma vez que seria essa a "linguagem do teatro popular". A defesa desses procedimentos estético-políticos, transcritos a seguir, permite avaliar o deslocamento de Jorge Andrade, presente na Feira com a peça *A Receita*, e compreender em parte a indignação de seus discursos posteriores, quando termina o ciclo de Marta, publica-o e se retira do teatro, passando a dedicar-se à televisão. Segundo Boal:

A técnica maniqueísta é absolutamente indispensável a esse tipo de espetáculo. Os repetidos ataques ao maniqueísmo partem sempre de visões direitistas que desejam, a qualquer preço, instituir a possibilidade de uma terceira posição, da neutralidade, da isenção, da equidistância, ou de qualquer outro conceito mistificador. Na verdade, sabemos que existe o bem e o mal, a revolução e a reação, a esquerda e a direita, os explorados e os exploradores. […] pede que se mostrem personagens que sejam bons "e" maus, da direita "e" da esquerda, revolucionários-reacionários, a favor "mas" muito pelo contrário. […] que os ricos também sofrem e que *the best things of life are free* […], que todos os homens são iguais quando nós pretendemos repetir pela milionésima vez que o ser social condiciona o pensamento social, […] já que todos os homens são simultaneamente bons e maus, devemos todos entrar para o rearmamento moral e começar a nossa purificação simultaneamente: torturados e torturadores devem simultaneamente purificar seus espíritos antes de cada sessão de tortura[18].

Para esclarecer melhor esse quadro, podemos localizar essa História "revista" pelo teatro de Arena dentro do próprio universo teórico da História, apoiando-nos em José Honório Rodrigues, uma referência na época. A tendência do "revisionismo", enquanto atitude oposta à ortodoxia e a uma pretensa "neutralidade" na apresentação dos fatos, não constituiria novidade, embora quase sempre rejeitada e taxada de "deslize ético". Após a Segunda Grande Guerra, contudo, quando surgiu um novo

17 Op. cit., p. 93.
18 Que Pensa Você do Teatro Brasileiro?, *Arte em Revista*, n. 2, p. 42.

conceito de "heroísmo", que passou a glorificar o "combatente anônimo contra as forças opressivas", aquela tendência passou a encarnar-se numa concepção "combatente" da História. Sua tarefa seria rever a realidade histórica, a "falsa idealização" com que se vinha apresentando o passado, e desfazer os mitos – tarefa diferente daquela costumeira cunhada pelos cronistas, memorialistas e historiadores descritivos. Essa nova História seria vista como uma lição prática para o presente, restaurando uma viva conexão entre presente e passado, desafiando a oligarquia, realçando a contribuição popular e evitando uma fossilização. Segundo o historiador José Honório Rodrigues, quem quer fazer história é obrigado a julgar, pois não há História pura, imparcial, ela serve à vida, é compromisso. E o revisionismo seria reflexo de uma situação contemporânea de crise econômica e de "consciência" que tocava especialmente o "terceiro mundo". Anunciava ainda que "os estudos históricos novos partem do princípio de que a História não é dos mortos, mas dos vivos, e deve servir a estes, e que é tão legítima a descrição *in statu nascendi* quanto à reconstrução *post-mortem*"[19].

O historiador diferencia três tipos de História: a História neutra, em que a posição dominante evita o combate, a luta, mas "não foge aos compromissos gerais com os beneficiários do *status quo*", dos quais os historiadores seriam aliados evidentes ou disfarçados; a História partidária, minoritária, caracterizada por um "compromisso ideológico com o partido" para favorecer a revolução; e a História combatente, que surge no mundo desenvolvido e em desenvolvimento e distingue-se da anterior pelo compromisso em preservar o sistema democrático, não desejando o combate total, mas apenas intelectual, sem se comprometer com os valores "da sociedade dominante"[20].

José Honório cita historiadores, no Brasil, alinhados no revisionismo, como Celso Furtado, Nelson Werneck Sodré, Caio Prado Júnior, Leoncio Basbaum, Sérgio Buarque de Holanda, entre outros. Afirma, ainda, que "só recentemente" a "compreensão conservadora", tradicional no Brasil, começara a ser abalada – a apologia do passado fora sempre a ideologia de nossos historiadores. Entre os nomes citados, devem-se reter

19 *Vida e História*, p. 62.
20 Idem, p. 22-23.

METALINGUAGEM: TEATRO E HISTÓRIA

o de Caio Prado e Sérgio B. de Holanda, com quem Jorge Andrade se consultou para escrever *As Confrarias* e *O Sumidouro*, como veremos mais adiante.

O teatro brasileiro, portanto, estava ligado a esse movimento maior de renovação do pensamento histórico que teve seus reflexos também em um teatro alemão nos anos de 1960, teatro de informação e denúncia, denominado "teatro documento", nos moldes do teatro político e de agitação dos anos de 1920. Iniciando por uma "revisão" do período nazista, esse teatro foi se estendendo a problemas específicos de outros países, como Moçambique (*Canto do Fantoche Lusitano*, 1967) e Vietnã (peça homônima, 1968), em peças escritas por Peter Weiss, que produzira *O Interrogatório* em 1965. Com temas geralmente histórico-políticos, empregava também a técnica da colagem, lançando mão de artigos da imprensa, documentos, estatísticas, declarações oficiais, segundo a forma de julgamento jurídico ou de investigação, usando raramente o elemento da ficção. Pertencem a essa linha *O Caso Oppenheimer*, de H. Kipphardt (1964), usado por Jorge Andrade em *Rasto Atrás*, e *O Vigário*, de Hochhuth (1962), proibida no Rio de Janeiro em março de 1965[21].

Configurado, brevemente, o uso estético-político da História feito pelo teatro dos anos de 1960, passamos a examinar a posição de Jorge Andrade frente ao mesmo problema.

O DISCURSO DE JORGE ANDRADE SOBRE A HISTÓRIA

> *Quando vou a um espetáculo de peça brasileira em que o autor escreve no programa, eu nem pego no programa, porque está tudo lá no palco. No que ele escreveu, geralmente não está.*[22]

A sua concepção de História, definição, objetivo, objeto, relação com o teatro, Jorge Andrade deixou inscrita diretamente em inúmeras entrevistas, reportagens e em seu romance *Labirinto*. São

---

21 Cf. Y. Michalski, *O Palco Amordaçado*, p. 61.
22 As Confissões de Jorge Andrade, 1ª parte, *Boletim Inacen*, p. 20.

depoimentos marcados geralmente por um tom de defesa algo melancólico e que assumem não poucas vezes o tom da acusação, reflexo de um sentimento incômodo de deslocamento em seu próprio meio, o teatro. Sentimento de não "fazer parte", de estar "fora de lugar".

A presença da História na obra do autor está intimamente ligada à sua concepção de arte e da função do artista na sociedade. Em diversos momentos, Jorge Andrade faz questão de sublinhar:

As gerações futuras vão querer saber como o homem brasileiro pensava, como vivia, como trabalhava, como lutava. Penso que essa é a missão principal, essencial, da arte e do teatro. [...] Se eu buscava um fato no passado, não era por saudosismo, nada disso, mas para tentar explicar o que acontece hoje[23].

Encarando como missão da arte esse registro do homem em seu tempo e espaço, termina por conciliar/interpenetrar as atividades de escritor de teatro, de televisão, de literatura, com a vida de jornalista, disso resultando algumas obras: "Teatro, no meu conceito, deve ser a crônica do homem no tempo e no espaço, portanto, jornalismo dramatizado"[24]; "Não sabia, mas é, é romance. E sociologia, história, autobiografia, biografia, é reportagem, não tem uma fórmula"[25].

Sua obra teatral escrita até 1969, como vimos, foi organizada com base num conceito de *ciclo*, abrangendo quatro ciclos econômicos da História de São Paulo. Em 1977, numa estreia de *Pedreira das Almas*, o autor negou essa aparente prisão do homem em períodos, uma vez que eles sempre se esgotariam e mostrariam no processo maior da História uma "caminhada pela liberdade do homem":

homem no seu sentido histórico. Seja ele um santo, seja um assassino. Seja fascista, seja comunista. [...] Acredito imensamente na história, no processo histórico, concluindo disso que o homem virá alcançar seu momento de libertação social e existencial[26].

23 Teatro Não É Palanque, *Isto É*, 19 abr. 1978.
24 Misticismo 1: Deus É Leite, e o Cão, Arado Quebrado, *Realidade*, nov. 1972.
25 "O Labirinto", Jorge e os Outros, *Folha de S.Paulo*, 16 jun. 1978.
26 Resistir É Preciso, *Isto É*, 15 jun. 1977.

METALINGUAGEM: TEATRO E HISTÓRIA

A História alimenta as personagens do seu teatro, dá-lhes estofo especial, como no caso das mulheres fortes, como ocorre em *Pedreira das Almas*. Marta, por exemplo, a personagem-título do ciclo, constrói-se como signo de mudança e resistência:

considero equivocado o entendimento da mulher como um ser social passivo. Quando foi que a mulher, ao longo da história, não resistiu à violência? Aliás, em muitos momentos da história, a mulher foi bem mais ativa do que o próprio homem[27].

Mas o reverso também é verdadeiro, ou seja, o teatro pode colaborar com a História ao tecer pontes entre passado e presente, ao levantar dúvidas, revisar personagens, investigar fatos já cristalizados como verdadeiros. Para Jorge Andrade, esse seria o verdadeiro *teatro político* e deveria resultar de muito estudo e pesquisa:

Por que é que o mártir da Independência é Tiradentes e não um dos mulatos da revolução dos Alfaiates, na Bahia? A Inconfidência Mineira era uma revolução de mentira, idealizada pelos historiadores [...]. O teatro pode evocar essa história que foi surrupiada[28].

Com efeito, consta ter havido muitas pesquisas para a construção de *As Confrarias* e *O Sumidouro* ao longo de toda uma década: Jorge lera em 1962, durante a convalescença do primeiro enfarte, dez volumes da *História da Companhia de Jesus*, que ele encomendara e a esposa fora buscar em um sebo da rua São Bento. Lera inúmeros livros emprestados pelo historiador Sérgio Buarque de Holanda, como também todas as atas da Câmara de São Paulo, desde a sua fundação no século XVI. Visitara pessoalmente as instituições eclesiásticas de Ouro Preto em 1966 para pesquisar o funcionamento das confrarias e irmandades no século XVIII, consultara também o historiador Caio Prado Júnior, que o aconselhou a ler os documentos da época pesquisada, em vez de se ater somente às obras dos historiadores brasileiros, que seriam "muito fracos":

27 Idem.
28 Teatro Não É Palanque, *Isto É*, 19 abr. 1978.

Você tem que ter a paciência infinita de ler os documentos da época, porque são muito difíceis de serem lidos. Mas a gente só faz História quando a gente lê, vê e tem a visão do homem no seu tempo e no seu espaço. E você faz isso por meio dos documentos deixados. Procure ler coisas da época pra ver como é que eles julgavam os homens, como é que os homens se apresentavam no seu tempo, pra você poder descobrir alguma coisa[29].

A visão mais avançada do dramaturgo sobre a História, em tudo semelhante à visão do teatro de Arena, cremos dever-se, sobretudo, à ascendência de Caio Prado Júnior sobre o autor. Eis uma fala de Jorge:

os historiadores geralmente pertencem à classe dominante, que quer fazer a História à sua maneira e ao seu modo, que aproveita a História para mitificar coisas. [...] Como Taunay, que é absolutamente burro e que faz a coisa mitificando a História de São Paulo e os bandeirantes[30].

Por outro lado, por meio de Antonio Candido, tomou conhecimento das obras básicas que teriam formado a intelectualidade brasileira após a revolução de 1930: *Casa Grande e Senzala*, de Gilberto Freyre, *Raízes do Brasil*, de Sérgio Buarque de Holanda, e *Formação do Brasil Contemporâneo*, de Caio Prado Júnior. E sobre as bandeiras, Jorge Andrade opinou ser a obra de Alcântara Machado, *Vida e Morte do Bandeirante*, "a mais perto da verdade"[31]. É curioso perceber ecos do livro de Caio Prado Júnior na acepção de História de Jorge Andrade expressa em *O Sumidouro*. O historiador, nas páginas finais de sua obra, ao examinar o complexo quadro socioeconômico-político da Colônia à época da Independência, conclui que não havia uma "ideia" de independência clara e definida, mas a coexistência de muitas insatisfações diferentes ligadas a interesses individuais bem concretos, que configurava uma pluralidade caótica de opiniões e pretensões, que não se deveria generalizar:

29 Apud Entrevista ao Centro Cultural São Paulo, p. 6.
30 Idem, p. 5.
31 *O Labirinto*, p. 176, 174.

METALINGUAGEM: TEATRO E HISTÓRIA

Quando os homens, joguetes dos acontecimentos, são por eles levados e dispostos no tabuleiro da História, sem que no mais das vezes sequer se deem conta do que estão fazendo e do que se passa, [...] a ação dos indivíduos, como suas ideias e opiniões, divergem largamente; mais do que isso, contradizem-se dentro das mesmas correntes de pensamento e de ação, quando não no próprio íntimo dos atores do drama que se representava[32].

Compare-se com a fala criada para o protagonista de *O Sumidouro* sobre a situação insólita do "herói" Fernão Dias, que teria na verdade prestado um desserviço ao brasileiro, ao abrir para o colonizador português o caminho aos metais preciosos no século XVII:

Há na história uma espécie de malefício: ela procura um homem, tenta-o... e ele crê caminhar no mesmo sentido dela. De repente, ela liberta-se e prova pelos fatos que outra coisa era possível. O homem que ela abandona e que pensava ser seu cúmplice acha-se de súbito na situação de instigador do crime que ela lhe inspirou[33].

Outra influência direta sobre a concepção de História de Jorge Andrade pode ser a de Alcântara Machado, na obra já citada, de 1932, um autor considerado pioneiro no que concerne às novas abordagens dos estudos históricos brasileiros, que combatia a história calcada "na biografia de homens ilustres" e nos "feitos retumbantes":

O conhecimento do que o homem tem realizado no combate diuturno [...]. Como atingi-lo se concentramos toda a atenção em meia dúzia de figuras, esquecendo o esforço permanente dos humildes, a silenciosa colaboração dos anônimos, as ideias e os sentimentos das multidões?[34].

O autor defende ainda uma investigação das condições reais de existência dos "maiores", os homens "ilustres", sua habitação, alimentação, vestuário, concepção de "destino humano", para que se pudesse entender o que fizeram e deixaram de fazer – procedimento que poderia ensejar desmistificações:

32 *Formação do Brasil Contemporâneo*, p. 369-370.
33 *Marta, a Árvore e o Relógio*, p. 575-576.
34 *Vida e Morte do Bandeirante*, p. 29.

"vazada nesses moldes, a história perderá talvez um pouco de seu aparato. Mas ganhará decerto em clareza e verdade"[35]. Acreditando encarnar em suas peças uma visão histórica assimilada nas obras referidas até aqui, Jorge Andrade, quando acuado pela cobrança de uma clara posição ideológica em seu trabalho, aponta o uso que fez da História no teatro como elemento suficiente para atestar sua condição de artista "político":

Escrevendo sobre a História do meu país, tentando registrar o homem brasileiro no seu tempo e no seu espaço, eu estou sendo político. [...] Acontece que neste país de muitos semianalfabetos, eles confundem teatro político com teatro partidário. Para mim, palco não é palanque e, muito menos, púlpito[36].

Essa declaração de 1981 comprova a notável coerência do autor que, ainda em 1963, no programa da peça *Os Ossos do Barão*, já defendia sua opção "não maniqueísta" na construção de suas personagens, como, por exemplo, o caso do Joaquim fazendeiro de *A Moratória* e o Joaquim camponês sem-terra de *Vereda da Salvação*, quando disse que procurou tratá-los com suas respectivas "razões", explicações "históricas" e "sociológicas", pois ambos "não podiam deixar de ser o que eram", cabendo ao artista somente retratar os males sociais, nada mais, diferentemente, portanto, do que era pregado pelo teatro da época: "um escritor de teatro deve ser como um radiologista, ele radiografa e interpreta os males do homem, e os especialistas indicam os tratamentos"[37]. Os contatos com Sérgio Buarque de Holanda forneceram a Jorge Andrade elementos importantes que norteiam ou ratificam a posição do dramaturgo paulista em face do passado, informações ou pareceres assimilados como lições e repetidos como parte de um programa artístico que pressupõe uma identificação da missão do artista com a de historiador. Cita fala de Sérgio:

Geralmente confundem historiador com antiquário, adorador do passado. Escrever história é ter visão dialética do passado e, eventualmente, de suas consequências no presente. É iluminar o passado

35 Idem, ibidem.
36 O Teatro Político que Jamais Quis Ser Partidário, *Jornal do Brasil*, 27 mar. 1981.
37 *Os Ossos do Barão*, programa da peça.

METALINGUAGEM: TEATRO E HISTÓRIA

com o presente, ou vice-versa. É o presente que importa e é através dele que compreendemos a evolução humana[38].

No entanto, Jorge Andrade parece na verdade privilegiar o passado como fonte de explicação do presente e defender sua obra dramatúrgica com esse tipo de argumentação. Seu discurso, por vezes, radicaliza-se a ponto de centrar-se em um aspecto único da questão, quando desvia o eixo de uma polêmica que envolvia o problema de sua perspectiva diante do passado ("saudosismo", "passadismo", "conservadorismo" etc.) e atém-se ao suposto problema da admissão ou não da existência do passado por parte de seus opositores. A partir daí os equívocos se avolumam e os estereótipos se fixam: de um lado está Jorge Andrade preso ao passado, "conservador" e "direitista", e, do outro lado, estão seus contendores presos ao presente, "limitados" e "esquerdistas sem fundamentação". Eis a posição do dramaturgo nos anos de 1970:

[a. em 1976] esse é um negócio muito festivo, é de pessoas muito rasas, sem cultura, e sem cultura brasileira, sem cultura familiar, sem cultura pessoal, sem cultura nenhuma. Eles acham que nasceram no pé de alface! [...] É claro que tem um passado! Todo mundo tem! [...] Então existe um passado, queira ou não queira.[...] me atacam porque eu não sou festivo, quer dizer, eu não sou fascista nem comunista, e eles não admitem isso! Não admitem que uma pessoa que não seja de esquerda seja inteligente, que seja um bom autor[39]

[b. em 1978] Para mim, essa esquerda é igual à direita. Ela é intolerante, cheia de preconceitos. [...] Contar a morte desse Brasil, que era um Brasil importante, [...] não sei o que isso tem de mal. Você pode não concordar com ele [...]. Veja Tchékhov. Seu teatro é político, pois marca toda a morte de uma sociedade, anunciando uma era que vai começar. [...] Preferem Górki, que foi do partido. O Górki que viu matarem seus companheiros [...] nunca protestou contra os processos de Moscou, o massacre de comunistas iguais a ele por Stálin. Isso é histórico, portanto irrefutável[40].

---

38 *O Labirinto*, p. 173, 192.
39 Entrevista ao Centro Cultural São Paulo, p. 14.
40 Teatro Não É Palanque, *Isto É*, 19 abr. 1978.

A polêmica de 1978 refere-se ao surgimento de *Milagre na Cela*, quando o autor reafirmou as mesmas posições da década de 1960: sua recusa ao teatro politicamente "engajado". Ocorreu, no entanto, que *Milagre* inaugurou um ciclo de peças voltadas para uma análise social do presente e, desse modo, acabou expondo a inadequação das costumeiras expressões do dramaturgo para descrever suas obras do ciclo do passado, como "fato histórico", "ponto de vista histórico", "homem histórico", ficando mais evidente, sobretudo, a discrepância entre "registro histórico" e "registro artístico", dois enfoques de naturezas necessariamente diferentes. Jorge Andrade falou sobre *Milagre* em 1977, defendendo a necessidade de registro daquela "época difícil", para o que dizia sentir-se com liberdade e independência:

Não trato apenas de um fato histórico, conjuntural brasileiro, embora parta especificamente de acontecimentos, de dadas coisas, de fatos históricos brasileiros. Seu sentido, porém, é universal, em favor da liberdade, dos direitos do homem no mundo de hoje. Não é de modo algum uma peça partidária. [...] Eu falo do homem no seu sentido histórico. Seja ele um santo, seja um assassino. Seja fascista, seja comunista. Quero no teatro a presença desse homem. Com toda a sua problemática, suas angústias, vivências, suas contradições[41].

A peça, contudo, além de mal sucedida artisticamente, não consegue realizar a intenção do autor de registrar o momento "histórico" da repressão política no Brasil. Como bem notou o crítico Alberto Beuttenmüller, o tratamento dado à tortura é mais metafísico do que físico, arrefecendo a carga dramática, enquanto a mensagem final cantada ("é preciso sobreviver para os dias que virão") soa a certo comodismo: a freira, inocente, presa e torturada, assina, ao final de tudo, uma declaração de que nada ocorrera na prisão. Supomos que o projeto estético do autor de conciliar enfoque social e análise psicológica acabou turvando um e outro aspecto na peça, sobretudo no caso do delegado torturador e "chefe de família", ou da freira com grandes ideais político-religiosos e necessidades pessoais de satisfação sexual. Concilia, ainda, uma pintura do homem *hic et nunc* com visadas de universalidade, o que explica certamente

41 Resistir É Preciso, *Isto É*, 15 jun. 1977.

o tom insistentemente conceitual do discurso da freira protagonista, que torna a peça "púlpito", malgrado as intenções do autor. Baseado em "fatos acontecidos", que o dramaturgo por isso reputa "históricos", a peça pretende generalizar uma exceção, tornando-a representativa do momento político, um "fato histórico" e, ao mesmo tempo, um exemplo da humanidade do homem (Homem): o "milagre" na cela seria o "amor" nascido naquela situação extremamente adversa.

Jorge Andrade, nesse momento em que pretende a complexa tarefa de registrar o presente enquanto "História acontecendo", supõe-se cobrado/patrulhado ideologicamente como nos anos 1960 e fecha a questão, repetindo em 1977 e 1978, *mutatis mutandis*, o mesmo discurso de 1963, da época de *Os Ossos do Barão*: "Eles não admitem que eu humanize, têm que dar a visão maniqueísta do bem e do mal. [...] Ele não pode se apaixonar, tem de ser torturador até o fim. [...] O maniqueísmo não leva à compreensão da realidade social. Uma pessoa é torturada por um motivo, uma pessoa tortura por um motivo também. [...] É o tal negócio: o sujeito acha que o teatro ou é palanque ou é púlpito. [...] Agora, se eu não dou recadinhos, se eu não faço discursos, então eu não sou da confraria"[42]; "a arte só tem compromissos com o homem, seja sob o nazismo, seja sob o stalinismo"[43].

A tentativa frustrada de enfocar o *presente* da vida no país, a não compreensão das críticas que lhe sugeriam a reelaboração mais serena da obra e, certamente, a própria complexidade do material agora em mãos a exigir um esforço maior de observação e interpretação, diferentemente da familiar matéria do ciclo de Marta, levaram o artista a uma segunda ruptura com o teatro, ao qual acabara de retornar após ter deixado em 1969. No romance *Labirinto*, inscreve sua perplexidade, ao narrar seu encontro com Murilo Mendes em Roma, dizendo-se conduzido pela memória, em angústia, alma moldada em "barro barretense", em "tragédia teatral": "um dramaturgo que não encontra mais seus caminhos. [...] Sou ilha de aspirações literárias [...],

---

42 Teatro Não É Palanque, *Isto É*, 19 abr. 1978.
43 Apud P. M. Leite, "Milagre na Cela", *Folha de S.Paulo*, 13 jul. 1977; P. M. Leite, "Milagre na Cela" Traz o Novo Jorge Andrade, *Folha de S.Paulo*, 15 jul. 1977.

mas não sei o que fazer com elas: as portas teatrais me foram fechadas. Parece que meu teatro morreu!"[44]

O final da carreira do autor foi melancólico, como se infere de sua própria fala durante uma mesa redonda com críticos, dramaturgos e encenadores, no final de 1982, cerca de dezesseis meses antes do seu falecimento. Pessimista, estendeu, analogicamente, a toda arte teatral brasileira o seu esgotamento pessoal, sua desterritorialização, perda de referenciais, sensação de deslocamento que já se insinuara de certa forma desde 1965 em *Rasto Atrás*, por meio da personagem Vicente. O autor afirmou que não tinha nada a dizer no teatro, e nem queria dizer, que o que podia dizer, já dissera (o painel publicado): "Eu queria propor um problema, Sábato [...] o teatro não resistiu mesmo, não resistiu. Estou dando minha opinião. Ele foi massacrado, ele foi morto. Eu já me sinto assim um autor póstumo (risos)"[45].

A apreensão da História fora sempre mediada pela subjetividade da *memória afetiva* presa umbilicalmente a 1929, 1930, 1932 e aos quatrocentos anos da história paulista, tanto quanto por uma sensibilidade artística voltada para a forma teatral, que terminou por configurar a História como palco de ações e as memórias, em matéria teatral. Não bastasse o ciclo de Marta, no romance *Labirinto* os exemplos dessa postura são inumeráveis: "gente enraizada na história, de pessoas que entram no museu do Ipiranga e reconhecem nos retratos e quadros parentes seus e, nos móveis e objetos, pertences da família"[46]; "discutem política xingando Getúlio Vargas: nenhum percebe o processo histórico que coloca meu avô no caixão, pobre; como acabará colocando-os também"[47]; "foi deste rio que partiu o ditador que acabaria levando a um túmulo distante minha tia de vestido bandeira paulista"[48]; "Trabalhadores do Brasil! [...] no tabuleiro da realidade social, peões ameaçassem reis, rainhas e bispos"[49].

---

44 *O Labirinto*, p. 62.
45 Sobe o Pano: Onde Estão os Autores Nacionais?, *O Estado de S.Paulo*, 3 out. 1982.
46 *O Labirinto*, p. 167.
47 Idem, p. 103.
48 Idem, p. 117.
49 Idem, p. 119.

METALINGUAGEM: TEATRO E HISTÓRIA 177

No entanto, parece ter ocorrido alguma vez claramente
uma consciência dos limites da abordagem artística dos fatos
da História, durante uma entrevista com Sérgio Buarque de
Holanda, quando Jorge Andrade acredita encontrar sua identidade enquanto artista, desvinculando os ofícios de historiador e de escritor. Persiste, entretanto, na busca de resolução
para seus conflitos pessoais por meio do conhecimento da
História:

A mente lúcida, analítica, dialética do historiador se apresenta. A
minha tem a confusão apaixonada dos criadores. Mas eu vim ali
para procurar explicações históricas, portanto, dialéticas, não as
da fragilidade humana. [...] Com Sérgio, vou enfrentar a verdade
histórica de tudo[50].

O distanciamento que tentara buscar em vão no tratamento
do passado, e que lhe renderia um ponto de vista mais crítico e certamente evitaria as acusações de condescendência ou
nostalgia, o dramaturgo consegue, por instantes, relembrando
trechos de sua última peça: "Olho Fernão Dias, subitamente,
sem piedade. Seria já influência de Sérgio? Ou é a interpretação
dialética que começa a tomar conta de mim?"[51]

Mas o enfrentamento do passado nessas bases impessoais
de objetividade científica constitui apenas um ensaio fugaz. O
que suas obras atestam é uma fusão constante de tempos, espaços, vozes, ideias e sentimentos os mais diversos e ao sabor
das mais repentinas analogias, o que aliás é natural e desejável
em um trabalho artístico. No entanto, tal contato com o mundo
parece causar estranheza ao autor, que se exige sempre lúcido
e resistente ao abandono, como expressa em seu romance autobiográfico:

Agrilhoado em minha condição, a minha imaginação – ou a mente
enferma? – vem comendo a minha sanidade como um abutre. [...]
Quem sou eu? Mente criadora ou porta-voz da loucura? [...] Seria
a condição de dramaturgo?[52].

50 Idem, p. 164-165.
51 Idem, p. 168.
52 Idem, p. 67-68.

Em uma espécie de balanço, Jorge Andrade afirma, finalmente, ter interpretado a História de um ponto de vista particular seu, ou seja, a partir de sua própria história pessoal. Eis seu comentário sobre o tratamento da História em *O Sumidouro*, em que o pano de fundo dos fatos históricos estampa o recorrente tema jorgeandradino das conflitivas relações pai-filho:

> É por isso que, no meu teatro, há sempre um pai tentando destruir o filho diferente. Aparece constantemente um filho morto e exposto. [...] Impõe-se, quase sempre terrível, um passado histórico, responsável pelo presente[53].

Acredita, entretanto, justificada sua obra e válida sua contribuição à História, formulando mais um conceito de História, como "memória", museu:

> que cada um visite, de vez em quando, o seu próprio museu. [...] Se a vida de cada um monta um museu, é a soma de todos que se transforma em memória coletiva, em história. O meu museu, às vezes, é um verdadeiro bricabraque, misturando pessoas, datas, músicas, bichos, fatos, metais, tudo![54]

Esse último conceito de História, como museu, memória, enunciado em 1978, representa um retrocesso no ideário de Jorge Andrade, se o comparamos com sua visão de uma História traiçoeira, dinâmica, em 1969, exposta em *O Sumidouro*. Acreditamos serem essas duas conceituações responsáveis pelas (ou resultantes das) contradições que envolvem seu trabalho e seu discurso crítico: entre uma e outra, sua obra se esgarça, e o autor também. Pode-se sintetizar o problema num quadro em que as duas visões da História polarizam diferentes visões de mundo e diferentes modos de reelaboração artística do passado e, em última instância, testemunham duas faces diferentes do artista. Vejamos isso no quadro abaixo:

---

53 Idem, p. 191-192.
54 Idem, p. 193.

METALINGUAGEM: TEATRO E HISTÓRIA   179

CONCEPÇÕES DE HISTÓRIA DO AUTOR

HISTÓRIA	
CONCEITO 1 (1969) (revisionismo)	CONCEITO 2 (1978; 1950) (memória)
História dinâmica o novo o inesperado investigação dessacralização mobilidade seleção crítica do passado confronto de tempos diferentes "limpeza" do depósito	História estática museu/tradição o previsível recordação nostalgia imobilidade seleção afetiva do passado ("bricabraque") intemporalidade "depósito" de dados

ARTE e HISTÓRIA	
Jorge Andrade pesquisa entrevista historiadores Jorge Andrade julga (distanciamento) descobrir outras verdades no/do passado (o relativismo) o teatro alimenta a História obras: As Confrarias e O Sumidouro elemento do ciclo: Marta	Jorge Andrade vive os fatos ouve relatos da família Jorge Andrade transcreve (adesão) procurar "a verdade" no/do passado (o absoluto) a História alimenta o teatro obras: O Telescópio, A Moratória, Os Ossos do Barão elementos do ciclo: árvore e relógio parado

DILACERAMENTO DE ALUÍSIO JORGE ANDRADE FRANCO	
JORGE ANDRADE (1) (indivíduo) classe média, urbano, atual, culto, não preconceituoso, não partidário, crítico cidade: São Paulo Jorge Andrade dramaturgo, professor, jornalista, romancista, escritor de televisão	ALUÍSIO FRANCO (2) (família) oligarquia rural, passadista, partidária, "não tão culta", preconceituosa, não crítica cidade: Barretos filho de fazendeiros

(1) Nome artístico adotado.
(2) Como o autor é conhecido em Barretos. Helena, sua viúva, por não ter participado de seu meio artístico, considerou-se sempre esposa de Aluísio Franco, e não de Jorge Andrade, segundo suas próprias palavras, em 1988, em entrevistas a nós concedidas.

O segundo conceito, História como memória, remete a lembrança, reminiscência, recordação, relato, relação, que, segundo o historiador José Honório Rodrigues, tem um sentido arcaizante de "serviço de dedicação aos mortos", de "registro biográfico", ou uma concepção "do que se conserva de cor"[55], um conhecimento estático, representando a valorização de uma forma mental e de uma forma de escrita elementares, enfim, uma forma elementar de História. Por tudo isso, uma forma consagrada por regimes políticos que desejam manter um quadro histórico estereotipado para fortificar a estrutura de poder

55 Filosofia e História, p. 33-40.

existente. O dramaturgo, pretendendo um painel da família brasileira a partir da paulista, correu durante muitos anos o risco de estar generalizando valores muito especiais concernentes a um segmento da sociedade em que viveu. A *tradição* constitui outra posição diferente com que o presente vê o passado e, segundo J. H. Rodrigues, é composta de mitos, fábulas, lendas, mistificações, ilusões, funcionando como legitimação de um *status quo* – daí a paixão pela genealogia: "A tradição serve como sanção do que foi feito, e a classe dominante usa-a com o propósito de explicar o destino complexo do homem, e de reconciliá-lo com sua condição e aceitar como inevitável o processo que inferioriza ou marginaliza a maioria da humanidade"[56].

A *tradição*, enfim, ao zelar pela continuidade de hábitos, costumes, ideias, é estática, pervertendo o sentido de História (crítica, dinâmica, dialética), e, quando o poder muda, transforma-se em nostalgia e tende a "romantizar o passado", numa compensação por parte daqueles que não mais usufruem do poder e passam a denunciar a decadência e a corrupção do poder que passou a dominar[57]. A *tradição* seria sempre uma questão de curiosidade, nostalgia ou sentimentalidade, enfraquecida na sociedade industrial que, diferentemente da sociedade comercial e agrária, possuiria outros valores-suportes, segundo o historiador.

As três posições diferentes de ler o passado – *tradição, memória* e *história* – estão presentes no ciclo de Marta, configurando um conflito básico entre o velho e o novo, encarnado no binômio temporal antes/depois de 1930, no binômio espacial campo/cidade, no econômico agricultura/indústria e no familiar pais/filhos, aos quais é acrescentado um outro, nas últimas peças do ciclo: trabalho corporal/trabalho mental-intelectual-artístico.

Resta comentar, à luz de perspectivas da teoria da História, o uso habitual que fez Jorge Andrade, em seu discurso, das expressões "fato histórico", quando se referia a fato acontecido no passado (ou mesmo no presente, caso de *Milagre*), "verdade histórica", que o autor procura como algo absoluto e único, "ponto de vista histórico", que o dramaturgo se atribui e diz exercer com "independência", "registro histórico", do "homem histórico", de um "passado histórico", que Jorge reivindica ao

---

56 Idem, p. 36.
57 Idem, p. 38.

METALINGUAGEM: TEATRO E HISTÓRIA 181

defender seu trabalho. Nesses momentos, parece estar subjacente o seu conceito mais tradicional de História, quando, na verdade, o que pretende é alinhar-se a uma conceituação mais avançada, assimilada dos contatos com Sérgio Buarque de Holanda e Caio Prado Júnior, por exemplo, que encaram o passado como algo em permanente movimento, oriundo de um olhar atento e crítico para os seus efeitos no presente.

Para começar, há que se distinguir, então, o "fato histórico" do "fato acontecido"[58]: em princípio, toda a manifestação da vida social pode ser um fato histórico, mas não o é necessariamente. "Fato acontecido" é aquele que se deu no passado, que se produziu efetivamente, enquanto que o "fato histórico", embora também seja um acontecimento do passado, torna-se "histórico", objeto da ciência da História, devido à sua importância para o processo histórico. O critério para destacá-lo dos demais é seu significado para o desenvolvimento social, o que supõe um sistema de referências.

Logo, não há fato histórico "bruto", nu, puro, em estado puro (sem adjunção do fator subjetivo). Ele, por definição, não pode existir: os fatos com que se lida na ciência, no conhecimento em geral, trazem a marca do sujeito que conhece, são sempre retratados por um espírito que os registra. São, em suma, resultado também da atividade do historiador, daí ser mais recomendável, diante de uma obra histórica, observar-se, antes, por quem foi escrita, do que propriamente os fatos que ela contém. O "fato histórico" não é simples, mas de caráter complexo. É ao mesmo tempo um fragmento do passado acontecido (ponto de vista de seu estatuto ontológico) e também o produto da interação do sujeito e do objeto de uma relação cognitiva (ponto de vista de seu estatuto gnosiológico). Ou seja, embora elemento sólido isolado da realidade objetiva, é ao mesmo tempo um produto sobre a gênese do qual o historiador exerce sua ação: o "fato histórico" não se destaca por si mesmo dos outros acontecimentos ou processos, mas precisa do historiador, cuja tarefa vai além da ação de simplesmente registrá-lo e apresentá-lo, visão esta positivista que pressuporia fatos históricos "brutos".

---

58 A. Schaff, *História e Verdade*, p. 203-310.

E quanto à importância do "significado" de um acontecimento, isso constitui uma qualificação valorizada que, segundo
A. Schaff[59], precisa não só do objeto valorizado, como também
do sujeito valorizador (isso faz parte de uma relação cognitiva).
O significado baseia-se em uma teoria definida a partir da qual
o historiador procede à seleção dos acontecimentos e processos históricos, que ele eleva à dignidade de fatos históricos.
Daí poder haver discordância entre os historiadores, e fatos
omitidos ou considerados importantes em certa época serem
elevados ao (ou rebaixados do) estatuto de "fatos históricos".
Porque, em geral, o historiador obtém o tipo de fato que deseja
encontrar, pois a história é escolha, significa interpretação, não
se podendo, ao pensar a ação humana, professar-se submissão
pura e simples aos fatos, como se eles não fossem fabricados,
escolhidos preliminarmente. Escolha, contudo, que não é arbitrária, por ser o historiador um produto social, de modo que
sua seleção ocorre em função do contexto histórico a que pertence, da teoria que professa, dos interesses da época, da classe
etc. a que está socialmente condicionado. Assim, a promoção
de um fato vulgar a "fato histórico" não constitui um ponto de
partida, mas sim um resultado.

Assim se explica o "dinamismo" do conceito de História de
Jorge Andrade em 1969. Ela é um processo contínuo de interação entre historiador e os fatos, um "diálogo" entre presente
e passado, diferenciando-se da crônica, pois não só descreve
como também explica, avalia, interpreta. Além do estudo das
fontes, indispensável, é necessário que o historiador tente re-
constituir os motivos (causas) e os procedimentos finalizados
(objetivos) das ações humanas. Para isso há dois tipos de explicação que, aliás, Jorge Andrade usou como suporte no interrogatório de Fernão Dias em *O Sumidouro*, quando tentou
interpretar a História: a "explicação causal", que se limita a uma
parte dos antecedentes de um fato, uma vez que a explicação
não é integral, é incompleta, e a escolha do fragmento estu-
dado da cadeia causal é ditada por aquilo que interessa àquele
que se pergunta "por quê"; e a "explicação finalista", pois a História se interessa pelas ações humanas que são conscientes e

59 Idem, p. 234.

METALINGUAGEM: TEATRO E HISTÓRIA

subordinadas a um fim, a um objetivo, sendo necessário compreender as motivações dos homens implicados na ação, o que pressupõe do historiador um papel ativo e uma forte dose de subjetividade.

Vê-se que esse conceito mais avançado de História está intimamente ligado na dramaturgia jorgeandradina a um momento de questionamento do próprio código teatral, como se a descoberta das possibilidades de novas leituras do passado ensejasse a ocasião para experimentos na apresentação teatral desse passado. Assim, os fenômenos histórico, teatral e de busca de identidade vão ser representados sob o signo da relatividade por meio de procedimentos metalinguísticos.

Sobre a "verdade histórica", como não há conhecimento perfeito, atingindo-se apenas patamares no desenvolvimento do saber (marcha de limite em limite), não há verdade absoluta, mas relativa. Porquanto "relativa", a verdade histórica é objetiva, não arbitrária, no sentido da adequação da seleção dos materiais históricos segundo o ponto de vista do objeto do estudo, isto é, da sua adaptação às necessidades dadas. Segundo Adam Schaff, o conhecimento tende sempre para a verdade "absoluta"[60], mas realiza essa tendência no (e pelo) processo infinito da acumulação de verdades relativas, parciais, as quais não constituem "erros", mas verdades objetivas, se bem que incompletas. Assim, não se poderia afirmar que os historiadores "mentem", se bem que sustentem discursos diferentes e até mesmo contraditórios. Daí a História nunca estar definitivamente acabada, mas em processo. Daí também essa descoberta, em *O Sumidouro*, levar a outra por parte do protagonista Vicente: o "sentido de tudo", que ele buscava, é sintetizado num verbo ("procurar") despojado de seu objeto. Tornando-o intransitivo, valoriza-se o processo em si mesmo, desvinculando-o do imediatismo de um fim, até então uma obsessão para Vicente, à procura angustiada da "verdade".

Se a História é processo, ela se encontra continuamente em transformação, daí Jorge Andrade intuir a solidão de um homem que, envolvido nos fatos presentes, não se dá conta de seus desdobramentos futuros, sendo em certo momento

60 Idem, ibidem.

"abandonado" pela História que já não marcha junto com ele, mas contra ele – caso de Fernão Dias na peça. Como explica A. Schaff, citando J. H. Randall:

A evolução não pode ser plenamente compreendida por aqueles que são seus atores. Estes não podem compreender o "significado" ou os efeitos do que fazem, porque não podem prever o futuro. Compreendemos essa evolução apenas no momento em que ela constitui uma parte de nosso próprio passado; e se ele continua a produzir os seus efeitos, os nossos filhos percebê-lo-ão em termos diferentes dos nossos. [...] O "significado" de qualquer fato histórico consiste no significado que ele possui ainda, na sua ação, nos efeitos que dele resultam[61].

Para concluir, quanto à autodefesa que faz o autor, evocando a importância do passado que retrata em suas peças, porque são "fatos históricos", como no caso de *Milagre na Cela*, segundo os historiadores, como se viu, nem todo fato, porque realmente acontecido, é fato histórico e, mesmo se fosse, não estaria a salvo de outros enfoques diferentes do seu: os fatos escolhidos e trabalhados teatralmente pelo autor têm a sua marca, trazem os vestígios de sua eleição; não são, portanto, verdades acabadas, irrefutáveis, à espera de seu simples registro, um registro "neutro", tão somente porque o passado "está lá", como dizia Jorge, não depende de ninguém para existir. E, sobretudo, porque se trata de teatro, arte, cujo compromisso com a realidade que representa, mesmo quando se trata do estilo "realista", longe está de assemelhar-se à abordagem científica da História, em que pesa toda a margem de relatividade, subjetividade e interpretação que esta última comporta.

Os estudos, pesquisas, documentos autênticos, experiência pessoal do passado, enfim, o conhecimento histórico investido na construção de seu teatro não pode se confundir com o conhecimento que seu teatro oferece ao público receptor. Há, obviamente, transubstanciação daquela matéria-prima no processo de criação. Daí não caberem invocações dessa ordem para justificar a intocabilidade e a importância dos fatos retratados como testemunho de uma época e legado às gerações se-

---

61 Idem, p. 276-277.

METALINGUAGEM: TEATRO E HISTÓRIA

guintes ("missão do artista"). O ponto de vista do dramaturgo, tampouco poderia querer-se neutro, ou "independente" diante dos fatos narrados, pois o homem está, de toda forma, enraizado num contexto histórico – família, classe social, atividade profissional etc. –, não podendo isentar-se dessa condição. Se seu ponto de vista se quer "histórico" (sobre a História? de importância histórica? integrante do processo histórico?), o autor não pode evitar que sua visão de mundo exposta seja de algum modo enquadrada dentro do jogo de forças sociais em conflito – em algum lugar esse ponto de vista se localiza e faz sentido.

Afirmando que seu compromisso, enfim, é para com o homem, genericamente (o Homem), Jorge abstrai esse homem de toda a ganga de sua condição real concreta de indivíduo "fixado no seu tempo e no seu espaço" (homem histórico) e se endereça a um homem idealizado, intemporal, inespacial, desligado de "partidos" ou classes sociais e ligado ao autor e aos outros homens pelo simples fato de comungar da mesma condição humana e de marchar fatalmente para uma utópica "liberdade social e existencial" ao final de tudo (uma Liberdade). Em *Labirinto*, Jorge explicita melhor o denominador comum que iguala os homens, ao falar de sua experiência como repórter. Na verdade, embora professe registrar um homem em sua concretude histórica, variável, Jorge Andrade acaba procurando, acima de tudo, o Homem, ou o que no homem é invariável, trans-histórico. Daí afirmar-se "político" não com "p" minúsculo, mas "Político", uma vez que sua adesão seria mais profunda, mais duradoura e ampla: adesão ao Homem. Vejamos: "o homem é sempre o mesmo, que as paixões não variam em São Paulo, Piauí, Estados Unidos ou África. É sempre o homem diante da terra, da mulher, do espaço, do suor, do amor, de crenças ou temores"[62].

Talvez o melhor resultado artístico dessa conciliação, a inscrição em filigrana do Homem no homem, seja Marta (*As Confrarias*), e o pior seja a madre Joana (*Milagre na Cela*). A tetralogia metalinguística testemunha a transição entre o conceito de *História como memória* e o conceito de *História como processo* (revisionismo) no ciclo de Marta.

---

62 *Labirinto*, p. 34.

A CAÇA DA HISTÓRIA: ALGUMA MATÉRIA-PRIMA DE *AS CONFRARIAS* E *O SUMIDOURO*

> *Eu fui à História procurar, eu estudei.*[63]

Lamentavelmente Jorge Andrade eliminou todos os vestígios da construção das suas duas peças de 1969, que lhe consumiram uma década de trabalho. Diferentemente dos casos anteriores, a matéria dessas obras foi procurada fora da memória familiar: "depois de acabar com os demônios familiares, é preciso exterminar os culturais".

No caso de *As Confrarias*, o autor se atém ao episódio da Inconfidência Mineira, como fizera outra peça teatral do período, *Arena Conta Tiradentes*, como já examinamos. Escolhe, todavia, outro ângulo e outro tratamento, abordando o fato de viés, através do exame das irmandades religiosas atuantes na época; a História funciona como suporte para explorações poéticas em torno do problema da representação teatral e do preconceito de cor na colônia em fins do século XVIII. Como vimos, o autor pesquisou documentos e entrevistou entidades religiosas em Ouro Preto em 1966, e consultou obras de História do Brasil, como *Formação Econômica do Brasil*, de Caio Prado Júnior, e a já citada *História da Companhia de Jesus*.

Quanto a *O Sumidouro*, a matéria já não é tão familiar ao público, a não ser o fracasso de Fernão Dias na busca das esmeraldas. A angulação do problema, sobretudo, parece original, como veremos, uma criação do próprio Jorge Andrade que toma a si a tarefa de "revisar" a História no final do ciclo de Marta. Por outro lado, tornou-se mais fácil o acesso às suas eventuais fontes de pesquisa nesse caso, por conta dos depoimentos do autor, mais generosos quanto à elaboração dessa obra. Além do já citado livro de Caio Prado Júnior, teríamos *Vida e Morte do Bandeirante*, de Alcântara Machado, *Raízes do Brasil*, de Sérgio Buarque de Holanda, e obras de Affonso d'Escragnolle Taunay, a partir das quais chegamos a outros estudos afins.

---

63 O Teatro Político que Jamais Quis Ser Partidário, *Jornal do Brasil*, 27 mar. 1981.

METALINGUAGEM: TEATRO E HISTÓRIA 187

As Confrarias – A peça é construída com os dados socio-culturais e político-econômicos dos anos finais do século XVIII, centralizando a ação dramática no espaço das Minas Gerais, quando a mineração já dava mostras de esgotamento, e Portugal intensificava a opressão sobre a colônia. As confrarias, entidades ligadas à administração eclesiástica, metaforizam a estratificação social com base na cor da pele dos elementos da população e, consequentemente, o intricado jogo de interesses políticos entre colônia e metrópole. A colônia é enfocada em suas contradições básicas, num momento de crise, a partir de dois vetores: o lugar ocupado pelo povo que, nessa época, é a maioria não branca; e o papel dos letrados da terra, dos intelectuais, na resolução de um impasse – a ameaça de derrama pelo governo português.

Sobre esse pano de fundo histórico, corre paralelo o drama de Marta, mulher do povo que tenta um enterro religioso para o filho morto que carrega numa rede. Esse filho constitui um verdadeiro empilhamento de signos de marginalização dentro do universo colonial: pobre, mulato, ator, desligado de religião, não associado a confrarias, praticante de um discurso crítico contra a Coroa e suspeito de conspiração.

Os pontos da História selecionados por Jorge Andrade para configurar o momento são os seguintes: a dependência de Portugal ao império britânico revelada na questão dos teares, a marginalização do elemento racial majoritário, a posição dos intelectuais/poetas e o papel da Igreja quanto à discriminação profissional (artesãos e atores) e racial (mulatos, negros, judeus), e quanto ao seu apoio à metrópole.

As Confrarias está intimamente ligada à última peça do ciclo, *O Sumidouro*, uma vez que a descoberta das minas auríferas em princípios do século XVIII seria consequência das inúmeras expedições exploratórias (bandeiras) pelo sertão adentro. O interesse da metrópole pela colônia do Brasil aumenta, e seus efeitos se fazem sentir no acirramento de uma política de restrições econômicas e opressão administrativa. Diferentemente da agricultura e da pecuária, a nova atividade econômica requeria minuciosa e rigorosa disciplina, que seria conseguida por meio de inúmeros regulamentos que regeriam a exploração, a fiscalização e os tributos a serem cobrados. Acresce que Portugal, endividado com a Inglaterra (economia já na etapa da industrialização) e tentando recuperar-se no quadro do comércio europeu desde a Restauração (em 1640, após a libertação do Reino Espanhol), frente à França, à Espanha e à Holanda sobretudo, via nesse ouro a última chance de se reerguer, uma vez que o açúcar, grande monocultura brasileira, havia caído no mercado internacional de preços. Segundo Nelson Werneck Sodré, a principal medida administrativa consistiu na criação das "Intendências das minas" (1702), subordinadas exclusivamente ao governo de Lisboa.

O quadro social, com o tempo, vai se diversificando, pois, enquanto as "lavras" eram explorações de grande porte e requeriam aparelhamento especial, a pequena extração era feita por "faiscadores", móveis e nômades, com instrumentos rudimentares, já que o ouro em geral era superficial, de fácil extração, logo se esgotando. Favoreceu-se o surgimento do homem livre, explodindo a população dessas regiões, incrementando a urbanização e o mercado interno. Surgiu, em consequência, uma camada média de funcionários, profissionais liberais, literatos, clérigos, comerciantes e artesãos, com interesses cada vez mais divergentes dos da metrópole.

Quanto à dependência internacional, frisada na peça por Marta, Portugal ligava-se notadamente à Grã-Bretanha, com quem acabara de assinar um acordo, segundo o qual "o mercado metropolitano luso era franqueado aos panos britânicos, como o mercado colonial, através da metrópole; ao mesmo tempo em que o mercado inglês era franqueado aos vinhos que os ingleses fabricavam em Portugal, tudo transportado em navios ingleses e, consequentemente, drenando para a Inglaterra o ouro remetido pelo Brasil", segundo Nelson Werneck Sodré[64]. Esse fato, mais tarde, refletiu-se na proibição do uso dos teares no Brasil, assim como o fechamento de qualquer fábrica, manufatura, ou metalurgia e ourivesaria, mesmo que precárias. Várias companhias portuguesas de comércio ultramarino cuidavam do monopólio comercial.

A peça de Jorge Andrade aborda o momento da crise: o cerco fiscal em torno da mineração fora aumentando até chegar

---

64 *Formação Histórica do Brasil*, p. 142.

METALINGUAGEM: TEATRO E HISTÓRIA

à cobrança de impostos impossíveis de serem pagos, porquanto não havia ouro suficiente para tal. Proibira-se a circulação do ouro em pó ou em pepitas, restringindo-o ao manuseio sob a forma de barras, como aliás deveria ser pago o "quinto" (imposto anual equivalente à quinta parte da produção do minerador no período). Ao esgotamento do ouro correspondem medidas fiscais mais violentas, não ocorrendo a Portugal, segundo Caio Prado Júnior[65], outra explicação senão a fraude, outra forma de imposto senão os quintos, nenhum passo para introduzir melhoramentos técnicos na mineração, ou o envio de pessoal competente. Lançou-se mão unicamente de castigos severos, quadro que justifica a atmosfera tensa que percorre o interrogatório de Marta em *As Confrarias*. O derrame, forma de tributação que levou à conspiração pela separação da colônia de Portugal, consistia em obrigar a população a completar a soma de cem arrobas de ouro (cerca de 1500 kg), quota anual mínima que o produto do quinto deveria atingir. Os meios para sua obtenção iam desde a instauração de impostos os mais absurdos, até a violação de casas, prisões indiscriminadas etc., num processo que durava meses espalhando violência e terror. O fato de a mão-de-obra ser majoritariamente negra, com o uso de escravos importados da África em grande quantidade, configurou uma sociedade peculiar que tornaria complexo qualquer movimento que intentasse um levante geral para a separação da colônia, aspecto explorado pelo espetáculo *Arena Conta Tiradentes*. O povo composto de negros escravos, negros alforriados, mulatos e brancos pobres estava à margem de qualquer ação naquele sentido, por constituir o sustentáculo submisso da estrutura econômica colonial e, sendo esmagadora maioria, representava um risco para a classe dominante – grandes proprietários e mineradores, grandes comerciantes – e até mesmo para a camada média urbana. O problema era promover a independência da metrópole, mas de tal forma que não fosse necessário conceder liberdades e direitos ao povo. O fracasso dos inconfidentes mostra que a equação era insolúvel. Aliás, segundo José Honório Rodrigues[66], o medo de uma rebelião negra sentido pela minoria

65 *História Econômica do Brasil*, p. 161.
66 *Independência: Revolução e Contra-Revolução*, p. 112-118.

branca da colônia sempre fora explorado pela metrópole para evitar qualquer ideia de independência e manter os brasileiros obedientes à Coroa, chegando-se ao ponto de promover pequenas revoltas de escravos para sufocar tentativas maiores de insurreição geral. Jorge Andrade, em *Pedreira das Almas*, ambientada durante a revolução liberal de 1842, já aludira a esse expediente político da Coroa.

Dada a complexidade de interesses dentro da Colônia, polarizados nos binômios senhores/escravos, fazendeiros/comerciantes, escravos/homens livres, brancos/negros, negros/mulatos, mulatos/brancos, elite intelectual/povo, elite intelectual/classe dominante, administração portuguesa/vida brasileira, a ideia de separação não era generalizada, e nada havia que indicasse um pensamento separatista claro e definido, mesmo às vésperas da Independência. Segundo Caio Prado Júnior, o próprio José Bonifácio, "Patriarca da Independência", "o foi apesar dele mesmo, pois sua ideia sempre fora unicamente a de uma monarquia dual, uma espécie de federação luso-brasileira"[67]. Todos, enfim, estavam insatisfeitos, mas cada um forjava ou adaptava para si uma "ideia" para uso próprio que justificasse sua posição e reivindicações. Esse quadro, ponto alto do espetáculo do Arena, não é explorado por Jorge Andrade, que se atém à ação incompetente dos poetas e à opressão clerical.

Aliás, quanto aos poetas/intelectuais, Arena e Jorge Andrade concordam plenamente e lhes reservam críticas diretas e muita ironia. Na conspiração pela Independência no final do século XVIII, Joaquim José, "dentre os processados, era o mais pobre e o menos letrado"[68]. Quanto aos "letrados", ainda se prendiam muito aos paradigmas europeus. A produção artística e intelectual, embora afinada com a Europa, especialmente com a França e seus ideais libertários contra a monarquia absoluta[69], não soubera enraizar-se na realidade da colônia e in-

---

67 *Formação do Brasil Contemporâneo*, p. 364.
68 F. Alencar et al., *História da Sociedade Brasileira*, 3. ed., p. 76.
69 Segundo C. Prado Júnior: "Tudo que se escreveu no Brasil desde o último quartel do século XVIII, que é quando realmente se começa a escrever alguma coisa entre nós, traz o cunho do pensamento francês: ideias, o estilo, o modo de encarar as coisas e abordar os assuntos [...]. As devassas da justiça colonial, que os acontecimentos tornam frequentes desde fins do século XVIII,

METALINGUAGEM: TEATRO E HISTÓRIA   191

tegrar-se às suas peculiares necessidades, ao quadro geral de sua sociedade, fato evidente na poesia "arcádica" ou "neoclássica" da "Academia de Vila Rica" (Arcade ou "Colonial Ultramarina"), à qual pertenciam os conspiradores Cláudio Manuel da Costa, Tomás Antônio Gonzaga e Alvarenga Peixoto. Uma literatura realmente brasileira só se formaria após a Independência, segundo Antonio Candido:

pouco havia nas débeis letras de então que permitisse falar em literatura autônoma, seja pelas características das obras, seja pelo número reduzido de autores, seja, principalmente, pela falta de articulação palpável de obras, autores e leitores num sistema coerente. Não havia tradição orgânica própria, nem densidade espiritual do meio[70].

Na peça de Jorge Andrade, esse problema de inadequação da linguagem/ação daqueles poetas mineiros frente à realidade presente de seu meio parece evidente e mesmo alçado ao primeiro plano. O fato já comparecia, igualmente, na peça já citada de Boal e Guarnieri, porém de maneira mais jocosa do que amarga.

Resta, finalmente, para finalizar esse painel, tocar no aspecto que distingue, fundamentalmente, a peça de Jorge Andrade daquela do Arena. Em *As Confrarias*, no centro dos debates encontra-se o questionamento da posição da Igreja, sobretudo em relação ao preconceito de cor no Brasil colonial.

As leis discriminatórias contidas nos estatutos das ordens e associações religiosas (irmandades e confrarias) de Minas Gerais no século XVIII refletiam o comportamento ideológico da sociedade setecentista portuguesa, pois eram redigidas nos mesmos moldes da metrópole, trazendo para a colônia toda uma forma de representação racista e elitista, uma vez que a Igreja constituía o "aparelho ideológico" privilegiado da aristocracia e, segundo Maria Luiza T. Carneiro, partilhando com aquela classe o topo do poder do estado absolutista português[71].

desvendam os segredos das principais bibliotecas particulares [...] o simples conhecimento da língua francesa chegava a ser mal visto [...]. A liberdade, igualdade e fraternidade [...] servira de lema a todos que pretendiam alguma coisa". (*Formação do Brasil Contemporâneo*, p. 376-377.)
70 *Literatura e Sociedade*, p. 170.
71 *Preconceito Racial em Portugal e Brasil Colônia*, p. 197.

A *discriminação racial* funcionava como instrumento legal de seleção para a concessão de privilégios e benefícios que ficavam, desse modo, concentrados nas mãos da aristocracia e do clero associados (a acumulação de enorme riqueza pela Igreja, desde a Idade Média, oriunda de doações dos nobres para expiação de pecados, explicaria seu poder de aliança com aquela classe). A discriminação racial, segundo a autora citada, transformar-se-ia numa arma de barreira social, oficialmente, em fins do século xv, quando os reis católicos Fernão e Isabel de Castela transformaram a Espanha numa grande potência. Para expulsarem os mouros do reino, necessitavam de fundos, daí ter a religião se conjugado aos interesses econômicos da Coroa, por meio de um sistemático confisco de bens e marginalização total dos "inimigos da fé católica", mouros e judeus. No final do século seguinte, o Tribunal do Santo Ofício consolidou esse quadro, com o alastramento do conceito de pureza de sangue, uma política anti-imigratória, a divulgação de obras antijudaicas e uma legislação racista. Em Portugal, as Ordenações Afonsinas (reunião de todas as leis portuguesas, em 1446) tomaram como fontes de valor o Direito Romano e o Direito Canônico, mantendo aquelas discriminações. Seguiram-se as Ordenações Manuelinas (1514-1521), que acrescentaram três novos grupos de discriminados, o cristão-novo, os ciganos e o indígena, até 1603, quando entraram então o negro e o mulato. As justificativas, além de raciais, evocam religião, comportamentos, atitudes, ideias, crenças. O negro e o mulato, até o século xix, eram discriminados na legislação portuguesa como inábeis para certos cargos civis e religiosos, ficando alijados da estrutura social portuguesa e brasileira, como interessava ao Império Colonial. A sociedade classificava os indivíduos em "limpos de sangue" e "infectos": aos primeiros eram inerentes honra e nobreza, pois a "limpeza comprovada" dava acesso a cargos políticos, religiosos, honrarias e toda sorte de benefícios. Se nas inquisições de *genere* (investigação genealógica), por "fama" ou "rumor" (a propaganda sistemática e as ameaças de excomunhão levavam à delação), o indivíduo fosse "infamado", estava estigmatizado e só lhe restaria a marginalização, ou, dependendo do momento, castigos mais contundentes. No entanto, as instituições capazes de definir

METALINGUAGEM: TEATRO E HISTÓRIA 193

impedimentos, evidentemente tinham o poder de fornecer dispensas, e o faziam em função de interesses do momento, como fonte de rendimento ou troca de prestação de serviço. Em algumas instituições, além da discriminação racial, figuravam como impedimento a bastardia e certas profissões (ofícios mecânicos ou outros "indecentes"), como é apresentado em *As Confrarias*.

O Tribunal do Santo Ofício, por exemplo, tinha uma seção unicamente dedicada à investigação genealógica que partia de um interrogatório do indivíduo acusado, completados dez dias de cárcere, conforme explica M. L. Tucci Carneiro:

nome, idade, *qualidade de sangue*, profissão, residência, filiação materna e paterna, avós de ambas as partes, tios e irmãos. Interessava ainda saber se eram casados, com quem e que filhos ou netos tinham vivos ou defuntos. As testemunhas a serem nomeadas para as provas das contraditas deveriam também ser feitas por pessoas cristãs-velhas[72].

É curioso como Jorge Andrade usou desses dados no interrogatório de Marta pelos padres das confrarias. E a todos a protagonista responde de forma geralmente oblíqua, afetadamente dissimulada, por vezes, incitando-lhes a sanha inquisitorial. Consultando o *Manual dos Inquisidores*, de Frei Nicolau Emérico (1320-1399), surpreendemos, no capítulo dos interrogatórios[73], referências à performance do acusado, ou certas maneiras de enganar os inquisidores aplicadas pelos "hereges", que coincidem, admiravelmente, com os mecanismos que se podem observar no discurso da personagem jorgeandradina, tais como, por exemplo, responder de maneira ambígua: a. "Provedor (*capcioso*): Que cor acha que tem o demônio? / Marta (*compreendendo o ardil*): A que cada um lhe dá" (p. 39); b. "Ministro: Então não será na casa de Deus. / Marta: Na única que existe. E vocês irão. (Volta-se e sai)" (p. 45).

Ou acrescentarem à resposta uma condição que eles, os hereges, subentendem: "Provedor: Ele andou em maus caminhos? / Marta (*astuciosa*): Se há caminhos é porque alguém já passou. A gente também pode passar. Ele passou por todos" (p. 30).

---

72 Idem, p. 140.
73 Cf. p. 117-127.

Podem também, segundo o livro, inverter a pergunta ou responderem por uma admiração: a. "Síndico (*atônito*): Nunca encontrou Deus? / Marta: Como posso encontrá-lo se não enxergo meu próprio rosto! O senhor enxerga?" (p. 50); b. "Marta: O senhor tem filhos? / [...] Como poderia tê-los se todas as mulheres fossem freiras?" (p. 32); c. "Pároco: Seu filho acreditava em Deus? / Marta: Como não acreditar, senhor pároco, que o navio seja guiado por força superior, quando navegando num oceano tempestuoso, sob direção de pilotos negligentes e inábeis, resiste, contudo, às maiores tempestades?" (p. 48).

Outro recurso seria se desviarem das perguntas, deturpando sentidos: a. "Ministro: E seu marido se matou sozinho no trabalho? / Marta: [...] Foram outras coisas que o mataram" (p. 34); b. "Pároco: Então, sabia que podia levá-lo à morte? / Marta: Morrer é a condição de quem nasce, senhor pároco. Como reviver é a dos mortos que deixam alguma coisa aos vivos" (p. 52).

Os hereges, segundo o *Manual*, costumam também lançar-se a fazer autojustificativas: "Provedor: Há caminhos do demônio! / Marta: Não conheci nenhum. Não há nada escondido em nosso passado. É um emaranhado de trilhos que se perde na memória, mas que todos podem percorrer. Em um deles, meu filho nasceu" (p. 30).

Há igualmente o artifício de se passarem por tolos ou fingirem debilidade física: a. "Marta: [...] Aquela figura não é a do demônio? Chego a ter medo... de tão perfeita!" (p. 48); b. "Provedor: Está se sentindo mal? / Marta: As ruas são íngremes... e há duas horas que carrego meu filho" (p. 28); "(*contrai-se agoniada*) / Ministro: Que foi? / Provedor: Por que nos olha assim? / Juiz: Ela parece que não enxerga a gente!" (p. 42).

No entanto, como já se comentou antes, o discurso da personagem também tem uma face provocadora, cujo objetivo é justamente fazê-la parecer "ímpia", filha de "cristãos novos". Sendo assim, Marta não emprega o artifício de "se dar ares de santidade na aparência ou na maneira de viver", mas tece de mistério e magia a vida de seu marido, a de seu filho e a sua própria. Embora não possamos assegurar que Jorge Andrade tenha se inspirado em tal fonte, a hipótese não é desprezível.

No que concerne às organizações da Igreja, segundo Tucci Carneiro, atuavam no Brasil colônia as ordens regulares, ordens terceiras e associações religiosas, como as irmandades e confrarias, impondo normas estritas de comportamento e todo um sistema simbólico calcado no paradigma aristocrático português, qualquer gesto podendo levantar suspeitas de heresia, superstição, feitiçaria e comprometer a "pureza de sangue" de um indivíduo, inclusive no que concernia ao uso da linguagem verbal, quando esta não coincidia com as normas impostas. Enfim, pertencer a uma daquelas entidades significava ser "bom cristão", o que garantia a aceitação social. Jorge Andrade elege esse aspecto da questão como ponto básico de sua peça.

Os leigos se organizavam em associações religiosas, como as ordens terceiras (vinculadas às ordens religiosas dos carmelitas e franciscanos) ou as confrarias ou irmandades. Estas últimas, de caráter religioso e devocional, eram uma forma de sobrevivência das antigas corporações de artes e ofícios, previam a participação do leigo no culto católico, faziam devoção específica a um santo e tinham seu estatuto aprovado pelo rei de Portugal. Todas eram segregacionistas, apresentando seus argumentos em termos teológicos e biológicos, sem qualquer fundamentação científica, e apoiadas em "fama", boatos e insinuações nas inquisições de genere. Sua organização interna, bem hierarquizada, previa os cargos de ministros, oficiais de mesa, provedor, irmãos, escrivão, tesoureiro, definidor etc., como podemos constatar na peça de Jorge Andrade.

Quanto à existência de confrarias somente de negros ou mulatos, assim como ocorria também nas corporações militares na colônia, atestariam um interesse do poder em oferecer uma imagem de abertura institucional para a maioria da população colonial, para evitar que a opressão demasiada gerasse conflitos graves. Imagem falsa, segundo afirma a autora já citada, na medida em que essas corporações também eram discriminatórias e partilhavam dos valores fundamentais da Igreja, além de serem fiéis à Coroa portuguesa, como podemos observar no discurso dos padres em *As Confrarias*.

Diferentemente de *As Confrarias*, *O Sumidouro* ofereceu maiores oportunidades para que entrássemos em contato direto com obras realmente consultadas por Jorge Andrade para a elaboração da peça.

O Sumidouro – Jorge Andrade, nessa peça, aproveita dos historiadores não somente suas informações, como também, por vezes, determinadas expressões verbais que lhe teriam parecido de alguma viabilidade poética na apresentação dos fatos, como, por exemplo, *a relação entre o homem e o espaço* nos primeiros tempos da colonização, que na voz de Alcântara Machado ganha essa imagem: "para o sertão está voltada constantemente a alma coletiva como a agulha imantada para o polo magnético. / Porque o sertão é bem o centro solar do mundo colonial. Gravitam-lhe em torno".[74]

Menos preocupado com a inverdade histórica ali contida, confirmada por Sérgio Buarque de Holanda, para quem não existiria essa "'misteriosa força centrífuga' própria ao meio rural"[75], e mais interessado no rendimento poético que poderia obter ao empregá-la, Jorge Andrade aplica-a a José Dias ("determinação imantada desviando rumos, embaralhando direções") e aos bandeirantes, ironicamente ("se lançavam, em outras direções por fascinação magnética"). É, no entanto, na configuração da mata que o empréstimo se torna evidente: "Vicente: Ela é um mistério e, em torno dela, gravitou a imaginação de vocês. Para ela esteve voltada, constantemente, a sua alma, como a agulha para o polo magnético. Estamos na mata, Fernão Dias. Centro solar do seu mundo!" (p. 559).

O interesse pelo sertão se explica, inicialmente, pela ausência de centros urbanos, pela atração que exerciam as lendas de metais preciosos por descobrir e pela caça à mão-de-obra indígena, necessária àquela época de povoamento escasso e descaso administrativo da metrópole. Segundo Celso Furtado, as primeiras medidas de ocupação econômica da terra só se iniciaram na metade do século XVI[76], refletindo a preocupação política de Portugal que, junto à Espanha, estava visado na

---

74 Op. cit., p. 231.

75 Segundo o autor, o estágio decrépito das cidades permanece até metade do século XVIII: "O predomínio esmagador do ruralismo, segundo todas as aparências, foi antes um fenômeno típico do esforço dos nossos colonizadores do que uma imposição do meio. E vale a pena assinalar-se isso, pois parece mais interessante, e talvez mais lisonjeiro à vaidade nacional de alguns, a crença, nesse caso, em certa 'misteriosa força centrífuga' própria ao meio americano e que tivesse compelido nossa aristocracia rural a abandonar a cidade pelo isolamento dos engenhos e pela vida rústica das terras de criação". (*Raízes do Brasil*, p. 60.)

76 *Formação Econômica do Brasil*, cap. 1.

METALINGUAGEM: TEATRO E HISTÓRIA 197

Europa, vendo-se obrigado a defender, efetivamente, as terras descobertas sob pena de perdê-las para a Holanda, a França e a Inglaterra, países bem mais à frente na expansão comercial intercontinental. A expectativa girava em torno dos metais preciosos que existiriam tanto no interior do Brasil como nas terras espanholas do Peru e do México. Assim, medidas administrativas eram tomadas, sempre na dependência da conjunção política e econômica europeia, até meados do século XVIII, na tentativa de uma agricultura rudimentar e de exportação que não onerasse mais ainda a ocupação tão dispendiosa por conta das distâncias. O aspecto internacional da questão da bandeira de Fernão Dias, sobretudo, é o ponto privilegiado por Jorge Andrade na condução dos diálogos da obra, configurando o governo português como mero joguete nas mãos de interesses maiores, sobretudo da Santa Sé. Quanto ao isolamento de São Paulo, que se infere na peça, tem bons fundamentos na História. Segundo Richard Morse[77], o quadro era desanimador: a serra do mar, de ascensão difícil (obstáculo natural ao litoral), as doenças, o ataque dos índios e uma temperatura que atingia até o congelamento não ofereciam possibilidades atraentes de fortuna para migração nos séculos XVI e XVII. A própria fundação da cidade, por outro lado, já é índice de forças em conflito na ocupação: jesuítas *versus* colonos. Santo André da Borda do Campo foi fundada por João Ramalho no interior, e o Colégio dos Jesuítas instalou-se na colina estratégica junto à afluência do Anhangabaú e do Tamanduateí, no mesmo ano de 1554, fato no qual o historiador vê, de um lado, a experiência prática, a miscigenação, a adaptação e, do outro, a fé militante e a disciplina dos padres, fatores que se confrontariam e configurariam o perfil da cidade. Ambas as forças se acham em *O Sumidouro*.

Antes de examinarmos a figura histórica de Fernão Dias, é necessária uma breve apresentação de certos referentes socioculturais da peça jorgeandradina, tais como a visão edênica dos bandeirantes, a constituição geral dos habitantes da capitania e sua relação com a Igreja, todos elementos trabalhados na obra de Jorge Andrade.

---

77 Mito Urbano e Realidade, *Formação Histórica de São Paulo: De Comunidade à Metrópole*, p. 27-36.

Quanto aos povoadores de São Paulo, poucos traziam títulos hereditários de nobreza ou eram fidalgos por mérito pessoal[78]; a maioria compunha-se de plebeus. O elemento autóctone foi subjugado e, à força, tornou-se mão-de-obra da capitania, servindo até mesmo de meio de transporte de mercadorias e passageiros, além de excelentes guias nas matas no momento das expedições exploradoras. As fazendas pertenciam aos "homens bons", proprietários brancos, cristãos, patriarcas senhoriais, em torno dos quais constelavam numerosas famílias, "dependentes", escravos índios inicialmente e, mais tarde, negros e trabalhadores rurais[79]. Essa minoria branca e poderosa, espécie de ilha no seio da população indígena majoritária, teria, a partir desse momento, um comportamento social ambíguo que perduraria nas complexas relações inter-raciais no Brasil, refletindo-se na estrutura social da colônia, do Império e mesmo da República, até nossos dias. Muito embora orgulhosos da "limpeza de sangue", conseguida tenazmente por meio de uniões consanguíneas, as famílias da aristocracia rural conviviam com a realidade de uma "outra" família, ilegítima[80], fruto do "concubinato doméstico" resultante da apropriação conjugal das índias apreendidas nos combates ou das ligações consolidadas nas longas permanências nos sertões. Daí a multidão de "bastardos" mamelucos, "agregados" da fazenda e integrantes fiéis do séquito dos senhores, aceitos pela família legítima como "elemento inferior" e mal necessário. Nesse quadro, restava ao elemento feminino sujeição e obediência, as práticas domésticas e as práticas religiosas, o convento ou o casamento, e nenhuma instrução, nem mesmo um adestramento para assinatura do próprio nome. Isso explica as personagens Fernão Dias, José Dias, Maria Betim e a índia Marta, em *O Sumidouro*.

Quanto à vida administrativa e religiosa, o isolamento resultante da imensa distância da metrópole produzia seus efeitos: arrogância e arbítrio na imposição das leis, de um lado, e descaso e revolta em seu cumprimento, de outro, além de

---

78 Idem, p. 30; A. Machado, op. cit., p. 45.

79 R. Morse, op. cit., p. 31-32.

80 A. Machado, op. cit., p. 103-167. O autor registra o caso de Maria Leite, filha "natural" de Fernão Dias Pais, pobre e com imensa prole, implorando "pelo amor de Deus" enterro religioso no Convento de São Francisco.

relaxamento moral total. A legislação de ultramar não se adequava às condições peculiares da colônia (tributos sempre desproporcionais). No caso do apresamento e da escravização do índio, nenhuma lei ou ameaça de excomunhão conseguia impedi-los. A vida religiosa estava intimamente ligada à vida política, resultado da guerra de séculos empreendida pela península ibérica contra os mouros, quando então ficaram inseparáveis catolicismo e patriotismo. O clero apoiava os grandes fazendeiros e, no início, tinha certa ascendência sobre a vida colonial (a ameaça de excomunhão e o comércio de bulas o comprovavam). Os jesuítas, com seus colégios e aldeias de catequese indígena, no entanto, constituíam exceção e, por isso, foram atacados e vencidos[81]. Jorge Andrade explora na peça os principais episódios da vida de Fernão Dias relacionados a índios e padres: o assalto às reduções de Ibicuí, a dominação dos índios Mapaxó, a destruição das missões do Tape, Itatim etc. Alguns momentos: a. "Maria Betim: Um enviado do Colégio foi a Roma, advogar a sua excomunhão! / Fernão Dias: Já rasgamos um breve papal. Rasgaremos outro"; b. "Papa: [...] Dizias que esse Fernão Dias destruiu nossas missões... / Cardeal: Deixando, por onde passou, altares profanados, igrejas transformadas em senzalas, padres humilhados e assassinados. Foram tantas as crueldades, que o pavor tomou conta de toda a região paraguaia. Trezentos mil índios foram capturados, mortos ou dispersados. Isso, para fornecer braços a engenhos. / [...] Papa: [...] Os engenhos também são importantes. Bem dizias que não entendes de economia!"; c. "Papa: Fernão Dias levou os padres de volta a São Paulo, padre geral. É o construtor do Mosteiro de São Bento, não é? / Fernão Dias: Sou. Mas, posso destruí-lo".

Quanto às expedições, encarnariam, ao lado das motivações de ordem material, plenamente justificadas em face do estado miserável da colônia, uma assimilação do elemento indígena, de que teria resultado uma mestiçagem de ordem biológica, linguística e cultural: o nomadismo e a visão edênica dos bandeirantes seriam um reflexo direto da incorporação da

---

81 Idem, p. 197-198. Segundo Machado: "Em julho de 1633, Raposo Tavares e outros potentados assaltam o colégio e o aldeamento Barueri, expulsam os jesuítas, despejam os móveis e alfaias, apossam-se dos índios". Recebem intimação de sentença de "excomunhão" e rasgam-na.

cosmografia dos aborígines[82], cuja cultura geográfica, mesmo rudimentar, resultante de seus contínuos e imensos deslocamentos, teria comunicado aos europeus uma noção de unidade do território incompatível com o tratado de Tordesilhas.

Cabe aqui examinar, brevemente, esse aspecto da busca de um lugar utópico, já que está na base da construção de *O Sumidouro*. Sobre aquela "visão edênica", escreve Sérgio Buarque de Holanda um extenso livro, situando-a como um dos importantes fatores (ou fator polarizador) do descobrimento e colonização do Brasil[83], integrante do imaginário europeu, sobretudo ibérico, herdada de uma tradição medieval que se perde nos tempos. O mito do "Paraíso Terreal" teria ganhado "mais corpo" com o descobrimento da América, indo então "projetar-se no ritmo da história". Essa espécie de "secularização de um tema sobrenatural", contudo, não ocorria de forma semelhante entre espanhóis e portugueses, como provariam os documentos quinhentistas dos cronistas, historiadores e viajantes. Todos vinham em busca de um cenário ideal, mas, ao deslumbramento dos primeiros ("efusões as mais desvairadas que se podem comparar aos delírios do *siglo de oro* castelhano", segundo o autor), contrapunha-se uma reduzida sedução por parte dos últimos, os portugueses, o que implicaria razões de ordem prática, mais que especulativa ou fantástica, havendo uma adesão ao "mundo sensível de cunho antes sensitivo do que verdadeiramente conceitual". Concluindo-se, os portugueses prender-se-iam ao "cronista medieval", com seu "verismo naturalístico, puramente descritivo, constante de fragmentos e falho [...] de perspectiva, acúmulo de minúcias justapostas", que se diferenciaria do historiador renascentista que se comprazia "menos nos pequenos traços verísticos que no conjunto do painel". Ora, para os teólogos medievais, o "Paraíso Terreal" não representava apenas um "mundo intangível, incorpóreo, perdido no começo dos tempos, nem simplesmente alguma fantasia vagamente piedosa, e sim uma realidade ainda presente em sítio recôndito, mas porventura acessível"[84]; entre os *topoi* inseparáveis das descrições medievais do éden, temos o

---

82 Cf. Jaime Cortesão apud R. Morse, op. cit., p. 33-34.

83 *Visão do Paraíso*, p. 270-320.

84 Idem, p. xi.

METALINGUAGEM: TEATRO E HISTÓRIA 201

da "perene primavera", a "invariável temperança do ar", a "vida longeva", a "ausência de pestilências e enfermidades". Quanto à descoberta do "novo mundo", viria despojar o mito do seu conteúdo puramente religioso.

Em *O Sumidouro*, Jorge Andrade situa o mito na base das motivações de Fernão Dias, que o teria aprendido de uma índia denominada Marta. No que concerne aos indígenas, Maria Isaura Pereira de Queiroz descreve as configurações culturais que assume o mito da "Terra Sem Males" entre os índios tupi--guarani nos séculos XVI e XVII[85], mito provocador de êxodos imensos na direção dos Andes, do Peru (conheceria-no o império incaico), movimentos que partiam de toda a costa brasileira (inclusive paulista) ou, ao contrário, deslocavam-se do interior para o litoral. Cronistas e missionários portugueses teriam registrado uma efervescência religiosa encarnada nas pregações dos pajés que prometiam "novos tempos" que instalariam na terra uma espécie de Idade do Ouro:

que não curem de trabalhar, nem vão à roça, que o mantimento por si virá à casa, e que as enxadas irão cavar e as flechas irão ao mato por caça para seu senhor e que hão de matar muitos dos seus contrários e cativarão muitos para seus comeres e promete-lhes larga vida, e que as velhas se hão de tornar moças [...] espécie de lugar de segurança, cujos moradores estão livres sobretudo das doenças e da morte[86].

A autora, com cautela, assinala que todos esses fenômenos são pós-colombianos, o que supõe um papel do colonizador português como fator de influência. Por outro lado, por serem primitivos todos os elementos formadores do êxodo guarani, o movimento seria nativo, e não decorrente de uma situação colonial. Com a presença do branco, no entanto, o ideal da "Terra Sem Males" teria acentuado a coloração "reformista" de recuperação da realidade antiga, dos padrões valorativos, das instituições sociais deformadas no contato com o branco. Jorge Andrade parece associar a "serra das esmeraldas" ao mito da "Terra Sem Males", no discurso de Fernão Dias, certamente para colocar Marta, a índia de quem o bandeirante ouvira a

85 *O Messianismo no Brasil e no Mundo*, p. 161-210.
86 Idem, p. 165.

"lenda" e tivera o filho, José Dias, como mentora da procura incessante do protagonista: "Fernão Dias: [...] Um lugar, dizia, onde as árvores são sempre verdes, numa primavera constante. Onde o mantimento cresce nativo e flechas de ouro, atiradas de arcos mágicos, saem pelo mato caçando sozinhas. Um lugar onde não se morre, os velhos se tornam moços" (p. 550).

Já os dados históricos concernentes ao "herói" Fernão Dias especificamente e à sua bandeira de 1674/1681 estão presentes nas obras de historiadores, folcloristas, linhagistas, pertencentes, decerto, ao universo de pesquisa de Jorge Andrade. Há, também, a obra de um cartógrafo, E. Canabrava Barreiros, posterior à publicação do ciclo de Marta, verdadeira antologia de documentos fundamentais que reúne pontos de vista de inúmeros historiadores, como Taunay, Diogo de Vasconcelos, Frei Vicente do Salvador, Paulo Prado etc., e traz ainda todos os mapas e roteiros envolvidos na questão da serra das esmeraldas. O cotejo das informações de tais estudos consegue construir um painel do tema suficiente para investigar o corte operado por Jorge Andrade: que material foi aproveitado e qual foi preterido na elaboração da peça. Perseguimos, especialmente, os elementos matrizes da ação dramática, tais como o motivo da expedição, a parada no seio da mata, a traição e morte de José Dias, o fim de Fernão Dias e o empobrecimento de sua família para sustento da bandeira, bem como o papel do fidalgo espanhol Castel Blanco e o mistério de um mapa anterior à expedição. Interessava-nos, outrossim, investigar a toponímia da obra, inclusive como lugar de utopia indígena. Tudo isso se revela importante para examinar o tratamento metalinguístico da História pelo autor.

A figura de Fernão Dias está enquadrada, no período histórico das bandeiras paulistas, ao "ciclo bandeirante do ouro"[87], do qual é representante. O primeiro ciclo bandeirante fora o da caça ao índio, cuja maior figura era constituída por Antônio Raposo Tavares e do qual faziam parte igualmente Amador Bueno, Domingos Jorge Velho e Mathias Cardoso, em expedição até 1694. Quanto ao sobrenome Leme, ironicamente evocado em *O Sumidouro*, consta que Fernão Dias Pais nunca o

---

87 A. E. Taunay, *Índios! Ouro! Pedras!*, p. 46.

empregara em suas assinaturas, não comparece em nenhum dos papeis seiscentistas[88], seu filho "legítimo", Garcia Rodrigues Pais, nunca o usou, Pedro Taques, seu sobrinho-neto e primeiro biógrafo, não o cita, nem tampouco o continuador dos trabalhos deste, Silva Leme. O Leme lhe foi acrescentado em fins do século XVIII ou início do século XIX, a partir do seu neto Pedro Dias Pais Leme, que muito escreveu sobre o avô. O nome teria origem flamenga, Lems, entrando no Brasil através do sexto filho de Martins Lems com Leonor Rodrigues. Parte dessa intrincada árvore genealógica dos Lems encontra-se explicada em *Os Ossos do Barão*, pelas tias de Isabel. No que concerne à configuração dos bandeirantes como seres de exceção no universo estagnado da colônia, os estudos tradicionais tentam atribuir filiações étnicas nórdicas a essas raízes ancestrais dos grandes clãs de São Paulo. A transladação dos ossos de Fernão Dias da antiga Igreja de São Bento em São Paulo para a nova Abadia, em 1910 (ossos "de homem agigantado e umas melenas de cabelos ruivos e grisalhos"), deu margem a especulações, até mesmo para a tese gobiniana do sociólogo Oliveira Viana sobre a predominância de elementos nórdicos entre os bandeirantes paulistas. Teriam estes as características da raça germânica, tais que "espírito imperialista e conquistador, [...] caráter, mesmo temperamento nômade inquieto e belicoso, a mesma amplitude desmedida na sua ambição de fortuna e grandeza"[89].

Como vemos, o "nomadismo" tem mais uma explicação, diametralmente oposta àquela de um Sérgio Buarque de Holanda, que veria na paisagem colonial de Piratininga, Capitania de Martim Afonso de Souza, motivos socioeconômicos suficientes para explicar a mobilidade dos homens: a vocação daquele espaço "estaria no caminho que convida ao movimento, não na grande propriedade rural, que cria indivíduos sedentários"[90]. Ainda sobre o motivo da "raça" especial da qual se constituiriam os bandeirantes, tão ocorrente no ciclo de Marta quando se evocam os antepassados, não são menos interessantes as ditas "reflexões antropológicas sobre o bandeirante" de

---

88 Idem, *A Grande Vida de Fernão Dias Pais*, p. 21-22.
89 Idem, p. 27-29.
90 *Monções*, cap. 1. Em *Caminhos e Fronteiras*, o historiador desenvolve essa tese minuciosamente, por meio da descrição da existência material da colônia.

Joaquim Ribeiro[91], para quem a expressão "raça", assim empregada, não passaria de "mera licença semântica". Vê o autor outras razões para a "alta estatura" e "bom índice de robustez" daqueles homens: além das frutas silvestres e do ambiente rural, as condições sociais (guerras, nomadismo, "correrias" pelos sertões etc.), bem como os "influxos ecológicos" (influência do fosfato e do carbonato de cálcio nas terras calcárias do planalto meridional sobre o desenvolvimento do esqueleto) explicariam plenamente o fato.

O mesmo autor enumera ainda os traços de caráter de Fernão Dias que viraram lenda, tais como a intrepidez revelada no episódio dos três reis gentílicos submetidos, de uma só vez, à justiça e "rudeza, poderio supremo e despótico, implacável e absoluto", no caso da condenação do próprio filho à morte, à abnegação que o leva a vender "das filhinhas as joias mais queridas" para sustentar a bandeira, e à altivez, no caso lendário de um presente dado pessoalmente ao rei de Portugal, um cacho de bananas confeccionadas em ouro – quando o rei lhe disse que fizesse um pedido, Fernão Dias teria respondido "Se venho dar, como hei de pedir?"[92]. Embora não mencione o último caso, Jorge Andrade trabalha esses dados fundamentais em *O Sumidouro*, questionando-os. Quanto ao lema "Antes a Morte do que a Vergonha", é associado ao bandeirante desde a sua primeira entrada em 1637 nos sertões do Tape, no Rio Grande do Sul[93], e está subjacente ao andamento trágico da ação na peça jorgeandradina.

Jorge Andrade trabalha, exclusivamente, com a bandeira de 1674, expurgando-lhe certos detalhes que não interessavam à economia dramática de *O Sumidouro*. Entre os antecedentes da partida, figurava uma carta de Agostinho Barbalho Bezerra a Fernão Dias (em Vitória do Espírito Santo, a 12 de dezembro de 1665), com um convite ("certo negócio de minas que lhe convinha examinar") e um pedido de ajuda em mantimentos[94]. Fernão

---

91 *Folclore dos Bandeirantes*, p. 203-210.

92 Idem, p. 60-69. O episódio dos três reis capturados ocorrera na expedição de Fernão Dias ao sul, à serra de Apucarana, região do antigo Guaíra, entre os Guianá, em 1661, como registrado em A. E. Taunay, *A Grande Vida de Fernão Dias Pais*, p. 82.

93 E. C. Barreiros, *Roteiro das Esmeraldas*, p. 14.

94 A. Taunay, *Índios! Ouro! Pedras!*, p. 46.

METALINGUAGEM: TEATRO E HISTÓRIA

atende-o e, com a morte de Barbalho sem que este levasse a cabo a empresa, toma à testa a jornada seguinte, após receber patente em 30 de outubro de 1672 pelo governador do Brasil, Affonso Furtado. Quanto à carta régia de d. Afonso VI solicitando os serviços de Fernão Dias, é datada de 27 de setembro de 1664, de Lisboa, e chegou a São Paulo no ano seguinte, junto com a carta de Vitória. Jorge Andrade explora essa segunda carta em *O Sumidouro* como ponto de partida para a demonstração da rede de interesses internacionais por trás da famosa bandeira.

Um antecedente importante que explica a obstinação do bandeirante constitui a bandeira de Marcos de Azeredo Coutinho, a mais afortunada das expedições anteriormente feitas desde 1504 – saída de Vitória em 1596 sob as ordens do rei Felipe, rumo à região das esmeraldas –, que realmente encontrou as pedras, cujas amostras foram enviadas ao rei. Esse fato não figura na peça teatral, certamente porque a ela se liga a existência de um mapa da região atingida, documento cartográfico citado e reproduzido por Canabrava Barreiros datado de 1626 ou 1627, que continha todos os topônimos e o roteiro correto para se chegar às esmeraldas, referente a uma expedição havida em meados do século XVI[95]. Uma carta do próprio Fernão Dias, de 27 de março de 1681, a última que escreveu, no caminho de volta da descoberta, antes de chegar de novo ao arraial de Sumidouro, deixa claro que o bandeirante trilhava os passos da expedição citada de 1596: "deixo abertas covas de esmeraldas no mesmo morro da onde as levou Marcos de Azeredo, já defunto, coisa que há de estimar-se em Portugal se forem boas"[96]. Na peça de Jorge Andrade, tais dados não comparecem. Há um mapa pertencente a um padre, que o dramaturgo explora na trama da peça. Trata-se, certamente, da carta do padre Concleo, que, no entanto, é datada de 1700-1704, posterior a Fernão Dias. O autor quis sublinhar a participação do clero nessas empresas, o que aliás ocorria com frequência.

Quanto à conspiração de José Dias, episódio central de *O Sumidouro*, declara Jorge Andrade ter se informado em Taunay

95 E. C. Barreiros, op. cit., p. 94-97. O mapa referente à expedição de Bruza de Espinosa figurava no *Livro que Dá Razão ao Estado do Brasil*.
96 E. C. Barreiros, op. cit., p. 89. Essa carta está publicada em F. A. Carvalho Franco, *Dicionário de Bandeirantes e Sertanistas do Brasil*.

e, indignado com a abordagem desse historiador, ter partido para outras fontes[97], como já se comentou no item anterior. Fomos conferir o episódio: Taunay assevera que da conjuração de José Dias Pais o único depoimento conhecido é o relato do linhagista Pedro Taques de Almeida Pais Leme, e critica o historiador Diogo de Vasconcelos, que não só teria copiado o linhagista, como criado acréscimos indevidos, além de usar a expressão filho bastardo "dos delírios de sua mocidade" sempre entre aspas. Taunay comenta o estilo de Vasconcelos:

descamba o historiógrafo mineiro para a feição dos antigos escritores, praticando a deformação dramática como a moderna crítica a intitula. Assim, depois de traçar uma página romântica sobremodo impressiva e narrar os diversos incidentes relatados por Pedro Taques, termina por umas tantas asserções que o linhagista não fez e cuja procedência não diz[98].

Consultamos outra obra de Taunay intitulada *A Grande Vida de Fernão Dias Pais Leme*, para buscar a descrição do episódio, e a encontramos sob a denominação de "episódio brutiano". Ali, o historiador critica a linguagem de Pedro Taques ("no desataviado das palavras") e transcreve o seguinte parecer do linhagista:

Foi o autor desse sacrílego e bárbaro atentado o mameluco José Dias Paes, filho bastardo dos delírios da mocidade do Governador Fernão Dias, que por muitas vezes pôs desconfiança de que o seu amor excedia para com esse bastardo aos grandes merecimentos de seu legítimo filho e primogênito Garcia Rodrigues Pais[99].

Cremos ser essa a obra a que se refere Jorge Andrade, embora não tenha ele considerado as restrições e os cuidados de Taunay ao citar o linhagista Pedro Taques. O dramaturgo classi-

97 Entrevista ao Centro Cultural São Paulo, p. 5. Afirma sobre Taunay: "Então ele dizia assim: José Dias, o filho mameluco, produto dos delírios da mocidade de Fernão Dias, é um traidor, um fraco, e tudo o mais, ficou com medo da selva e voltou". O autor refere-se certamente à biografia *A Grande Vida de Fernão Dias Pais,* de Taunay, publicada pela primeira vez em 1931, no tomo IV dos *Anais do Museu Paulista.*

98 *A Grande Vida de Fernão Dias Pais*, p. 151.

99 Idem, ibidem.

METALINGUAGEM: TEATRO E HISTÓRIA 207

fica como "absolutamente burro" o historiador e comenta em outro momento: "Alguns chamam de Brutus indígena, que também foi bastardo. Veja como se contradizem! Se traiu por medo, como pode ser Brutus? Foi aqui que quase encontraram a verdade"[100].

Sobre a eventual "covardia" de José Dias, fato que intrigou Jorge Andrade[101] e o levou a pesquisar junto a historiadores e em documentos da época, para construir *O Sumidouro*, a informação consta em Taunay, que cita Pedro Taques:

> Querendo, pois, o mameluco José retirar-se para o povoado temendo perder a vida ao rigor de tantas causas, [...] e discorrendo que essa ação não podia verificar-se sem primeiro tirar-se a vida ao governador Fernão Dias, seu pai, fez conciliábulo dos seus parciais que, sujeitando-se ao infernal arbítrio, consentiram na proposição de tirar-se a vida ao dito governador para se retirarem livremente[102].

Quanto à descoberta da conspiração, Jorge Andrade se distancia de Pedro Taques. Vejamos: segundo o linhagista, uma velha e fiel índia Guaianá, ouvindo certa noite vozes na cabana de José Dias, inteirou-se da trama contra Fernão e correu à casa do bandeirante[103]. Este, após averiguar o fato, aguardou o amanhecer e comunicou a matéria ao filho legítimo, aos oficiais, parentes e amigos, prendeu os suspeitos, inteirou-se, formalmente, da culpa de José Dias e o fez enforcar à vista de todos. Jorge Andrade sintetiza o fato, transmudando-o para uma cena de discussão entre pai e filho, em que os dois se exacerbam e, em consequência, dois capitães prendem José Dias. A sugestão de conspiração aparece numa cena, páginas adiante, em que o mameluco será enforcado, mas sempre na forma de diálogo entre pai e filho.

---

100 *Labirinto*, p. 175.
101 Entrevista ao Centro Cultural São Paulo, p. 5; H. de A. Prado, Entrevista a Catarina Sant'Anna, 17 ago. 1988.
102 Apud E. C. Barreiros, op. cit., p. 73.
103 Idem, p. 68-70. Trata-se da "Quinta do Sumidouro", tombada pelo Patrimônio Histórico e Artístico de Minas Gerais, em janeiro de 1976. O conjunto engloba a casa onde ficou Fernão Dias Pais por cerca de três anos, o "arraial" do Sumidouro, onde ficavam seus comandados (inclusive José Dias e seu genro Borba Gato) e o "sítio do Fidalgo", lugar em que d. Rodrigo de Castel Blanco foi assassinado por Borba Gato em 1681. O conjunto pertence ao distrito de Fidalgo, município de Pedro Leopoldo, em Minas Gerais.

O roteiro do bandeirante, que inspira a Jorge Andrade as errâncias na mata, em círculos ou volta-atrás, contém, de fato, inúmeras partes obscuras que suscita no pesquisador Canabrava Barreiros interessantes comentários. Para sintetizar essa matéria que é objeto de todo um livro, repleto de mapas, esquemas e cotejo de pareceres de historiadores sobre o assunto, devemos esclarecer que o roteiro da expedição de 1674 é construído por hipóteses e comparações, com apoio em pouquíssimos pontos por onde a bandeira teria realmente passado, documentados nas cartas de Fernão Dias às autoridades da Corte. Resumindo, Fernão Dias teria saído por Taubaté, "porta do sertão", e passado por Ibituruna, espécie de encruzilhada de rotas já realizadas, e chegado a São Pedro de Paraopeba e dali ao *Sumidouro* (estes dois últimos pontos documentados). Mesmo aí os autores divergem: uns privilegiam as vias hidrográficas, outros as trilhas indígenas que só acompanham os cursos d'água como referência e fonte de alimentação. De toda forma, é curioso como se ignora a razão de ter o bandeirante plantado um arraial no Sumidouro e ali ter permanecido por cerca de quatro anos, quando só então recomeçou a busca rumo a Itacambira, onde estavam os socavões das esmeraldas de Marcos de Azeredo. Fernão Dias encontra as esmeraldas e volta, passando por Serro Frio (lugar da última carta) na direção de Sumidouro, aonde não chega, morrendo no rio das Velhas, de "carneirada" (febre fatal que mata coletivamente) ou "peste", segundo alguns.

Jorge Andrade centra a atenção no topônimo que intitula a peça, lugar em que José Dias conspira e é morto pelo pai, não mencionando, contudo, a última jornada do bandeirante a partir dali. Não menciona, outrossim, a figura do sertanista Matias Cardoso de Almeida, experimentado e valioso guia naquela época, que teria acompanhado Fernão e resolvera voltar do arraial do Sumidouro, retornando até ali em julho de 1681 para guiar o fidalgo d. Rodrigo de Castel Blanco ao encontro de Fernão Dias que, no entanto, morreu a caminho de lá. Tampouco a verdadeira morte do bandeirante é explorada, a não ser o episódio em que Garcia Pais mergulha num rio para recolher o corpo do pai – o rio das Velhas em que o pai naufragara já morto junto a outros índios doentes.

METALINGUAGEM: TEATRO E HISTÓRIA   209

A última etapa do trajeto entre Sumidouro e Itacambira é de tal forma envolta em controvertidos esquemas de historiadores, que o itinerário resulta inteiramente obscuro. Canabrava cita a conclusão de Salomão Vasconcelos:

A menos, pois, que esses homens andassem como caranguejos, com o agulhão desnorteado, alternando-se em verdadeiras contramarchas, para adiante e para trás, para o norte e para o sul, de leste para o oeste; não há como justificar ou entender aquele roteiro[104].

Enfim, o historiador citado "restabelece" o que entendia ser o roteiro certo, e Canabrava com ele concorda, por serem os outros "sem dúvida irreconciliáveis com a verdade geográfica"[105]. Parece-nos que Jorge Andrade inspirou-se nesse último trajeto, ainda que sem mencioná-lo na peça, para explorar a parada do bandeirante durante quatro anos no Sumidouro. O dramaturgo, aliás, não menciona tempo, ou melhor, explora um tempo sem tempo, a temporalidade mítica dessa aventura.

A figura de Maria Betim na peça de Jorge Andrade é inteiramente referendada pela História. Registram os historiadores, calcados em documentos, sua abnegação e solicitude no cumprimento das ordens do marido, liquidando com os bens da família, a qual se reduziu à mais extrema pobreza, para sustentar a expedição, para a qual, por orgulho (também documentado), Fernão Dias recusara qualquer ajuda da metrópole. Canabrava cita o caso da enfermidade dessa mulher à época da partida do bandeirante: "muito enferma e dizendo-lhe ela que dilatasse para mais tarde a jornada, lhe respondeu ele, que ainda que a deixasse à Sta. Unção [à morte], logo havia de partir"[106]. É curioso como esses fatos, aliás explorados por Jorge Andrade na peça, passaram ao folclore bandeirante, como já vimos, engrandecendo a "abnegação" de Fernão Dias (a menos que se tratasse de abnegação ao rei).

Tal "abnegação do bandeirante" levava-o a extremos não explorados por Jorge Andrade, que preferiu mostrá-lo mais duro, decerto para configurar melhor a grandeza do imaginado

104   Idem, p. 85.
105   Idem, p. 85-86.
106   Idem, p. 106-107.

remorso em relação à morte do filho José Dias. As cartas de Fernão Dias ao rei, bem como uma outra do próprio fidalgo Castel Blanco, atestam as roças e a pequena criação de animais mandados cultivar pelo bandeirante nos arraiais que fundava pelo caminho até a serra das esmeraldas, com o objetivo expresso de "facilitar" a chegada dos enviados reais até as pedras. A carta do fidalgo, personagem que se alinha na galeria dos vilões na peça jorgeandradina, atesta: "en esta Rosa del sumidouro abundansia de millo y fregon y prinsipio de mandioca, como tanbien criason de Puercos"[107]. Essa carta, de 8 de outubro de 1681 a d. Pedro, príncipe regente de Portugal, informa ainda que Fernão Dias morrera no meio do sertão, "desamparado e sem confissão", pois nenhum sacerdote lhe quiseram enviar, "mesmo tendo parentes na vila de São Paulo".

Sobre o fidalgo, Jorge Andrade usa-o para enfatizar a ingratidão da Coroa – aliás, um dos poucos pontos em que o autor se irmana à posição dos historiadores antigos. Canabrava[108] configura d. Rodrigo de Castel Blanco como um explorador fracassado (Bahia e Paranaguá) que, no entanto, é credenciado pela Coroa para fazer o mesmo percurso de Fernão Dias, a fim de averiguar o trabalho deste, contando para essa missão com todo o conforto e a colaboração dos melhores sertanistas existentes e partindo a 19 de março de 1681. Chegando ao Sumidouro, a expedição encontra Garcia Pais cuidando de índios doentes e moribundos, e inteira-se da morte de Fernão Dias. Aqui tem lugar mais um episódio marcante não explorado por Jorge Andrade: o fidalgo arrogante pede armas, ferramentas e munição a Borba Gato, para realizar a última etapa a partir do Sumidouro, mas Borba Gato nega auxílio, alegando cumprir ordens deixadas pelo sogro no sentido de dar prosseguimento à missão explorativa. Seguem-se a irritação e ameaças do fidalgo, sua retirada e sua morte com tiros de mosquete – consta que os pajens de Borba Gato foram os responsáveis e mais fariam se o bandeirante não chegasse a tempo.

Quanto aos topônimos da peça de Jorge Andrade, constam todos dos mapas antigos, anteriores e posteriores a Fernão Dias e comparecem nas cartas do bandeirante e nos diversos

107   Idem, ibidem.
108   Idem, p. 100-101.

METALINGUAGEM: TEATRO E HISTÓRIA   211

documentos da época, conferindo com vários documentos cartográficos de Minas Gerais. São eles: o sítio do Sumidouro, a serra Sabarabuçu, a lagoa Vupabuçu, a serra das esmeraldas e a "serra resplandecente"[109].

O nome Sumidouro foi imposto por Fernão Dias à região denominada pelos índios de Anhanhonhacanha, ou Anhonhecanhucá, que significa "lagoa que some", ou Anhonhancanhura, "água parada que some no buraco do mato". Ali fundou um arraial e construiu uma quinta, plantou roça, permaneceu quatro anos, enforcou seu filho, procurou prata inutilmente. Nessa região morreu o citado fidalgo e, para lá, dirigiu-se o bandeirante, de volta após a descoberta das esmeraldas, quando adoeceu e morreu. Nessa região está Soberôboso, ou Suburubuçu, Subrá Bussu, ou Sabarabuçu, serra onde "haveria" esmeraldas.

A lagoa Vupabuçu, ou Uvupabuçu, ou Vulpubassu, que significa "lago grande", localiza-se em Itacambira, último ponto da bandeira, junto à serra das esmeraldas, a qual se situa entre os atuais municípios mineiros de Itacambira, São Sebastião do Maranhão e São José do Tacuri, representada pelas atuais serra da Boa Vista e da Noruega. Serra e lagoa pertenciam à região dos índios Mapaxó, dominados por Fernão Dias.

A Serra Resplandecente consta no mapa do Padre Concleo (1700-1704), denominada "Tuituberaba", "monte que resplandece". Localiza-se na área de Itacambira, junto aos socavões de Marcos de Azeredo, integrando o sistema denominado Serra do Espinhaço.

Esses topônimos já oferecem por si sós grandes possibilidades de uso poético, justificando sua exploração intensa por Jorge Andrade. Não bastasse isso, dois desses acidentes geográficos integram também o universo da *geografia mítica* das Bandeiras, segundo o folclorista Joaquim Ribeiro[110], que se baseia em historiadores seiscentistas (Pero de Magalhães Gandavo), setecentistas (como Frei Vicente do Salvador) e oitocentistas (como Sebastião da Rocha Pitta).

A Serra Resplandecente, por exemplo, teria sido mencionada por índios do sertão na capitania de Porto Seguro, no século XVI, que portavam pedras verdes as quais diziam per-

109   J. Ribeiro, op. cit., p. 44.
110   Idem, ibidem.

tencer a uma serra "mui fermosa e resplandecente". No século seguinte, fala-se de uma "serra de cristal", na capitania do Espírito Santo, onde haveria muitas esmeraldas, das quais Marcos de Azeredo levara amostras ao rei. No século XVIII, há notícias divulgadas pelos índios de que haveria pedras azuis e outras verdes "muito rígidas e resplandecentes", numa serra de cristal finíssimo, "Serra de Cristal".

Sobre a Lagoa Dourada, era "pública fama", nos séculos XVI e XVII, a existência de uma lagoa muito grande, de onde nasceria o rio São Francisco, com muitas ilhas povoadas em seu interior, em que haveria muito ouro, lenda que persistiu até o século XIX, após o advento das bandeiras. Joaquim Ribeiro viu nela filiações ao ciclo do Eldorado, da América Espanhola: "o tema de uma cidade, prenhe de ouro, às margens de um lago, identifica-se com a terra da fabulosa cidade de Manoa, cujo rei vivia coberto de ouro (o 'eldorado') e estava edificada às margens do Lago Parima"[111].

O folclorista cita ainda, da mineralogia mítica, o "tabu do ouro"[112], superstição indígena segundo a qual revelar o sítio das minas auríferas causaria infortúnio. Outra lenda, com marcas cristãs, adverte contra as "ambições desenfreadas" dos bandeirantes. Trata-se do "vale dos ímpios", vales profundíssimos localizados entre as montanhas que separam Brasil e Peru. Jorge Andrade aproveita esses elementos para compor a personagem mameluco José Dias.

No que concerne à corte portuguesa e a seus problemas, Jorge Andrade foi fiel aos dados históricos gerais e à sua cronologia. De fato, o governo português não era então reconhecido pela Santa Sé, nem o reino se libertara ainda do jugo espanhol, apesar da Campanha de Restauração desde 1640, quando se conseguira a primeira vitória contra a Espanha, com a coroação de d. João IV, que inaugurou a monarquia absoluta portuguesa. Sucedera-lhe, justamente, Afonso VI (1643-1683; rei de 1656 a 1667), "hemiplégico e débil mental" desde a infância, fato que estendeu a regência de sua mãe, d. Filipa de Gusmão (regente de 1656 a 1662), para além da maioridade do filho[113].

---

111 Idem, p. 48-50.

112 Idem, p. 51 e 74.

113 Ver "Afonso VI", "Maria Francisca Isabel de Saboia" e "D. Pedro II" em J. Serrao, *Dicionário de História de Portugal*. Sobre o primeiro, afirma-se à p. 45

METALINGUAGEM: TEATRO E HISTÓRIA 213

O rei, a julgar por essas obras pesquisadas, era realmente dominado pela "influência arruaceira" do valido Antônio de Conti, italiano de origem, rapaz de baixa extração admitido no paço por desejo do rei. Para a nobreza, os burgueses da capital e o povo, o reino deveria caber ao infante d. Pedro, irmão de Afonso, com o que a rainha regente não discordava. Fatos externos, entretanto, agravaram o quadro (Portugal não conseguiu ligação com a França de Luís XIV, tampouco com a Inglaterra), instaurando um caos do qual se aproveitou o terceiro conde de Castelo Melhor, que levou o príncipe Afonso, com um golpe, a apoderar-se do trono, afastar os partidários de Pedro e tornar-se conselheiro de Estado, dominando Portugal durante cinco anos (1662 a 1667), durante os quais reorganizou o reino, as finanças, conseguiu a vitória da Restauração, aliou-se com a França e obteve ali uma esposa para Afonso em 1667. Esta, muito explorada igualmente por Jorge Andrade na peça, era dona Maria Francisca Isabel de Saboia, que conseguiu o direito de assistir aos Conselhos de Estado, incompatibilizou-se com Castelo Melhor, promoveu a queda de Antônio de Conti, aliou--se a d. Pedro, obteve do rei Afonso declaração de "desistência" do governo, o que levou a sua deposição no ano seguinte (1668) e à nomeação de Pedro como Príncipe Regente, o qual conseguiu a anulação do casamento da rainha[114] e com ela se casou. Quinze anos mais tarde, morreu Afonso VI (1683), prisioneiro em Sintra, podendo o irmão assumir, finalmente, o título de rei, como d. Pedro II (até 1706).

Jorge Andrade apresenta todos esses elementos por meio do discurso de Vicente, que expõe os dados à maneira de um

do v. I que, devido a uma "febre maligna", era "hemiplégico e intelectualmente incapaz", "declarado mentecapto e impotente pelos médicos", e que crescera "manifestando gostos grosseiros e sentindo-se atraído pela companhia de rapazes de baixa extração, que chegaram a ser admitidos no paço, em cujo pátio se batiam para gáudio do monarca, que manifestava muitas vezes a sua parcialidade aplaudindo e incitando o grupo seu favorito. Um destes foi um certo Antônio Conti, italiano de origem".

114   J. Serrao, op. cit., v. II, p. 934: "A 24 de março do ano imediato, depois de um processo vergonhoso, ainda hoje mal conhecido em todos os seus pormenores, é publicado o acórdão pelo qual o casamento do rei e da rainha se declarava nulo, voltando, dez dias depois, a rainha a se casar, desta vez com o cunhado, de quem nos princípios do ano seguinte teve uma filha". No v. III, à p. 336, volta ao assunto: "Em abril, a seguir a um escandaloso processo de nulidade, casa com a cunhada, depois de ter o irmão no Paço".

conferencista irônico e malicioso, que tenta, durante toda a peça, conscientizar Fernão Dias de seu erro, ou seja, o de não ter percebido o mecanismo da política internacional no qual sua bandeira se enquadrava. Junto a isso são explorados os aspectos menos nobres da História: "Vicente: A história conta que a rainha casou-se com Pedro e que Afonso vi, preso em uma ilha, morreu ainda perdido em sua loucura. E o processo para anular o casamento foi de tal ordem que mencionar aqui seria a festividade do palavrão" (p. 542); "Vicente: Belo italiano, vigarista, oportunista que se aproveitou da impotência do rei e, naturalmente, de seu corpo e de sua cama" (p. 537).

Esse período histórico português foi extremamente turbulento e corresponde no Brasil às atividades bandeirantes de Fernão Dias e ao início do ciclo do ouro. Sucedeu a Pedro ii o rei d. João v (1707-1750), cuja política de luxo e prestígio adotou o estilo de vida de Luís xiv e consumiu todo o ouro das minas brasileiras, configurando a situação colonial brasileira exposta por Jorge Andrade na peça *As Confrarias*.

Expostos os elementos que julgamos constituir parte das eventuais fontes de inspiração do dramaturgo, seguimos ao exame do tratamento artístico empreendido por Jorge Andrade sobre essa história.

A TETRALOGIA METALINGUÍSTICA PENSA A HISTÓRIA: *A ESCADA*, *RASTO ATRÁS*, *AS CONFRARIAS* E *O SUMIDOURO*

A "linha artística" do ciclo de Marta constitui, portanto, um espaço especial de reflexão sobre um privilegiado objeto de representação nas peças – a História. A tetralogia espelha e sintetiza etapas de um trajeto de distanciamento paulatino frente ao passado retratado nas obras dos anos de 1950, que se opera durante toda uma década, de 1960 a 1969. Esse conjunto-enclave do ciclo 1 configura a História por meio de círculos concêntricos que, em termos espaciais, forma a sequência Jaborandi → São Paulo → Brasil → Portugal/França/Espanha/Itália etc. → Mundo, à qual corresponde a rede de encaixes: história familiar → história de São Paulo → do Brasil → de Portugal → História Geral.

METALINGUAGEM: TEATRO E HISTÓRIA

O elo entre esses círculos é constituído por Vicente, personagem-eixo, duplo de Jorge Andrade. Nele se condensam o pessoal e o coletivo na problemática da identidade, que privilegia na tetralogia as várias facetas do fenômeno da representação. A História serve, perfeitamente, aos propósitos do dramaturgo paulista, porquanto apresenta em sua dinâmica um conflito básico como *autonomia versus dependência* na luta pelo estabelecimento de uma diferença:

Se, por um lado, a história tem como função exprimir a posição de uma geração com respeito às precedentes, dizendo "Eu não sou isto", acrescenta sempre a essa afirmativa um complemento não menos perigoso, que faz a sociedade confessar: "Eu sou outra coisa além daquilo que quero, e sou determinada por aquilo que denego"[115].

Um confronto de tempos diferentes no interior da personagem Vicente e no seio da própria sociedade que ele retrata produz "revisionismo", surgindo daí outra peculiaridade da tetralogia: a ousadia da criação, da construção do real histórico, ou seja, ao cabo de um longo processo de registro do que "se passou", Jorge Andrade empreende a elaboração do que, oficialmente, "não se passou", do não dito, isto é, daquilo que não consta no registro da História. Para esse fim, ressuscita, cenicamente, agentes históricos do passado e concede-lhes poder de fala no presente, fundindo Teatro e História, por meio da transgressão do estatuto do discurso histórico, o qual, segundo Michel Certeau, assim se caracteriza:

a história é um discurso na terceira pessoa. Batalhas, políticas [...] ninguém está lá para assumir o enunciado. O discurso sobre o passado tem como estatuto ser o discurso do morto. O objeto que nele circula não é senão o ausente, enquanto que o seu sentido é o de ser uma linguagem entre narrador e os seus leitores, quer dizer, entre presentes[116].

Essa transgressão no discurso histórico não se dá sem uma outra, no interior do próprio discurso teatral, como já vimos, prova de que esse novo conteúdo surgido na dramaturgia jorgeandra-

---

115 M. Certeau, *A Escrita da História*, p. 56.
116 Idem, ibidem.

dina exigia uma forma nova para veiculá-lo, ou melhor, o "novo" conteúdo só poderia sê-lo se estruturado numa forma oposta à da dramática tradicional praticada anteriormente pelo autor.

É sobretudo nas peças de 1969, as últimas do ciclo 1 e da tetralogia, que o teatro narra a História e se narra, desvela e se revela por meio de um jogo metalinguístico que assume diversas formas e explora o tropos *theatrum mundi* sistematicamente. Daí a *interpenetração de dois sistemas imagísticos* muito ricos, um ligado ao teatro e o outro decorrente da História: da interseção de ambos resulta uma visão de mundo algo barroca e uma arquitetura dramática peculiar, própria do teatro "épico".

O Teatro, de seu lado, inspira a seguinte rede de imagens: mundo como palco ou cenário, vida como papel, trama, enredo, rosto como máscara, pessoas como personagens ou como atores, escolha do destino como escolha de papel a interpretar, fala como papel decorado. Há um jogo entre original e simulacro, representação ficcional (teatral) e representação social (institucional), ficção e realidade, aparência e essência, "direção" de consciência (aconselhamento, influência) e "direção" de espetáculo.

Já a História sugere: mudança, devir, posteridade, fugacidade, ciclo, relatividade; desgaste, decadência e renovação; documento, registro, testemunho, objetividade, seleção, interpretação; museu e glória; de um lado o vencedor, o herói e, de outro, o perdedor, oprimido, vítima, dominado; visão dos acontecimentos em termos de consequencia, processo, engrenagem, mecanismo. Estão em jogo verdade e mistificação, passado, presente e futuro.

O cruzamento desses dois sistemas de imagens tem resultado, além de estético, ideológico: remete à farsa, mascarada, mentira, mistificação, conspiração, traição, manipulação etc. Tanto *As Confrarias* quanto *O Sumidouro* tentam desmontar as verdades históricas já cristalizadas pelo tempo por meio do testemunho e registro dos historiadores em geral: revisam a Inconfidência Mineira e a saga das Bandeiras Paulistas.

Todo esse jogo traz à cena espécies de simulacros de Jorge Andrade: o dramaturgo Vicente ou a insufladora Marta, que comandam a trama, conscientes, autoconscientes e praticamente oniscientes, e manipulam as demais personagens como títeres, situando-se acima e além deles.

METALINGUAGEM: TEATRO E HISTÓRIA

A estrutura dramática toma o aspecto de tribunal, polarizando em ataque/defesa a economia das falas, num duelo verbal magnífico que leva o dialogismo ao seu mais alto grau. Um importante recurso metalinguístico, que parece reflexo daquela "mente caleidoscópio" mencionada por Jorge Andrade em *Labirinto*, realiza-se, estruturalmente, na densa intertextualidade de ambas as peças em questão. Trata-se da presença de textos teatrais (e não teatrais) de diversos autores, épocas, lugares, inclusive de outras obras do próprio Jorge Andrade, que operam uma reiteração de temas básicos em discussão nas citadas peças: a função social e política do dramaturgo, do ator, do encenador, os obstáculos criados por uma censura política, ou de ordem familiar, ou mesmo uma autocensura.

A História é o grande eixo de interseção, o grande ponto de cruzamento, base para aproximações iluminadoras, para analogias de todo tipo. Entram em curto-circuito o Brasil da ditadura militar pós-1964, o Brasil colonial à procura de minas preciosas no século XVII (com Pe. Antônio Vieira), o Brasil colonial da Conjuração Mineira no século XVIII (com Tomás Antônio Gonzaga), a França pré-revolucionária do século XVIII (com Beaumarchais), a Roma do século I a.C. (do Luculus, de Brecht ou do Catão, de Garrett), a Grécia de Sófocles e a Alemanha da era nuclear (de Heimar Kipphardt). No fundo desse painel, fermentando esses vãos, encontra-se a cidade interiorana paulista de Barretos nas décadas de 1920, 1930 e 1940, matriz espacial obsessiva dos sentimentos de opressão sentidos pelo dramaturgo e projetados em Vicente ou Marta.

A releitura da História a partir do cruzamento ou soma dessas diversas lentes se opera num misto de lucidez e paixão, de distanciamento e envolvimento, que asseguram a consecução do projeto confessado do autor: o teatro encarado como instrumento de purgação das dores pessoais do próprio Jorge Andrade ("eu fiz psicanálise, criando personagens que foram viver no palco os fantasmas que me atormentavam"[117]) e um teatro como missão, digamos, pedagógica ("O teatro pode evocar essa história que foi surrupiada"[118]).

---

117 *Labirinto*, p. 130
118 Teatro Não É Palanque, *Isto É*, 19 abr. 1978.

A Escada (*1960*)

"O passado é um monstro"

Jorge Andrade não parte ainda da História, mas da história – entre as várias fornecidas pelo avô de sua esposa, como já mencionamos. Momentos históricos brasileiros como a Independência, a Abolição da Escravatura, a Proclamação da República entram na obra por meio do discurso do velho Antenor, o protagonista, cujas observações, aliás, figuram entre as anotações do dramaturgo guardadas na pasta das versões iniciais da peça: trata-se dos "Estudos para a personagem do PAI-Felipe Vaz Botelho", da obra *As Moças da Rua 14* (1957), material também aproveitado na elaboração de *Os Ossos do Barão*. As notas parecem transcrever a fala viva de um "informante" colhida em conversas – esse era o procedimento costumeiro do dramaturgo, segundo Helena de Almeida Prado – e atestam pontos importantes na elaboração de *A Escada*, como a questão da perspectiva no tratamento do protagonista: a condescendência e o carinho mal encoberto que caracterizam a construção de Antenor, a afetividade que impede, ainda nessa obra, o distanciamento crítico em relação ao passado histórico. Curioso o plano para a personagem:

Tenho sete lugares para ser enterrado aqui na capital! Se for contar as cidades que ajudei a fundar, então! Em Itu posso fechar os olhos, entrar no cemitério e qualquer túmulo que esbarrar… será de parente! / (*No final, fica sugerida a dificuldade para se encontrar um lugar para enterrá-lo*) / O túmulo está em lugar muito pitoresco! A vista é linda! A vizinhança também é muito distinta! Ótima companhia! / (*No final, não arranjar gente de sua terra para ficar com ele: um nortista e um sulista*)[119].

O ponto de vista em relação aos fatos históricos, porém, constituía o mesmo: domina o pitoresco, a visão familiar das figuras históricas brasileiras, o testemunho pessoal de quem circulou no espaço do poder e dele se beneficiou: "A princesa Izabel eu vi naquele tempo. Feia como santo de caboclo. Vi também o Imperador na casa do visconde. Gostava muito de

---

119 *A Escada*, acervo da Seção de Artes Cênicas do Centro Cultural São Paulo, p. 1.

METALINGUAGEM: TEATRO E HISTÓRIA 219

bolo de mandioca. Onde já se viu um imperador gostar de bolo de mandioca? Era tonto!"[120]; "Era tonta! Feia como o diabo! Não quis pagar para os fazendeiros o resgate dos escravos. Também, oito meses depois tropelaram ela para fora."[121]; "Só de boca! Até na Europa a gente comprava tudo só de boca. [...] Comprei muita camisa em Paris! [...] Vinho, tudo no beiço. [...] Era a pessoa que valia. Cada zona era freguês de um comissário em Santos. Mudou muito"[122].

Tornar familiar, com detalhes banais do quotidiano, inclusive as figuras distanciadas pelo tempo e pela alta posição sociopolítica, não logra ser somente um procedimento cômico eficaz, como, sobretudo, empresta aos velhos protagonistas da peça uma aura de grandeza, sempre reivindicada pelas personagens do ciclo de Marta que descendem da aristocracia cafeeira paulista. Uma fala fundamental, que caracterizaria as relações entre a oligarquia rural e o governo a partir já da Independência, foi testada, mas não inteiramente aproveitada por Jorge Andrade (o autor acrescentou a lápis "Antenor e Amélia riem com carinho"):

Bulia com um, bulia com todos! (*Sorri*) Sabe, Melica? Uma vez foram falar mal ao barão do seu maior inimigo político... e ele gritou furioso: Cutucou lá, cutucou aqui! Era tudo parente! Quando queriam desobedecer suas ordens e se lembravam da Câmara, dizia sereno mas com autoridade: "A Câmara aqui sou eu!" (*Ri*) Homem bom, mas muito atrevido![123].

O trecho acima, reduzido a duas frases na versão final ("Os parentes eram muito unidos." / "Bulia com um, bulia com todos"), retrataria o forte poder político da parentela, suporte básico do coronelismo que foi abalado pelas mudanças do governo Vargas em 1930. As tentativas de limitar o poder das oligarquias rurais locais explicam, no Império, a instituição dos cargos da Câmara por eleição direta e, mais tarde, em 1842, o preenchimento dos mesmos cargos já por nomeação do Imperador (fato que o Regente Feijó interpretou como "absolutismo",

120 Idem, p. 2.
121 Idem, ibidem.
122 Idem, ibidem.
123 Idem, ibidem; *Marta...*, p. 348.

advertindo imediatamente São Paulo, o que levou à revolução). Os grandes fazendeiros manipulavam as eleições, no primeiro caso, e, no segundo, armaram uma revolução para resistirem ao "interventor" nomeado. Já na República, o mesmo fenômeno subjaz inclusive na revolução paulista de 1932. O poder quase ilimitado dos patriarcas rurais seria explicado pelo isolamento em que viveu a capitania e depois a província, seja por motivos geográficos (a difícil escalada da Serra do Mar), econômicos (a dispersão das bandeiras, a freada do desenvolvimento imposta pela mineração em Minas Gerais) ou pelo tipo de ocupação do espaço que nunca privilegiara o centro urbano, mas, desde a fundação da cidade, preferira o interior do planalto[124]. Esses referentes históricos nunca ficaram muito claros no ciclo que pretendeu tratar, justamente, do passado histórico paulista, e nem mesmo entraram no romance do autor.

A História na peça vai surgindo de um empilhamento de recordações de fatos vividos ou sabidos, sob uma perspectiva muito pessoal, por meio de uma narrativa anedótica com sabor de crônica, de *memorialismo* – ponto de vista pessoal que indicia os protagonistas como membros da classe social que lamenta os privilégios perdidos com a decadência do café. Observem-se, a seguir, a visão da liquidação do Império, a posição "liberal" de 1842 (implícita na menção a Feijó), ou a revolução de 1932, bem como a intrincada malha da rede familiar, típica do sistema de parentela: "Era primo-irmão de minha avó materna… e tio do meu avô paterno. / Antenor: Sobrinho do meu bisavô e, ao mesmo tempo, tio de minha avó materna." (p. 392); "o Regente Feijó. Este, sim, foi um homem. Levantou a Província inteira! Também foi o mais traído!" (p. 365); "Desde que veio a libertação que está esta desordem, Melica! Escangalharam com o Brasil. Também, um imperador que só sabia fazer versos! No dia em que veio a república, ele estava olhando as estrelas! Só tinha barba!" (p. 369); "Pois, já andei. De banguê, de trole […] Fui camarista, amigo, primo, sobrinho, neto de barão. Até revolucionário. O que não fui na vida" (p. 347).

Os fatos se reportam, notadamente, ao século XIX, diferentemente da versão televisiva proposta pelo dramaturgo, que en-

---

124 R. Morse, op. cit., cap. I-VI.

METALINGUAGEM: TEATRO E HISTÓRIA

focaria os valores de Antenor no século xx, em contraposição aos dos netos, indiciadores do século xxi, que se imporiam no final da telenovela. A versão teatral não conseguiu, ou não pretendeu, um uso crítico dos fatos narrados, mas antes lhes preservou a atmosfera nostálgica, o que explica, certamente, a boa acolhida de público que restabeleceu, financeiramente, o TBC em 1961, uma vez que a História exposta ratificava o poder dos antepassados de boa parte dos espectadores ali presentes e propiciava uma comunhão sala-cena no lamento das perdas. É compreensível, outrossim, a excelente recepção da peça pelo governo português em Lisboa, em 1965, pois a simpatia dos protagonistas pela vida imperial e pela escravatura africana abonava o imperialismo passado e, no mesmo movimento, referendava ainda aquele então praticado nas colônias africanas no auge das guerras de independência naquele ano.

O recurso da metalinguagem, ainda tímido, pouco contribuiu para uma desejável virada no universo dramatúrgico jorgeandradino. O dramaturgo Vicente, pretensamente esclarecido, não faz mais que lamentar, não propriamente a caducidade dos avós e do passado, mas a sua própria prisão efetiva a esse passado: "o passado é um monstro" e, na versão não publicada, "o passado é um monstro, Izabel! Um monstro de cem cabeças. Quando a gente pensa que acabou com ele... ele brota em cem coisas diferentes"[125]. Uma fala dirigida a Francisco, o irmão "alienado", não esconde um autoendereçamento, típico resultado do conflito por que passa, bem como afirma uma independência que na verdade é apenas relativa, pois a matéria-prima de seu trabalho artístico constitui justamente o passado histórico da família sobre o qual ele não quer ouvir falar: "Vicente (*exaltado*): Quero vencer com o meu esforço. Ter um nome feito e não herdado. Já estou farto de ouvir falar em grandezas passadas, de carregar este nome como se fosse uma canga! Uma canga, está ouvindo? Arranque esse peso das costas e seja você mesmo!".

A inovação formal instaurada no ciclo pela introdução de uma personagem dramaturga não é suficiente ainda para colocar Jorge Andrade na linha das transformações do teatro brasileiro

125 *A Escada*, acervo da Seção de Artes Cênicas do Centro Cultural São Paulo, p. 10.

naquele início de década. É sintomático que a melhor crítica que vinha acompanhando seu trabalho chegue ao final de um parecer positivo sobre a obra, cobrando-lhe, no entanto, um maior cuidado com a "significação social da peça". Veja-se Décio de Almeida Prado:

> A tradição, que em *A Moratória*, no seu estado incipiente e primitivo, ainda era um compromisso possível, passa a ser em *A Escada* um peso morto que é preciso jogar fora a tempo. É curioso que esta caducidade, esse caráter obsoleto, retire parte da significação social da peça, em vez de aumentá-la. É fácil condenar quem já se condenou, colocando-se de maneira tão óbvia fora do curso da história. [...] O difícil seria identificar as encarnações modernas, atuais, deste mesmo espírito tradicionalista, retrógrado. Se Jorge Andrade o fizesse, ferindo pontos de controvérsia social ainda vivos, ainda sensíveis, talvez não obtivesse, por parte do público, o mesmo geral assentimento[126].

Para a edição conjunta de 1970, por meio de um pequeno enxerto textual, o dramaturgo tenta, certamente, atender ao conselho acima do crítico. Observe-se, no entanto, que se trata de ressonâncias do amadurecimento atingido em *As Confrarias*, texto que muito realimenta *A Escada*: "Zilda: [...] O que restou da confraria mais intolerante mora neste prédio... ainda expulsando gente por infâmia de mulato, ou de italiano".

A personagem Vicente, no entanto, não se beneficia das revisões de 1970. Antes parece ficar mais perdida: a afetividade em relação ao passado histórico da família parece assumida e, se a peça anuncia *As Confrarias* e *O Sumidouro*, apresenta, outrossim, a popularíssima *Os Ossos do Barão*. Vejamos: "Izabel: [...] Em vez de sofrer pelo passado, use-o para se realizar. [...] Pegue essa gente, barões ou não, e jogue no palco. É uma boa maneira de se libertar. / Vicente: Será que estou querendo me libertar?"

Acresce que, mesmo com os enxertos para a edição de 1970, que enfatizam a intertextualidade na peça, com citações de outras obras do autor (*Os Ossos do Barão, Rasto Atrás, As Confrarias, O Sumidouro*), um procedimento mitigado do recurso anti-ilusionista da peça-dentro-da-peça, *A Escada* parece continuar dentro de uma visão retrógrada da História, que pri-

---

126 Apud A. Guzik, *TBC: Crônica de um Sonho*, p. 205.

METALINGUAGEM: TEATRO E HISTÓRIA 223

vilegia a ação de uma elite social, excluindo dos processos de mudança os demais segmentos sociais. Trata-se de um empréstimo tomado a *Os Ossos do Barão*: "Amélia: Lembra a capela da fazenda de meu avô. [...] Os nomes, as datas, as inscrições...! É um verdadeiro livro de história, Antenor".

Contudo não se pode desprezar uma conquista importante dessa primeira obra da tetralogia para o tratamento da História no ciclo 1: a inclusão da personagem dramaturga na peça desloca a atenção do enunciado para a enunciação, ou seja, para o trabalho de feitura do texto dramático. E o "narrador" de futuras histórias que surge não se configura onisciente, mas do tipo "problemático", envolvido em dúvidas e angústias, lento na consecução de seus trabalhos, à procura de motivação, observando tudo, inclusive o passado, como matéria bruta a ser codificada para o palco. Ora, suas obras em processo de elaboração são calcadas na História – as confrarias de Ouro Preto e a bandeira de Fernão Dias –, e o próprio casal de velhos, em torno do qual é centrada a ação de *A Escada*, funciona como uma espécie de passado vivo: a História petrificada ou congelada em museu vivo. O conselho para que Vicente faça de suas histórias peças de teatro leva-nos a percebê-las como matéria de ficção. Desse modo, é a História que se contamina de ficção, soa como "histórias", casos, até mesmo pelo aspecto pitoresco e algo lendário da narrativa dos protagonistas. Assim, se a presença do dramaturgo logra emprestar um "efeito de real" ao drama de Antenor e Melica (pertencem ao quotidiano do dramaturgo, não seriam "ficção", não seriam "teatro"), abala, paradoxalmente, a crença plácida em sua "realidade", por nos despertar para as possibilidades teatrais do seu passado de testemunhas oculares de certos aspectos da História.

Quanto ao presente, um fato histórico figura na peça, cumprindo, sobretudo, a função de sublinhar e tornar cômica a alienação de Antenor (além de situar a ação em 1960): em face das referências a Brasília, a "nova capital", "muita poeira", Niemeyer etc., somos informados de que o velho indaga se a cidade fora construída por Ramos de Azevedo.

Na peça seguinte, no entanto, o presente ganha mais espaço, embora a ação fundamental constitua justamente um mergulho radical no passado.

Rasto Atrás (*1966*)

> "Preciso compreender esse passado e me libertar"

Pela primeira vez a História entra plenamente, enquanto tempo presente, na tetralogia, e o choque que isso produzirá no narrador Vicente terá uma consequência fundamental que se refletirá nesse fechamento do ciclo de Marta. Sua consciência como que desperta, se aguça e se esgarça em duas direções (passado e futuro) que se traduzem em duas atitudes complementares, ou seja, *rever* para *revisar*. Acuado na instância do presente (Brasil pós-1964; fracasso de *Vereda da Salvação*), a situação de crise aguda em que se encontra torna vulneráveis as barreiras que o protegiam (cegavam) do passado, e seus fantasmas recalcados se apossam, urgindo enfrentá-los. Por outro lado, acuado simultaneamente por barreiras que lhe impedem o futuro, estabelece-se o impasse e esboça-se a única saída possível: o caminho para trás, "rasto atrás". O presente histórico (1965), tanto mais assustador quanto menos compreensível, emparelha enunciado e enunciação e promove um jogo especular em que assistimos a dois sujeitos históricos em crise simultaneamente: Vicente e Jorge Andrade. A perda de referências em um mundo que se mostra caótico como que rompe o casulo do individualismo (a arte tão somente como expressão do eu) e abre o(s) dramaturgo(s) para a realidade circundante. O problema da "causa coletiva" entra na tetralogia e faz surgir no ciclo de Marta, pela primeira vez, a declaração de que a arte/teatro deve interferir na realidade, prestando o serviço de denunciar o errado. Neste ponto, o tratamento da História é afetado: até que ponto a (H)história pessoal de Vicente serviria à nova direção que toma seu fazer artístico, ou qual o melhor ângulo por onde encará-la? (Entre *A Escada* e *Rasto Atrás* ocorrem *Os Ossos do Barão* e *Vereda da Salvação*, supremo sucesso e suprema derrota.) Daí essa crise no presente conduzir ao passado (balanço das obras escritas e dos anos vividos desde o nascimento) e ensejar planos, determinações para uma conduta futura (teatro como denúncia). Acresce que, se no presente um mesmo estado de coisas sociopolítico tem apreciações diferentes (a realidade retratada em *Vereda*), assim também o passado, eventualmente, poderia ter sido apreciado (qual teria sido a visão de *Os Ossos*

METALINGUAGEM: TEATRO E HISTÓRIA

do Barão?). Instala-se a dúvida no "Ciclo da Memória", e a História daí em diante passará a ser julgada.

Pode-se considerar que *Rasto Atrás* já utiliza o passado como metáfora para criticar o presente brasileiro. Mesmo sem fazer uso direto das possibilidades dos quarenta anos de "fatos históricos" compreendidos na ação da peça, ou seja, 1922 a 1965 (com as balizas 1937 e 1945, o ditatorial "Estado Novo" getulista ou o golpe militar de 1964), o autor reuniu um empilhamento tal de signos de opressão, que se torna difícil não sentir ali o pano de fundo maior da situação do país no período.

A ruptura com o passado, que se esboçara em *A Escada* e tenta se efetivar agora, explode a estrutura tradicional da peça em atos e o relativo respeito às unidades dramáticas mantidos no ciclo até então, como se o novo conteúdo exigisse uma nova forma. Há, no entanto, uma dominante antes lírica do que épica, tal como se evidenciará depois em *As Confrarias* e, sobretudo, em *O Sumidouro*: o recurso não está a serviço de um espírito lúcido que manipule os diversos planos para "demonstração" de uma ideia, mas configura a conturbação de uma mente dominada por imagens regidas por um sentimento de opressão vivenciado. A própria História não se encontra em plano evidenciado, mas comparece enquanto nebulosa moldura para um quadro de dilaceração de um eu que tenta, sobretudo, compreender a si mesmo, como já vimos.

História como nebulosa moldura, na medida em que o sujeito que a vivencia não tem ainda (e por isso não a traduz claramente) consciência de causas e consequências, mas se debate em pleno desenrolar dos fatos acontecendo, numa visão "com", sem o benefício de um distanciamento temporal: "Como um autor pode criar, se precisa pensar em número de personagens, temas proibidos, censura, intolerância política…?"; "mas numa sociedade em crise, de estruturas abaladas, valores negados, soluções salvadoras, que não levaram a nada! (*Obsessivo*) Qual o caminho certo? Onde achar a resposta? No presente? No passado?"; "No governo passado, eu era um aristocrata… um fascista! Agora, sou subversivo!"

O último trecho acima citado resulta da síntese de duas falas de Vicente constantes na versão montada de 1966, diferente daquela publicada em 1967, em que a cena já comparece bem cortada (praticamente a mesma de 1970): além de uma referência mais clara ao episódio de *Vereda*, Vicente anunciava, claramente, o que supomos que Jorge Andrade quis expressar com ser político "com P maiúsculo": quando lamentou as divisões ideológicas no meio artístico, as quais enfraqueceriam a luta pela causa comum da liberdade cultural, que deveria estar acima dos limites estreitos das conveniências partidárias. Eis o trecho de 1966: "Vicente: Não sou homem de partido! Eu escrevo! O que importa é educar! No passado, eu era aristocrata... um fascista. Agora sou subversivo! Por que essa necessidade de rotular tudo!? Será que não entendem que não podemos acreditar que seja possível manter a liberdade cultural sem travar uma batalha, tanto no campo da cultura como no da política? E que temos que travar essa batalha conjuntamente? / Lavinia: Você já esperava essa reação. Pra que se aborrecer?"[127].

Uma peça alemã do "teatro documento", *O Caso Oppenheimer*, de Heimar Kipphardt, como já vimos, é explorada por Vicente com seus alunos, para analogias com a situação que vivia na escola, pois um padre professor de religião acusara-o de "comunista" e "subversivo" – também aqui uma alusão a *Vereda*, a peça que "não presta". Curiosamente, a cena antecipa um episódio mais grave no quadro de opressão política que se radicalizava no Brasil: pouco tempo depois, o próprio Jorge Andrade, como professor de teatro no Ginásio Vocacional do Brooklin (de 1965 a 1969), sofreria as mesmas acusações. Eis seu depoimento:

Então eu tinha alunos com um grande talento para escrever. Mas a última vez que vi as peças deles de um ato foi em cima da mesa, no Quartel-General de São Paulo. Então não é possível. [...] as seis melhores, em cima da mesa, assim, pra eu dar explicações: o que é que eu estava ensinando para os meus alunos? Então não adianta você explicar: "Eu não posso interferir. O professor não interfere. Ele é um criador. Ele escreve o que ele acha que deve escrever!" Agora, pode imaginar isso para um milico? Não é possível! Tem que ensinar o que eles acham que deve ensinar. [...] Então você tem que sair. Aliás, eles acabaram com o vocacional, de modo que mesmo que eu não tivesse saído, teria que ter saído porque acabaram...[128].

Quanto à dicotomia classe dominante/povo, que seria explorada nas peças seguintes para recontar a História da Inconfidência

---

127   *Rasto Atrás ou Lua Minguante na Rua 14*, 2ª parte, p. 52.
128   Entrevista ao Centro Cultural São Paulo, parte II, p. 2.

e da Bandeira de Fernão Dias, tem em *Rasto Atrás* um primeiro ensaio nas críticas que se seguem: "Jesuína: Nossos governos nunca tiveram visão nenhuma. Não deixam o povo trabalhar"; "Vicente: [...] que teatro, neste país, é diversão para uma elite que não está interessada em resolver problemas... [...] O pior é que eles têm razão".

A História só ganharia destaque, realmente, nas obras seguintes, terminadas, ao que parece, em 1969.

As Confrarias (*1969*)

Meus mortos não serão mais inúteis

A História começa a ser julgada na tetralogia, não por um observador distanciado no tempo, mas por um elemento do povo que vive os fatos no período: Marta, costureira e mãe de um ator mulato e conspirador. Trata-se de uma espécie de tribunal, no qual uma questão é julgada em quatro sessões (as quatro confrarias visitadas), com a participação da protagonista que concentra simultaneamente, e à sua maneira, os diferentes papéis de ré, juíza, advogada de defesa e de acusação, como já constatamos mais atrás, no exame de sua linguagem. A opressão figurada em *Rasto Atrás* torna-se literal, sob a forma de um interrogatório sistemático, inquisitorial, cujo objetivo é estigmatizar um indivíduo politicamente, a partir de acusações baseadas em leis que codificam preconceitos relativos à raça, religião, classe social, costumes, profissão etc., como já examinamos.

Nessa obra em que o teatro metaforiza o mundo, com seu jogo entre essência e aparência, real e representação, representação falsa e representação verdadeira, retratando um meio em que tudo possui frente e verso, sobre e sob, a História acontecendo será apresentada por meio de pistas, de índices: não se pode *ver*, como em *O Sumidouro*, mas tão somente *entrever*. A conspiração em curso é indiciada (História "subterrânea", por trás das portas) a partir de um diálogo que não flui correntemente, só insinua, negaceia as informações, como se a linguagem naquele longo interrogatório inquisitorial apalpasse o verso e o reverso do real antes de avançar, configurando um discurso que não se dá abertamente na denotação, mas se resguarda na elasticidade da conotação, usando-a como escudo. E se o real, porventura, ameaça se esclarecer e ganhar a superfície, é ainda pela linguagem que se constrói um sobre-real: "Provedor: E se o governador ficar sabendo de certas reuniões, na calada da noite, em casa de conhecido poeta? / [...] / Reuniões onde se discutem muito, versos de um tal Virgílio. / [...] / E há um preferido por todos: A liberdade, posto que tardia!" (p. 38); "Pároco: Que significa para você a frase: a liberdade posto que tardia? / Que personagem pôs seu filho na rede" (p. 52); "Marta: Não mencionou nem mesmo dos que sabem empunhar só o ferro da língua, senhor definidor. / Provedor (*volta-se para o definidor*): O ferro da língua também comete crimes contra o real poder! / Secretário (*aflito*): Há calma e prosperidade na colônia!" (p. 65).

A própria conspiração é apresentada como um fato de linguagem, ou seja, que se constrói pela linguagem, que só tem existência na linguagem, que se esgota em sua simples enunciação, sem que se concretize em ação efetiva. Essa crítica de Jorge Andrade, como já vimos, se avizinha da interpretação de *Arena Conta Tiradentes*. Veja-se um comentário ao texto das *Cartas Chilenas* e uma avaliação das contramarchas do movimento: "Definidor 1: Fabulosos são os mistérios da poesia, revelando os fanfarrões do mundo! / Marta: [...] Os poetas dizem coisas bonitas, mas ficam paralisados diante das feias. / Ministro: Que coisas feias? / Marta (Brincalhona): Luta, sangue, morte..!" (p. 61); "José: [...] muitos não acreditam em liberdade. Só querem estar em evidência" (p. 65).

Outro aspecto da Inconfidência Mineira, ponto central da peça do Arena, também comparece em Jorge Andrade: tratar--se-ia de um movimento de elite que expurgara a presença do povo. A metáfora, certamente, contém uma crítica ao teatro de esquerda pré ou pós-1964, que circulava suas conscientizações e exortações entre iguais, isto é, para uma classe social que, no fim, não se revelou interessada em mudanças radicais do *status quo*: "José: Tenho impressão de que aquela gente não compreendeu nada. / Marta: Aquela gente não podia, mesmo. Estão com César! Afinal, quem vai ao teatro?"

O motivo do povo bastardo, do "povo expurgado" da História, ressurge ainda na voz de Vicente, em rápida aparição, citado no discurso do ator José, o elemento-metáfora da mar-

METALINGUAGEM: TEATRO E HISTÓRIA   229

ginalização social no período colonial. No universo do ciclo de Marta, preso às malhas da árvore genealógica, o espaço dado à bastardia configura a tetralogia também como um conjunto ideologicamente avançado. É pelo viés da bastardia que Marta, enquanto mãe do ator mulato em *As Confrarias* e índia mãe do mameluco em *O Sumidouro*, torna-se signo de História, não somente enquanto mudança acontecendo, como também enquanto resgate do que teria realmente acontecido. Quanto a essa aparição de Vicente, ela parece reivindicar uma autoria nessa peça montada por Marta, tal como fará a própria Marta na peça seguinte, observando a obra em processo de Vicente. Vejamos: "José (*rememorando*) Vicente […] olhou o mar e disse: uma terra onde se retém o povo na ignorância como um filho bastardo. É o que somos: filhos da tirania, em um mundo cada vez mais livre".

Por meio das confrarias é configurado o poder da Igreja, notadamente o temporal, no universo da colônia: não há cemitérios municipais, todos pertencem às confrarias, das quais o governo da capitania é dos maiores devedores de empréstimos em dinheiro. Os padres possuem e exploram minas de ouro, pois o subsolo pertence por lei à Igreja e ao Estado. Através das leis canônicas, exercem o controle dos privilégios, circunscrevendo-os à classe dominante. Poder temporal evidentemente maquilado pela devoção espiritual: "Ministro: Tire o corpo de seu filho da porta de nossa igreja. Vamos, irmãos! A Mãe Santíssima Nossa Senhora dos Passos precisa sair para levar consolo ao povo nas ruas. (*Ergue o andor*). / Marta (*diante da imagem*): […] Uma confraria cativa em gargalheiras de sangue, de crença, de interesses, de leis, torna-se covil de tiranos".

As confrarias constituem, enfim, uma falsa "representação", uma vez que suas práticas religiosas se mostram desvinculadas das práticas sociais, mal encobrindo o oco existente entre significante (a ostentação das riquezas nas igrejas e procissões) e seu pretenso significado (a glorificação de Deus), por compactuarem com o exercício da opressão e da injustiça social. Daí o simbolismo da belíssima cena de grande efeito teatral executada por Marta, que sobe ao altar no final da peça e dele retira uma imagem (de Cristo?), espatifando-a aos pés do definitório. Nesse universo construído de aparências, em que o real mostrado é apenas "ficção", é no teatro, lugar de "ficção", que será mostrada a realidade, completando uma equação barroca, como já mencionamos (o teatro é imagem do mundo e o mundo é como o teatro). Através do ator José, o artifício da peça-dentro-da-peça insere no texto de Jorge Andrade uma verdadeira antologia de textos em favor da liberdade e contra a opressão: *Cartas Chilenas*, poema satírico de Tomás Antônio Gonzaga, apresenta a figura de um governante tirano e usurpador de seu povo; *Catão*, peça teatral de Almeida Garrett, mostra duas saídas diante da ameaça de perda da liberdade: renunciar à própria vida, pois a escravidão seria como a morte, ou pegar em armas e enfrentar; *As Bodas de Fígaro*, comédia de Beaumarchais, denuncia a prejudicial censura religiosa e política ao teatro e à imprensa em um governo ditatorial.

Esse jogo de encaixes textuais amplia, ou melhor, promove uma proliferação de referentes históricos que se estendem, num jogo especular, para além do espaço mineiro da peça jorgeandradina. São Histórias que se encaixam, tanto no nível do enunciado quanto no da enunciação. Vejamos:

ENUNCIADOS EM ENCAIXES ESPAÇOTEMPORAIS

ENUNCIADO 1	ENUNCIADO 2/3	ENUNCIADO 4	ENUNCIADO 5
J.Andrade →	Marta → José →	→ Gonzaga → Garrett → Beaumarchais	→ "Vate Escrevinhador" (Critilo) → Catão/Marco Bruto → Fígaro, autor espanhol
Brasil pós-1964 →	Brasil no final do século XVIII →	→ Brasil/1787 (Inconfidência) → Portugal/1821 → França/1783 (Luís XVI)	→ Chile (colônia) → Roma → Madri
A	B	C	D

O quadro evidencia o uso da História pela arte como metáfora para criticar de viés uma situação política insatisfatória no plano da enunciação (presente do artista), configurando aquela missão pedagógica reivindicada por Jorge Andrade em seus discursos pós-1969 e esboçada, ainda tímida, já no programa de *Os Ossos do Barão* em 1963. Vejam-se as relações A/B-C/D e B/C, especialmente a primeira, concernente a Jorge Andrade, cuja mensagem para o momento ("A") se dá efetivamente filtrada por uma enunciação de quinto grau ("D"), num

METALINGUAGEM: TEATRO E HISTÓRIA 231

enunciado de terceira ordem, no encaixe. Desse modo, uma denúncia de Jorge Andrade soaria, por exemplo, assim: "Eu, Jorge Andrade, digo que Marta diz que José diz que Beaumarchais diz que Fígaro diz que há censura no teatro e na imprensa". Tipo de discurso que por sua própria estrutura reflete a opressão sobre o fazer artístico no Brasil no final dos anos de 1960.

Todas as ações "revolucionárias" da peça, na verdade, são ações passadas, no perfeito (José, Sebastião) ou no mais-que-perfeito (Catão, Bruto etc.). No presente, o que vemos em curso é a ação de Marta e o texto de Marta, que ela constrói passo a passo, costurando os outros textos. Esta constitui a única subversão que efetivamente acontece diante dos nossos olhos: a propaganda da revolução, a conscientização, a exortação, ainda que, ironicamente, no seio de uma "plateia" inadequada como as confrarias, o que, no entanto, pode ser simbólico. Na verdade, a missão/papel a que Marta se propõe pode ser justamente essa, fazer denúncias, exibir insatisfações, inquietar ("plantei você dentro deles", "gosto de plantar"), já que possui o talento do verbo, arte de dramaturga. Não se pode deixar de ver ali em filigranas uma posição do próprio Jorge Andrade, segundo a qual caberia ao dramaturgo apenas denunciar, ficando a outrem encontrar soluções. Marta, entretanto, expôs para isso um filho morto. Jorge nela se inspira usando seus próprios mortos, crucificando seu passado na tetralogia.

Passemos ao exame de O Sumidouro, quando Vicente leva mais adiante a devassa iniciada por Marta.

O Sumidouro (1969)

> "Nous ne trouvons pas honorable de construire pièces historiques"[129]

Repete-se a mesma estruturação das peças anteriores (Rasto Atrás e As Confrarias): sequências narrativas curtas, autônomas, reunidas como numa espécie de montagem, costuradas por um narrador. A ação não progressiva é interrompida a todo momento por comentários de Vicente e se acha dividida em duas

---

129 "Não achamos honroso construir peças históricas." A. Jarry, Oeuvres complètes, tome 1, p. 402. (Trad. nossa.)

"partes": primeiro, o preparo e a partida da bandeira de Fernão Dias, depois, a exploração de sua longa parada nas matas do Sumidouro. O cenário básico é constituído pela mesa de trabalho do dramaturgo, como se viu, além de espaços evocados durante a "exposição" da História com o concurso de *slides* e filmes que se espraiam sobre o cenário básico, abrangendo todo o palco, atores, plateia, como o autor recomenda. As imagens que misturam elementos espaciais díspares, para configurar uma "mente confusa", já apresentam ícones pertencentes aos dois paradigmas em jogo na peça: natureza/"civilização", colônia/metrópole, ou Brasil/Europa.

Nessa última peça que encerra o ciclo do passado e, consequentemente, a primeira fase dramatúrgica de Jorge Andrade, a História sobe ao palco para ser julgada em sua propriedade de registrar, representar o passado. Um dramaturgo é incumbido da tarefa, com os recursos de que dispõe o teatro, sobretudo a dramaturgia, pois se trata de um longo debate verbal empreendido diretamente com a figura histórica do bandeirante Fernão Dias, ressuscitado cenicamente. Logo, Teatro e História disputam a verdadeira representação do herói do século XVII paulista: Vicente, encarnando Jorge Andrade, atribui ao teatro a missão pedagógica de poder resgatar do passado aquilo que não foi bem registrado, ou que foi negligenciado pela História. Para tanto, exibe, inicialmente, uma série de distorções de representações visuais e verbais – as estampas da parede, as lições de História e de Religião que o filho recebe na escola e até mesmo um poema de Olavo Bilac intitulado "O Caçador de Esmeraldas". Nesse prólogo, expõe sua determinação de escrever a peça para conscientizar o filho, um descendente de Fernão Dias, bem como para se libertar desses "demônios culturais" que, junto aos "demônios familiares", podem liquidar com "pessoas como ele".

Assiste-se, simultaneamente, à desconstrução do texto histórico e à construção do texto teatral: reescreve-se um texto "errado", resgatando-se pelo teatro a verdade que se distorcera em ficção graças a um mau trabalho dos historiadores. É a operação inversa daquela iniciada na tetralogia com *A Escada*, em que se partia da "realidade" histórica para se criar teatro/ficção.

Vicente torna Fernão Dias personagem dentro de outro enredo, o da peça, fazendo-o contracenar, porém, com o mesmo conjunto de elementos com que figurara na História. A onisciência do "dramaturgo" se vale de um distanciamento de três séculos para mostrar uma outra história/História possível nesse espaço entre-Histórias. Fernão Dias se perde ("mata" pode ser metáfora da peça em construção e da pesquisa/julgamento em processo) e vai ajudando a construir um discurso artístico que se pretende mais verdadeiro que o histórico. Mais humilde que Marta, no entanto, Vicente se deixa disponível para também aprender algo nesse processo de devassa/dissecação, contracenando com o herói mais na condição de coadjuvante e menos na de oponente, configurando, assim, certa ausência de conflito que deixa espaço para a narração de fatos passados e seu minucioso comentário crítico: a peça protagonizada por Fernão Dias funciona como "parábola" para ilustrar a tese de que a História é falsa, proposta lançada no início na peça-moldura que a enquadra e que diz respeito ao mundo de Vicente – procedimento metalinguístico da peça-dentro-da-peça já experimentado com as encenações do ator José em *As Confrarias*.

Para melhor examinar o trabalho de Jorge Andrade, seria necessário observar a peça pelo menos de três ângulos: as críticas contidas à História e os limites do teatro no resgate da verdade histórica; a forma como a "tragédia" do herói é desconstruída pela forma "épica" do dramaturgo Vicente; e o modo como se tenta conciliar a "narrativa" histórica e a teatral.

Como Contar a História Teatralmente

Tornar presentes ações pretéritas, fazê-las visíveis no palco enquanto "narradas" por uma personagem, constitui um desafio para o "teatro épico" que, para submeter-se à vocação icônica do teatro, acaba por quebrar certas convenções de verossimilhança e estabelecer outros acordos entre palco e plateia. Se a imitação, segundo Aristóteles, pode figurar o verdadeiro por meio do verossímil, o ícone, que mantém um liame analógico entre significado e significante, será o tipo de signo privilegiado no teatro, onde é desejável que os referentes sejam atualizados em cena, isto é, concretamente apresentados. Em *O Sumidouro*, Vicente liga o textual ao visual, continuamente, interrompendo a narrativa e apresentando a Fernão Dias os elementos que devem ser vistos: o verbo ver logra ser um dos mais presentes na peça, como que glorificando a arte teatral e seu poder de tornar visível o que conta. O dramaturgo expositor não só demonstra, verbalmente, por argumentos, a "verdadeira" História, como a exibe cenicamente, compondo com esses fragmentos visuais um "texto" paralelo, redundante, icônico. A obsessão de mostrar, esclarecer, tornar plástico é condizente, aliás, com a linguagem épica, com o proceder do poeta épico, o qual, segundo Emil Staiger, "torna tudo um acontecimento vivo" e assim os apresenta aos nossos olhos, transformando até estados de alma em imagens, em "fatos visíveis"[130]. Em *O Sumidouro*, temos Fernão Dias preso realmente a uma árvore, como imagem plástica do remorso.

Aqui o teatro desfaz as ilusões da aparência ao exibir provas, documentos cênicos da verdade a ser demonstrada. Vicente guia tanto o raciocínio de Fernão Dias quanto o seu olhar, obrigando-o a rever, literalmente, o passado, por um ângulo desconhecido: "Vicente: Quer ver em quem acreditou? / Fernão Dias: Não. Não quero. / Vicente: Você precisa ver".

Todas as personagens históricas (Afonso VI , Conde de Castelo Melhor, Pedro, a Rainha etc.) são evocadas mediante um "apresente-se" seguido ou antecedido por comentários reveladores que, por vezes, assustam o "aprendiz" de História Fernão Dias, como no caso da apresentação do seu próprio filho, o mameluco José Dias: "Vicente: Vamos ver? / Fernão Dias: Não quero. / Vicente: Veja".

A diferença de perspectiva fica patente entre o dramaturgo-pesquisador, onisciente, porque situado no futuro dos fatos, e a personagem-objeto pesquisada, no tempo presente dos acontecimentos relatados, limitada por uma visão "empírica", não teórica, nem temporalmente distanciada dos fatos: "Vicente: Usado por reis, papas e padres… e não consegue ver! / Fernão Dias: Vejo o que está à minha volta. / Vicente: Vê, mas não compreende".

Pouco a pouco a curiosidade vai se apossando do bandeirante, entre temeroso e fascinado com a descoberta do que

---

130 *Conceitos Fundamentais de Poética*, p. 83.

não vira no passado. Há um momento em que Jorge Andrade parece brincar com sua personagem, dissociando fala e gesto em Fernão Dias: "Fernão Dias (*já aflito*): Não há nenhuma razão na traição. / Vicente: Na dele, havia. Veja! / Fernão Dias (*voltando-se para ver*): Não quero ver".

Nem sempre, porém, o paralelismo signo linguístico/signo visual pode ser mantido. Nesses momentos, a narrativa se torna autorreferencial e se explica, desvelando regras de dramaturgia e ressaltando a prevalência da arte sobre a História. Certas convenções teatrais impedem o fluir da narrativa histórica: "Notou que faltava alguém na reunião? Eu vi que olhava à sua volta procurando. / […] Ele é muito importante para ser apresentado no meio de tantos. Nem cabia evidenciá-lo: o que se comunicava não o agradava. Se não reagisse, seria erro psicológico. Ou dissimulado, coisa que não é".

A necessidade de ilustrar, outras vezes, leva à apresentação compulsiva da imagem visual, uma imposição do teatro, ferindo a linearidade da narrativa. É como se a informação visual vazasse antes da hora, atrapalhando o andamento da exposição. O procedimento soa lúdico, como se fosse um "erro" (distração) na manipulação das séries "verbal" e "visual", ou como uma espécie de vingança para com o "vilão" arrogante, que é humilhado com uma "dispensa" de sua presença inoportuna. A personagem só retornará vinte e cinco páginas adiante. Observe-se o jogo: "Colono 3: […] Até seu pai será posto de lado, quando não precisarem mais dele. (*Ilumina-se a antessala do palácio português, onde um nobre está à espera. Ele tem a arrogância da nobreza espanhola.* […] / Vicente: Dom Rodrigo de Castel Blanco! […] Mas é um pouco cedo para essa personagem entrar em cena. O vigarista espanhol que entendia de tudo e não entendia de nada. / (Castel Blanco caminha e desaparece em direção a Pedro)."

Há um instante em que a narrativa, porque documento escrito, deve permanecer verbal. Um ícone, então, passa a índice (um livro), e o verbal escrito se torna audível na leitura do dramaturgo. Trata-se de um trecho de um sermão do Padre Antônio Vieira que é exibido a Fernão Dias como prova de que havia movimento contra a descoberta das minas de metais preciosos na colônia: "(*Pega um livro*) Este, por exemplo, foi escrito vinte anos antes da saída de sua bandeira. Ouça: 'E estes martírios das minas, se as vossas se descobrissem [...]'."

Um recurso teatral é usado na construção da realidade histórica tal como deve ser mostrada: não se trata de uma imagem verossímil, mas o artifício retórico da cena (metáfora de "mundo como teatro") configura a corte portuguesa como mascarada. A rainha, subitamente, interrompe seu diálogo com o rei, diante da corte, deixando entrever que sua fala (um ensaiado contraponto bondoso à hipocrisia do rei em relação a Fernão Dias) era decorada: "Rainha: E os homens da colônia, Majestade? Vejo contar que são arrogantes e selvagens... (*Para, como se tivesse esquecido alguma coisa*) / Rei (*assopra*): Decisões. Julgar decisões. / Rainha: Saberão julgar as decisões sábias do reino?".

Na penúltima cena da peça, imagens fílmicas tornam José Dias paradigma do mártir revolucionário, em cenas que mostram os desdobramentos históricos das expedições de Fernão Dias. A exploração das minas de ouro descobertas graças aos seus roteiros produz as injustiças sociais previstas pelo filho mameluco que surge cenicamente nos "papéis" de Felipe dos Santos e Tiradentes. Ao mesmo tempo entram, teatralmente, todos as personagens apresentadas a Fernão Dias durante a exposição de Vicente, enunciando trechos de suas falas simultaneamente. A esse colapso de informações, a essa colisão de signos visuais, sonoros, verbais corresponde o fim do julgamento cênico da História pelo teatro: Fernão Dias não se submete perante a síntese histórica que recupera seu filho como o verdadeiro herói: "Fernão Dias: Não é meu filho. Nem um, nem outro!"; "Vicente: [...] foram as verdades que encontrou? / Fernão Dias: Só encontrei pedras!".

A narrativa teatral, com todos os seus artifícios, não consegue mudar os acontecimentos: Fernão Dias retorna à cena inicial do juramento pela veracidade das pedras, e o dramaturgo, extenuado, completa a folha em branco na máquina de escrever com as últimas palavras da personagem histórica. O teatro, mesmo com seus poderes de reapresentação, só pode interpretar o passado, como aliás previra Vicente.

Vejamos então como o passado é interpretado.

O Épico Tenta Desconstruir o "Trágico"

No percurso do embate entre os dois protagonistas, o interrogatório sistemático empreendido por Vicente parte do pressuposto básico de estar lidando com uma história trágica (o bandeirante perde tudo e condena o próprio filho à morte por causa de uma busca que resulta, no final, infrutífera) e dirige, didaticamente, sua exposição dos fatos históricos para conscientizar o interlocutor de seu erro e demonstrar-lhe que José Dias, o filho eliminado, à luz dos desdobramentos da História, mostrara-se o verdadeiro herói, por ter sabido compreender sua época e prever as consequências das bandeiras na descoberta de metais preciosos, morrendo em consequência dessa convicção, e não por covardia, como a História registrara. O objetivo seria, portanto, desmistificar os registros consagrados, para desmontar as certezas de Fernão Dias, as quais o teriam conduzido à sua perda e a um eventual e irremediável remorso em relação a José Dias. Eis a proposta: "Você precisa ver. [...] Precisa conhecer as personagens que fizeram de sua vida uma tragédia; que usaram seu sonho".

O confronto inicial já conta com a resistência do bandeirante, que se submete à evidência da imutabilidade de um mundo fechado, sem saída: "Fernão Dias: Você não pode mudar os acontecimentos. / Vicente: Mas posso interpretar". De um lado, temos um dramaturgo, Vicente, encarnando, brechtianamente, a crença no *homem como ser mutável*, não um ser fixo, mas em processo, capaz de transformar-se e transformar o mundo. Homem, por isso, não encarado como conhecido, mas enquanto objeto de pesquisa. Tenta compreender Fernão Dias dentro do processo em que viveu, para compreender-lhe as razões e poder contrapor-lhe outras, baseadas em outras perspectivas, que relativizassem as normas e a ordem de seu mundo, abrindo-o à disponibilidade para improvisos criados de acordo com a necessidade de cada momento, numa luta constante, rebelde a qualquer ideia de destino imposto. Seu julgamento baseia-se na ideia de que "o que fazemos fica e a história é impiedosa, pois de repente prova pelos fatos que outra coisa era possível".

Quanto a Fernão Dias, a princípio parece reunir muitas das condições que caracterizariam o trágico, como é concebido por Emil Staiger: o trágico não se relacionaria à dramaturgia (nem toda tragédia seria trágica), mas à metafísica, ocorrendo quando se "destrói a razão de uma existência humana, quando uma causa final e única cessa de existir", "frustra um desejo, uma esperança, destrói a lógica de um contexto e do próprio mundo"[131]. O trágico atingiria o homem que vive "coerente com sua ideia" e não vacila sobre a validez dessa ideia uma única vez. O trágico seria sempre passível de ocorrer ao "herói dramático" que, preocupado com um problema, ideia etc., negligencia tudo que não lhe diz respeito, passando a não enxergar à sua volta, afastando tudo o que não se refere ao seu objetivo, precipitando-se rumo ao que está por vir, sendo, portanto, um herói incondicionado (não o atingem coisas, circunstâncias, meio) que parece irreal às outras personagens e até a si próprio, situado adiante e acima de todos. O bandeirante subordina quase toda a sua vida à procura das esmeraldas, configurando, além de uma ideia fixa, valores rígidos, inflexibilidade: "cada um está na vida à procura de alguma coisa, e deve morrer por ela, se for preciso"; "tenho a valentia de Nhenguiru, a determinação dos Pais… e a certeza de que a gente sempre encontra o que procura"; "determinação está é dentro da gente. Vou deixar p'ra todos uma serra que brilha mais que o sol"; "decido o que me toca decidir, ajo conforme meus princípios"; "dei minha palavra em nome de princípios, padre"; "é a minha lei que foi ameaçada, não a de Deus".

O móvel de sua ação encontra-se no futuro e galvaniza todas as suas forças no presente ("Grita: Pense no amanhã. É o que importa"), levando-o a prejudicar a família, desconsiderar interesses contrários aos seus e condenar à morte o próprio filho que se interpunha à consecução de seu plano: "Se tenho que caminhar, que seja para a frente. E se não tiver forças pra continuar, maldita seja a noite em que fui concebido"; "deixei mulher, filhos, tudo… e deixaria novamente. Quero coisas que ajudem a ganhar o dia de amanhã".

E à peça não faltam a figura do destino implacável, a presença de um sonho premonitório indiciando desfecho da expedição do herói, a configuração da *hibris* (desmedida) e da cegueira trágica de Fernão Dias, bem como a menção de um castigo final (nas

---

131 Idem, p. 128-153.

versões indígena e cristã), bem nos moldes da tragédia grega. Vejamos: "A ninguém é dado fugir ao seu destino, senhora. Aquilo que há de vir, virá, seja qual for a nossa vontade"; "Maria Betim: Desde que chegou a ordem real, todas as noites sonho com meu filho tentando vencer a correnteza de um rio. Olha para mim, levantando nos braços o seu corpo"; "Padre: É a soberba e a ambição que vão levá-lo até lá"; "Maria Betim: Dizem que, naqueles a quem a Uiara quer perder, ela faz brotar o sonho das esmeraldas!"; "Padre: Deus também açoita com varas verdes e douradas"; "Vicente: [...] Isso acontece a quase todos que vivem agarrados à sua obra como se fosse um sonho. Não enxergam mais nada, nem os erros que começam a cometer em nome dela".

O debate se instaura mediante a exibição dos bastidores da História. Os argumentos de Vicente se circunscrevem, inicialmente, ao âmbito da fidelidade do herói a uma corte corrupta, desmistificando para tanto a grandeza daqueles que lhe haviam delegado a missão da expedição, não conseguindo, todavia, qualquer resultado, uma vez que Fernão Dias insiste na posição de que não podia agir de outro modo: "Fernão Dias: Ninguém me usou. Fui dono de minhas decisões".

O dramaturgo passa então a explorar a figura de José Dias, uma contraforça à altura do bandeirante, pois que igualmente determinado e diligente. Tenta, assim, induzir o interlocutor a confessar seu remorso pela morte do filho (obsessão pessoal de Vicente, mal encoberta nesse projeto de revisão do episódio), fato que implicaria sua derrota nesse julgamento teatral, pois seria admitir que estava errado em pagar todos os preços pelo sucesso da bandeira, errado em descobrir riquezas para Portugal, e não para a colônia.

Abrindo um parêntese, deve-se lembrar que, na verdade, o interesse de Jorge Andrade pelo bandeirante prendia-se mais que tudo à sua estranha relação com o filho mameluco, fato que acirrou a sanha da pesquisa histórica no dramaturgo, como já vimos: "me fascinava este herói, esta pessoa mítica que é Fernão Dias, que é tido como o bandeirante dos bandeirantes, me fascinava o fato de ele condenar à morte o seu filho mais querido, o filho mameluco"[132].

---

132 Entrevista ao Centro Cultural São Paulo, p. 5.

No belo jogo de armadilhas retóricas, que repete a experiência de *As Confrarias*, Vicente intenta uma última cartada: tentar convencer o herói de que ambos, pai e filho, malgrado o radical antagonismo, comungavam de um mesmo ideal, ou melhor, eram fiéis a uma única e mesma verdade: "Ainda vai perceber que eram duas procuras, mas uma só verdade. Vamos continuar?"

A partir daí o confronto básico perde muito de sua coloração ideológica (o nacionalismo contra o imperialismo na questão das riquezas minerais brasileiras) e se atém à busca (metafísica) do sentido último da ação do bandeirante, o qual confessa ter chegado à seguinte conclusão: "não importava mais achar, mas ter feito tudo para encontrar. Que a única riqueza é o que cada um leva seguro nas mãos… e que levaria a certeza de ter procurado sempre".

Desse modo, o trágico se esvazia, pois se o procurar se torna intransitivo, despojado de um objeto, o sujeito que vivia centrado nesse processo acaba ficando imune a frustrações. Daí, o que parecia constituir a situação-limite em que se veria perdido o sentido de uma existência, a derrocada da meta final, a razão de viver de Fernão Dias, acaba se diluindo numa espécie de reconciliação do herói consigo próprio e com o mundo. O empenho de uma procura disposta a pagar todos os preços acabou por bastar-se com a própria procura.

O projeto épico se esboroa: o defrontar-se objetivo com a coisa observada se estanca, o sujeito que observava se funde com seu objeto e lhe impõe (projeta) o mesmo estado de alma. O alcance social se limita, o coletivo se retrai perante duas individualidades poderosas (Vicente e Fernão Dias), que se sobrepõem afinal a tudo o que não seja o próprio *eu*. A revisão da História é dirigida para uma revisão da própria história pessoal: José Dias já não vale tanto pelo revolucionário nacionalista que teria sido, mas pela imagem de filho incompreendido e sacrificado pelo pai. O foco desliza de sua rebeldia ao rei (à política de dominação portuguesa) e queda fascinado diante da rebeldia ao pai bandeirante. É o paradigma "família" que se sobrepuja ao paradigma "país" na tetralogia ("Meu pai… também me fez sentir como um traidor, pelo que sou. E só eu sei quanto o amava!"). É a verdade histórica tão procurada que se contamina da verdade pessoal: o desejo de reconhecimento, não de José Dias (herói brasileiro) por Fernão Dias (este, quando muito, herói português, como pensava, aliás, Jorge Andrade), mas de Vicente pelo próprio pai – reedição, em suma, de *Rasto Atrás*.

O procurar intransitivo parece sugerir que a verdade comum aos dois, ou melhor, aos quatro (José Dias, Fernão Dias, Vicente e seu pai) – certamente aos seis, caso extrapolemos o enunciado e incluamos Jorge Andrade e seu pai –, consiste no exercício da liberdade, ao que parece referir-se Vicente em certo momento: "Mas que sol da Terra é este, pelo qual tantos acabaram seus dias nas prisões e outros lutaram ensandecidos nas ruas?".

As duas procuras diferentes seriam assim norteadas pela mesma verdade, embora uma envolvida com o coletivo, uma causa social (a liberdade da colônia), e a outra egoisticamente circunscrita à plena realização/expressão do eu. Vicente se identifica com a procura intransitiva, sem objeto e sem destinatário outro que ele mesmo, a qual o irmana a Fernão Dias, comungando com ele da mesma incompreensão e solidão – no seu caso, em seu trabalho dirigido ao palco. Determinado a continuar produzindo independentemente das condições adversas, o dramaturgo assume como sua a verdade do bandeirante, encerrando a peça-na-peça, como também *O Sumidouro*, a tetralogia e o ciclo de Marta: "O sentido de tudo. Agora sei que tenho que escrever, nada mais. Se é válido ou não, isto é outra coisa"; "no limite de suas forças, mas com libertação – escreve à máquina as últimas palavras de Fernão Dias".

Poderíamos considerar, por meio do jogo especular Fernão Dias/Vicente/Jorge Andrade, as últimas peças da tetralogia como uma práxis desse "procurar intransitivo", pois, em que pese toda carga de crítica social, política e cultural ali contida, vazada numa forma teatral dessacralizante, são obras assumidamente complexas e de encenação onerosa, construídas, como já mencionado, sem a mínima esperança de que chegassem ao público, mas, e por isso mesmo, tão somente pelo puro prazer pessoal de continuar produzindo arte.

Os limites da tarefa de resgate da verdade histórica por meio do teatro são mostrados por meio do recurso metalinguístico da personagem que se rebela e questiona seu autor.

Nos Limites Entre História e Ficção

Como acontecera de certa forma em *As Confrarias*, os atributos de verdadeiro e falso trocam de lugar no que concerne aos domínios da História e do teatro: enquanto a primeira surge como mascarada e mesmo ficção, o segundo se mostra desvelador do real e sincero, por conta da exibição de seus andaimes pela metalinguagem. Desse modo, é se tornando "personagem" em uma peça teatral que figuras históricas se revelam como "pessoas" que foram. Ou seja, a tarefa delegada ao teatro consiste, paradoxalmente, em desmascarar, revelar o que se esconde por trás das máscaras forjadas pela História, ou pela escrita da História.

Inicialmente, a tarefa se cumpre satisfatoriamente, com a exibição das "forças ocultas" que estariam por trás da bandeira de Fernão Dias, sintetizadas no desejo de Portugal em "reconquistar o Oriente, dobrar o orgulho espanhol, ofuscar a magnificência do Louvre e ser para sempre bendito para a Santa Sé". Quanto aos interesses religiosos, com seus "gastos incalculáveis" "em defesa de toda a cristandade", o comentário de Vicente dramaturgo, em 1969, parece dirigir-se ao comunismo, ou melhor, aos golpes de estado e à instalação de governos fortes, ditatoriais, para, supostamente, impedir sua eventual infiltração: "Até hoje é o que se vê. Atualmente, temos outros otomanos acampados às portas de Viena. Muita safadeza tem sido feita em nome desta ameaça. Satanás continua o mesmo, seus filhos é que mudaram de nome" (p. 556).

A análise de Vicente prossegue desfazendo o texto histórico ainda em seu nascedouro, dessacralizando os clichês: "Conde: Porque para servir-nos, Majestade, aceitei dirigir um reino em condições desagradáveis. / Vicente: Esta frase tem resistido a tudo"; "Vicente: Os golpes de Estado são sempre os mesmos: salvar a nação da desordem, desagravar homens públicos ofendidos... ninguém sabe por quem".

Quanto à própria veracidade dos documentos históricos, encontra-se questionada no caso da famosa carta régia endereçada a Fernão Dias, que o honrava com uma designação para a missão das esmeraldas. Em lugar do rei, sabidamente incapaz, é exibido o seu verdadeiro emissor: "(Enquanto isso, um cor-

METALINGUAGEM: TEATRO E HISTÓRIA

tesão ajoelha-se diante de Castelo Melhor e começa a escrever)
Conde: Eu, el-rei cristianíssimo e sereníssimo de Portugal, vos
envio muito saudar, capitão Fernão Dias Pais. Hei por bem vos
eleger e nomear..."

Para provar o desserviço de sua bandeira para a colônia,
Vicente assegura a existência de movimentos contra a descoberta das minas já naquele momento, citando certos livros de
leitura difícil (certamente as atas da Câmara de São Paulo) e
sermões célebres de um padre, deixando entrever que a seleção
de material praticada por certos historiadores teria expurgado
os fatos históricos de aspectos não desejáveis ao que denomina
classe dominante. Esse outro lado da História é apresentado
por meio do episódio da morte do mameluco José Dias. Eis
como explica o autor a originalidade de seu projeto:

Então durante três ou quatro anos eu tive a paciência de ler as
atas da Câmara de S. Paulo. E via lá: "Partiu para o sertão bravio...",
vi tudo aquilo, né, até que um dia eu li uma coisa. Lá dizia assim:
"O mineiro Francisco de Souza foi assassinado na volta de sua bandeira porque ele descobriu as minas e os colonos... e aos colonos
não interessava que as minas fossem descobertas porque eles pa-
gavam impostos demais e iam começar a pagar mais do que paga-
vam, e ia cair sobre a colônia uma exploração inominável". Então
eu interpretei a história à minha maneira. Ninguém pode desdizer,
não é? Eu pus o José Dias colono, mameluco, a quem realmente não
interessava que as minas fossem descobertas, seguindo o pai para
fazê-lo desistir daquela ideia. Quando ele não consegue, ele faz o
movimento pra ver se leva o pai à razão. E em nome da descoberta
das minas, ele condena o filho à morte, no sentido de que ele é um
antecessor de Tiradentes. E o primeiro que luta para uma liberdade,
ou para libertar os colonos de uma opressão maior[133].

A reescrita da História através do teatro, passada a primeira
fase conferencista da peça durante a qual a personagem histórica, ainda um tanto passiva, recebe aulas provocadoras do
dramaturgo, começa a complicar-se num segundo momento,
na segunda parte, quando a resistência da personagem abala
o projeto declarado do dramaturgo e traz à baila motivações
pessoais deste que, aliás, já começa a dar ares de impotência.

133 Entrevista ao Centro Cultural São Paulo, p. 6.

Ali o jogo se inverte, o grau de onisciência se estreita perigosamente, a ponto de tornar o dramaturgo dependente de Fernão Dias, que passa agora a um papel ativo de questionamento da "pesquisa" ("quem está usando você?", "que está com medo de ver?", "os mortos não falam", "é você quem fala", "se quer caminhar comigo, precisa acreditar que vai chegar", "ainda posso ajudar você" etc.). Temos, assim, duas personagens perdidas: o dramaturgo conhece História, mas não sabe como terminar sua peça teatral, enquanto a figura histórica não conhece História, mas pode ajudar o dramaturgo a encontrar um final para a sua peça em processo – o primeiro, do domínio da Arte, ousou escrever História, enquanto o segundo, do domínio da História, ousou escrever teatro, discutindo inclusive fundamentos de dramaturgia.

Entre história (pessoal) e História, encontra-se Vicente (e Jorge Andrade) num espaço que se revela, afinal, não propriamente uma fronteira, mas zona de interseção: acreditar-se pertencer, por origem familiar tradicional, à História esboroa, nesse caso, o projeto de reescrevê-la objetivamente/didaticamente, como requeria o teatro da época, tingindo-a, ao contrário, de subjetividade afetiva, a real identidade tão buscada de sua arte afinal.

Concluindo: pelo ângulo da História, a tetralogia é crítica, é dessacralização, e Jorge Andrade consegue, desse modo, inscrever-se na atualidade das produções teatrais do período. Em contraposição ao memorialismo anterior, o revisionismo consegue o toque do novo pela metalinguagem, inclusive quando afirma, nas peças de 1969, que é preciso lutar, fazer algo contra a opressão. Como dissemos, aliás, a exaltação da bastardia é grande avanço no universo jorgeandradino sufocado pela árvore genealógica.

Tais avanços, no entanto, e Jorge Andrade o sabia, não eram suficientes para assegurar-lhe uma melhor posição no meio teatral do período, mesmo porque os últimos acontecimentos políticos haviam reduzido extremamente as possibilidades da vida teatral no país. Dadas as marcas pessoais do autor, suas últimas obras não dotaram o tratamento da História daquela acirrada combatividade política e de simplificações outras na estruturação das personagens e da fábula e nas condições de produção (número de personagens, recursos cênicos etc.) que o teatro exigira durante a década. Apesar disso, e justamente

METALINGUAGEM: TEATRO E HISTÓRIA 245

por isso, essas peças são das mais ricas do nosso teatro, e só temos a lamentar o fato de o autor tê-las escrito num momento de crise tão profunda no país, quando um dramaturgo de sua qualidade se via sem espaço para encená-las:

> Mas há muitas formas de preconceitos e de censura. Eu, por exemplo, sofri muita censura da esquerda. Eu fui uma vítima do Zé Celso, de toda aquela turminha, que me chamava de aristocrata, de tradicionalista... Quando a Censura permitia as minhas peças, eles também não levavam, nunca levaram. Então eu sofria... [...] Então há o problema da censura que castra mesmo, e houve o problema de gente de teatro contra mim por causa das minhas posições. E por causa disso é que eu me retirei, eu me afastei. [...] Acho teatro partidário uma chatice da pior espécie. Brasileiro ou estrangeiro[134].

Irredutível, magoado e algo narcisista, parece não ter reconhecido que o teatro político com "p minúsculo" também, ou sobretudo, é necessário nos momentos de crise e cumpre uma importante função. Não distinguiu, por outro lado, que havia outras tentativas que, como as de José Celso, embora diferentes das suas, também eram legítimas e não se alinhavam igualmente às preocupações predominantemente políticas vigentes no teatro da época e que também marcaram a história do teatro desse conturbado período:

> Eu não estou distanciando [teatro de ideologia] porque é ideológico sempre; porque o teatro é essencialmente político com P maiúsculo, porque o homem é essencialmente político [...]. Então tem que ter uma ideologia. [...] Qual ideologia você quer? As ideologias todas, não é verdade? Que refletem a política, que refletem o homem. Aí eu acredito. Mas qual? [...] Você quer o teatro dirigido, a arte dirigida, e isto não é ideologia, isto não é política. Isto é partidarismo. Agora, partidarismo não, porque eu não tenho partido...[135].

Preferimos considerá-lo um ser realmente deslocado que, de modo semelhante à sua personagem Vicente, como atesta a tetralogia, perdidos de algum modo os seus antigos referentes, não souberam ou não conseguiram preencher o espaço vazio

---

134 Idem, p. 20.
135 Idem, p. 21.

com novos, como parece expressar em outro depoimento, dois anos depois:

Não há nenhuma ideologia que libertou o homem. Não há nenhuma religião que libertou o homem, mas com tudo isso vai chegar lá, entendeu? Folha: O que é "chegar lá", Jorge? Jorge Andrade: Acho que é uma libertação absoluta, igualdade absoluta, num mundo onde não tenha mais preconceito, onde não tenha mais intolerância. Quando, sei lá, o outro aceitar o outro como o outro é. Não importa a cor, religião, política, nada[136].

Essa fala, curiosa mistura de uma espécie de negligência e ceticismo para com o tempo presente, associada paradoxal e desajeitadamente a uma crença forte num Homem, numa Liberdade, numa Igualdade, poderia talvez ter sua explicação numa consciência planetária, hoje muito atual, que explicaria, por um lado, parte de sua intolerância para com a época em que viveu e, por outro, a força de resistência que, naqueles tempos adversos, sustentou-lhe a criação de obra tão grandiosa e singular:

Quando o homem tiver a consciência de que ele habita um único planeta, e se ele é o único ser, é o homem na face da terra, quando ele tiver esta consciência de ser e de estar no mundo como homem, então o homem forma realmente uma confraria. É só ai que ele pode ter uma liberdade, pode alcançar a liberdade[137].

Para encerrar, resta observar de que modo foram aproveitados textos de outros autores no tecido poético da tetralogia.

INTERTEXTUALIDADE NO JOGO DA METALINGUAGEM: *RASTO ATRÁS*, *AS CONFRARIAS* E *O SUMIDOURO*

Uma das personagens do meu drama *Na Selva das Cidades* cita, em certas passagens, versos de Rimbaud e Verlaine. Num livro, essas partes se identificam como citadas por meio de aspas. O palco não dispõe, aparentemente, de técnica alguma que substitua as aspas.

---

136 O Labirinto, Jorge e os Outros, *Folha de S.Paulo*, 16 jun. 1978.
137 Entrevista ao Centro Cultural São Paulo, p. 14.

METALINGUAGEM: TEATRO E HISTÓRIA

Se dispusesse dela, muitas obras de grande aceitação seriam quiçá mais saborosas para os filólogos, porém bastante mais pesadas para o público. Temo que, dadas as dificuldades de sua profissão, a gente que atualmente se ocupa da confecção de peças não tenha tempo, nem agora nem nos próximos dez anos, de refletir serenamente sobre o assunto. Roga-se, portanto, aos interessados dos círculos filológicos, que voltem a chamar-nos dentro de onze anos. (Desde já podemos revelar-lhes, no entanto, que para que o drama avance de alguma maneira, terá que avançar com toda a displicência sobre os cadáveres dos filólogos.)[138]

Além do intenso movimento interno, horizontal, de circulação de trocas entre os vários textos do livro *Marta, a Árvore e o Relógio*, como já mostramos, ocorre no ciclo outro fenômeno de intercâmbio, vertical, que abre certas peças para fora, configurando uma relação paradigmática com outros autores. Esses dois movimentos, presentes em textos como *A Moratória* ou *Vereda da Salvação*, tornam-se flagrantes, explícitos na tetralogia graças ao recurso da metalinguagem.

São várias as modalidades de inserção de textos estranhos nas obras metalinguísticas. As obras de outros autores ora comparecem com aspas, isto é, devidamente delimitadas por um narrador que, ao enunciá-las, lhes comenta de algum modo a origem; ou com aspas somente nas indicações cênicas, guia valioso para o leitor, mas que não chega obviamente ao espectador; ou mesmo sem quaisquer aspas, seja para leitores ou espectadores, diluindo-se no texto receptor e confundindo-se com a autoria jorgeandradina. Nesse terceiro caso, evidentemente, o mais difícil para a análise, os textos tomados de empréstimo podem estar presentes na forma de fragmentos dispersos ou inteiros, como uma sombra, por trás do tratamento de temas, estruturação da peça e/ou visão de mundo, como já se observou em *A Moratória* (Tchékhov, Arthur Miller), *Vereda* (A. Miller), ou *Rasto Atrás* (O'Neill).

Limitamo-nos aqui, sobretudo, aos dois primeiros casos mencionados, por seus excelentes efeitos metalinguísticos na obra. Quanto ao terceiro caso, um campo enorme a explorar, privilegiamos tão somente as referências não estudadas ainda

---

138   B. Brecht, *Escritos Sobre Teatro*, v. 1, p. 78.

pela crítica da obra do autor. O fenômeno da intertextualidade explícita com outros autores constitui mais um traço que distingue a tetralogia metalinguística dentro do ciclo de Marta.

Intertextualidade

O termo intertextualidade foi inventado por Julia Kristeva para designar a "transposição de um (ou vários) sistema(s) de signos noutro", sistema de signos significando "texto", já que "qualquer texto se constrói como um mosaico de citações e é absorção e transformação dum outro texto"[139] . Esse fenômeno, aliás, já fora preconizado por Mikhail Bakhtin, em *Marxismo e Filosofia da Linguagem*. Essa noção teria amplificado o que Tynianov já percebera na obra literária, ou seja, sua construção como "uma rede dupla de relações diferenciais – com os textos literários preexistentes e com sistemas de significação não literários, como as linguagens orais"[140]. Com Kristeva, a série extraliterária teria se estendido aos sistemas simbólicos não verbais, a ponto de inspirar as amplas noções anteriormente citadas de texto (verbal e não verbal) e de relação entre textos.

Também a respeito da literatura, Roland Barthes parece situar-se na mesma linha de preocupações. Segundo o crítico, um texto literário seria *semiosis*, ou seja, texto aberto, em processo, produtor interminável de sentidos, e não *mimesis*, ou *mathesis*, isto é, um corpo bem estruturado de saber, definindo intertexto não forçosamente como campo de influências, mas "uma música de figuras, de metáforas, de pensamentos palavras; é o significante como sereia"[141].

O crítico Laurent Jenny, no entanto, tenta delinear o conceito e seus modos de operação chamando a atenção para o trabalho de assimilação e transformação que caracterizaria todo processo intertextual[142], que seria fundamentalmente crítico, não se tratando de simples alusão ou reminiscência, ecos de um texto no outro. A unidade que é tomada de empréstimo deve

---

139   L. Jenny, A Estratégia da Forma, *Intertextualidades (Poétique n. 27)*, p. 13.
140   Tynianov, *Théorie de la Littérature*, p. 124.
141   *R. B. par R. B.*, p. 148.
142   Op. cit., p. 5-7.

METALINGUAGEM: TEATRO E HISTÓRIA 249

ser afetada pelo texto maior e criar, em sua reutilização, uma relação de negação, contradição, desvio, enfim, uma relação de intervenção. Diferencia uma intertextualidade "implícita" de uma intertextualidade "explícita", esta última facilmente detectável sobretudo em obras de forte coloração metalinguística, quando deixaria transparecer sua relação com outros textos – a imitação, a paródia, citação, montagem, plágio etc. –, enquanto a implícita derivaria da própria natureza genética da obra literária, a qual seria impensável fora de um contexto cultural (mesmo que negue esse contexto), fora de um sistema (os gêneros existentes), neste caso sendo mais difícil detectar se a intertextualidade deriva do uso do código ou é a própria matéria da obra – exceto, evidentemente, nos casos de metalinguagem.

A intertextualidade introduziria um novo modo de leitura, ao quebrar a linearidade do texto, oferecendo a cada intervenção uma bifurcação[143]: ou ficamos no universo sintagmático da obra, isto é, no lugar de tensão polifônica produzida pelo atrito dos textos, ou somos deslocados e remetidos ao universo do referido fragmento (texto emprestado), numa operação paradigmática. São duas operações simultâneas, constituindo alternativa no caso de uma análise do texto. A intertextualidade, embora não constitua uma novidade, na literatura, por exemplo, tornou-se especial a partir do final do século XIX, quando houve, como explica a crítica Leyla Perrone-Moisés, um estilhaçamento temático e uma profusão de vários tipos de discursos nas obras, não se podendo encarar suas personagens como vozes unificadas por uma verdade englobante, de ordem ideológica (a filosofia do autor) ou psicológica (a personalidade do autor); a linguagem dessas obras tornou-se "um campo de trocas incontroláveis e imprevisíveis", uma intercomunicação dos discursos de diferentes épocas, ou de diferentes áreas linguísticas, numa elaboração ilimitada da forma e do sentido em termos de "apropriação livre" de umas obras pelas outras, assumida e feita de forma sistemática[144]. Cada texto teria passado, assim, a constituir uma rede de textos em discussão, em reação, em diálogo.

Esse novo tipo de intertextualidade teria trazido para a crítica um problema, devendo-se agora falar em conexão e

143 Idem, p. 21.
144 *Texto, Crítica, Escritura*, p. 58-61.

não mais em influência. Depois de uma atitude clássica de se pretender explicar o texto pela pesquisa erudita da biografia do autor e, mais tarde, pautar-se a crítica por um interesse além-texto, com o empilhamento de leituras críticas emprestadas a disciplinas não diretamente literárias – história, sociologia, psicanálise[145] –, ter-se-ia chegado à concepção de uma crítica igualmente intertextual para se tentar dar conta das novas obras, como seria o caso dos críticos-escritores franceses Barthes, Butor e Blanchot, estudados por Leyla Perrone-Moisés. Não a intertextualidade rudimentar da crítica tradicional (emprego da citação e crítica das fontes), mas um trabalho de absorção de outros textos por um texto, desconsiderando-se a fronteira entre obra poética e obra crítica[146] e operando-se uma fusão. Evidentemente, não é o tipo de trabalho que propusemos neste livro, nem se trata de literatura a obra jorgeandradina que estamos a examinar, nem o autor constitui, tampouco, ao que parece, um caso de intertextualidade em tão avançado grau que justificasse uma tentativa de exegese de tal porte.

Quanto à intertextualidade nas peças metalinguísticas de Jorge Andrade, resta ainda observar que ela se distingue em grau daquela praticada pelo teatro do mesmo período, no sentido de que o autor não faz um uso maciço desse recurso, não chegando a desorganizar a ordem narrativa por causa dele, nem mesmo a desintegrar os textos alheios no interior de seus textos habitualmente. De certa forma, aproxima-se ela das citações tradicionais, com seu lugar em geral demarcado na enunciação, por meio de uma situação motivada do ponto de vista narrativo: uma personagem dando aula, ou lendo um livro, ou usando um texto no palco, ou recitando-o para alguém. E há sempre uma relação semântica entre os textos engastados e o texto centralizador, ou seja, a convocação do texto alheio se faz sempre por analogia com o contexto. Em *As Confrarias*, por exemplo, reforçam a mensagem de "luta pela liberdade"; em *Rasto Atrás*, sublinham o sentimento de solidão do artista; em *O Sumidouro*, comprovam as teses históricas do narrador. Ou seja, Jorge Andrade enquadra os textos emprestados na forte moldura de suas peças, respeitando-os, mas submetendo-os. Diferentemente, por

---

145 L. Jenny, op. cit., p. 12.
146 L. Perrone-Moises, op. cit., *Crítica, Escritura*, p. 210-213.

METALINGUAGEM: TEATRO E HISTÓRIA 251

exemplo, da fragmentação apresentada no caso do texto do espetáculo *Liberdade, Liberdade* (1965), em que já se pode falar de "colagem". Anos mais tarde, Millôr Fernandes faria a apologia da colagem, chamando a atenção para a dificuldade dessa montagem de textos[147], preocupado que estava com a enorme propagação do recurso nos anos de 1970. Considerando esse fenômeno constatado por Millôr, podemos concordar com a conclusão de Laurent Jenny acerca da relação entre o uso da intertextualidade e determinadas épocas em que ocorreram:

Seja qual for o seu suporte ideológico confesso, o uso intertextual dos discursos corresponde sempre a uma vocação crítica, lúdica e exploradora. O que faz dele o instrumento de palavra privilegiado das épocas de desagregação e de renascimento culturais[148].

Rasto Atrás

Entre os enxertos textuais de várias naturezas em *Rasto Atrás* já mencionados, *O Caso Oppenheimer* merece destaque por sua contribuição para o tratamento da História na tetralogia, uma vez que Jorge Andrade, ao revisar fatos históricos como a Inconfidência Mineira ou a bandeira de Fernão Dias, criticara, sobretudo, a vinculação/aliança do intelectual/letrado com a elite, tanto na construção quanto no registro dos acontecimentos. Aqui permanece o foco: a independência do intelectual.

A obra do dramaturgo alemão do teatro documento, Heimar Kipphardt foi escrita em 1964, inicialmente para o rádio, e, no mesmo ano, para o teatro, estreando no Brasil no ano seguinte, em São Paulo, no Teatro da Aliança Francesa. Trata-se de uma peça teatral dividida em nove cenas, que consiste em um longo inquérito (Washington, abril/maio de 1954) do físico norte-americano J. Robert Oppenheimer por uma Comissão de Segurança dos Estados Unidos durante a época do macarthismo, para julgar se o cientista que havia inventado a bomba atômica lançada sobre Hiroshima não teria, após 1945, incorrido em deslealdade para com o governo de seu país ao se

147 *O Homem do Princípio ao Fim*, p. 4.
148 Op. cit., p. 49.

recusar a fabricar a bomba seguinte, de hidrogênio, resultando, daí, o atraso nas pesquisas norte-americanas e a consequente dianteira e o sucesso dos russos no mesmo projeto. O cientista é acusado de comunista. Ao final, mesmo ficando descartada uma traição política, decidem pela ocorrência do que caracterizaram como "traição mental", resultante de uma suposta contradição em Oppenheimer que o incapacitaria para servir aos interesses dos Estados Unidos: não lhe seria possível conciliar lealdade ao seu país nesse terreno, pois nunca se teria libertado completamente "dos utópicos ideais de uma sociedade internacional sem classes", mantendo-se fiel a eles consciente ou inconscientemente. Concluiu-se, então, que a América necessitava fortalecer seu poderio econômico, militar e político (o desejo do físico fora o impedimento da fabricação da bomba H mediante um acordo internacional):

> Chegamos a um ponto de nossa História no qual nos cumpre reconhecer que a nossa liberdade tem um preço, e que a necessidade histórica não nos permite conceder abatimento nesse preço a quem quer que seja, fosse ele o mais meritório dos homens[149].

Oppenheimer resolve afastar-se para sempre dos trabalhos de projetos bélicos, interpretando a alegada "traição mental" como uma "traição ao espírito da ciência": permitir aos militares o trabalho de pesquisa da energia nuclear tornaria utópico o emprego das descobertas para facilitar a vida humana no futuro e promover sua felicidade: "eu me pergunto, em consequência, se nós, os físicos, não demos aos nossos Governos, em muitas ocasiões, uma lealdade demasiado grande, demasiado irrefletida, contrariando as nossas melhores convicções"[150].

Jorge Andrade toma de empréstimo uma fala do cientista Einstein, que teria telefonado a Oppenheimer para lhe prestar sua solidariedade. O fragmento é citado pelo dramaturgo Vicente aos seus alunos: "Einstein me disse: Se eu pudesse escolher outra vez, eu iria ser funileiro ou vendedor ambulante, para gozar, ao menos, de um modesto quinhão de independência". A ponte semântica entre *Rasto Atrás* e o fragmento é expli-

---

149 *O Caso Oppenheimer*, p. 145-146.
150 Idem, p. 155.

METALINGUAGEM: TEATRO E HISTÓRIA

citada por meio do recurso do comentário didático quando uma das duas interpretações apresentadas é privilegiada. Segundo os alunos de Vicente, "os cientistas foram usados para outros fins, que não os da ciência" (na tetralogia, isso ilustra o conceito de História enganadora); para Vicente, constitui uma lição moral – os cientistas foram usados porque se deixaram usar: "podemos fazer por nossas próprias mãos as armas que podem destruir a personalidade, fazendo de cada um, um instrumento cego". A dependência material constituiria terrível ameaça ao surgimento de mentalidades independentes e tornaria o trabalho intelectual impossível (alusão às perseguições políticas em curso no Brasil). Aliás, esse uso da peça alemã em sala de aula tem reações na figura – metáfora e metonímia – do padre professor ("não passa de um comunista notório. Pior ainda: subversivo!").

Na fricção dos dois textos, transparece todo o repúdio de Jorge Andrade ao enclausuramento político dos homens em partidos, os quais só dividiriam e enfraqueceriam a ação na luta pelo bem comum. Sua utopia: um mundo em que "uma só seria a confraria de todos". Esse constitui, na tetralogia, o primeiro passo de um uso pedagógico do texto teatral para veicular lições exemplares tiradas da História.

As Confrarias

O discurso da personagem José, ator e conspirador nas Minas do século XVIII, dirige-se à sua plateia por meio de textos pertinentes à questão da exploração do povo e à necessidade de luta para mudar a situação. Assim enquadrados, figuram Almeida Garrett, Beaumarchais e o poeta inconfidente Tomás Antônio Gonzaga, dentre os quais só Beaumarchais tem título e autoria assinalados nas indicações cênicas. Observamos, porém, a ocorrência de intertextualidade implícita, no caso da *Antígona* de Sófocles e de uma adaptação, sem aspas, de trechos de um sermão do Pe. Antônio Vieira.

Marta já foi apontada pela crítica como uma espécie de Antígona às avessas, isto é, que, para afrontar as leis do Estado, não enterra o filho morto. Deve-se observar, no entanto, que a intervenção de Jorge Andrade no texto sofocliano é bem mais profunda e inscreve *As Confrarias* na linha de textos teatrais que, no século XX, transformam a heroína grega, de consagrado signo de piedade familiar, em signo político de resistência (indivíduo *versus* Estado). Marta sacrifica o amor materno pelo amor à coletividade, ou o familiar ao social. Antígona, ao contrário, afrontava Creonte sobretudo porque se tratava de não deixar abandonado o corpo de um ente familiar seu e, além de tudo, insubstituível (órfã dos pais, ela não poderia ter outro irmão) – insubmissão que não se daria em circunstâncias diversas, como explica:

> Antígona: [...] Se eu fosse mãe e se tratasse de meus filhos, ou se fosse meu marido que tivesse morrido, eu não teria violado a lei para lhes prestar esses deveres. [...] Viúva, eu me casaria de novo e, se perdesse meu filho, meu segundo esposo me tornaria mãe novamente, mas um irmão, [...] eu não tenho mais esperança de que me nasça outro[151].

A configuração da revolucionária Marta como mulher do povo ilustra a visão de Jorge Andrade sobre a Inconfidência Mineira: a conspiração dos poetas não teria arregimentado as forças populares e por isso não teria chegado a ações realmente efetivas pela mudança que se desejava. Tratava-se, em suma, de uma"revolução de mentira".

Quanto ao sermão do padre Antônio Vieira, há pequeníssimos fragmentos, desintegrados, sem aspas, em duas falas de José, o ator que mistura trechos, com aspas, de Almeida Garrett. São do jesuíta: "Temos sido feitores e não senhores do que é nosso"; "Não é nosso o nosso escravo, nem nosso o nosso carro e o nosso boi". Constituem trechos do último parágrafo da parte V do *Sermão da Primeira Oitava da Páscoa*, de 1656, que será exploradíssimo pelo dramaturgo na confecção de *O Sumidouro*, como veremos. Por ora, observe-se o trecho de Vieira que se dirige igualmente aos habitantes da colônia, mas em Belém do Pará, para convencê-los de que as minas não deveriam ser descobertas: "No mesmo dia havíeis de começar a ser feitores, e não senhores de toda a vossa fazenda. Nem havia de ser vosso o vosso escravo, nem vossa a vossa canoa, nem vosso o vosso carro e o vosso boi"[152].

---

151 Sófocles, *Théâtre Complet*, p. 91. (Trad. nossa.)
152 *Obras Escolhidas*, p. 266.

METALINGUAGEM: TEATRO E HISTÓRIA

Evidentemente, o texto em Jorge Andrade é adaptado não só gramaticalmente como ideologicamente, uma vez que o missionário, na verdade, consolava os seus fiéis das seguidas derrotas na procura de metais preciosos, acenando-lhes com compensações outras, tais como irem salvar "as almazinhas" do Amazonas, que seriam minas de riqueza para Deus. O padre, desta forma, era ciente de uma ambição da colônia em relação ao apresamento de índios como "peças" para serviço: isso deduziu, do sermão, Hernani Cidade[153], estudioso de Vieira.

O recurso intertextual, nesse caso, faz da cena de perturbação linguística ou discursiva do ator conspirador (José se equivoca misturando a fala de suas personagens à sua própria fala) uma formidável *mise-en-abyme*, sugerindo uma perturbação semelhante do autor Jorge Andrade em relação aos outros autores – um jogo, cremos nós, com os futuros pesquisadores de sua obra.

Quanto ao texto português, trata-se da tragédia, em versos, *Catão*, de Almeida Garrett (1799-1854), apresentada pela primeira vez em 29 de setembro de 1821, em Lisboa, quando a revolução de 1820 já havia terminado em Portugal, não possuindo, portanto, nenhum cunho de incitação à luta, mas sim uma preocupação pedagógica com a reconstrução política. O teatro era, então, tido como escola de virtude e patriotismo, favorecendo o advento de peças históricas como essa. Trata-se de Catão, o "Menor, ou Uticense" (95-46 a.C.), bisneto de Catão, o "Maior, ou o Censor", este último, símbolo máximo de austeridade e avesso à entrada da civilização e da arte grega em Roma, levando à expulsão de filósofos, gramáticos etc., por considerá-los "corruptores da mocidade romana". A peça apresenta o outro Catão resistindo à investida de César, que deseja impor a ditadura à república de Roma. Desesperançado, constatando ser o outro vencedor, decide acabar com a própria vida para não se tornar "escravo". Marco-Bruto, ao contrário, sempre muito inflamado, decide-se pela luta e tenta convencer a isso Catão e o senado, mesmo após descobrir que, educado embora por Catão, é, na verdade, filho bastardo de César. O grito de "Ou liberdade ou morte!" vem à baila.

153 Idem, p. 250.

Jorge Andrade menciona a problemática relação Marco-Bruto/Júlio César em *O Sumidouro*, defendendo José Dias da alcunha de "Brutus Indígena", por ter, supostamente, traído o pai. Para *As Confrarias*, o dramaturgo explora justamente a figura de Brutus para ser encarnada pelo ator José na vida real. Marta lança mão de Brutus para tentar injetar no filho aquela sua determinação intempestiva, a fim de engajá-lo na luta pela liberdade da colônia: "(*Grita*) Não se esqueça de Marco-Bruto!"

Quanto a Catão, o político frio e comedido da peça portuguesa, recebe na fala de Quitéria (espécie de metáfora do povo simples da colônia) uma avaliação desfavorável, que prova a sua incompreensão da mensagem política que José quer passar com o texto, fazendo-o temer pela recepção da "gente da província": "Quitéria: Sei lá. Soberbo como o demônio. Joga o corpo contra a espada e ainda faz você prometer que mata o pai. Isto é coisa que se faça? Até que César é bom: queria conversar com você. É porque gosta do filho. Bruto mesmo, esse Marco! Aquele velho agourento é que azarou tudo".

Jorge Andrade toma de empréstimo primeiramente versos da fala de Catão (do 482 em diante) da Cena I do segundo ato, bem como versos (a partir do 12) da fala de Marco-Bruto no mesmo local, saltando trechos, mas respeitando a ordem em que se encontram em Garrett. O dramaturgo, como podemos observar a seguir, preteriu os argumentos da personagem como estão em Garrett, em favor dos trechos mais exaltados, de exortação, mais adequados às intenções do ator José. Sublinhamos com itálico os trechos transplantados para *As Confrarias*:

> *Catão: Não há sangue que o farte, não há crime / Que o detenha: seu carro de triunfo / Não impeça nos montes de cadáveres / Que lhe juncam a estrada. Fique o mundo / Todo um sepulcro, um só momento a terra… / Mas reine ele senhor sobre esse túmulo / A* cobiça de império que o devora, / Que lhe incha o coração, lhe rala o peito, / Té os mesquinhos areais estéreis, / Estes plainos torrados, infrutíferos (pausa) / Da Líbia nos inveja. – Agora, ó Padres, / Dizei: *qual é vossa alma, as tenções vossas? / Inda ousais defender a liberdade? / Firmes em acabar primeiro que ela / Inda ousais preferir a morte honrada / Ao jugo, à escravidão?* – ou já cansados, / Fatigados do peso do infortúnio,/Baixos os corações, curvos à sorte, (pausa) / Dispostos vos sentis a? …. *Bruto fale.*

METALINGUAGEM: TEATRO E HISTÓRIA 257

Marco-Bruto: Eu voto a guerra. E guerra só nos cumpre. / Nada nos resta mais, bem sei, que o ferro, / Amontoadas legiões César comanda; / Mas a espada que temos é romana, / Mas as legiões que o seguem são de escravos: / E pode um cidadão tremer ante eles?

Poucos somos: mas livres, mas ousados. / No furor da peleja, quantas vezes / Um só braço bastou a decidi-la? / E quantas foi um golpe venturoso / Longas vitórias desmentir num dia? / Tem uma vida só, como os mais homens, / (Se homem podeis chamar-lhe) esse tirano. / César... *Ah! co'este nome em vossos peitos / Não ferve a indignação, não pula o ódio? / Não* ouvis esses manes insepultos, / Cujos honrados, venerandos corpos, / Pasto deixado nas areias da Líbia / Foram aos monstros do áspero deserto? / Não lhe ouvis os clamores de vingança: / Mais da metade do senado augusto / De que vós só restais, lá faz com eles; / E *este mesmo senado inda duvida, / Pausado agita, frio delibera / Sobre a causa da pátria? Ah, não, ó Padres, / Não vale em lances d'estes a prudência, / Só produz entusiasmo as ações grandes. / Não aguardemos que o inimigo ousado / Venha em nossas muralhas atacar-nos; / Vamos nós mesmos, nós, o ferro em punho, / Por entre essas indômitas falanges / Longa abriremos sanguinosa estrada... / Senão para a vitória que nos foge, / À glória ao menos de expirar Romanos*[154].

Quanto aos trechos menores, que figuram na última cena do ator José no palco instantes antes de ser morto por um tiro, são tirados dos atos v e vii, guardando a ordem em que aparecem no texto original. No primeiro trecho, Catão convencia Mânlio de que não se matar é que seria covardia, pois se a vida nos é dada com direitos e deveres, se deixamos perder os direitos, preterimos os deveres, e com isso "ofendemos a natureza" e "ultrajamos o Criador". Jorge Andrade, de um total de 25 versos, seleciona apenas dois, frisando tão somente os direitos de todo ser humano. José não está encenando, mas conversando com o público, e a fala não aparece atribuída à personagem Catão, embora entre aspas: Ato v – cena iii "Catão: [...] E covardia, – e a covardia é crime. / A *natureza, que nos deu a vida... / A* natureza – Deus Optimo *Maximo, / Deu-nos co'a vida essenciais direitos,* / Inalienáveis, que são parte d'ela"[155].

154   *Catão*, p. 90-93; *Marta...*, p. 44. Jorge Andrade, no verso "Firmes em acabar primeiro que ela", substituiu o "que" por "com" e, no verso "Não vale em lances deles a prudência", substituiu a vírgula por dois pontos.
155   *Catão*, p. 176; *Marta...*, p. 66. (Grifo nosso.)

Já na fala da cena VII, composta no original por 54 versos, Catão explicava a Mânlio sua determinação em não fazer alianças com César, descrevendo os tiranos que Roma já tivera e observando, aliviado, a partida das naus com aqueles a quem recomendara que se exilassem. Roma já estava perdida. Jorge Andrade recolhe somente os versos de 10 a 12, conforme sublinhamos a seguir, coerente com a mensagem de *As Confrarias*, de resistência à tirania: "Catão: [...] É louco esperar nada mais de Roma. / Eu resisti por honra, por estrito / Cívico pudonor, – não que esperasse / Fruto da resistência: fruto, digo, / Para o colhermos nós; *que a resistência / Do povo a seus tiranos e opressores, / Nunca é vã, não se perde.* Malograda / A vemos hoje: e o coração falece / A que vê tanto sangue derramado"[156].

O último trecho encenado pelo ator José, que o interrompe para ser morto, é tirado da mesma cena, observando como sempre a ordem em que se encontra: transplantado para *As Confrarias*, ganha um tom exaltado que não possuía no original, quando, em Garrett, Catão, já derrotado e melancólico, fazia uma espécie de balanço da história da tirania em Roma. Sublinhamos os versos aproveitados por Jorge Andrade (entre o 292 e o 492): "Catão: [...] / De antigas ufanias. *Júlio é outro; / Sobeja-lhe arte para ser tirano / De sua pátria decrépita.* – Não mata, / Algoz que é só cruel, a liberdade: / O sangue não a afoga; reverdece / No martírio. – Senhor, como esse, fora / Uma bênção do céu sobre a república / Enquanto ela tem forças para a cura, / Que, já agora, só pode dar-lhe ferro / D'um tirano – que rasga, dilacera, / Estimula, espedaça, – mas, às vezes, / Como a espada de Aquiles fabulada, / Sara o que fere. – Porém César!... *César / É* tirano mais dobre, mais astuto. / Esse é *traidor algoz: não mata a ferro, / E só vai propinando lentamente / Venenos encobertos, disfarçados, / Que, sem travar nos lábios levam morte / Ao coração, e o derradeiro afogam / Desejo, ideia, imagem da proscrita / Liberdade...* (*silêncio longo*) / Oh! – Já vão saindo o porto,"[157].

Já a peça *As Bodas de Fígaro*, de Beaumarchais (1732-1799), é uma comédia político-social que, para ser representada, consta que foi submetida, sucessivamente, a seis censores, não recebendo nem mesmo o apoio costumeiro de Luís XVI,

---

156 *Catão*, p. 188. (Grifo nosso.)
157 Idem, p. 189-190; *Marta...*, p. 66.

METALINGUAGEM: TEATRO E HISTÓRIA 259

que a julgou detestável e irrepresentável[158]. Foi interdita em Versalhes, em 1783, pouco antes da representação e, no ano seguinte, Beaumarchais acabou sendo preso. Alcançou, porém, grande sucesso em 27 de abril de 1784, quando, finalmente, foi ao palco, já num período de grande fermentação social que prenunciava a Revolução de 1789. Constitui uma sátira social que ataca a Justiça, os costumes políticos (a intriga, o favor), a censura, a nobreza e o próprio regime aristocrático.

O fragmento incorporado por Jorge Andrade foi tirado do longo monólogo em que Fígaro, o protagonista, revive toda a sua agitada existência de aventuras e peripécias. O dramaturgo paulista recolheu somente as referências à censura político-religiosa ao teatro e à imprensa, bem como a expressiva descrição do eu fragmentado da personagem, mantendo, porém, o final pitoresco do lamento em relação à criada Suzaninha, por quem Fígaro é apaixonado, a fim de enraizar melhor o enxerto, uma vez que o longo texto é recitado pelo ator José para sua amante, a simplória Quitéria, que tudo acha muito engraçado, contrastando muito com o aspecto grave de Marta – sempre o problema da recepção diversificada e contraditória das mensagens teatrais.

Trata-se da mais longa fala em prosa da dramaturgia do autor paulista, com aproveitamento de cerca de oitenta por cento do texto original do autor francês, o qual preenche sozinho toda a cena III do Ato V (o último na peça francesa). Como sempre, Jorge Andrade não altera a ordem do enunciado original nem adultera as frases, limitando-se a escrever com maiúscula uma palavra, quando o corte que realiza acontece ao partir uma frase ao meio. Como a transcrição do trecho original tomaria muito espaço, citamos apenas a parte do empréstimo mais significativa para a questão do tratamento da História em Jorge Andrade:

Fígaro: Há nada mais esquisito do que o meu destino? Atiro-me de corpo e alma no teatro: antes tivesse amarrado uma corda no pescoço! [...] Como gostaria de segurar um desses tiranetes de última hora, tão pouco preocupados com o mal que ordenam! [...] dizem-me que se estabeleceu em Madri um sistema de liberdade [...] e que, uma vez que eu não fale em meus escritos nem da autoridade, nem do culto, nem da política, nem da moral, nem das pessoas

---

158   E. Faguet, Introduction, em P. A. C. de Beaumarchais, *Théâtre Choisi*, p. V-XI.

em evidência, nem das corporações influentes, nem da Ópera, nem dos outros espetáculos, nem das pessoas que tenham por onde se lhes pegue, posso imprimir tudo, sob a inspeção de dois ou três censores. Para me aproveitar desta doce liberdade, anuncio uma publicação periódica [...] chamo-o JORNAL INÚTIL. Suprimem-me e eis-me de novo sem emprego![159].

A relação intertextual se dá num clima de total assentimento por parte tanto do enunciado quanto da enunciação de *As Confrarias*, ou seja, a analogia é pertinente não só do ponto de vista da região das minas no século XVIII, como também do Brasil pós-1964. A tirania, graças a Beaumarchais, no entanto, vem tratada com mais ironia (e humor) e menos exasperação emocional.

O mesmo tom satírico é conseguido na peça por meio de outro empréstimo, dessa vez a um autor local da época em que se passa a ação da obra, o que representa um ganho enorme para a economia de *As Confrarias*, pois se trata de Tomás Antônio Gonzaga, um dos poetas inconfidentes, aos quais, certamente, é endereçada a crítica de Marta, assim que a encenação do ator José termina: "Os poetas dizem coisas bonitas, mas ficam paralisados diante das feias".

Trata-se das *Cartas Chilenas*, obra criada num período de grande fermentação social, circulando anônima em Vila Rica pelo ano de 1787 e contendo poderosa sátira aos desmandos e à tirania de Luís da Cunha Meneses, o governador da capitania das Minas Gerais no período de 10 de outubro de 1783 a 11 de julho de 1788. Sucede-lhe o governo do Visconde de Barbacena, que traria instruções da Corte para a cobrança do quinto do ouro, fato que precipitaria os acontecimentos denominados Inconfidência Mineira, em 15 de março de 1789, com a prisão e o degredo de Tomás Antônio Gonzaga em Moçambique, em 23 de maio de 1792. Supõe-se, a partir de estudos filológicos, que o citado poeta seja o autor das cartas.

São treze as cartas, escritas em estrofes de variada extensão, em versos decassílabos. Acompanha o conjunto uma "Epístola a Critilo", também em versos, na qual o pseudoautor é comparado a Catão, o Censor, pelo zelo demonstrado no combate aos desvios dos costumes, além de uma "Dedicatória aos Grandes de

---

159 *Marta...*, p. 54; cf. P. A. C. de Beaumarchais, *Théatre Choisi*, p. 368-372.

METALINGUAGEM: TEATRO E HISTÓRIA 261

Portugal" e um "Prólogo", em que é contada a pseudo-origem dos manuscritos: pertenceriam a um cavalheiro chegado a um porto do Brasil, num galeão vindo das Américas Espanholas, e fariam referência aos desmandos feitos no governo do Chile pelo general Fanfarrão Minésio. O missivista é o poeta Critilo, que as endereça ao seu amigo Doroteu.

Jorge Andrade, para montar a longa fala da encenação do ator José, que aparece como uma espécie de bufão, desatando muitas gargalhadas entre os membros da confraria mais "aberta" (a Ordem Terceira das Mercês), procede da seguinte forma: adapta três versos (41 a 43) da 5ª Carta de 343 versos e recolhe vinte versos (202 a 208, 216 a 221, 228 a 231 e 255 a 257) da 8ª Carta de 365 versos. Apenas três versos (403 a 405) da 9ª Carta de 404 versos, 26 versos (256 a 281) da 10ª Carta de 319 versos, apenas três versos (263 a 265) da 2ª Carta de 305 versos e quatro versos (148 a 151) da 5ª Carta já citada, todos esses versos são arrumados exatamente na sequência em que se encontram no original.

Para maior economia de espaço, transcreveremos os versos anteriormente selecionados e compactados num só texto por Jorge Andrade. Antes, porém, é necessário que se esclareçam, em separado, os três versos iniciais da fala do ator José, os quais, diferentemente dos outros 56 que se lhe seguem, não possuem aspas. São eles: "José: Em beiços de mulatos atores, / Vejam o que dizem do meu governar, / Malditos vates escrevinhadores!" (p. 60).

Ora, cremos tratar-se de uma adaptação de Jorge Andrade dos versos de 41 a 43 que figuram na 5ª Carta, muito famosos e citados em histórias do teatro brasileiro sobre esse período, por constituírem a mais antiga referência literária a um elenco possivelmente organizado de atores naquela região colonial[160]. O dramaturgo paulista teria pretendido forjar uma forma para estabelecer uma ponte entre o enxerto e a sua peça, preocupado como sempre em delinear com clareza a situação da enunciação. Desse modo, o ator José emite o texto de um poeta que, conversando com um amigo, satiriza o governo de um tirano usurpador do povo. O recurso logra um efeito duplamente metalinguístico, pois o ator mulato José, ao apresentar o texto como corrente na boca de mulatos atores, se autorreferencia e chama a

---

160 A. Avila, *O Teatro em Minas Gerais: Séculos XVIII e XIX*, p. 10-11.

262 METALINGUAGEM E TEATRO

atenção para a enunciação do texto, operando-lhe uma encenação de certa forma anti-ilusionista. Os versos originais seriam os seguintes, por nós sublinhados: "Escreve-se ao Senado extensa carta, / em ar de majestade, em frase moura, / e nela se lhe ordena que preparem, / ao gosto das Espanhas, bravos touros; / *ordena-se também, nos teatros, / os três mais belos dramas se estropiem, / repetidos por bocas de mulatos*"[161].

Observe-se que a referência não simpatizante à arte dos mulatos, no texto original, não cabe ao tirano Fanfarrão Minésio, como Jorge Andrade constrói, mas, sim, ao próprio poeta autor das Cartas, o que valeu, aliás, a Tomás Antônio Gonzaga a decepção e a crítica por parte dos pesquisadores de história do teatro[162]. O texto original parece, no entanto, ter inspirado ao dramaturgo paulista uma fala de tom pejorativo do Síndico da primeira confraria, assim que descobre a verdadeira profissão do filho de Marta: "Síndico (*rindo*): Mais uma boca de mulato que estropia verso" (p. 35).

Quanto ao texto final de Jorge Andrade, constitui o seguinte (à frente, indicamos a origem dos versos no texto de Gonzaga):

JOSÉ: Em beiços de mulatos atores,
   Vejam o que dizem do meu governar,
   Malditos vates escrevinhadores!
(Carta 8ª – v. 202) Pretende, Doroteu o nosso chefe
(Carta 8ª – v. 203) Mostrar um grande zelo nas cobranças
(Carta 8ª – v. 204) Do imenso cabedal que todo o povo,
(Carta 8ª – v. 205) Aos cofres do monarca, está devendo.
(Carta 8ª – v. 206) Envia bons soldados às comarcas,
(Carta 8ª – v. 207) E manda-lhes que cobrem, ou que metam,
(Carta 8ª – v. 208) A quantos não pagarem, nas cadeias.
(Carta 8ª – v. 216) Entraram, nas comarcas, os soldados,
(Carta 8ª – v. 217) E entraram a gemer os tristes povos.
(Carta 8ª – v. 218) Uns tiram os brinquinhos das orelhas
(Carta 8ª – v. 219) Das filhas e mulheres; outros vendem
(Carta 8ª – v. 220) As escravas, já velhas, que os criaram,
(Carta 8ª – v. 221) Por menos duas partes do seu preço.
(Carta 8ª – v. 228) Por mais que o devedor exclama e grita
(Carta 8ª – v. 229) Que os créditos são falsos, ou que foram
(Carta 8ª – v. 230) Há muitos anos pagos, o ministro

---

161 T. A. Gonzaga, Poesias. *Cartas Chilenas*, p. 234.
162 A. Avila, op. cit., p. 10-11.

METALINGUAGEM: TEATRO E HISTÓRIA 263

(Carta 8ª – v. 231) Da severa cobrança a nada atende.

(Carta 8ª – v. 255) O pobre, porque é pobre, pague tudo,

(Carta 8ª – v. 256) E o rico, porque é rico, vai pagando

(Carta 8ª – v. 257) Sem soldados à porta, com sossego!

(Carta 9ª – v. 403) Maldito, Doroteu, maldito seja

(Carta 9ª – v. 404) Um bruto, que só quer, a todo custo,

(Carta 9ª – v. 405) Entesourar o sórdido dinheiro.

(Carta 10ª – v. 256) Eu creio, Doroteu, que tu já leste

(Carta 10ª – v. 257) Que um César dos romanos pretendera

(Carta 10ª – v. 258) Vestir, ao seu cavalo, a nobre toga

(Carta 1cª – v. 259) Dos velhos senadores. Esta história

(Carta 10ª – v. 260) Pode servir de fábula, que mostre

(Carta 13ª – v. 261) Que muitos homens, mais que as feras brutos,

(Carta 10ª – v. 262) Na verdade conseguem grandes honras!

(Carta 10ª – v. 263) Mas ah! Prezado amigo, que ditosa

(Carta 10ª – v. 264) Não fora a nossa Chile se, antes, visse

(Carta 10ª – v. 265) Adorado um cavalo com insígnias

(Carta 10ª – v. 266) De general supremo, do que ver-se

(Carta 10ª – v. 267) Obrigada a dobrar os seus joelhos

(Carta 10ª – v. 268) Na presença de um chefe, a quem os deuses

(Carta 10ª – v. 269) Somente deram a figura de homem!

(Carta 10ª – v. 270) Então, prezado amigo, o néscio povo

(Carta 10ª – v. 271) Com fitas lhe enfeitara as negras crinas,

(Carta 10ª – v. 272) Ornara a estrebaria com tapetes,

(Carta 10ª – v. 273) Com formosas pinturas, ricos panos,

(Carta 10ª – v. 274) Bordados reposteiros e cortinas;

(Carta 10ª – v. 275) Um dos grandes da terra lhe levara

(Carta 10ª – v. 276) Licor, para beber, em baldes d'ouro,

(Carta 10ª – v. 277) Outro lhe dera o milho em ricas salvas;

(Carta 10ª – v. 278) Mas sempre, Doroteu, aqueles néscios

(Carta 10ª – v. 279) Que ao bruto respeitassem, poderiam

(Carta 10ª – v. 280) Servi-lo acautelados e de sorte

(Carta 10ª – v. 281) Que dar-lhe não pudesse um leve coice.

(Carta 2ª – v. 263) E que queres, amigo, que suceda?

(Carta 2ª – v. 264) Esperavas, acaso, um bom governo

(Carta 2ª – v. 265) Do nosso Fanfarrão? (*Saindo de cena, ameaçador e ainda mais ridículo.*)

(Carta 5ª – v. 148) Vendam-se os castiçais, tinteiro e bancos,

(Carta 5ª – v. 149) Venda-se o próprio pano e mesa velha,

(Carta 5ª – v. 150) Quando isto não baste, há bom remédio,

(Carta 5ª – v. 151) As fazendas se tomem, não se paguem… (*Sai*)[163].

---

163 *Marta…*, p. 60-61.

Para se entender o minucioso e atento trabalho de seleção do dramaturgo, é preciso que se conheça o conteúdo das cartas de onde foram pinçados os versos. A "Carta 8ª" enumera toda sorte de desmando no cumprimento das leis que regem os negócios, que, manipuladas pela ação de subornos ("presentes" e "dinheiro"), sempre beneficiam os mais ricos, a quem até as dívidas são esquecidas. É denunciado também o uso do erário público para fins pessoais. O dramaturgo paulista privilegia os versos que tocam justamente no tratamento diferenciado dado ao povo e aos de menor posse (pequenos devedores) nos referidos assuntos.

A "Carta 9ª" descreve como são organizadas as diferentes tropas ("paga", "auxiliar", "montada" etc.) e o arbitrário critério que rege a seleção dos homens, a atribuição dos cargos e a finalidade de suas funções. Em tudo há suborno, castigos, privilégios; o fim é infundir no povo medo e sujeição, e proteger a elite. Jorge Andrade só aproveita, no entanto, os três versos finais dentre os 405, uma vez mais reforçando a imagem de usurpador do governante.

A "Carta 10ª" é a mais explorada pelo autor paulista, que dela transcreve uma espécie de conclusão absurda, segundo a qual o povo (do "Chile") preferiria ao seu governante, de tão bruto, um cavalo como chefe, ao qual poderia bem servir e do qual poderia escapar dos eventuais coices. A conclusão é compreensível, ao final de tantos casos arrolados de injustiças cometidas contra a população.

Da "Carta 2ª" o dramaturgo toma somente versos sem informação, mas que funcionam como arremate, uma conclusão para que José saia de cena. O texto original nada referia que servisse aos propósitos de Jorge Andrade, pois tratava justamente das ações iniciais do Fanfarrão, cunhadas em falsa piedade a fim de conquistar e atrair o povo.

Na "Carta 5ª", após começar a contar os preparativos na colônia dos festejos pela comemoração de um casamento na Corte (do futuro d. João VI), o poeta relata a dificuldade de, em tempos em que o ouro já vai escasso, promover-se grandiosas festas. Para cumprir os caprichos do governante, conclui-se que o recurso é liquidar-se com os bens de uso quotidiano e despojar-se o cidadão de tudo. Jorge Andrade finaliza "seu" texto com os quatro versos referentes àquela absurda solução.

METALINGUAGEM: TEATRO E HISTÓRIA

O texto compactado, não tão rico quanto os anteriores citados, tem a força, contudo, de documento, por pertencer ao período de decadência da mineração, o que levou, certamente, o dramaturgo a privilegiar, no empréstimo, as referências desabonadoras a figura de um governante da época, para construir uma figura viva do poder em sua relação com o povo no período.

O conjunto dos textos emprestados constituem em *As Confrarias* uma verdadeira antologia poética voltada para a luta contra a opressão política.

Quanto à peça seguinte, *O Sumidouro*, os textos evocados servirão, direta ou indiretamente, ao questionamento das grandes decisões tomadas pelo poder, supostamente em nome do bem comum.

O Sumidouro

Como já mencionamos, o autor assimilou muitas expressões e, às vezes, frases inteiras dos historiadores, nos quais pesquisou a matéria das bandeiras paulistas, e as empregou, sem aspas, nessa última peça. Muitos textos de historiadores, porém, encontram-se entre aspas, mas desses não nos ocupamos neste trabalho. Interessou-nos, sobretudo, o exame da presença de Antônio Vieira na peça, que julgamos muito proveitosa na armação da obra. Um outro autor, Olavo Bilac, teve emprego tecnicamente mais modesto, porém significativo em outros aspectos. Além desses, podemos especular eventuais ressonâncias de H. Kipphardt (o já citado *O Caso Oppenheimer*), talvez de O'Neill (a peça *Ouro*), como de Brecht (*O Julgamento de Lúculo*) e de João Bittencourt (*Jogo de Criança*, certamente inspirada na peça de Brecht).

Começando pelas hipóteses, existe um paralelismo fundamental no tratamento das figuras históricas presentes respectivamente em *O Sumidouro* e na peça de Kipphardt: a lealdade de Fernão Dias à Coroa portuguesa resultando em desastre para os habitantes da colônia e a lealdade de Oppenheimer ao governo norte-americano, resultando na catástrofe de Hiroshima, que complica o conceito de traição resultante da divisão entre fidelidade ao estado e fidelidade aos princípios pessoais, na avaliação da validade de tais empreendimentos. Certamente uma comunhão de posições que deriva da própria natureza da temática do revisionismo histórico, fundamental no teatro documento.

Com uma preocupação semelhante, temos *Jogo de Criança*, peça em um ato de J. Bittencourt, presente em um mesmo programa junto a *O Telescópio*, de Jorge Andrade, em 1957, como já mencionamos. Eis como se desenvolve: quatro crianças brincam na praça de uma cidade da Europa junto à estátua de pedra de um generalíssimo. De repente, passam a brincar de generalíssimo (de matar) e logo depois brincam de tribunal, resolvendo condenar o réu a um enforcamento de fato, subindo todos no monumento com uma corda. É quando a estátua dá sinais de vida e se entabula um diálogo: o general se diz prestes a ser julgado por ter matado cinco milhões de pessoas e não se lembrar por que o fez. As crianças, solidárias, arriscam palpites – "pelo bem do povo", "pelo bem da pátria", "pelo bem da humanidade", "por não serem de sua religião" – e, a pedido da estátua, consultam um livro de História, onde, no entanto, só encontram dados sobre o seu poder e a citação da tal cifra de pessoas mortas por ele, continuando todos sem saber o motivo do ato. Propõem, então, que ele se recorde de uma boa ação para que se defenda; esforço inútil. Enfim, a peça termina com o general sendo convocado para depor e tornando-se novamente monumento de pedra, não sem antes ouvir a sugestão dos meninos: que ele evocasse, ao menos, a "boa ação" feita a eles, impedindo-lhes de enforcar o amiguinho. Essa pequena peça parece um rascunho bem modesto de *O Julgamento de Lúculo*, de Brecht.

A peça de Brecht, autor admirado por Jorge Andrade e presente em fotografia no cenário de *O Sumidouro*, foi concebida em 1939 para o rádio e trata de desmistificar o general romano Luculus (56 a.C.), submetendo-o a um julgamento em que o testemunho do povo põe em xeque a validade de todos os seus feitos heroicos registrados pela História. Representa, no momento em que ia estourar a II Guerra Mundial, um protesto veemente contra todas as guerras de colonização e conquista, como que conclamando os povos submissos à resistência. Em 1951, baseado no texto recriado por Brecht no mesmo ano, Paul Dasseau apresenta em Berlim sua ópera *A Condenação de Luculus*[164].

---

164 M. Habart, Le Procés de Lucullus, em B. Brecht, *Théâtre Complet*, v. v, p. 175.

METALINGUAGEM: TEATRO E HISTÓRIA

O processo de dessacralização de Lúculo assemelha-se muito àquele empreendido por Jorge Andrade na construção/desconstrução de seu Fernão Dias Pais: a apresentação da personagem, os argumentos e justificativas apresentados pelo herói, as cifras de escravos apreendidos nas conquistas, a visão de que a História é escrita pelos vencedores, as forças ocultas por trás das expedições de conquistas, a recomendação, enfim, para que a personagem se reexaminasse. Existe até mesmo a preocupação com a educação dada às crianças nas escolas (em Brecht, a cena 3 é intitulada "Em Nossos Livros de Leitura"). Logo na primeira cena são questionados os epítetos do herói (o "Invencível", o "Todo-Poderoso", o "Terror das Duas Ásias" etc.), bem como os lances de sua carreira, tal como procedeu Jorge Andrade em relação a Fernão Dias. Na peça alemã:

O General que subjugou o Oriente
Que destronou sete monarcas,
Que encheu de riquezas nossa cidade de Roma[165].

Eis, a seguir, a sugestão de um autoexame sugerido ao general romano, para que descobrisse, em favor dele, um momento ao menos de vacilação (em *O Sumidouro*, temos o expediente do "remorso"):

Alguma fraqueza
Não teria rompido
Esta cadeia de violências?
Sombras, eu te aconselho,
Procure lembrar de tuas fraquezas[166].

Quanto à visão da História, constitui a mesma desenvolvida na peça de Jorge Andrade:

Pois é sempre o vencedor
Que escreve a história dos povos que ele venceu
Sempre o assassino
Desfigura suas vítimas

---

165   B. Brecht, *Théâtre Complet*, v. v, p. 178. (Trad. nossa.)
166   Idem, p. 201. (Trad. nossa.)

O mais fraco se apaga deste mundo
E só restam as mentiras[167].

As justificativas de Lúculo para as suas ações são as mesmas apresentadas por Fernão Dias:

Há pessoas que sabem o quanto é duro
Para nós
Viver em tempo de guerra e continuar puro;

Foi por mim que parti?
Não. Eu parti sob ordens.
Foi Roma
Que me enviou[168].

Enfim, as razões do herói são contestadas por um professor que, como Vicente, dessacraliza a aura de grandeza de sua missão, desvelando para tal a face menos nobre, ou o que seria a verdadeira face daqueles que o incumbiram da empresa:

O professor: Roma! Roma! Roma!
Quem te enviava? Os pedreiros que a construíram?
Quem te enviava? Os pescadores e os padeiros,
Os camponeses e os pastores,
Ou ao contrário
Todos esses parasitas que a pilham:
Os que exploram os escravos, os que detêm os impostos,
Os bancos de Fórum, as firmas que negociam metais?[169].

Mesmo que não se trate de influência, que o autor desconhecesse a obra citada, a comparação é válida na medida em que, supomos, caracterizaria o fenômeno da intertextualidade implícita, aquela que decorre do código genético da obra. Nesse sentido, devido à proposta de revisão histórica, característica do teatro-documento, Fernão Dias apresentaria construção semelhante a Oppennheimer, a Lúculo, ao generalíssimo de J. Bittencourt e a muitos outros: um interrogatório para julgá-los, a onisciência dos que os julgam, a dessacralização de suas ações

---

167   Idem, p. 208 (trecho da recriação de 1951). (Trad. nossa.)
168   Idem, p. 185 e 210. (Trad. nossa.)
169   Idem, p. 210. (Trad. nossa.)

METALINGUAGEM: TEATRO E HISTÓRIA 269

passadas, o confronto de pontos de vista (acusação e defesa), e recursos afins.

Quanto à peça de O'Neill, *Ouro*, um drama em quatro atos de 1920[170], não possui a mesma grandeza de *O Sumidouro*, nem parece comungar das mesmas pretensões ideológico-políticas, apresentando, no entanto, semelhanças quanto à configuração do protagonista, certamente em decorrência da temática escolhida – a busca obstinada, e fracassada, de um tesouro. Bartlet, empenhando sua vida nessa busca, cega-se para tudo o mais, morrendo desesperado quando fica provado que não se tratava de ouro o metal que encontrara. Perdido numa ilha de coral no extremo sul do arquipélago malaio, consente no assassinato de seu cozinheiro e de seu grumete, por temer que uma traição deles o impedisse de prosseguir em seus planos, já que tinham ousado afirmar que não se tratava de ouro o material descoberto. Como em Fernão Dias, a mesma fascinação pela busca, o mesmo desprendimento em relação à mulher e aos filhos (pois age pelo "bem" deles), a mesma necessidade de que afirmem a autenticidade de suas pedras e metais (obriga a que jurem tratar-se de ouro e não de latão com vidrilhos os seus tesouros), a mesma relação problemática com o filho, a quem tenta engajar em seu sonho, no final. A obra merece menção por pertencer a um autor da admiração de Jorge Andrade, já que reputamos as semelhanças entre as obras possivelmente como decorrentes do mesmo motivo explorado pelos autores.

Quanto à presença do poeta parnasiano brasileiro Olavo Bilac (1865-1918) nesse repertório de referências, embora aparentemente dissonante, ela se integra perfeitamente ao projeto de Jorge Andrade de desmistificar a História e, ao mesmo tempo, questionar o papel do artista. Vejamos: no poema épico do qual Jorge Andrade tomou empréstimos, Bilac surge menos parnasiano (o famoso "Imito o ourives enquanto escrevo") e mais romântico, por meio da exaltação patriótica que, aliás, caracterizou sua vertente de "tribuno do nacionalismo" já no fim de sua vida, quando contribuiu sobremaneira para tornar Fernão Dias uma figura mítica e quando influenciou obras de poetas e prosadores do verdeamarelismo.

170 E. O'Neill, *Teatro Escogido*.

O poema "O Caçador de Esmeraldas – Episódio da Epopeia Sertanista no XVII Século" é cunhado num estilo retórico, preocupado com o efeito da forma, característico daquele que assumiria o papel de poeta cívico, e se apresenta dividido em quatro partes, somando 46 estrofes de seis versos alexandrinos cada uma: a parte I (com 10 estrofes) constitui uma longa e bombástica descrição da natureza bruta da pátria, por onde avançam os brancos (invasão do sol) e recuam os filhos de bronze, como sombra; a parte II (com 14 estrofes) fala da coragem e obstinação da marcha bandeirante e termina com a doença do herói que, desse modo, não pode voltar com suas pedras e há, então, uma descrição dramática da natureza cruel; a parte III (com 11 estrofes) descreve a longa agonia da morte de Fernão Dias; a parte IV (com 10 estrofes) continua a descrição do momento agônico, transfigurando-o, porém, num grande final: o abraço feliz do herói a toda a natureza, já inteiramente verde – espécie de ressurreição antecipada (a História iria imortalizá-lo)[171].

Jorge Andrade serve-se da sexta estrofe da parte IV, sem nenhuma alteração, transcrevendo a "Voz" que, na solidão, só Fernão Dias ouve no poema de Bilac:

Vicente: E já ouvem bilaquianamente (*gozando*):
  Nesse louco vagar, nessa marcha perdida,
  Tu foste, como o sol, uma fonte de vida:
  Cada passada tua era um caminho aberto!
  Cada pouso mudado, uma nova conquista!
  E enquanto ias, sonhando o teu sonho egoísta,
  Teu pé, como o de um deus, fecundava o deserto!" (p. 534).

A alteração não se dá no enunciado como se vê, mas na enunciação, que joga com um tom discordante, que inverte o sentido do poema, ridicularizando o herói (Vicente: "Isto parece gente de carne e osso?"). A relação entre os textos resulta, desse modo, parodística, procedimento que será repetido em todos os fragmentos de estudos históricos sobre as bandeiras, citados entre aspas na peça. Uma espécie de combate ao discurso fossilizado/consagrado, como uma etapa importante para o questionamento de seus referentes, ilustrando o que afirma

---

171   O. Bilac, *Poesias*, p. 274.

METALINGUAGEM: TEATRO E HISTÓRIA   271

Laurent Jenny: "Sendo o esquecimento, a neutralização de um discurso impossíveis, mais vale trocar-lhe os polos ideológicos. Ou então reificá-lo, torná-lo objeto de metalinguagem"[172].

Acreditamos numa influência do texto bilaquiano na peça jorgeandradina, no que se refere à descrição da natureza. Comparem-se, respectivamente, Bilac e Jorge Andrade: "Verdes, os astros no alto abrem-se em verdes chamas; / Verdes, na verde mata, embalançam-se as ramas; / E flores verdes no ar brandamente se movem; / Chispam verdes fuzis riscando o céu sombrio; / Em esmeraldas flui a água verde do rio, / E do céu, todo verde, as esmeraldas choram..."[173]; "Cortesão: Comentam, majestade, que as esmeraldas são em tal número que tudo – árvores, pedras, águas, nuvens e o próprio céu – está impregnado de sua cor mágica" (p. 540).

Algumas outras imagens, apenas sugeridas em Bilac, ganham particular importância na imagística de Jorge Andrade. São elas: os cipós e lianas (9ª estrofe da parte I e 7ª estrofe da parte II); a espessura das "florestas sombrias", o "labirinto / Em que às tontas errava a bandeira nas matas" (5ª estrofe da parte II) e o mistério que envolve a expedição errante (na 4ª estrofe da parte II). Acreditamos, contudo, que Jorge Andrade tenha se inspirado, sobretudo, nas obras dos historiadores sobre Fernão Dias Pais.

Quanto ao texto de Antônio Vieira, trata-se do *Sermão da Primeira Oitava da Páscoa*, pregado na Igreja Matriz do Grão-Belém do Pará, em 1656, quando as esperanças de se descobrirem minas de metais preciosos, a exemplo da região do Potosi (Peru e Bolívia) explorada pela Espanha, haviam se desvanecido diante das notícias das últimas derrotas. Vieira tenta consolar seu público, estabelecendo diferença entre as falsas e as verdadeiras riquezas, apontando com agudo realismo as prováveis consequências do descobrimento das minas e traçando um quadro muito perspicaz da situação da colônia. Haveria, segundo ele, outras minas a descobrir, ou seja, almas a salvar, mencionando as nações indígenas das margens do Amazonas e seus afluentes, como já observamos anteriormente.

---

172   Op. cit., p. 44-45.
173   O. Bilac, op. cit., p. 273.

O texto é composto de nove partes sem título: parte I (3 páginas), II (2 páginas e meia), III (4 páginas), IV (3 páginas), V (4 páginas e meia), VI (8 páginas), VII (6 páginas), VIII (8 páginas) e IX (5 páginas e meia). A estrutura do pensamento do jesuíta, no entanto, não segue essa divisão, mas se desenvolve sempre a partir de cinco momentos[174]: *Tema*, isto é, o passo evangélico sobre o qual vai basear o discurso; *Introito*, ou exposição do plano a que vai cingir-se, das ideias principais que vai defender; *Invocação*, quando pede auxílio, geralmente da Virgem; *Argumento* ou corpo do sermão, no qual o pensamento se vai desdobrando, sendo vez ou outra realçado por "exemplos" (casos bíblicos, sentenças de Santos Padres etc.); e, finalmente, a *Peroração*, em que, tirando ensinamento do que foi dito, exorta os fiéis a pô-lo em prática. Jorge Andrade toma, inicialmente, trechos do quarto parágrafo da parte V do sermão, integrante do "Argumento", como citaremos a seguir, sublinhadas as partes copiadas e compactadas pelo dramaturgo para compor a leitura que Vicente faz para Fernão Dias.

Agora vos pergunto eu: *E estes martírios das minas, se as vossas se descobrissem, quem os havia de padecer?* Dos degradados não falo; porque os que hoje se degradam para o Maranhão, então se haviam de degradar todos, e muitos mais, para as minas. *Os cavadores não seríeis os mais nobres e ricos da terra; mas quem haviam de ser senão os escravos? Quem havia de conduzir todos aqueles instrumentos e máquinas por esses sertões dentro?* Quem havia de contribuir o sustento e levá-lo aos trabalhadores? Quem havia de cortar e acarretar aquelas serras estéreis (como são todas) as lenhas para as fornalhas e fundições? E aqueles lumes perpétuos e subterrâneos, com que óleos se haviam de sustentar, senão com os dos frutos agrestes que aqui se estilassem, e não com os dos olivais que de lá viessem? Sobretudo, *se tantos milhares de índios se têm acabado e consumido em tão poucos anos e com tão leve trabalho, como o das vossas lavouras, onde se haviam de ir buscar outros que suprissem e suportassem quanto tenho dito? E quais haviam de ser os que, vendo-se enterrar vivos naquelas furnas, não fugissem para onde nunca mais aparecessem, levando o mesmo medo com eles os demais? Tudo isto não o haviam de fazer nem padecer os que passeiam em Lisboa; porque também estas minas são como as da pólvora, que sempre arruínam, derrubam e põem por terra o que lhes*

---

174   J. do P. Coelho (org.), *Dicionário de Literatura*, p. 1176.

METALINGUAGEM: TEATRO E HISTÓRIA 273

fica mais perto. E isto é o que vós desejáveis para a vossa, e vos entristece, porque não sucedeu como esperáveis?![175].

Jorge Andrade transmuda o sentido do discurso, emprestando-lhe uma nuance de subversão, sem precisar tocar em nenhuma palavra, bastando apenas a mudança na condição da enunciação. Trata-se de um dramaturgo (e professor) no século XX, que tenta convencer um bandeirante de que as minas não deveriam ser descobertas. O discurso de Vicente, engajado com a causa do povo da colônia, incluindo ali os explorados índios, é evidentemente contrário à metrópole. Já Vieira, em seu sermão, pouco antes da "peroração", como que se desculpa pelo que está dizendo ("não quero que me acuseis de pouco zeloso da opulência do Reino"), esclarecendo, na parte VII inteira, que Portugal igualmente não se beneficiaria com as descobertas, a exemplo da Espanha – "Eles cavam e navegam a prata e os estrangeiros a logram"[176]. Como já mencionamos, o padre consola seus fiéis (habitantes de alguma posse, como se vê) com a perspectiva sutil do grande número de indígenas a explorar na região do Amazonas.

Não se limita, porém, à parte citada, o interesse do dramaturgo paulista. Pode-se constatar em *O Sumidouro* inúmeros trechos do sermão, sem aspas e perfeitamente integrados ao contexto da peça. Por vezes são apenas ressonâncias na condução da argumentação de Vicente, como, por exemplo, a antítese riquezas falsas/riquezas verdadeiras, base do sermão e da peça: as verdadeiras, em Vieira, são o *thesauro absconditto* que é Deus, ou a salvação das almas e, na peça, a descoberta de si mesmo e a consequente reconciliação pai-filho. As minas de Vieira, Cristo buscou-as *in corde terrae* (no coração da terra, descendo ao inferno); outra coisa não fazem Vicente e Fernão Dias, na figurada descida "ao inferno de sua dor".

Quanto à figuração ideológico-religiosa das *minas como castigo*, há perfeito paralelismo entre Vieira e Jorge Andrade, respectivamente, com empréstimos evidentes que sublinhamos abaixo:

---

175 Pe. A. Vieira, op.cit., p. 265-266; *Marta...*, p. 546-547.(O texto em itálico refere-se àquilo que foi utilizado por Jorge Andrade.)
176 Idem, p. 275.

a. VIEIRA: "*os castigos escondidos e ocultos* são aqueles que não se reputam nem temem como tais, antes se estimam e se desejam como felicidades e boas fortunas; e deste gênero são *as minas e seus descobrimentos. São castigos* escondidos debaixo de aparências contrárias, [...] *debaixo* do preço e esplendor do *ouro e prata se ocultam* e se escondem grandes trabalhos, aflições e misérias, [...] Deus tanto pode *açoutar com varas de* ferro, como *com varas de ouro e de prata*"[177];

b. JORGE ANDRADE: "Padre: [...] Descobrir apenas minas de esmeraldas é merecimento de castigo. Debaixo delas, da prata e do ouro, ocultam-se aflições e misérias. [...] Deus também açoita com varas verdes e douradas" (p. 584).

a. VIEIRA: "Enquanto *estão escondidos lá no centro da terra, onde as pôs a natureza*, conservam-se inocentes e *não fazem mal a ninguém; mas se se cavam e se tiram fora, então são muito perniciosas e fazem grandes estragos*"[178];

b. JORGE ANDRADE: "Fernão Dias: [...] A natureza tem sido usada como esconderijo de castigos, para não ser enfrentada e dominada" (p. 589).

Quanto ao argumento de que as minas representariam miséria e sujeição em vez de riqueza e liberdade, no centro do debate em *O Sumidouro*, parece ilustrar a cada passo um longo parágrafo que termina a parte v do sermão, do qual extraímos somente alguns trechos por questão de espaço. Já na parte vi, no 2º parágrafo, a mesma ideia (perda da liberdade) tem em Vieira uma bela imagem:

Ainda falta por dizer o que mais vos havia de destruir e assolar. Quantos ministros reais e quantos oficiais de justiça, de fazenda, de guerra, vos parece que haviam de ser mandados para cá para extração, segurança e remessa deste ouro e prata? [...] Não sabeis o nome do serviço real (contra a atenção dos mesmos reis), quanto se estende cá ao longe e quão violento é e insuportável? Quantos administradores, [...] para vos confundir e sepultar nelas? [...] a ser feitores e não senhores de toda a vossa fazenda. Nem havia de ser vosso o vosso escravo, nem [...]"[179];

---

177 Idem, p. 261. (Grifo nosso.)
178 Idem, p. 55. (Grifo nosso.)
179 Idem, p. 266.

METALINGUAGEM: TEATRO E HISTÓRIA   275

[...] Enquanto no mundo não houve ouro, então foi a idade do ouro, depois que apareceu o ouro no mundo, então começou a idade do ferro [...]"[180].

Até mesmo a relativização do conceito de *traição*, fundamental em Jorge Andrade para a defesa e o resgate de José Dias, comparece no sermão: trai a pátria quem descobre tesouros, como podemos ver em Vieira, no 5º parágrafo da parte VI: "saibam os que tanto a desejam e procuram que, posto que seja com boa tenção e bom zelo, é esta a maior traição que podem fazer à sua Pátria"[181].

A relativização dos conceitos de *salvação* e *perdição*, associados à derrota e ao sucesso nas buscas das riquezas, constitui mais um ponto visível nesse fenômeno de intertextualidade. Comparem-se, respectivamente, dois trechos de Vieira e um trecho de Jorge Andrade:

a. "o ouro (diz Horácio) é melhor não se achar nem se descobrir, que achar-se"[182]; "há casos em que a felicidade consiste, não em se achar o que se busca e deseja, senão em não se achar [...] foi Adão feliz; e tanto que se achou o que não se achava, daí lhe procederam todos os seus desgostos, todas as suas perdas e todas as suas e nossas infelicidades"[183];

b. "José Dias: Muitas vezes a nossa perdição está em conquistar o que almejamos. Como nossa salvação, no insucesso que não esperamos" (p. 589).

Quanto às exortações de Vieira para que se encarassem os tesouros não como bens materiais, mas como maravilhas da criação divina, Jorge Andrade reserva-as à voz do padre, como de resto, em geral, toda a visão religiosa do fato. Desse modo, o dramaturgo consegue um excelente rendimento, com economia de recursos: configura o conflito básico da colônia em Piratininga, enquanto uma oposição bandeirantes *versus* jesuítas. Consegue por meio do revide verbal de Fernão Dias isolar a voz alienante da religião nesse debate que se quer lúcido acerca das

180 Idem, p. 268.
181 Idem, p. 272.
182 Idem, p. 267.
183 Idem, p. 292.

reais e concretas condições de existência dos homens sobre a terra e, simultaneamente, enriquece o texto da peça com uma série de imagens e construções verbais de inegável valor poético. O discurso de Vieira, diferentemente daquele de Bilac, se impõe e recebe o respeito de Jorge Andrade, que até mesmo o assimila como seu, dispensando a delimitação formal das aspas.

Restaria ainda chamar a atenção para um interessante trabalho de aproveitamento de texto de outrem, que se vai propagando numa rede encadeada de autores. Pela mediação da metalinguagem de Vieira, uma imagem nasce no profeta Isaias e termina sintetizada por Jorge Andrade. Para maior clareza, sintetizamos o processo em três etapas:

a. Isaias: "Meter-se-ão os homens pelas covas e pelas concavidades mais profundas da terra, não para buscar ouro ou prata, mas abominando e lançando de si os ídolos que do ouro e da prata tinham feito, toupeiras e morcegos"[184].

b. Vieira[185] adapta pacientemente a imagem acima à situação futura de perdição que quer demonstrar aos seus fiéis, forjando uma analogia que leva a um sentido oposto à fala de Isaias, trocando na fórmula do profeta os seus termos por outros, como sintetizamos a seguir: os penitentes e arrependidos pelos cobiçosos e enganados; as covas naturais da terra pelas covas cavadas e rompidas à força; o desprezo aos ídolos de ouro e prata pela busca de ouro e prata para se lavrarem ídolos; toupeiras e morcegos como ídolos por homens tornados como toupeiras e morcegos.

c. Jorge Andrade só faz montar (concluir) a dissecação de Vieira, repondo os novos termos propostos pelo jesuíta na fórmula de Isaias: "Padre: 'Meter-se-ão os homens pelas covas e pelas cavidades mais profundas da terra, como toupeiras e morcegos, buscando ídolos de ouro e de prata'" (p. 584).

Curiosamente, o dramaturgo paulista envolve o trecho com aspas, o que interpretamos como um gesto, ou melhor, *gestus*,

---

184 Idem, p. 263-264.
185 Idem, p. 264.

o qual traduz todo o respeito e reconhecimento em face do trabalho da intertextualidade – trabalho, afinal, que contribui para fazer das peças da tetralogia uma das mais belas e ricas de nossa dramaturgia até o presente momento.

POSFÁCIO:
Jorge Andrade Leva Seu Teatro Para as Telenovelas [1]

A telenovela *Os Ossos do Barão*, escrita para a TV Globo em 1973, tem origem na fusão de duas peças teatrais de Jorge Andrade que tiveram muito sucesso de público na primeira metade dos anos de 1960: *A Escada* e *Os Ossos do Barão*. *Os Ossos* constituiu o maior sucesso da história do TBC, com mais de 500 apresentações, 125 mil espectadores e quase dois anos em cartaz. Datada de dezembro de 1962, estreou em 8 de março de 1963, foi publicada em 1964 pela editora Brasiliense e, depois de São Paulo, foi para o Teatro Ginástico no Rio de Janeiro, em 1965. Para ingressar na publicação conjunta do ciclo de Jorge Andrade (dez peças cuja temática é a história paulista durante quatro séculos), em 1970, pela editora Perspectiva, o texto sofreu pequenas acomodações ao contexto, a fim de abrigar ou explicitar melhor as imagens-título do livro *Marta, a Árvore e o Relógio*. Essa primeira e única comédia do dramaturgo inspirou-se em um dos muitos casos narrados pelo avô de sua esposa Helena de Almeida Prado e incorporou igualmente a vivência rural do próprio autor:

---

1 Artigo de Catarina Sant'Anna originalmente publicado em *Comunicação & Educação*, Ano III, n. 9, p. 63-74.

METALINGUAGEM E TEATRO

Imagine, Jorge, que um italiano que morava no Brás comprou uma casa que foi de uma baronesa e descobriu no quintal a capela dos antepassados do barão. Sabe o que ele fez? Vendeu os ossos a quilo. Então você acha que isso é gente que se apresente [...], mas essa comédia é profundamente relacionada com a minha vida na fazenda com os italianos.[2]

A peça apresenta o mundo quatrocentão paulista pela perspectiva do colono italiano que enriqueceu, tornando-se industrial após longo trabalho na lavoura de café. Representa o último dos quatro ciclos econômicos da história paulista retratados na dramaturgia do autor até 1969. A obra focaliza o orgulho de casta e demais preconceitos da classe social falida em 1929, por meio do cômico leve e de situações armadas de tal modo contemporizador, que torna suportáveis e mesmo agradáveis todas as críticas, por conta do tom geral de conciliação entre as facções sociais em jogo. A nova classe em ascensão e a velha aristocracia decadente selam seus respectivos interesses por meio do casamento de dois jovens unidos pelo amor. Essa fórmula, muito bem recebida no teatro, foi levada à televisão, com igual sucesso, dez anos depois. A montagem de 1963 teve a direção de Maurice Vaneau, cenários e figurinos de Marie Claire Vaneau e o seguinte elenco: Otello Zeloni (Egisto), Lélia Abramo (Bianca), Maurício Nabuco (Martino), Rubens de Falco (Miguel Camargo), Cleyde Yáconis (Verônica), Aracy Balabanian (Izabel), Aurea Campos (Elisa), Hedy Toledo (Copeira), Dina Lisboa (Ismália), Marina Freire (Clélia), Lélia Surian (Lucrécia) e Sílvio Rocha (Alfredo).

A obra constitui a primeira incursão de Jorge Andrade na televisão e pode ter sido denominada, inicialmente, em uma fusão com *A Escada*, "Peneira de Ouro", a julgar pela sinopse assim intitulada que encontramos em uma pasta contendo originais seus para a TV. A grande personagem seria a indústria, tendo o texto de *Os Ossos* como eixo central e o mundo de Antenor, de *A Escada*, como trama paralela, trazendo Vicente, a personagem dramaturga de seu teatro, duplo do autor, para a tela da TV. Quanto à outra obra, *A Escada*, surgiu inteira entre peças inacabadas, mais precisamente entre uma comédia e uma

2 As Confissões de Jorge Andrade, 2ª parte, *Boletim Inacen*, p. 18.

tragédia, constituindo a primeira produção do autor a incorporar os dados ganhos com a vivência do casamento com Helena de Almeida Prado (a entrada da nobiliarquia paulista, começada com a chegada da caravela de Martim Afonso de Souza ao Brasil, em 1530, para o repertório do autor):

> Depois de *Pedreira* eu pensei ter terminado *Vereda da Salvação*. Mas não tinha. E como eu disse que no meu casamento a caravela entrou e ancorou na minha mesa, todo aquele mundo começou a fazer parte do meu pensamento e da minha sensibilidade. Foi aí que escrevi *A Escada*, em 1960. [...] E depois de *A Escada* é que realmente terminei *Os Ossos do Barão*[3].

Os Ossos do Barão constitui a primeira peça propriamente urbana do ciclo (se não considerarmos *As Colunas do Templo*, de 1952, não publicada) e trata de um caso de inadaptação crônica ao espaço cidade, por parte de um aristocrata rural decadente. Eis a fonte de inspiração da peça:

> Pois o avô de Helena descendia de uma baronesa que foi dona do Brás inteiro. E, durante 19 anos, ele tocou uma demanda para botar para fora toda a população do Brás, porque o Brás pertencia à família. As filhas lhe lembravam: "Papai, o Brás tem milhões de pessoas morando, tem prédios, tem igrejas, tem cemitério. Aquelas pessoas já são donas". E ele ripostava: "Mas as terras pertenceram ao Barão Não-sei-o-quê. Eu sou descendente direto, portanto... Eu não mandei ninguém fazer prédio no Brás, o Brás me pertence". Foi daí que nasceu *A Escada*[4].

Essa peça presencia também o nascimento do fenômeno da metalinguagem no teatro do autor, com a criação do já referido Vicente, personagem dramaturgo, jornalista, que manterá uma conflituosa relação com esse mundo dos barões, oscilando entre o apego afetivo e o distanciamento crítico condizente com uma formação intelectual razoável. Essa personagem é levada à televisão, nessa primeira novela, e surgirá na maioria das obras televisivas do autor. *A Escada* é uma obra "popular", de fácil compreensão e empatia, como provou o sucesso de sua

3 Idem, ibidem.
4 Idem, ibidem.

encenação no TBC em 1961, quando foi assistida por mais de 30 mil espectadores em cinco meses. Teve, então, a direção de Flávio Rangel, a assistência de Stênio Garcia, cenários de Cyro Del Nero, maquiagem de Leontj Tymoszanko e o seguinte elenco: Luiz Linhares (Antenor), Carmem Silva (Amélia), Cleyde Yáconis (Maria Clara), Miriam Mehler (Zilda), Nilda Maria (Lourdes), Elísio de Albuquerque (Francisco), Maria Célia Camargo (Noêmia), Gianfrancesco Guarnieri (Ricardo), Nathália Timberg (Helena Fausta), Laércio Laurelli (Sérgio), Juca de Oliveira (Vicente), Ruthinéa de Moraes (Isabel), Stênio Garcia (Omar), Flávio Migliaccio (Juca), Homero Capozzi (industrial), Noel Silva (homem), José Egydio (vendeiro), Cuberos Neto (oficial de justiça) e Leda Maria (Marlene).

No Rio de Janeiro, foi representada em fins de 1963, no Teatro do Rio, dirigida por Ivan de Albuquerque, sob os auspícios do Serviço de Teatros da Secretaria de Educação e Cultura do então Estado da Guanabara, com igual sucesso de público. Jorge Andrade, no entanto, considerou o melhor espetáculo aquele realizado em Lisboa, em 1965, por mostrar a família como personagem e pela excelente cenografia (de Lucien Donnat). Amélia foi interpretada por Amélia Rey-Colaço, atriz que dirigia a Companhia do Teatro Nacional Dona Maria II (a mais importante de Portugal) havia trinta anos, e cujo desempenho no papel representou seu segundo melhor trabalho em teatro. A direção, muito elogiada, pertenceu a Henriette Morineau, que sugerira o texto à atriz portuguesa, a qual, por sua vez, consultou o ministro da educação de Portugal sobre a montagem.

Jorge Andrade foi convidado oficialmente e recebeu inúmeras homenagens no país – "Com uma solicitude impressionante, os representantes do governo abriram-me todas as portas" –, detalhe que não é nada desprezível, considerando-se a visão da História do Brasil contida na peça (Antenor é extremamente condescendente com a colonização portuguesa no Brasil) e o momento político vivido pelo governo português na época, com sua autoridade e hegemonia contestadas pela eclosão da luta armada, nacionalista, em suas colônias africanas.

A peça, além de integrar a novela *Os Ossos do Barão* em 1973 na Globo, seria matéria de outra novela intitulada *Longa Despedida*, para a TV Bandeirantes, em 1982, como prova a

POSFÁCIO: JORGE ANDRADE LEVA SEU TEATRO PARA AS TELENOVELAS 283

existência de sinopses, estudos de personagens, a redação de seis capítulos e um estudo contendo "um histórico jornalístico que fundamenta a novela", no qual Jorge Andrade escreve: "A novela terá um interesse primordialmente jornalístico, porque gira em torno de um tema que está sendo debatido no mundo inteiro: 1982 foi determinado pela ONU o ano da pessoa idosa". O autor justifica a atualidade do tema com uma longa exposição de dados estatísticos sobre a população idosa no planeta e sobre os problemas daí decorrentes, com perspectivas para o século XXI. A proposta sublinha que, tendo a personagem Antenor oitenta anos de idade, terá nascido no início do século e assistido, portanto, às suas grandes transformações.

A novela poderia chamar-se *Longa Despedida*, *Escada da Vida* ou *Escada Mágica*, pois em torno da escada tudo iria acontecer, transformando-a no divisor de dois séculos. Antenor encarnaria o século XIX e os valores do passado, e seus netos, o século XX e os valores do futuro, que se imporiam ao final da novela. O autor propõe ainda dois aspectos dignos de nota: a abordagem do problema da imigração judaica, inédito em televisão, segundo afirma, a partir do amor entre uma jovem não judia e um filho de judeus que criaria sério problema religioso e de tradição, refletindo muito bem valores que os jovens brasileiros ou judeus não aceitam mais, em sua opinião; e uma proposta de metalinguagem, como podemos ver exemplificada a seguir: "SALA DE VICENTE. Telefonema da Bandeirantes. O chamado pra escrever uma novela" (esboço do Capítulo 7 da novela). "Deve chegar um momento em que o telespectador deverá compreender que, como personagem, Vicente está escrevendo a novela que ele, espectador, está assistindo" (sinopse das personagens).

Ainda não sabemos por que a novela não foi realizada pela Bandeirantes, se já havia até mesmo uma previsão de elenco em parte confirmada.

A ADAPTAÇÃO PARA A TV

A novela *Os Ossos do Barão* estreou na Globo numa segunda-feira, dia 8 de março de 1973, às 22 horas (na época, horário reservado a experimentações), como a segunda novela a cores do Brasil, sucedendo *O Bem Amado*, de Dias Gomes. Contou com a direção de Régis Cardoso, produção de Mariano Gatti, cenários de Paulo Dunlop e o seguinte elenco: José Wilker (Martino), Paulo Gracindo (Antenor), Carmem Silva (Amélia), Renata Sorrah (Lourdes), Paulo Gonçalves (Carlino), Raquel Martins (Rosa), Neusa Amaral (Maria Clara), Bibi Vogel (Lavínia), Leonardo Villar (Miguel), João Carlos Barroso (Ricardo), Sandra Bréa (Zilda), Gracindo Júnior (Omar), Henriqueta Brieba (Lucrécia), Susy Kirly (Clélia), Elza Gomes (Ismália), Maria Luíza Castelli (Verônica), Dina Sfat (Izabel), Lima Duarte (Egisto), Edney Giovenazzi (Vicente), Ruth de Souza (Elisa) e José Augusto Branco (Luigi). O texto tem 121 capítulos de 22 a 23 páginas cada um, totalizando cerca de 2.700 páginas. A fusão das peças teatrais não parece ter apresentado grandes dificuldades por conta da temática e de uma origem em tudo semelhante, como já vimos. A peça-eixo, o dorso da trama, é *Os Ossos*, com poucas alterações, enquanto que *A Escada* funciona como ramificação, apresentando igualmente pequenos acertos para propiciar a fusão.

O ponto de interseção para o entroncamento básico das duas obras foi criado com a substituição da personagem Francisco, o filho predileto de Antenor em *A Escada*, por Miguel, o falido neto do barão que pleiteia a compra da capela em *Os Ossos*. Desse modo, ficam interligados os dois espaços fundamentais da telenovela: de um lado, o velho edifício em Higienópolis a abrigar o lado economicamente "empobrecido" da história, ou seja, todos os descendentes diretos do famoso barão paulista; e, do outro, o casarão de Campos Elíseos, onde residiu o ex-colono italiano do barão, com todos os pertences tão desejados e lembrados pelos descendentes daquele nobre, inclusive a capela com os seus ossos.

Em decorrência dessa fusão, surge uma das mais extraordinárias duplas de personagens da dramaturgia da televisão: passam a contracenar o arrogante e preconceituoso velho Antenor, zeloso e orgulhoso de quatro séculos de história e tradição, maior emblema do passado no teatro de Jorge Andrade, e o não menos arrogante imigrante italiano Egisto Ghiroto, industrial e ex-colono do café, afirmação de mudança e progresso, de

POSFÁCIO: JORGE ANDRADE LEVA SEU TEATRO PARA AS TELENOVELAS   285

abertura ao novo, ao devir. São força e contraforça dramáticas em tenso equilíbrio prestes a se romper durante toda a novela, atração e repulsão poderosas, num jogo astuto em que ambas as personagens tornam-se ainda mais grandiosas e não se rendem, intocáveis, graças ao expediente de mascaramento do nome, forjado por Jorge Andrade, a fim de preservar o perfil desses protagonistas. Egisto se passa por um tal "Fernão Guimarães" e se torna amigo do velho aristocrata que, manhoso em sua empáfia, desconfia do estratagema, mas mantém o jogo até as últimas consequências, produzindo cenas inesquecíveis para os espectadores e dignas de uma antologia da telenovela.

A extensão da narrativa televisiva proporcionou ao autor o prazer de dilatar suas sintéticas peças em um leque maior de possibilidades dramáticas, dando densidade maior ao par romântico (Martino e Isabel) de *Os Ossos*, ou desenvolvendo igualmente personagens de *A Escada*, como Omar, Zilda, Lourdes, o zelador do prédio e Amélia, para os quais são criadas inúmeras situações novas e até famílias novas de personagens para com elas contracenar.

Ao elaborarmos um mapa da construção da narrativa da novela (ainda em execução), com base em nossos fichamentos de capítulo por capítulo, concluímos que o recurso do retardamento da ação principal (o arquitetado casamento do filho do imigrante com a neta do barão) se vale da inserção de cenas relativas ao mundo de *A Escada*, ou seja, dos dramas envolvendo a ida dos velhos Antenor e Amélia para um asilo, que só se resolve também no final da telenovela. Sendo assim, temos duas obras cuidadosamente ampliadas, correndo ora paralelas, ora interpenetradas, garantindo com isso quase nenhum "vazio" de ação, quando as novelas costumam dar a impressão de que não andam. A dinâmica da fusão possibilitou um resultado que acreditamos comparável àquele do processo de escrita a quatro (ou mais) mãos, isto é, de coautoria, redação em equipe, que só surgiria dez anos depois na Globo para agilizar a produção do texto (na novela das 20h, *Partido Alto*, em 1984).

O *script* apresenta muitos pontos interessantes, comentados separadamente a seguir. São interessantes não somente por ser um texto de Jorge Andrade, mas sobretudo porque ilustram uma etapa da história da telenovela no Brasil. Nossa preocupação continua sendo procurar reunir elementos na obra televisiva do autor que possibilitem elegê-lo como o paradigma de um período de grandes mudanças na teledramaturgia, em que os dramaturgos egressos de um teatro em agonia tiveram atuação fundamental na proposição de caminhos.

METALINGUAGEM

Jorge Andrade tentou levar para a televisão um recurso estilístico que, no teatro, rendera-lhe suas melhores obras, tanto estética quanto ideologicamente: *Rasto Atrás* (1966), *As Confrarias* e *O Sumidouro* (1969), ou a primeira, nesse aspecto, a já citada *A Escada* (1960). Essa iniciativa do autor parece ser, até o momento, pioneira no gênero na televisão, pois a outra ocorrência de que se tem notícia refere-se à polêmica *Espelho Mágico*, do amigo do autor, Lauro César Muniz, de 1977, para as 20h, horário nobre da Globo.

A autorreferencialidade da narrativa em *Os Ossos do Barão*, ou seja, a explicitação dos bastidores do processo criativo na elaboração da obra, atinge quase 18% do total dos capítulos, ou seja, 21 capítulos entre os 121 da novela total. Se considerarmos sob a mesma rubrica as críticas ao gênero "telenovela", as decodificações da peça *O Sumidouro*, referências à sua "arte poética" e à sua escrita jornalística, o número de capítulos afetados sobe para 45, representando uma intervenção de Jorge Andrade autor em 37% da obra.

A ousadia plasmada no *script*, entretanto, nem sempre chegou à tela, sendo podada pelo então diretor de criação da Globo, Daniel Filho, o que prova uma resistência ao anti-ilusionismo nesse tipo de ficção, senão por parte do público, pelo menos por parte da emissora. No que concerne às críticas ao gênero, há uma cena de família diante da TV que, se levada ao ar costumeiramente, poderia decerto provocar uma revolução na telenovela, ou pelo menos um mal-estar e a queda no Ibope do exemplar em questão – esta última hipótese talvez explique o corte da cena pela censura Global[5]. Segue trecho (Cap. 8, cena 19, p. 17-18):

---

5 Memorando CGP-DC/835/73 de 30-08-73.

POSFÁCIO: JORGE ANDRADE LEVA SEU TEATRO PARA AS TELENOVELAS   287

SALA APTO DE MIGUEL. NOITE.
(*Miguel e Verônica estão sentados no sofá, iluminados pela luz
da televisão. Não vemos o vídeo, mas a expressão deles é de enfado
e incredulidade.*)
Verônica: Essa novela é absolutamente idiota. [...] Imagine se existem situações assim na vida de todo dia. [...] O que me espanta
é a burrice das personagens. A verdade é tão evidente, e ninguém percebe.
Miguel: Se percebem, acaba a novela.
Verônica: Não! Não tenho mais saúde para aguentar isso. (*Verônica
desliga a televisão.*)
Miguel: Engraçado é quando escrevem sobre alta sociedade. Confundem granfinagem, no pior sentido, com tradição.

Existem, ainda, no mesmo diapasão, duas referências a aspectos da trama de *Os Ossos do Barão*: "casamento perfeito, só
em final de romance ou de novela idiota" (cap. 105) e "quem
ouve contar pensa que é trama de novela" (cap. 93). Há igualmente uma longa cena que pode ser uma antecipação da temática de *O Grito*, no capítulo 93 (cena 7, p. 15): Lucrécia, Clélia
e Ismália conversam sobre gemidos no prédio vizinho todas
as noites. Lucrécia, impressionada, nem dorme, Clélia nega a
existência do fato e Ismália, que entrecorta essa conversa com
notícias do jornal que lê, contesta a opinião da última de que
não haveria gemidos que atravessassem aquelas paredes, sen-
tenciando que "Não atravessam é a sua 'vontade' de não ouvir".
Certamente a novela do ano seguinte já estava sendo planejada
e pesquisada por Jorge Andrade para a Globo.
   Durante o curso da novela, a personagem-dramaturga Vicente elabora uma peça teatral, discutindo-a passo a passo com
todos – temática, título, construção, mensagem, pesquisa em
documentos históricos, contribuição para o teatro brasileiro etc.
À medida que vai elaborando-a, vai tecendo articulações com a
trama que se desenrola em *Os Ossos*, e termina por incorporá-la
à novela de TV que está escrevendo, que é justamente *Os Ossos
do Barão*, como veremos depois. Trata-se, então, da decodificação de *O Sumidouro*, peça teatral de 1969, inédita em palco
até agora, que questiona um capítulo da História do Brasil e vai
mais fundo, pondo em questão os próprios fundamentos da
história como ciência (a visão da história seria comprometida,

porque escrita pelos vencedores). Isso ocorre nos capítulos 11, 54 e 81, nos quais, além disso, o autor se aproveita para divulgar sua poética teatral e tecer críticas ao teatro do momento: "teatro é crônica viva da História" e, através de Fernão Dias, ele pode "explicar o homem moderno e vice-versa", fazer teatro não é "ficar pelado no palco, gratuitamente" etc. Sua arte poética, entretanto, é melhor explicitada quando apresenta a gênese da peça *A Escada*, que integrou a composição da telenovela *Os Ossos do Barão*. A personagem Vicente, profundamente afetada pelos dramas do prédio (o mundo de Antenor e demais descendentes falidos do barão) e de sua família, resolve escrever sobre isso, levando esses problemas ao palco para se libertar. Desse modo, nos capítulos 8, 11 e 12 aparece toda a trajetória resumida do nascimento da vocação teatral do próprio Jorge Andrade: a resolução de escrever sobre a própria família (seria válido? Teria um interesse universal?), os preconceitos da família para com artistas, "seres marginais", e a perspectiva de vingança, tanto ao fazer públicos os problemas do clã, quanto ao conseguir sucesso com isso e ser respeitado justamente como artista, os conflitos internos do próprio "eu" (teria o direito de usar a própria dor?) e sua conceituação da condição de dramaturgo ("registrar o homem no tempo e no espaço", como um jornalista ou um historiador; viver observando os outros sem cessar, mesmo porque é "no fundo dos outros que nos encontramos"; encarar a criação como "um trabalho como outro qualquer").

Ainda com respeito a esse aspecto de desvelamento do próprio fazer artístico, no final da telenovela (está no *script*) é exibido inteiro um poema de Jorge Andrade acerca de sua vida e obra, o mesmo citado por Vicente em *Rastro Atrás* (peça metalinguística de 1966), que também é aquele estampado na abertura do volume *Marta, a Árvore e o Relógio* e o que encerra seu romance autobiográfico, *Labirinto*. O poema fala de um menino nascendo, crescendo, observando, sonhando, sofrendo, humilhado e, enfim, libertado, em estrofes referentes às dez peças teatrais do ciclo de Marta. Até mesmo a vida jornalística do dramaturgo, que se sustentou durante um tempo como repórter e redator das revistas *Visão* e *Realidade*, sobretudo após sua desistência do teatro e antes de abraçar a televisão (fim dos anos de 1960 e início dos anos de 1970), aparece na telenovela.

POSFÁCIO: JORGE ANDRADE LEVA SEU TEATRO PARA AS TELENOVELAS 289

A mesma disposição de ideias e criação reveladas no teatro acompanharam-no nos textos das reportagens, atividade em que se destacou (e foi premiado) pela sensibilidade e linguagem poética, e que resultou em uma seção especial de entrevistas de gente famosa, em *Realidade*, chamada, "Perfil". Ali, Jorge Andrade entrevistou gente como Murilo Mendes, Gilberto Freyre, Érico Veríssimo, Wesley Duke Lee, Clodovil, Marília Pêra, Sérgio Buarque de Holanda, Dercy Gonçalves, entre outros. Na telenovela, essas referências comparecem nos capítulos 20, 28, 54, 61, 72 e 96. Vicente pensa propor ao seu editor e amigo Luís Carta o perfil do italiano Egisto. A esse título, ele explica o conceito de "Perfil". São citadas, lidas e discutidas as reportagens sobre "o homem do Vale do Ribeira" (cidade a menos de cem quilômetros de São Paulo), e uma sobre "os médicos e o interior"; é citado e comentado o perfil de Gilberto Freyre; é mencionada a "liberdade de criação" dada por Luís Carta e é lida quase na íntegra uma página sobre o Natal em tempos passados (certamente em capítulo próximo à data). Merece citação uma cena que faz referência à censura à imprensa, pois as palavras de Vicente são as mesmas de Jorge Andrade, proferidas em inúmeras entrevistas na época e, mais tarde, repetidas nos vários encontros de artistas na "abertura" política do início dos anos de 1980:

Vicente (*pega o jornal*): Como não é? Passei uma semana no Vale do Ribeira, sofrendo no trabalho, [...] vendo homens virando cachos de banana... e tão doentes como as bananeiras atacadas pela cigatoca. Escrevi sobre isto. Que importa a doença das bananeiras, se não mostra a que ataca o homem que trabalha no meio delas?
Lavínia: Calma, Vicente!
Vicente: Não escrevi para uma página agrícola! Veja! Cortaram tudo! Só ficou bananas! É aquele "copidésque". É um reaça! [...]
Vicente: Que importa escrever, fazer reportagens, se a realidade que nos rodeia não pode ser analisada? Só uma coisa me interessa: o homem brasileiro! Se posso escrever sobre ele, eu escrevo. Se não posso, prefiro plantar batatas. Pelo menos produzo alimento para ele!
Lavínia: Calma, meu liberal!
Vicente: Minha obrigação é escrever a verdade, doa a quem doer!

Lavínia (*firme*): Sua obrigação é continuar a escrever. Está se esquecendo de Fernão Dias?
Vicente: Por quê?
Lavínia: Procurar não é o que importa? Você procura escrevendo…
tem que continuar!

Certamente o diálogo acima citado não foi levado ao ar, mas fica o registro das dificuldades, para compor um quadro da época televisiva do autor. Finalmente, temos um clássico exemplo de *mise-en-abyme*, quando o andamento da novela *Os Ossos do Barão* abriga o andamento, passo a passo, de uma novela em construção, igualmente denominada *Os Ossos do Barão* e tratando da mesma realidade, com as mesmas personagens, situação e temática, funcionando como um espelho onde se reflete e se desvela o outro lado da ficção, seus bastidores e alicerces. Tamanho é o espaço ocupado por esse expediente, e são tão íntimas as suas ligações com a trama, que dificilmente seria totalmente cortado, sob pena de tumultuar os trabalhos da novela; um caso a verificar. A "novela dentro da novela", aliás, a sua elaboração por Vicente ocupa aproximadamente 18% do total da obra, ocorrendo nos seguintes capítulos: 39, 44, 53, 55, 56, 88, 89, 93, 96, 100, 103, 104, 107 e 108 (com gancho), 112 e 113 (com gancho), 114, 118, 119 e 121.

Para recompor o itinerário dessas intervenções numa lógica temporal, poderíamos resumir o conteúdo das cenas, obedecendo à sequência dos capítulos acima mencionados. Vicente escreve a novela, oferece-a à Globo, o projeto é aprovado, a família teme a obra, sucesso, é difícil terminá-la, recebe opiniões de parentes que a assistem e questionamento de sua posição diante do passado:

Cap. 39 – Lavínia sugere o aproveitamento de certa situação: "Se é que ainda se usa gancho…este é muito bom. […] Pra sua novela, Vicente!" (p. 11).
Cap. 44 – Lavínia sugere uma cena. "Vicente: Já estou aproveitando! É o que será minha novela: um canto ao amor! […] Ela vai conter tudo que me rodeia! Terá imigrantes […] terá velhos com sua carga terrível […] Terá jovens incompreendidos […] Terá você… que […] / Lavínia: E o teatro? / Vicente: Se o homem não vai me ouvir no teatro, eu vou procurá-lo dentro de casa. E pra isto… só a televisão!

POSFÁCIO: JORGE ANDRADE LEVA SEU TEATRO PARA AS TELENOVELAS   291

Vou ao Rio… oferecer a minha novela à Globo. É a única que pode realizar o que estou pensando." (p. 3).

Cap. 53 – Autor teme reações da família. "Vicente: Aproveito este mês para trabalhar na novela. […] / Lavínia: Em que pé está a novela? / Vicente: No momento em que o italiano deve pôr à venda… os ossos do barão. […] O que Miguel vai dizer? Sua novela é uma ofensa à família paulista!

Como se os estrangeiros que vivem aqui não fossem também da família paulista. Paulista é só quem está na genealogia. […] / Lavínia: […] Você resolveu escrever a novela por causa do anúncio dos ossos, não foi? / Vicente: Não. Estou escrevendo sobre o problema da velhice […]. O anúncio dos ossos é apenas o pretexto." (p. 9).

Cap. 55 – Vicente continua colhendo material ao redor. "Vicente: Se observei! Posso precisar para uma festa de noivado em minha novela, não posso? / Lavínia: Estou vendo que já pôs!" (p. 5).

Cap. 56 – Uma fala adaptada de *A Escada*. "Vicente: Lutando com as minhas personagens da novela. Eu queria uma coisa, elas quiseram outra." (p. 4).

Cap. 88 – O texto anda. "Vicente: Adiantei muito a novela. / Lavínia: Quando vai levar à televisão? / Vicente: Quando tiver uns quarenta capítulos já escritos." (p. 7).

Cap. 89 – O processo continua. "Vicente: O barulho da máquina atrapalha? […] Vou criar uma personagem na minha novela exatamente como você… e compondo música também" (p. 3).

Cap. 93 – Longa fala sobre a mensagem. "Vicente (*de repente, senta-se à máquina*): Vou dizer isto na minha novela: 'Olhem os que passam perto de vocês! […] O amor é a única saída que leva à salvação!' (*Excitado*) É isto, Lavínia! É isto que eu quero que minha novela diga!" (p. 6).

Cap. 96 – Continua o trabalho. "Lavínia (SORRI): Que está fazendo? Trabalhando na novela?" (p. 4).

Cap. 98 – Expectativas. "Vicente: […] Sabe que preciso ir ao Rio? […] Vou levar a sinopse e os trinta capítulos da minha novela. Se for aprovada… muita coisa vai mudar em nossa vida! […] / Lavínia: Então vá e volte com um contrato assinado! (*Insinua*) Sabe? Dizem que a televisão paga muito bem." (p. 9).

Cap. 100 – A questão do título. As sugestões de Lavínia concernem aos títulos provisórios da peça teatral *Os Ossos do Barão*. "Vicente: Preciso. A sinopse e os primeiros capítulos da novela já estão prontos. Lavínia: Acha que vão aprovar? […] Já pôs título? Pelo que li… talvez *O Crepúsculo dos Deuses*! […] Que tal *Os Deuses Vencidos*? / Vicente: Não teria apelo popular; […] *Os Ossos do Barão*! Gosta? / Lavínia: Não é um pouco tétrico? / Vicente: É o contrário, gaúcha!

Tem conotação de farsa, de comédia! […] / Lavínia: Quer dizer que o italiano será a grande personagem? / Vicente: Não. Pretendo repartir as responsabilidades. Gosto de trabalho em equipe, onde todos são fundamentais. Nada de estrelismo! Isto dá uma falsa ideia da realidade ajudando a inverter valores! / Lavínia: Não esqueça que o povo gosta de mitos! / Vicente: Pois eu entro na batalha da desmistificação. E sabe qual será o grande gancho da novela? […] Segundo um bom crítico de televisão, 'gancho é aquele suspensezinho que garante a atenção do telespectador para o dia seguinte. Aquela cena final, meio sobre o caricato, na qual os atores ficam paradinhos esperando a entrada da música'. /Lavínia: Também! Se fizer isso, eu serei a primeira a não assistir sua novela. / Vicente: Mas o gancho a que me refiro é o conflito central, estruturando a novela como um todo!… Tornando-se dono dos ossos do barão… o italiano entra ou não entra para a nobiliarquia paulistana? […] / Lavínia: […] E o problema da velhice? / Vicente: Será o outro lado da moeda!" (p. 9-11).

Cap. 103 – A viagem ao Rio. Teatro e TV. Uma real opção. "Lavínia: Onde estão os capítulos da novela? […] Já resolveu o que vai pedir pelo trabalho? […] / Vicente: No Rio, eu procuro o Dias Gomes. Ele me orienta! / Lavínia: Exija contrato logo. […] / Vicente: Resolvi. A televisão é o grande meio de comunicação de hoje. Que adianta escrever para meia dúzia! Isto é arte de elite! E quando o trabalho não vai parar numa gaveta! Preciso me comunicar. […] / Lavínia: Faça algumas concessões, meu bem! Você ainda não domina este meio de comunicação. Tudo é experiência! […] E não se esqueça de que não se pode ter preconceito contra um veículo de comunicação. […] / Vicente: […] Muitas porcarias teatrais que se fazem por aí… nada têm com o verdadeiro teatro. […] Minha opção é verdadeira! Vou fazer televisão! Só não faço se ela não me quiser!" (p. 15-16).

Cap. 104 – Preocupações da família. Real e ficção. "Maria Clara: Ele desconfia que Vicente está retratando a família na novela! […] Há coisas que não são muito agradáveis! […] / Lavínia: Não é bem retratar. O escritor transpõe. Baseia-se apenas na realidade… mas cria um mundo novo, fictício, não real… mas que é real ao mesmo tempo! […] Tudo, não! Nem toda realidade pode ser transposta! Às vezes ela não interessa dramaticamente! Vicente explica bem: ver como as pessoas vivem, sentir como tinham direito de viver… e escrever sobre a diferença! / Zilda (meio retesada): Bem que este prédio daria uma novela daquelas!" (p. 12-13).

Cap. 107 – O texto foi aprovado. "Vicente: Está em sua presença… o novo novelista da televisão! (Lavínia cai nos braços de Vicente)" (p. 21; final do capítulo).

Cap. 108 – Projeto aprovado. Detalhes completos. "Vicente: Tema aprovado, título aprovado e liberdade absoluta de criação. [...] Não preciso fazer igual às novelas que estão no ar! Querem a novela que eu escrever... e que seja diferente, original, uma novela que só eu podia escrever. Não é genial? [...] Eles são abertos, jovens, pra frente e não estão interessados em fórmulas feitas. Querem renovar! [...] / Lavínia: Quantos capítulos? / Vicente: Cento e vinte. / Lavínia: Duração de cada capítulo? / Vicente: Um mínimo de trinta minutos... o que vai dar mais ou menos vinte e duas laudas datilografadas. Equivalente ao ato de uma peça teatral. / Lavínia: E o principal... que é o ordenado? / Vicente (Cochicha no ouvido de Lavínia): [...]" (p. 1).

Cap. 112 – O aproveitamento de *O Sumidouro*: "Clélia: Vai colocar isto em sua novela também? [...] / Vicente: Alguns dos meus personagens vão descender de Fernão Dias. Não sabe que escrevo sobre ele? / Clélia: Sei. Pensei que fosse uma peça de teatro? / Vicente: Mas vou aproveitar para a novela! / Clélia: Mas por que usar a família numa novela de televisão? Acho tão esquisito! Muita gente não vai gostar! [...] Ora, Vicente! Coisas de família são sagradas!" (p. 5).

Cap. 112, cena 7 – Esta é a mesma cena do cap. 44, repetida aqui. A conversa se interrompe neste fim de capítulo e continua no início do seguinte.

Cap. 113 – O diálogo da cena final do capítulo anterior é ampliado. Vicente continua maturando ideias e decodificando a novela da Globo para o espectador. "Lavínia: E o teatro, quatrocentão? / Vicente: Se o homem não vai me ouvir no teatro, eu vou procurá-lo dentro de casa pela televisão! [...] Escrever uma novela sobre um universo familiar que conte uma aventura humana da infância à velhice [...]. Quero que minha novela fale de uma gente que pensa que ainda é conhecida... mas que é anônima, e é nisto que está sua grandeza... como povo! [...] Pode ser a minha família... mas pode ser a de qualquer um! [...] Quem não tem um velho ou alguma coisa que gostaria de guardar num 'recolhimento' qualquer? O anúncio da venda dos ossos do meu avô é muito mais significativo do que se possa imaginar! [...] Porque reflete a necessidade que um estrangeiro tem de se enraizar... comprando ossos de um barão! Os ossos são as raízes! [...] Pagando todos os preços para se transformar em povo desta terra! Não é belo? É por isto que admiro Egisto Ghirotto! Quero que minha novela conte sua aventura... [...] Vou realizar... e é isto que será *Os Ossos do Barão*: um canto à contribuição estrangeira na formação da família brasileira! (CLOSE DO ROSTO TRANSFIGURADO DE VICENTE. CORTE.)" (p. 1).

Cap. 114 – Prisão ao passado. "Vicente: Acha que estou prisioneiro do prédio? [...] / Lavínia: Porque o mundo que ele representa... é o próprio continente da sua inspiração. Não é sobre ele que escreve? [...] Não é num prédio como este que vai se passar sua novela de televisão? (p. 17).

Cap. 118 – A dificuldade de terminar a novela. "Lavínia: Como vai a novela? / Vicente: Os capítulos finais são de amargar! / Lavínia: Não reclame, vá! Sua novela fez grande sucesso. Mais de trinta por cento de audiência! O que queria mais? Isto significa que milhões de brasileiros ouviram o que você queria comunicar! / Vicente: O que não impede que os capítulos finais sejam uma verdadeira provação! Se é que você quer terminar com lógica [...]. Não quero finalizar nada! Já disse que na vida nada se conclui, tudo se transforma! [...] Portanto, não posso dar um fim às personagens, a não ser que morram! Mas como não quero terminar em tragédia, mas em vida plena que continua, tudo se torna muito difícil... Porque não posso sacar sobre o futuro dos personagens. Sabe o que estaremos pensando amanhã a esta hora?" (p. 18-20).

Cap. 119 – A opinião de parentes. "Vicente: Maria Clara! Por que nunca deu opinião sobre a minha novela? Eu sei que você assiste! [...] / Maria Clara: Eu acho bonita, Vicente... Mas muito triste! [...] / Vicente: Uma pessoa que compra uma televisão, que enfrenta problemas que às vezes não compreende bem, que anseia por uma explicação... não deve receber, através de uma novela, imagens da vida que a cerca? Devia inventar personagens e situações que não existem... só para divertir, mentindo? Deveria mistificar... contribuindo para a alienação que anda por aí? / Maria Clara: A novela é toda você... e é tão cheia de amor... que eu só poderia gostar! [...] Mas ela não é novidade para mim. Nem no que diz respeito à história... nem no que reflete de você" (p. 12-14).

Cap. 121 – O autor diante do passado. "Izabel: Está bem! Tenho assistido sua novela, tio, e gosto muito! É por isto que sei o quanto custa ter que sair do prédio! / Vicente: Eu estava mesmo pensando em terminar a novela... com o prédio vazio. Uma propriedade condenada! [...] / Izabel: [...] Você que parecia tão pra frente e de repente agarrar-se ao passado? / Vicente (*Sorri*): Não estou agarrado a ele, mas vivo dele! É bem diferente! Não aceito o presente sem a presença do passado... Aliás, um não existe sem o outro! / Izabel: Hoje, eu vivo uma posição contrária. Sabe por quê? Libertei-me da minha muralha de mortos. Só o presente e o futuro me interessam!" (p. 2-4).

Não sabemos ainda se todos esses longos diálogos foram ao ar. Apesar de a novela ter sido muito bem escrita, a linguagem

POSFÁCIO: JORGE ANDRADE LEVA SEU TEATRO PARA AS TELENOVELAS   295

técnica específica da dramaturgia parece um tanto excessiva e fora do repertório do público comum de TV. Ao veicular uma massa de informações novas paralelamente aos dramas vividos pelas personagens, não sabemos o efeito dessas inserções tão reflexivas no conjunto geral de um capítulo.

ELEMENTOS PARA A DIREÇÃO

Quanto às indicações cênicas, a experiência teatral de Jorge Andrade garantiu, nessa iniciação televisiva, uma aguda sensibilidade para a visualização das cenas, sugerindo algumas vezes até mesmo soluções com os recursos do novo veículo. Como em um dos capítulos iniciais da novela:

> Cap. 2, cena 14 – "BANCO DA PRAÇA DA REPÚBLICA. DIA. *Fusão do rosto de Melica com o de Antenor, que continua falando sem parar. O banco está rodeado por muita gente, rindo dos casos de Antenor. Toda cena é comentada pelo tema musical, sem que se ouça a voz de Antenor. A câmera se afasta mostrando a multidão na rua, mas mantendo o rosto de Antenor sobre a multidão.* CORTE."

Deve-se observar o tato no relacionamento com o diretor, expresso em numerosas cenas, que transformam as indicações em verdadeiros bilhetes, revelando, de um lado, sua condição humilde de "novato" e, de outro, a segurança mal disfarçada obtida em vinte anos de teatro:

> Cap. 65, cena 6 – "Ela desce com a segurança de uma rainha. RECADO AO MEU ESTIMADO BOI: Essa descida precisa ser sensacional, quase igual à descida de Glória Swanson no final de *Crepúsculo dos Deuses*, lembra-se? As câmeras devem jogar com a descida de Izabel e a expressão de Martino, que vai descobrindo uma nova Izabel. Dá certo, Boi? Ou é muita imaginação minha? No meio da escada, Izabel se volta para Elisa, parada no alto da escada. Na troca de olhar, fica guardado um segredo entre as duas. COITADOS GHI-ROTTOS: a magia da África milenar e a soberbia da nobreza espanhola e lusitana unem-se para a luta que vai começar." (p. 9)

Interessante é observar, igualmente, que o referencial cinematográfico – linguagem mais próxima da TV do que a teatral – está sempre em mente, guiando soluções, como visto no exemplo anterior. Nesse aspecto, é o trabalho do ator que parece solicitar uma especial atenção do autor, nas mais diversas cenas da novela. Certamente, o uso predominante do *close* levou-o a centrar-se no trabalho das expressões faciais na exata veiculação de emoções e sentimentos:

Cap. 71, Cena 8 – "(RECADO AO MEU ESTIMADO BOI: ESCOLHA A DEDOS OS DOIS MAITRES DE HOTEL, PRINCIPALMENTE O PRIMEIRO – HÁ ALGUNS EXEMPLOS MARAVILHOSOS NO CINEMA AMERICANO, QUE DIZIAM TUDO COM UMA SIMPLES EXPRESSÃO)."

Cap. 73, Cena 8 – "(RECADO à RENATA SORRAH: não esquecer de Vivien Leigh, em *E o Vento Levou*, na manhã seguinte em que se tornou mulher de Clark Gable. Lembra-se do sorriso onde estava contido tudo que acontecera durante a noite?)"

Quanto às limitações da produção sobre o *script*, temos um bom flagrante no capítulo 74, na primeira cena, e diz respeito ao uso de externas, pouco aconselhadas na época, por serem caras e trabalhosas. A cena é rodada numa praia deserta do Rio (não se sabe qual), para a lua de mel do principal par romântico da novela:

"(RECADO AO MEU QUERIDO BOI RÉGIS: você me pediu para não fazer externas longas. Eu sei e não me esqueci. Mas essa é absolutamente necessária, porque marcará o destino da novela. DEVERÁ SER GUARDADA, PORQUE VOLTARÁ MUITAS VEZES à MEMÓRIA, RESOLVENDO O DESTINO DE MUITAS PERSONAGENS, TÁ?) CORTE."

Finalmente, digna de nota é a preocupação de Jorge Andrade com a vocação do veículo para a verossimilhança, o que põe em cautela esse dramaturgo que se destacou no teatro justamente pelo uso de uma linguagem cuidada, de qualidade literária e fácil manejo das metáforas:

Cap. 105, Cena 5 – "Corte para Zilda observando Daniel dormindo no berço. A música *Daniel* faz fundo à cena. A CÂMERA NÃO MOSTRA DANIEL. ALIÁS, EM MOMENTO NENHUM DA NOVELA ELE DEVE SER MOSTRADO. DANIEL É MAIS SIMBÓLICO DO QUE REAL."

Segundo o centro de documentação da Globo, no Rio de Janeiro, apesar de um incêndio ter destruído as produções até o

POSFÁCIO: JORGE ANDRADE LEVA SEU TEATRO PARA AS TELENOVELAS 297

ano de 1974, há informações de que existe fita com os últimos dois capítulos da novela.

PRESENÇA DA ATUALIDADE

Muito mais que fincar a novela no quotidiano real do espectador, nessa obra a camada do referente parece cumprir uma função dramatúrgica específica, a de compor o perfil de duas personagens em oposição dentro da trama: de um lado, o velho Antenor, que encarna o paradigma do deslocamento, da inadaptação diante da realidade presente; de outro, Ismália, que integra o paradigma da mudança, do movimento, da transformação histórica, no universo dramático de Jorge Andrade (na peça original, seu nome é Marta). São as únicas personagens que sustentam o hábito da leitura de jornais na novela. O autor coloca-as diante de uma mesma notícia, sobre a falta de petróleo na Europa, e as faz reagirem segundo seus respectivos universos psicológicos e pontos de vista:

Cap. 62, cena 3, p. 5-6 – "Ismália: No meio de tantas notícias que preocupam, sempre saem algumas que revelam o lado bom do homem! [...] Por falta de gasolina, os casais terão que passar mais tempo em casa. Em consequência, todos os recordes de natalidade europeus vão ser quebrados em fins de 74."Cap. 62, cena 5, p. 11 – "Antenor: [...] Até parece o fim do mundo. [...] Onde já se viu turco querer mandar na Europa?!"

Entre as notícias lidas pelas personagens durante a novela, encontra-se também o caso Watergate nos Estados Unidos envolvendo Nixon, o desaparecimento do menino Carlinhos e as buscas em vão da polícia, mortes nas rodovias, poluição em São Paulo etc. Outras referências à realidade do momento usam recurso diverso, seguindo o modelo encontrado pelo teatro e outras artes, e até mesmo pela imprensa: a metáfora. Nesse caso, destacam-se dois momentos significativos dentro da novela: uma citação de Érico Veríssimo e uma exploração da simbologia do nome "Daniel", escolhido para a criança nascida na novela, filho do par romântico principal. Ambos os trechos se reportam a um estado de escuridão e ao desejo de liberdade. Vejamos um resumo:

Cap. 78, cena 6, p. 5 – "Vicente: Preso na cova, cercado por leões e sentindo-se livre! / Lavínia: A simbologia é maravilhosa! Vicente: O destino de um homem – ou de um povo? – perseguido, mas sentindo-se mais forte do que os perseguidores. [...] / Lavínia: Está é querendo projetar nele... coisas que nos atormentam no mundo de hoje: lar, luz, Iiberdade!"

Cap. 76, cena 8, p. 20 – "Izabel (*olha a beleza da paisagem*): Érico afirma que sempre achou... 'que o menos que um escritor pode fazer, numa época de violências e injustiças como a nossa, é acender a sua lâmpada, fazer luz sobre a realidade de seu mundo, evitando que sobre ele caia a escuridão, propícia aos ladrões e aos assassinos. Segurar a lâmpada, a despeito da náusea e do resto. Se não tivermos uma lâmpada elétrica, acendamos o nosso toco de vela ou, em último caso, risquemos fósforos repetidamente, como um sinal de que não desertamos nosso posto'. / Martino: Você olhou esta paisagem maravilhosa... e lembrou-se disso?! / Izabel: Nem sempre a paisagem contém só beleza e luz. Há dentro dela... também muita escuridão!"

Os dois textos citados parecem aludir ao período de repressão, ainda em sua fase mais violenta, do regime militar de governo do Brasil pós-1964. O trecho pertence à reportagem jornalística em que Jorge entrevista Érico Veríssimo. Esse trecho consta ainda do romance *Labirinto*.

CENSURA

Ainda não se pode avaliar toda a dimensão do fenômeno da censura durante os quase vinte anos em que vigorou sobre a vida do cidadão no Brasil, posto que somente agora os arquivos da época estão sendo abertos aos pesquisadores. Uma vez ou outra, no entanto, certos depoimentos sobre o fato ajudam a entender como viviam os escritores de TV da época. Segundo Dias Gomes, cópias dos episódios das novelas eram enviadas a Brasília diariamente pela Globo, e os cortes eram sempre imprevisíveis (ora o erotismo, ora as alusões políticas). Uma maneira de o novelista conviver com isso era inventando um episódio que concentrasse a atenção da censura, e que se sabia de antemão que seria cortado, para possibilitar a passagem de outros trechos ou mensagens. Esse recurso de jogar

POSFÁCIO: JORGE ANDRADE LEVA SEU TEATRO PARA AS TELENOVELAS   299

com proibições/liberações não se dava só no âmbito da escritura, como também, ou sobretudo, no que se referia à programação global de uma emissora, o que é mais grave e situa a novela num quadro mais amplo de problemas que fogem ao seu controle. Daniel Filho, por exemplo, afirma ter levado algum tempo para compreender que a censura às telenovelas consistia em um meio de se fazer pressão sobre o jornalismo da Globo. Ou seja, ao ameaçar suspender a difusão da novela (uma fonte econômica importante para a rede), tencionava-se obter dos jornalistas uma maior flexibilidade[6]. Os reflexos de tal problema são encontramos no texto de *Os Ossos do Barão*, em trechos riscados a caneta, quando ousavam na área semântica do erotismo. Por exemplo:

Cap. 10, cena 15, p. 20 – Jorge Andrade risca a fala de Ismália "Dei minhas voltinhas lá pela Europa" e a substitui por "Eu tenho muita imaginação".
Cap. 13, cena 8, p. 17 – O autor risca uma frase da fala de Zilda: "E se não quisesse casar comigo, eu me tornava sua amante. Só isto!"
Cap. 13, cena 3, p. 5 – O autor risca uma frase da fala de Egisto para o filho Martino, "Como é que vai pôr um galho lá?", e elimina mais uns 80% do diálogo, no qual aconselhava o filho a não alugar apartamento para a amante em um prédio pequeno e entre famílias
Cap. 43, cena 10, p. 22-23 – São riscados dois trechos da fala de Zilda: "quando me entreguei a você? E que diferença fez?" e "Depois que fui sua... não posso ser de mais ninguém". Quanto ao termo "me entreguei", é substituído por "me apaixonei".

Existem outros casos interessantes. Seguem exemplos de censura interna da própria emissora e da parte do próprio autor:

Cap. 19, cena 4, p. 4 – O autor risca duas menções ao jornal *O Estado de S.Paulo* e as substiui por "no que assinamos" e "em nosso jornal". Cap. 38, cena 13, p. 16 – O autor pressente um corte: "Egisto (*dá um murro na mesa*): *Figlio de una puttana!* (OPÇÃO: *Figlio de un cane!*)".

Quanto ao papel da emissora nesse problema, conseguimos fotocópia de alguns memorandos expedidos pelo diretor

---

6   *Le Monde*; Paris, 22 jul. 84.

de criação, Daniel Filho, endereçados a Jorge Andrade e ao diretor de *Os Ossos do Barão*, Régis Cardoso, e ainda um outro, de caráter geral, endereçado a Janete Clair, Dias Gomes, Jorge Andrade, Lauro César Muniz, Domingos de Oliveira, Silvan Paezzo, Adriano Stuat e Walter G. Durst. Este último documento, datado de 6 de setembro de 1973, solicita que, "para melhor convivência com o Serviço de Censura", todos tenham o cuidado de submeter os textos a uma segunda aprovação da Censura, todas as vezes que houver mudanças na estrutura principal ou novas personagens surgirem diferentemente do que foi previsto na sinopse. A um mês da estreia da novela, Jorge Andrade foi avisado, por meio de um memorando, no qual era recomendado aliviar os termos de alguns diálogos (referindo-se à palavra "amante"), de que todas as músicas de sua novela, com exceção de uma de Franco Corelli pedida pelo autor, deveriam pertencer à SIGLA ("nossa gravadora"), com "o aval desta Direção". O memorando era datado de 3 de setembro de 1973 e levou Jorge Andrade a redigir uma melancólica e contestatória carta de três páginas datilografadas a Daniel Filho. Na carta, digna de figurar num volume sobre a história da telenovela brasileira, por ser um emblema da problemática do autor teatral que tentou fazer televisão na época, fica exposta toda a perplexidade de um dramaturgo que se vê cerceado em seu trabalho de criação por razões que lhe escapam ao entendimento. Vejamos um trecho:

> Porque não consigo compreender que, no horário das 22 horas, eu não possa usar a palavra "amante", quando, assistindo-se durante o dia *Uma Rosa com Amor*, ouvem-se termos como "frescura" etc. Não sei quem exige os cortes, mas é diante de você, Diretor de Criação, que devo pelo menos registrar o meu protesto. [...] Mas porque começo a temer. Temer por quê? Porque sem um mínimo de coerência literária ninguém pode escrever sobre "seres humanos", e muito menos dar sentido existencial a seus conflitos. E o que é minha novela além de "conflito existencial"?

A carta prossegue, exibindo uma relação dos cortes pedidos em vários capítulos, todos acompanhados do protesto e das devidas argumentações do autor para a manutenção do texto. É contestado outrossim o problema da trilha musi-

POSFÁCIO: JORGE ANDRADE LEVA SEU TEATRO PARA AS TELENOVELAS   301

cal, com longuíssima argumentação e a comunicação de que desistiria de uma personagem (Laura, a amante de Martino), pois tinha-a concebido montada só com as canções de Elizeth Cardoso, a qual fora vetada pela emissora.

Jorge Andrade finaliza a carta expondo claramente a intensidade com que se jogava em seus trabalhos, traço de caráter, aliás, que tanto o prejudicaria, conforme noticiado dez anos depois, com o episódio de *Sabor de Mel* e o falecimento do dramaturgo. Vejamos a carta:

> Os românticos são vítimas fáceis de desencantos! E eu estou apenas começando minha novela. Saiba que meus trabalhos – todos! – fazem parte do meu ser; eu me apaixono por eles; não sei fazer por menos. E sendo assim, sou eu mesmo quem começa a se sentir cortado. Um dia, no telefone, você disse que eu era um anjo, mas esqueceu de acrescentar: de asas cortadas!

Todas essas experiências que envolveram a produção de *Os Ossos do Barão*, a primeira novela do autor e sua primeira incursão na televisão, somadas àquelas que envolveram *O Grito*, sua segunda novela, já garantem um quadro bem vasto de dados para configurar Jorge Andrade como um caso típico da problemática que envolveu a teledramaturgia realizada pelos escritores egressos do teatro naquela época.

Bibliografia

OBRAS DE JORGE ANDRADE

Peças

Marta, a Árvore e o Relógio. [1970] 2. ed. São Paulo: Perspectiva, 1986.
Marta, a Árvore e o Relógio. São Paulo: Perspectiva, 1970.
A Zebra: Feira Brasileira de Opinião. São Paulo: Global, 1978. Peça em um ato.
Labirinto. Rio de Janeiro: Paz e Terra, 1978.
Milagre na Cela. Rio de Janeiro: Paz e Terra, 1977.
O Mundo Composto. *Realidade.* São Paulo: Abril, n. 80, nov. 1972. Peça em
    um ato. (Encarte)
Senhora na Boca do Lixo. Rio de Janeiro: Civilização Brasileira, 1968.
Rasto Atrás. São Paulo: Brasiliense, 1966.
Vereda da Salvação. São Paulo: Brasiliense, 1965.
A Escada e Os Ossos do Barão. São Paulo: Brasiliense, 1964.
Vereda da Salvação. São Paulo: TBC, 1964. Programa da peça.
Os Ossos do Barão. São Paulo: TBC, 1963. Programa da peça.
A Escada. São Paulo: TBC, 5 out. 1961. Programa da Peça.
Pedreira das Almas. O Telescópio. Rio de Janeiro: Agir, 1960.
A Moratória. Rio de Janeiro: Agir, 1959.
Pedreira das Almas. São Paulo: Anhembi, 1958.
O Telescópio Rio de Janeiro: SNT, 1957. Programa da peça.
A Moratória. São Paulo, Teatro Popular de Arte – TMDC, 1955. Programa da Peça.
A Zebra. Acervo particular de Helena de Almeida Prado. Original da peça
    em dois atos.

304   METALINGUAGEM E TEATRO

A Corrente. Acervo particular de Helena de Almeida Prado. Original do terceiro ato, escrito pelo autor e intitulado "Terceiro Elo".

A Escada. Acervo da Seção de Artes Cênicas do Centro Cultural São Paulo. Pasta de originais.

A Loba. Acervo particular de Helena de Almeida Prado. Original da peça em um ato.

A Moratória. Adaptação para uma novela de televisão que se intitularia *Crepúsculo dos Deuses*, ou *Os Coronéis*, ou *O Prazo*, ou *A Queda*. Acervo particular de Helena de Almeida Prado. Pasta de Originais e outros documentos.

A Receita. Coleção de Anatol Rosenfeld. Museu-Biblioteca Lasar Segall. Peça em um ato. Cópia datilografada.

As Colunas do Templo. Acervo particular de Helena de Almeida Prado. Original da peça em três atos.

Exercício Findo. Acervo particular de Helena de Almeida Prado. Original do "Caso Especial" para televisão adaptado da peça teatral de 1952 *As Colunas do Templo*.

Longa Despedida Adaptação da peça teatral *A Escada*, para novela de televisão. Acervo particular de Helena de Almeida Prado. Pasta de originais.

O Incêndio. Acervo da Seção de Artes Cênicas do Centro Cultural São Paulo. Pasta de Originais.

Os Ossos do Barão. Acervo da Seção de Artes Cênicas do Centro Cultural São Paulo. Pasta de Originais.

Os Ossos do Barão. Adaptação das peças *Os Ossos do Barão* e *A Escada* para a novela de televisão intitulada *Os Ossos do Barão*. Acervo particular de Helena de Almeida Prado. Sinopses e estudos.

Rasto Atrás ou Lua Minguante na Rua 14. Rio de Janeiro: Arquivo do Inacen, n. 14. Original da versão encenada em 1967 por Gianni Ratto.

Entrevistas, Crônicas, Reportagens

As Confissões de Jorge Andrade Depoimento concedido a Gianni Ratto, Décio de Almeida Prado, Ademar Guerra e Kátia de Almeida Braga. 1ª parte. *Boletim Inacen*. Rio de Janeiro: Inacen, 1984.

As Confissões de Jorge Andrade. Depoimento concedido a Gianni Ratto, Décio de Almeida Prado, Ademar Guerra e Kátia de Almeida Braga. 2ª parte. *Boletim Inacen*, Rio de Janeiro: Inacen, 30 abr. 1984.

Sobe o Pano. Onde Estão os Autores Nacionais? *O Estado de S.Paulo*, São Paulo, 3 out. 1982.

Entrevista concedida a Maria José Gonçalves. *Jornal Cidade de Santos*, Santos, 16 ago. 1981.

O Teatro Político que Jamais Quis Ser Partidário. *Jornal do Brasil*, Rio de Janeiro, 27 mar. 1981.

Casa Perdida. *Folha de S.Paulo*, São Paulo, 27 abr. 1979.

Rodoviária de Desesperança. *Folha de S.Paulo*. São Paulo, 20 abr. 1979.

Povo Feliz. *Folha de S.Paulo*, São Paulo, 9 mar. 1979.

A Carta. *Folha de S.Paulo*, São Paulo, 23 fev. 1979.

Mulher-Terra. *Folha de S.Paulo*, São Paulo, 9 fev. 1979.

BIBLIOGRAFIA 305

A Maior Criação. *Folha de S.Paulo*, São Paulo, 26 jan. 1979.

ANDRADE, Jorge et al. Os escritores paulistas denunciam seus impasses. *O Estado de S.Paulo*, *São Paulo*, 13 ago. 1978.

Conspiração do Silêncio. *O Estado de S.Paulo*, São Paulo, 13 ago. 1978.

O Labirinto, Jorge e os Outros. Depoimento a Moacir Amâncio e Cláudio Pucci. *Folha de S.Paulo*, 16 jun. 1978.

Teatro Não É Palanque. *Isto É*, São Paulo, 19 abr. 1978.

Jorge Andrade. Resistir É Preciso. Entrevista a Jose Arrabal. *Isto É*, São Paulo, 15 jun. 1977.

Entrevista ao Centro Cultural São Paulo, concedida a Carlos Eugênio Marcondes de Moura, Linneu Dias, Mariângela Alves de Lima. 22 out. 1976.

A TV É Tão Válida Quanto o Teatro. *A Tribuna*. Espírito Santo, 19 nov. 1975. Fonte: Arquivo Inacen/Rio de Janeiro.

Confissões de um Velho Reprodutor: Sem Nenhum Constrangimento; Homem de 122 Anos de Idade. *Realidade*, São Paulo: Abril, n. 83, fev. 1973.

Érico Veríssimo: Amante da Liberdade. *Realidade*, São Paulo: Abril, n. 71, fev. 1972.

Misticismo 1: Deus É Leite, e o Cão, Arado Quebrado. *Revista Realidade*, São Paulo, nov. 1972.

Misticismo 2: O Mundo Composto. Peça em Um Ato de Jorge Andrade. *Realidade*, São Paulo: Abril, n. 80, nov. 1972 . Encarte.

Murilo: Poesia Liberdade. Entrevista. *Realidade*, São Paulo: Abril, n. 77, ago. 1972.

Um Homem Enciclopédico. Entrevista com Antônio Houaiss, um Intelectual que Nada Tem de Acadêmico. *Realidade*, São Paulo: Abril, n. 73, abr. 1972.

Quem É Gilberto Freyre? Perfil do Sociólogo. *Realidade*, São Paulo: Abril, n. 69, dez. 1971.

A Revolução Esquecida. Revolta e Luta dos Baianos pela Independência; Fato Esquecido Pela Maioria. *Realidade*, São Paulo: Abril, n. 68, nov. 1971.

Clodovil ou Apenas C18. O Dramaturgo Faz o Perfil do Figurinista. *Realidade*, São Paulo: Abril, n. 65, ago. 1971.

Madame Cafona, Cafona? Jorge Separa Marília Pera da Cafonice de Seus Personagens. *Realidade*, São Paulo: Abril, n. 63, jun. 1971.

Eu Quero Viver! O Drama de Ser Velho. *Realidade*, São Paulo: Abril, n. 59, fev. 1971.

Vote nos Filhos do Capitão: Dois Irmãos, Arena e MDB, Lutam pela Prefeitura: a Cidade Sofre, Não Sabe em Quem Votar. *Realidade*, São Paulo: Abril, n. 55, out. 1970.

Frente de Trabalho: A Última Esperança de Milhões de Pessoas no Nordeste para Escapar da Fome. Sudene. *Realidade*, São Paulo: Abril, n. 53, ago. 1970.

Crescei e Multiplicai-vos? Questão da Explosão Demográfica. *Realidade*, São Paulo: Abril, n. 51, jun. 1970.

Escola de Brinquedo: Educação Pelo Método Montessori. *Realidade*, São Paulo: Abril, n. 50, mai. 1970.

Brasília, Minha Irmã: Habitante Que Viu Nascer a Cidade. *Realidade*, São Paulo: Abril, n. 49, abr. 1970.

O Canavial Esmaga o Homem. *Realidade*, São Paulo: Abril, n. 46, jan. 1970.

Eles Procuram a Paz: Comunidade de Jovens. *Realidade*, São Paulo: Abril, n. 46, jan. 1970.

Preso Até o Fim da Vida: Sairá da Cadeia no Ano 2007; Relações com o Pai etc. *Realidade*, São Paulo: Abril, n. 44, nov. 1969.

Quero Ser Seu Filho. Posso? Jorge Andrade Passa uma Semana em Orfanato. *Realidade*, São Paulo: Abril, n. 45, nov. 1969.

No Fundo Ela É Família: A Face Humana de Dercy Gonçalves. *Realidade*, São Paulo: Abril, n. 43, out. 1969.

Jorge Andrade Fala Sobre Sua Vereda da Salvação, Montada Pelo TBC. *Revista de Teatro SBAT*, Rio de Janeiro, jul./ago. 1964.

SOBRE JORGE ANDRADE

Periódicos

Artigos assinados

ABREU, Brício. Senhora na Boca do Lixo II. *O Jornal*, Guanabara, 10 mar. 1968.

ABREU, Maria. Os Que Atacam O Grito São os Medíocres e os Provincianos. *Ultima Hora*, São Paulo, 10 jan. 1976.

ALENCAR, Edigar de. A Escada em Lisboa. *A Notícia*, Rio de Janeiro, 18 nov. 1965.

A. M. Morre Jorge Andrade, Autor de *Os Ossos do Barão*. *Diário do Grande ABC*, Santo André, 14 mar. 1984.

ANDRADE, Valério. Fora de Circulação: Um Exercício de Teatro, Cinema e TV *Jornal do Brasil*, Rio de Janeiro, 23 ago. 1974.

ARRABAL, José. Em "Pedreira" a Lição Além da Fábula. *Isto É*, São Paulo, 15 jun. 1977.

BECHERUCCI, Bruna. "Pedreira das Almas". *Anhembi*, São Paulo, fev. 1959.

BELLA, J. J. de Barros. A Terra: Preocupação Dominante da Obra de Jorge Andrade. *Folha da Manhã*, São Paulo, 29 dez. 1957.

BEUTTENMULLER, Alberto"Milagre na Cela". *Jornal do Brasil*, Rio de Janeiro, 13 out. 1977.

_____. "Jorge Andrade". *Jornal do Brasil*, Rio de Janeiro, 26 out. 1976.

_____. "A Moratória". Em 21 Anos a Confirmação da Angústia de uma Geração. *Jornal do Brasil*, Rio de Janeiro, 26 out. 1976.

BIVAR, Antônio. Jorge Andrade Também É o Melhor. *O Estado de S.Paulo*, São Paulo, 14 dez. 1995.

CARNEIRO NETO, Dib. Prazer de Representar É Herança do Oficina. *O Estado de S.Paulo*, São Paulo, 19 jan. 1996.

CARTACHO, Cristine. Grupo Tapa Estreia "Rasto Atrás". *O Estado de S.Paulo*, São Paulo, 28 nov. 1995.

CHIARETTI, Marco. Sesc Discute a Obra de Jorge Andrade. São Paulo, 14 mar. 1994.

DEBRUN, Michel. Tragédia ou Drama Épico? *O Estado de S.Paulo*, São Paulo, 12 set. 1964.

FREYRE, Gilberto. O Louvor Internacional à Literatura de um Paulista. *Folha de S.Paulo*, São Paulo, 22 nov. 1983.

GARCIA, Clóvis. A Direção de A Moratória Encena o Clã Com Vigor. *O Estado de S.Paulo*, 30 set. 1976.

GARCIA, Clóvis et al. A Moratória. Críticas de 1955. *Nossos Autores Através da Crítica*. São Paulo, 1981, v. 2.

BIBLIOGRAFIA 307

GONÇALVES, Delmiro. Drama do Café Encontrou Seu Autor. *Visão*, São Paulo, 19 jun. 1964.

GONZALEZ, Luís et al. Os Ossos do Ofício: Jorge Andrade e a TV. *Fatos e Fotos*, Rio de Janeiro, 19 nov. 1973.

H. A. Vereda da Salvação no TBC. *Diário Popular*, São Paulo, 10 jul. 1964.

IGLÉSIAS, Francisco. O Teatro de Jorge Andrade. *O Estado de S.Paulo*, São Paulo, 7 mar. 1971 e 14 mar. 1971.

LIMA, Mariângela Alves de. Acerto de Contas Entre Sujeito e História: Grupo Tapa Promove uma Extraordinária Orquestração de Sutis Tonalidades da Memória. *O Estado de S.Paulo*, 15 dez. 1995.

J.A.F. Lembrando Jorge Com Tristeza e Raiva. *Folha da Tarde*, São Paulo, 19 mar. 1984.

JAFA, Van. "Senhora na Boca do Lixo". *Revista de Teatro SBAT*, Rio de Janeiro, mar./abr. 1968.

_____. "Rasto Atrás" (2). *Correio da Manhã*, Rio de Janeiro, 21 fev. 1967.

_____. "Rasto Atrás". *Correio da Manhã*, Rio de Janeiro, 18 fev. 1967.

_____. Lançamento de "Rasto Atrás". *Correio da Manhã*, Rio de Janeiro, 25 jan. 1967.

LEITE, Luiza Barreto. "Rasto Atrás" (II). *Jornal do Comércio*, Rio de Janeiro, 16 fev. 1967.

LEITE, Paulo Moreira. "Milagre na Cela" Traz o Novo Jorge Andrade. *Folha de S.Paulo*. São Paulo, 15 jul. 1977.

_____. "Milagre na Cela". *Folha de S.Paulo*. São Paulo, 13 jul. 1977.

LUIZ, Macksen. A Carga do Passado (Sobre o Romance "Labirinto"). *Jornal do Brasil*. Rio de Janeiro, 12 ago. 1978.

M. A. Pedreira, no Momento Certo. *Folha de S.Paulo*. São Paulo, 8 jun. 1977.

MAGALDI, Sábato. "Pedreira das Almas". *Jornal da Tarde*, São Paulo, 3 jun. 1977.

_____. Um texto Que o Tempo Não Desgastou: "A Moratória". *Jornal da Tarde*, São Paulo, 2 out. 1976.

_____. "Os Ossos do Barão". *O Estado de S.Paulo*, São Paulo, 23 fev. 1963.

_____. Dramaturgia de Jorge Andrade. *O Estado de S.Paulo*, São Paulo, 15 nov. 1958.

_____. Itinerário de Jorge Andrade. *O Estado de S.Paulo*, São Paulo, 8 nov. 1958.

MAIA, Monica. Grupo Tapa Estreia Peça de Jorge Andrade. *Folha de S.Paulo*, São Paulo, 28 nov. 1995

MENDONÇA, Paulo. "Vereda da Salvação". *Folha de S.Paulo Matutina*, São Paulo, 13 jul. 1965.

MICHALSKI, Yan. Um Contrabando Que Não Compensa. *Jornal do Brasil*, Rio de Janeiro, ago. 1974.

_____. Na Selva dos Bancos. *Jornal do Brasil*, Rio de Janeiro, 11 mar. 1968.

_____. Senhora na Boca do Autor. *Jornal do Brasil*, Rio de Janeiro, 10 mar. 1968.

_____. "Senhora na Boca do Lixo". *Jornal do Brasil*, Rio de Janeiro, 6 mar. 1968.

_____. "Rasto Atrás" (II). *Jornal do Brasil*, Rio de Janeiro, 1 fev. 1967.

_____. "Rasto Atrás" (I). *Jornal do Brasil*, Rio de Janeiro, 31 jan. 1967.

_____. "Rasto Atrás", a Estreia da Semana. *Jornal do Brasil*, Rio de Janeiro, 22 jan. 1967.

_____. "A Moratória" em 1955 e Hoje. *Jornal do Brasil*, Rio de Janeiro, 6 ago. 1964.

_____. "Vereda da Salvação". *Jornal do Brasil*, Rio de Janeiro, 29 jul. 1964.

308   METALINGUAGEM E TEATRO

MOSER, Gerald M. Ciclo Paulista de Jorge Andrade. *O Estado de S.Paulo*, São Paulo, 3 out. 1971.

NADER, Alceu. No Romance, um Novo Jorge. *O Estado de S.Paulo*, São Paulo, 26 mar. 1978.

OSCAR, Henrique. "Rasto Atrás" no TNC: O Espetáculo. *Diário de Notícias*, Rio de Janeiro, 1 fev. 1967.

_____. "Rasto Atrás" no TNC: A Peça. *Diário de Notícias*, Rio de Janeiro, 31 jan. 1967.

PACHECO, Tânia. Sanidade, Loucura, Fantasia, Realidade. *O Globo*, Rio de Janeiro, 22 jan. 1978.

PIZA, Daniel. Estamos Atrasados 20 Anos. Entrevista com J. C. Serroni: Carreira Tem 54 Cenários. *Folha de S.Paulo*, São Paulo, 24 jan. 1994.

QUEIROZ, Geraldo. Jorge Andrade e o Rio. *O Globo*, Rio de Janeiro, abr. 1965.

RANDALL JR., John Herman; HAINES, George. Controlling Assumptions in the Pratice of American Historians. *Social Sciences Research Council. Bulletin* n. 54, New York, 1946.

ROCHA FILHO, Rubens. A Senhora Incompreendida. *Correio da Manhã*, Guanabara, 24 maio 1968.

_____. "Rasto Atrás". *O Estado de S.Paulo*, São Paulo, 18 fev. 1967.

ROSENFELD, Anatol. "As Confrarias". *O Estado de S.Paulo*, São Paulo, 13 jun. 1970.

RUIZ, Roberto. O Teatro Nacional de Comédia, no República (II) (crítica da encenação de "O Telescópio"). *Última Hora*, Rio de Janeiro, 27 set. 1957.

SANT'ANNA, Catarina. Jorge Andrade Leva Seu Teatro Para as Telenovelas. *Comunicação & Cultura*, São Paulo: Moderna, ano III, n. 9, maio/dez. 1997.

SANZ, Luiz Alberto. A Direção de Gianni Ratto. *Hora*, Rio de Janeiro, 31 jan. 1967.

_____. "Rasto Atrás", Hoje no TNC. *Última Hora*, Rio de Janeiro, 26 jan. 1967.

SILVA, Mario Júlio. Jorge Andrade e o TBC, Sobre a Estreia de "Vereda da Salvação". *Diário Comércio & Indústria*, São Paulo, 9 jul. 1964.

SILVA, Maurício Joppert da. "A Moratória". *O Globo*, Rio de Janeiro, 14 out. 1964.

SILVEIRA, Helena. Na Máquina da TV o Homem Não Tem Vez. *Folha de S.Paulo*, São Paulo, 20 dez. 1976.

SOARES, Jô. Vereda Discutida. *Última Hora*, Rio de Janeiro, 14 jul. 1964.

_____. Vereda por Seis Milhões. *Última Hora*, Rio de Janeiro, 21 jan. 1964.

SOARES, Wladimir. O Autor Está Mudo. Sua Obra-Prima Dá uma Ideia do Que Ele Falaria ("A Moratória"). *O Estado de S.Paulo*, São Paulo, 1976.

TÁVOLA, Artur da. "Jorge Andrade". *O Globo*, Rio de Janeiro, 14 mar. 1984.

VIANA, Hilton. "Os Ossos do Barão". *Revista de Teatro SBAT*, Rio de Janeiro, jan./fev. 1964.

VIEIRA, Generice. "Escada" de Jorge Andrade. *Jornal do Brasil*, Rio de Janeiro, 10 nov. 1963.

VISÃO. "Rasto Atrás", ou o Dia da Caça. São Paulo, 17 fev. 1967. *Nossos Autores Através da Crítica*. São Paulo, 1981, v. 2.

WOLFF, Fausto. Senhora na Boca do Lixo: O Pior Jorge Andrade. *Tribuna da Imprensa*, Rio de Janeiro, 25 mar. 1968.

_____. "Rasto Atrás". *Tribuna da Imprensa*, Rio de Janeiro, 24 fev. 1967.

Artigos Não Assinados

DIÁRIO DA NOITE
"O Telescópio". Rio de Janeiro, 21 set. 1957. Fonte: Arquivo Brício de Abreu, Inacen, Rio de Janeiro.

DIÁRIO DE NOTÍCIA
"A Escada" em Lisboa. Rio de Janeiro, 7 nov. 1965.

DIÁRIO DE S.PAULO
Jorge Andrade: O Dramaturgo e Grande Homem de Televisão. São Paulo, 26 maio 1979.

O ESTADO DE S.PAULO
"A Moratória". São Paulo, 6 maio 1955.
"A Moratória". São Paulo, 8 maio 1955.
"A Moratória". São Paulo, 13 maio 1955.
Começa a Nascer a Dramaturgia Brasileira: "Pedreira das Almas", a Nova Peça de Jorge Andrade. São Paulo, 21 out. 1958.
Procura-se, no TBC, um Estilo Brasileiro. São Paulo, 14 jun. 1964.
"Vereda": Atores Depõem Sobre os Personagens. São Paulo, 24 jun. 1964.
"Vereda" Será a Grande Montagem do TBC em 1964. São Paulo, 26 jun. 1964.
Hoje no TBC Estreia "Vereda da Salvação". São Paulo, 8 jun. 1964.
Sobre o Espetáculo de "Vereda da Salvação". São Paulo, 16 jun. 1964.
Sobre o Texto de "Vereda da Salvação". São Paulo, 15 jul. 1964.
O Teatro de Lisboa Apresentará a Peça "A Escada". São Paulo, 9 out. 1965.
Êxito de Crítica em Lisboa da Peça "A Escada". São Paulo, 17 nov. 1965.
"A Escada" em Portugal Vista Pelo Seu Autor. São Paulo, 24 nov. 1965.
"A Moratória" em Barretos. São Paulo, 23 jun. 1966.
Jorge Andrade. São Paulo, 24 ago. 1966.
"Rasto Atrás", Fim de um Ciclo e Novo Início. São Paulo, 24 ago. 1966.
"Rasto Atrás" em São Paulo. São Paulo, 9 mar. 1967.
Jorge Andrade Recusa Critério da Censura. São Paulo, 14 fev. 1968.
A Ficção Invade as Lembranças do Repórter Jorge. São Paulo, 19 jan. 1978.

FOLHA DE S.PAULO
Fazenda É Cenário de "Ossos do Barão". São Paulo, 3 nov. 1996.
S.B.T. Vira Duas Empresas Independentes. São Paulo, 24 mar. 1997.
S.B.T. Fecha 96 com Duas Estreias. São Paulo, 10 out. 1996.
A Estreia no TBC: Quase Vaiaram. O Que Não Conseguiram. Culpa da Direção. São Paulo, 10 jul. 1964.
Jorge Andrade, Jaguar e a TV São Paulo, 26 set. 1973.
Jorge Andrade na Ilustrada. São Paulo, 26 jan. 1979.
Indignação: Público Reage Contra a Novela "Sabor de Mel". São Paulo, 5 maio 1983.
Morre o Dramaturgo de São Paulo. São Paulo, 14 mar. 1984.
Amor à Terra Marcou sua Vida. São Paulo, 14 mar. 1984.
Londrina e BH Têm Festival Internacional. São Paulo, 2 jun. 1994.
Atriz de "Hamlet" Arma Confusão Durante a Cerimônia de Premiação. São Paulo, 17 mar. 1994.
Prêmio Shell Divulga Ganhadores. São Paulo, 15 mar. 1994.
Prêmio Shell Divulga Finalistas em São Paulo. São Paulo, 20 jan. 1994.

METALINGUAGEM E TEATRO

FOLHA DO NORTE
"Vereda da Salvação". Belém, 19 nov. 1970.

A GAZETA
Jorge Andrade. São Paulo, 29 jul. 1964.
Aqui se Conta Tudo Sobre uma Senhora Detida e um Autor Calmo. São Paulo, 23 fev. 1968.
Jorge Andrade: O Escritor Trabalha Como um Operário. São Paulo, 5 maio 1977.

O GLOBO
Visita Inesperada. Rio de Janeiro, 28 jan. 1967.

ISTO É
Memória: Jorge Andrade – 1922-1984. São Paulo, 21 mar. 1984.

O JORNAL
"Rasto Atrás". Rio de Janeiro, 2 fev. 1967.
Um Homem se Inclina Sobre o Seu Passado. Rio de Janeiro, 2 fev. 1967.
"Rasto Atrás", Peça de Mais Difícil Montagem. Rio de Janeiro, 22 jan. 1967.
"Rasto Atrás". Rio de Janeiro, 23 mar. 1967.

JORNAL DO BRASIL
Concurso de Peças: SNT. Rio de Janeiro, 18 ago. 1966.

JORNAL DA TARDE
"Pedreira das Almas". São Paulo, 20 maio 1977.
Jorge Fez uma Busca de Si Mesmo. E Escreveu "Labirinto". São Paulo, 20 jun. 1978.
Jorge Andrade Volta à Novela Com um Industrial de São Bernardo: "As Gaivotas". São Paulo, 15 maio 1979.
Jorge Andrade Discorda: Censura em "As Gaivotas". São Paulo, 15 set. 1979.
"A Guerra de Dulcinéia", Agora por Jorge Andrade. São Paulo, 23 jan. 1981.
"Pedreira das Almas" em 1977. São Paulo, 20 maio 1977.
São Paulo Perde o seu Dramaturgo. São Paulo, 14 mar. 1984.

NOSSOS AUTORES ATRAVÉS DA CRÍTICA
"A ESCADA" DE Jorge Andrade. São Paulo, nov. 1961. São Paulo, 1981, v. 2.
"PEDREIRA DAS ALMAS". São Paulo, jan. 1959. *Nossos Autores Através da Crítica*. São Paulo, 1981, v. 2.
"VEREDA DA SALVAÇÃO", Novo Estilo Para o TBC. São Paulo, jul. 1964. *Nossos Autores Através da Crítica*. São Paulo, 1981, v. 2.
"OSSOS DO BARÃO": O TBC Volta aos Bons Tempos. São Paulo, abr. 1963. *Nossos Autores Através da Crítica*. São Paulo, 1981, v. 2.
TELESCÓPIO, O. Encenação de "O Telescópio", de Jorge Andrade, "Pedro Mico", de Antônio Calado e "Jogos de Criança", de João Bittencourt. Rio de Janeiro, Teatro Nacional de Comédia-SNT, 1957. Programa da peça, três peças de um ato.

A TRIBUNA
Jorge Andrade Falou a um Bom Público. Santos, 15 ago. 1981.

ÚLTIMA HORA
Jorge: Polícia Também É Povo. Rio de Janeiro, 9 mar. 1968.
Qual É A Sua... Jorge Andrade? Rio de Janeiro, 14 jul. 1978.

BIBLIOGRAFIA 311

Teses, Artigos, Entrevistas

BAUMSTEIN, Moisés. Entrevista concedida a Catarina Sant'Anna. São Paulo, set. 1988.

CANDIDO, Antonio. Prefácio. In: ANDRADE, Jorge. *Milagre na Cela*. Rio de Janeiro: Paz e Terra, 1977.

_____. Vereda da Salvação. In: ANDRADE, Jorge. *Marta, a Árvore e o Relógio*. São Paulo: Perspectiva, 1970.

_____. Prefácio. In: ANDRADE, Jorge. *Vereda da Salvação*. São Paulo: Brasiliense, 1965.

_____. De "A Moratória" a "Pedreira das Almas". *Pedreira das Almas*, 1958. Programa da peça.

CARVALHO, Maria José. Os Coros de "Pedreira das Almas". *Pedreira das Almas*, 1958. Programa da peça.

D'AVERSA, Alberto. Por um Teatro de Expressão. *Pedreira das Almas*. São Paulo: TBC, 1958. Programa da peça.

GEORGOPOULOS, Cândida Leite. *Lua Quebrada: A Moratória no "Ciclo Paulista" de Jorge Andrade*. Niterói, UFF, 1983. Dissertação de Mestrado.

GONÇALVES, Delmiro. Prefacio. In: ANDRADE, Jorge. *Rasto Atrás*. São Paulo: Brasiliense, 1966.

_____. Drama do Café Encontrou Seu Autor. *Visão*, 19. jun. 1964.

GUIDARINI, Mário. *A Diferença nos Textos Dramatúrgicos de Jorge Andrade*. São Paulo: FFLCH-USP, nov. de 1979. Dissertação de Mestrado.

GUINSBURG, J. À Guisa de Post-Scriptum. *Marta, a Árvore e o Relógio*. 2. ed. São Paulo: Perspectiva, 1986.

KONDER, Rodolfo. Prefácio. In: ANDRADE, Jorge. *O Incêndio*. Rio de Janeiro: Paz e Terra, 1977.

LIMA, Rossini Tavares de. A Propósito de Recomenda das Almas. *Pedreira das Almas*, 1958. Programa da peça.

LINS, Osman. Significação de Rasto Atrás. In: ANDRADE, Jorge. *Marta, a Árvore e o Relógio*. São Paulo: Perspectiva, 1970.

MACHADO, Lourival Gomes. Pedreira das Almas. In: ANDRADE, Jorge. *Marta, a Árvore e o Relógio*. São Paulo: Perspectiva, 1970.

MAGALDI, Sábato. Posfácio: Um Painel Histórico: O Teatro de Jorge Andrade. In: ANDRADE, Jorge. *Marta, a Árvore e o Relógio*. 2. ed. São Paulo: Perspectiva, 1986.

MAGALDI, Sábato. A Procura de Rasto Atrás. In: ANDRADE, Jorge. *Marta, a Árvore e o Relógio*. 2. ed. São Paulo: Perspectiva, 1986.

_____. Prefácio. In: ANDRADE, Jorge. *Labirinto*. Rio de Janeiro: Paz e Terra, 1978.

_____. Dos Bens ao Sangue. In: ANDRADE, Jorge. *Marta, a Árvore e o Relógio*. São Paulo: Perspectiva, 1970.

_____. Revisão de Vereda. In: ANDRADE, Jorge. *Marta, a Árvore e o Relógio*. São Paulo: Perspectiva, 1970.

MENDES, Miriam Garcia. Marta, a Árvore e o Relógio. *Revista Palco+Plateia*, 1971. *Nossos Autores Através da Crítica*. São Paulo, 1981, v. 2.

MENDONÇA, Paulo. A Propósito de Jorge Andrade. In: ANDRADE, Jorge. *Pedreira das Almas: O Telescópio*. Rio de Janeiro: Agir, 1960.

_____. Prefácio: Enquanto o Pano Sobe. In: ANDRADE, Jorge. *Pedreira das Almas*. São Paulo: Anhembi, 1958.

312 METALINGUAGEM E TEATRO

MORSE, Richard. Mito Urbano e Realidade. *Formação Histórica de São Paulo: De Comunidade a Metrópole*. São Paulo: Difusão Europeia do Livro, 1970.

PACHECO, Diogo. A Música de "Pedreira das Almas". *Pedreira das Almas*, 1958. Programa da peça.

PENTEADO, Darci. De Como Interpretar os Mineiros. *Pedreira das Almas*, 1958. Programa da peça.

PRADO, Décio de Almeida. "A Moratória". *A Moratória*, 1976. Programa da peça.

_____. A Moratória. In: ANDRADE, Jorge. *Marta, a Árvore e o Relógio*. São Paulo: Perspectiva, 1970.

_____. "A Escada". *Teatro em Progresso*. São Paulo: Martins, 1964.

_____. "Os Ossos do Barão". *Teatro em Progresso*. São Paulo: Martins, 1964.

_____. Prefácio para A Escada: A Tradição Como Obstáculo à Vida. In: ANDRADE, Jorge. *A Escada e Os Ossos do Barão*. São Paulo: Brasiliense, 1964.

_____. "Vereda da Salvação. *Teatro em Progresso*. São Paulo: Martins, 1964.

_____. Prefácio. In: ANDRADE, Jorge. *A Moratória*. Rio de Janeiro: Agir, 1959.

_____. Dez Anos Depois. *Pedreira das Almas*. São Paulo: TBC, 1958. Programa da peça.

PRADO, Helena de Almeida. Entrevista a Catarina Sant'Anna. São Paulo, 17 ago. 1988.

RATTO, Gianni. Entrevista a Catarina Sant' Anna. São Paulo, 12 abr. 1988.

ROSENFELD, Anatol. Visão do Ciclo. In: ANDRADE, Jorge. *Marta, a Árvore e o Relógio*. São Paulo: Perspectiva, 1970.

SANT'ANNA, Catarina. Pedreira das Almas aos 50: As Aprendizagens de Jorge Andrade. In: MACIEL, Diógenes A. Vieira (org.). *Pesquisa em Dramaturgia*. João Pessoa: Ideia, 2010.

_____. Le Processus de création de Jorge Andrade et son contexte historique et culturel brésilien. *Cahier du* CREPAL *n. 12*, Presses Sorbonne Nouvelle, 2005.

_____. A Telenovela Os Ossos do Barão. *Comunicação & Educação*, São Paulo: ECA-USP/Moderna, n. 8, jan./abr. 1997.

_____. *Jorge Andrade: Um Dramaturgo Vai à TV (Década 1973-83). Estudo da Obra Televisiva Completa do Autor. Relações Entre Teatro e TV no Período*. Pesquisa de pós-doutorado, São Paulo, ECA-USP/Fapesp, 1989-1991.

SILVA, Francisco Pereira da. Depoimento. *Nossos Autores Através da Crítica*. São Paulo, 1981, v. 2.

SILVEIRA, Miroel. A Moratória. *A Outra Crítica*. São Paulo: Símbolo, 1976.

SOUZA NETO, Juvenal de. *Jorge Andrade: Um Autor em Busca de Si Mesmo*. Dissertação de Mestrado, DAC, São Paulo, ECA-USP, 1987.

GERAL

Teatro

ABEL, Lionel. *Metateatro: Uma Visão Nova da Forma Dramática*. Rio de Janeiro: Zahar, 1968.

ALMEIDA, Abílio Pereira de. *Santa Marta Fabril S.A.* Rio de Janeiro: SNT, 1973.

BIBLIOGRAFIA 313

ANTUNES FILHO. Entrevista concedida a Maria Lúcia Pereira. *Dionysos*, n. 25, set. 1980.

ARRABAL, José; LIMA, Mariângela Alves de. *Teatro*. São Paulo: Brasiliense, 1983.

AVILA, Affonso. *O Teatro em Minas Gerais: Séculos XVIII e XIX*. Ouro Preto: Secretaria Municipal de Turismo e Cultura, 1978.

BEAUMARCHAIS, Pierre Auguste Caron de. *Théâtre Choisi*. Paris: Nelson, 1938.

_____. *Um Dia de Loucura ou O Casamento de Fígaro*. Tradução de Barbara Heliodora. s.l, s.d. Acervo da Biblioteca da ECA-USP, Cópia datilografada,

BENTLEY, Eric. *O Teatro Engajado*. Rio de Janeiro: Zahar, 1969.

BITTENCOURT, João. *Jogo de Criança*. Exemplar datilografado da peça em um ato. Rio de Janeiro: Banco de peças do Inacen, s.d.

BOAL, Augusto. Tentativa de Análise do Desenvolvimento do Teatro Brasileiro (escrita em 1959). *Arte em Revista*. São Paulo: Kairós, n. 6, out. 1981.

_____. Que Pensa Você do Teatro Brasileiro? (escrito em 1968). *Arte em Revista*. São Paulo: Kairós, n. 2, maio/ago. 1979.

BOAL, Augusto et al. Arena Conta Zumbi. *Revista de Teatro*. Rio de Janeiro: SBAT, nov./dez. 1970.

BOAL, Augusto e GUARNIERI, Gianfrancesco. *Arena Conta Tiradentes*. São Paulo: Sagarana, 1967.

BRANDÃO, Junito de Souza. *Teatro Grego: Tragédia e Comédia*. 2. ed. Petrópolis: Vozes, 1984.

BRECHT, Bertolt. *Estudos Sobre Teatro*. Rio de Janeiro, Nova Fronteira, 1978.

_____. *Escritos Sobre Teatro*. Buenos Aires: Nueva Vision, 1970, v. 1.

_____. *Teatro Dialético*. Rio de Janeiro: Civilização Brasileira, 1967.

_____. *Théâtre Complet*. Paris: L' Arche, 1956, v. v.

BRUSTEIN, Robert. *O Teatro de Protesto*. Rio de Janeiro: Zahar, 1967.

CALDERON DE LA BARCA. *La Vida Es Sueno*. Madrid: Espasa Calpe, 1972.

CANAVAGGIO, Jean. Variations Cervantines sur le Theme du Théâtre au Théâtre. *Révue des Sciences Humaines*. Paris: José Corti, n. 145, jan./mar. 1972.

COELHO, Teixeira. *Uma Outra Cena*. São Paulo: Polis, 1983.

_____. *Em Cena, o Sentido*. São Paulo: Duas Cidades, 1980.

CORNEILLE, Pierre. *L' Illusion comique*. Paris: Bordas, 1977.

COUTY, Daniel; RYNGAERT, Jean-Pierre. Le Theatre dans le théâtre: la réalité et les apparences. *Le Théâtre*. Paris: Bordas, 1980.

DIDEROT, Denis. *La Paradoja del Comediante*. Buenos Aires: La Pleyade, 1971.

ERTEL, Evelyne. Eléments pour une sémiologie du théâtre. *Travail Théâtral*, Paris, n. 28-29, jul./dez. 1977. Cadernos trimestrais.

ESSLIN, Martin. *Uma Anatomia do Drama*. Rio de Janeiro: Zahar, 1978.

_____. *O Teatro do Absurdo*. Rio de Janeiro: Zahar, 1968.

FAGUET, Emile. Introduction. In: BEAUMARCHAIS, Pierre Auguste Caron de. *Théâtre Choisi*. Paris: Nelson, 1938.

FERENCZI, Thomas. La Critique entre l'humeur et la théorie. *Le Théâtre*. Paris: Bordas, 1980.

FUMAROLI, Marc. Microcosme comique et macrocosme solaire: Moliere, Louis XIV, et L'impromptu de Versailles. *Révue des Sciences Humaines*. Paris: José Corti, n. 145, jan./mar. 1972.

FUZIER, Jean. La Tragédie de vengeance elisabethaine et le théâtre dans le théâtre. *Révue des Sciences Humaines*. Paris: José Corti, n. 145, jan./mar. 1972.

314 METALINGUAGEM E TEATRO

GARRETT, J. B. da S. L. de Almeida. *Catão*. 6. ed. Lisboa: Imprensa Nacional, 1877.

GENET, Jean. *Le Balcon*. Paris: Marc Barbezat-L'Arbatéte, 1980.

GRIVELET, Michel. Shakespeare et The play within the play. *Révue des Sciences Humaines*. Paris: José Corti, n. 145, jan./mar. 1972.

GUINSBURG, J. et al. *Semiologia do Teatro*. São Paulo: Perspectiva, 1978.

GUZIK, Alberto. *TBC: Crônica de um Sonho*. São Paulo: Perspectiva, 1986.

HABART, Michel. Le Procés de Lucullus. *Bertolt Brecht: Théâtre Complet*. Paris: L'Arche, 1956, v. v.

HESSEL, Lothar; RAEDERS, Georges. O Teatro Brasileiro no Século 18. *O Teatro no Brasil da Colônia à Regência*. Porto Alegre: URGS, 1974.

INGARDEN, R. et al. *O Signo Teatral*. Porto Alegre: Globo, 1974.

JARRY, Alfred. *Oeuvres Complètes, tome 1*. Editées par Michel Arrivé. Paris: Gallimard, 1972. (Bibliothèque de la Pléiade.)

KIPPHARDT, Heimar. *O Caso Oppenheimer*. São Paulo: Brasiliense, 1966.

KHEDE, Sonia Salomão. *Censores de Pincene e Gravata: Dois Momentos da Censura Teatral no Brasil*. Rio de Janeiro: Codecri, 1981.

KOWZAN, Tadeusz. Le Signe au théâtre; Introduction à la sémiologie de fart du spectacle. *Diogêne*. Paris: Gallimard, n. 61, 1968.

MAGALDI, Sábato. Tendências Contemporâneas no Teatro Brasileiro. *Estudos Avançados*, São Paulo: Instituto de Estudos Avançados-USP, n. 10, v. 28, 1996.

_____. *O Cenário no Avesso*. São Paulo: Perspectiva, 1977.

_____. A Concepção Épica de Brecht. *Aspectos da Dramaturgia Moderna*. São Paulo: Conselho Estadual de Cultura, 1963.

_____. A Electra de O'Neill. *Aspectos da Dramaturgia Moderna*. São Paulo: Conselho Estadual de Cultura, 1963.

_____. Modernidade de Arthur Miller. *Aspectos da Dramaturgia Moderna*. São Paulo: Conselho Estadual de Cultura, 1963.

_____. Razão e Paixão em Pirandello. *Aspectos da Dramaturgia Moderna*. São Paulo: Conselho Estadual de Cultura, 1963.

_____. *Panorama do Teatro Brasileiro*. Rio de Janeiro: SNTMEC, s.d.

MICHALSKI, Yan. *O Palco Amordaçado*. Rio de Janeiro: Avenir, 1979.

MICHEL, Alain. Le Theatre et l'apparence: d'Euripide a Calderon. *Révue des Sciences Humaines*. Paris: José Corti, n. 145, jan./mar. 1972.

MILLER, Arthur. *A Morte do Caixeiro Viajante*. São Paulo: Abril Cultural, 1976.

_____. *Las Bruxas de Salem*. Buenos Aires: Compania General Fabril, 1955.

MOREL, Jacques. Ordre humain et ordre divin dans Saint Genest de Rotrou. *Révue des Sciences Humaines*. Paris: José Corti, n. 145, jan./mar. 1972.

MOSTAÇO, Edélcio. *O Espetáculo Autoritário*. São Paulo: Proposta, 1983.

_____. *Teatro Político: Arena, Oficina e Opinião*. São Paulo: Proposta, 1982.

O'NEILL, Eugene. *Teatro Escogido*. Madrid: Aguilar, 1963.

PAIXÃO, Múcio da. O Theatro no Tempo da Colônia. *O Theatro no Brasil*. Rio de Janeiro: Brasília, s.d.

PAVIS, Patrice. *Dicionário de Teatro*. 3. ed. São Paulo: Perspectiva, 2011.

_____. *Problèmes de sémiologie théâtrale*. Quebec: Les Presses de l'Université du Quebec, 1976.

_____. Problèmes d'une sémiologie du théâtre. *Sémiotique*. Paris: Mouton, 1975.

_____. Théorie du théâtre et sémiologie: Sphère de l'objet et sphère de l'homme. *Sémiotique*. Paris: Mouton, 1975.

BIBLIOGRAFIA   315

PEIXOTO, Fernando (org.) *Revista Dionysos.* MEC-SEC-SNT, n. 26, jan. 1982. (Especial Teatro Oficina, organizado por Fernando Peixoto.)

_____. *Teatro Oficina (1958-1982).* São Paulo: Brasiliense, s.d.

_____. *Brecht: Uma Introdução ao Teatro Dialético.* Rio de Janeiro: Paz e Terra, 1981.

PIRANDELLO, Luigi. *Seis Personagens em Busca de um Autor.* São Paulo: Abril, 1981.

_____. *Théâtre complet.* Paris, 1977.

PONTES, Joel. *Teatro de Anchieta.* Rio de Janeiro: MEC, 1978.

PUCCINI, Giacomo. *Tosca.* Nova York: RCA, 1973. (Libreto e discos.)

RANGEL, Flávio; FERNANDES, Miller. *Liberdade, Liberdade.* Rio de Janeiro: Civilização Brasileira, 1965.

REBELLO, Luís Francisco. *História do Teatro Português.* 2. ed. Lisboa: Europa--América, 1967.

REVUE DES SCIENCES HUMAINES. n. 145, jan./mar. 1972. (Número especial sobre "teatro no teatro".)

ROCHA, Andrée Crabbé. *O Teatro de Almeida Garrett.* Coimbra: Oficinas Atlântida, 1944.

ROSENFELD, Anatol. *O Mito e o Herói no Moderno Teatro Brasileiro.* São Paulo: Perspectiva, 1982.

_____. *Teatro Moderno.* São Paulo: Perspectiva, 1977.

_____. O Fenômeno Teatral. *Texto/Contexto.* 3. ed. São Paulo: Perspectiva, 1976.

_____. O Caso É Nosso. In: KIPPHARDT, Heimar. *O Caso Oppenheimer.* São Paulo: Brasiliense, 1966.

_____. *O Teatro Épico.* São Paulo: São Paulo Editoras, 1965.

SALQUES, Marie-France. Spectacle et représentation dans l'Adone de Giovan Battista Marino. *Révue des Sciences Humaines*, Paris: José Corti, n. 145, jan./mar. 1972.

SHAKESPEARE, William. *Sonho de uma Noite de Verão.* Porto: Lelo & Irmão, 1926.

_____. *A Tempestade.* Porto: Lelo & Irmão, 1926.

_____. *Macbeth.* Porto: Lelo & Irmão, 1925.

SÓFOCLES. *Théâtre Complet.* Paris: Garnier-Flammarion, 1964.

_____. *Antígona. Ajax. Rei Édipo.* Versão portuguesa de Antônio Manuel Couto Viana. Lisboa: Verbo, s.d.

SOUSA, José Galante de. O Teatro Regular: Século XVIII. *O Teatro no Brasil.* Tomo I. Rio de Janeiro: INL, 1960.

SOUVTCHINSKY, Pierre. L'Horizon de Tchéchov. *Cahiers de la Compagnie M. Renaud – J-L. Barrault.* Paris: Julliard, 1954.

STAM, Robert. *O Espetáculo Interrompido.* Rio de Janeiro: Paz e Terra, 1981.

STANISLÁVSKI, Konstantin. *A Preparação do Ator.* Lisboa: Arcádia, 1979.

SUSSEKIND, Flora. *Negro como Arlequim.* Rio de Janeiro: Achiamé/Socii, 1982. (Teatro e discriminação.)

TCHÉKHOV, Anton. La Cerisaie. *Théâtre.* Paris: Les Editeurs Français Réunis, 1954.

UBERSFELD, Anne. *Para Ler o Teatro.* São Paulo: Perspectiva, 2010.

VIANNA FILHO, Oduvaldo et al. Auto dos 99%. *Arte em Revista*, São Paulo: Kairós, n. 3, mar. 1980.

WILLET, John. *O Teatro de Brecht.* Rio de Janeiro: Zahar, 1967.

316 METALINGUAGEM E TEATRO

Outros

ALENCAR, Francisco et al. *História da Sociedade Brasileira*. 3. ed. Rio de Janeiro: Ao Livro Técnico, 1985.

ANDRADE, Carlos Drummond. Os Bens e o Sangue. *Claro Enigma: Poesia Completa e Prosa*. Rio de Janeiro: Aguilar, 1973.

BAKHTIN, Mikhail (V.N. Volochínov). *Marxismo e Filosofia da Linguagem: Problemas Fundamentais do Método Sociológico na Ciência da Linguagem*. 2. ed. São Paulo: Hucitec, 1981.

BARREIROS, Eduardo Canabrava. *Roteiro das Esmeraldas*. Rio de Janeiro: José Olympio/MEC, 1979.

BARTHES, Roland. *R. B. par R. B.* Paris: Seuil, 1975.

_____. A l'avant-garde de quel théâtre? *Essais Critiques*. Paris: Seuil, 1964.

_____. Littérature et métalangage. *Essais Critiques*. Paris: Seuil, 1964.

_____. Littérature et signification. *Essais Critiques*. Paris: Seuil, 1964.

BELMONTE. *No Tempo dos Bandeirantes*. 3. ed. São Paulo: Melhoramentos, s.d.

BILAC, Olavo. *Poesias*. 14. ed. Rio de Janeiro: Francisco Alves, 1930.

BRECHT, Bertolt. *Antologia Poética*. Rio de Janeiro: Elo, 1982.

CANDIDO, Antonio. *Literatura e Sociedade*. 5. ed. São Paulo: Companhia Editora Nacional, 1976.

CANDIDO, Antonio et al. *A Personagem de Ficção*. São Paulo: Perspectiva, 1976.

CARNEIRO, Maria Luiza Tucci. *Preconceito Racial no Brasil Colônia*. São Paulo: Brasiliense, 1983.

CARONE, Edgard. *Revoluções do Brasil Contemporâneo (1922-1938)*. 3. ed. Rio de Janeiro/São Paulo: Difel, 1977.

CARVALHO FRANCO, Francisco de Assis. *Dicionário de Bandeirantes e Sertanistas do Brasil*. Comissão do IV centenário da cidade de São Paulo, 1954.

CERTEAU, Michel. *A Escrita da História*. Rio de Janeiro: Forense Universitária, 1982.

CIDADE, Hernani. Portugal Barroco na Obra de Padre Antônio Vieira: A Decadência e a Utopia na Metrópole – A Ação Missionária e Bandeirante no Brasil. *Portugal Histórico-Cultural*. Salvador: Livraria Progresso, 1958.

COELHO, Jacinto do Prado (org.). *Dicionário de Literatura: Literatura Brasileira, Literatura Portuguesa, Literatura Galega, Estilística Literária*. 3. ed. Porto: Figueirinhas, 1979, v.3.

COELHO, Teixeira. *Utopia*. São Paulo: Brasiliense, 1981.

CROSS, Milton. *As Mais Famosas Óperas*. Rio de Janeiro: Tecnoprint, 1983.

CURTIUS, Ernest Robert. *Literatura Europeia e Idade Média Latina*. Rio de Janeiro: INL, 1957.

DALLENBACH, Lucien. Intertexto e Autotexto. *Intertextualidades (Poétique n. 27)*. Coimbra: Almedina, 1979.

DOMENACH, Jean-Marie. *Le Retour du tragique*. Paris: Seuil, 1977.

DUBOIS, Claude-Gilbert. *Le Baroque*. Paris: Larousse, 1973.

EYMERICH, Nicolau. *Manual dos Inquisidores*. Revisto e ampliado por Francisco de la Pena em 1578. Rio de Janeiro/Brasília: Rosa dos Ventos/EdunB, 1993.

FAUSTO, Boris. *A Revolução de 30*. São Paulo: Brasiliense, 1986.

FERNANDES, Millôr. *O Homem do Princípio ao Fim*. Porto Alegre: L&PM, 1982.

FURTADO, Celso. *Formação Econômica do Brasil*. 17. ed. São Paulo: Companhia Editora Nacional, 1980.

BIBLIOGRAFIA

GARRETT, J. B. da S. L. de Almeida. *Escritos Diversos.* Lisboa: Imprensa Nacional, 1877.

GONZAGA, Tomás Antônio. *Poesias. Cartas Chilenas.* Edição crítica de Rodrigues Lapa. Rio de Janeiro: MEC-INL, 1957.

HELBO, André et al. *Semiologia de la Representación.* Barcelona: Gustavo Gili, 1978.

HOLANDA, Sérgio Buarque de. *Raízes do Brasil.* 13. ed. Rio de Janeiro: José Olympio, 1979.

_____. *Visão do Paraíso: Os Motivos Edênicos no Descobrimento e Colonização do Brasil.* São Paulo: Companhia Editora Nacional, 1977.

_____. *Monções.* 2. ed. São Paulo: Alfa-Omega, 1976.

_____. *Caminhos e Fronteiras.* 2. ed. Rio de Janeiro: José Olympio, 1975.

INGARDEN, Roman. *A Obra de Arte Literária.* 2. ed. Lisboa: Fundação Calouste Gulbenkian, 1979.

JAKOBSON, Roman. *Linguística e Comunicação.* 4. ed. São Paulo: Cultrix, 1970.

_____. *Essais de linguistique générale.* Paris: Minuit, 1963.

JENNY, Laurent. A Estratégia da Forma. *Intertextualidades (Poétique nº 27).* Coimbra: Almedina, 1979.

_____. La Stratégie de la forme. *Poétique.* Paris: Seuil, 1978.

LAPOUGE, Gilles. *Utopie et Civilisations.* Paris: Flammarion, 1978.

LEAL, Victor Nunes. *Coronelismo, Enxada e Voto.* 2. ed. São Paulo: Alfa-Omega, 1975.

LE GOFF, Jacques; NORA, Pierre. *História: Novos Problemas.* 2. ed. Rio de Janeiro: Francisco Alves, 1979.

_____. *História: Novos Objetos.* 2. ed. Rio de Janeiro: Francisco Alves, 1979.

_____. *História: Novas Abordagens.* 2. ed. Rio de Janeiro: Francisco Alves, 1979.

LESKI, Albin. *A Tragédia Grega.* São Paulo: Perspectiva, 1976.

LOTMAN, Iouri. Le Problème de l'espace artistique. *La Structure du texte artistique.* Paris: Gallimard, 1973.

LOVE, Joseph et al. O Poder dos Estados: Análise Regional. In: FAUSTO, Boris. *O Brasil Republicano: Estrutura de Poder e Economia – 1889-1930.* 4. ed. São Paulo: Difel, 1985.

MACHADO, Alcântara. *Vida e Morte do Bandeirante.* Belo Horizonte/São Paulo: Itatiaia/Edusp, 1980.

MONTAIGNE, Michel de. Da Educação das Crianças. *Ensaios.* São Paulo: Abril Cultural, 1972.

PEACOCK, Ronald. *Formas da Literatura Dramática.* Rio de Janeiro: Zahar, 1968.

PEARCE, Charles S. *Semiótica.* São Paulo: Perspectiva, 1977.

PERRONE-MOISÉS, Leyla. *Texto, Crítica, Escritura.* São Paulo: Ática, 1978.

_____. A Intertextualidade Crítica. *Intertextualidades (Poétique, n. 27).* Coimbra: Almedina, 1979.

PIERRARD, Pierre. Verbete "Marthe", *Dictionnaire des prénoms et de saints.* Paris: Larousse, 1974.

PINHEIRO, Paulo Sérgio. Classes Médias Urbanas: Formação, Natureza, Intervenção na Vida Política. *O Brasil Republicano: Sociedade e Instituições – 1889-1930.* 3. ed. São Paulo: Difel, 1985.

PRADO, Décio de Almeida. *Exercício Findo.* São Paulo: Perspectiva, 1987.

PRADO JÚNIOR, Caio. *Formação do Brasil Contemporâneo.* 20. ed. São Paulo: Brasiliense, 1987.

_____. Novo Sistema Político e Administrativo na Colônia. *História Econômica do Brasil.* 26. ed. São Paulo: Brasiliense, 1981.

318   METALINGUAGEM E TEATRO

_____. A Mineração e a Ocupação do Centro-Sul. *História Econômica do Brasil.* 26. ed. São Paulo: Brasiliense, 1981.

_____. O Renascimento da Agricultura. *História Econômica do Brasil.* 26. ed. São Paulo: Brasiliense, 1981.

_____. O Império Escravocrata e a Aurora Burguesa (1850-1889). *História Econômica do Brasil.* 26. ed. São Paulo: Brasiliense, 1981.

_____. A República Burguesa (1889-1930). *História Econômica do Brasil.* 26. ed. São Paulo: Brasiliense, 1981.

QUEIROZ, Maria Isaura Pereira de. O Coronelismo Numa Interpretação Sociológica. In: FAUSTO, Boris. *O Brasil Republicano: Estrutura de Poder e Economia, 1889-1930.* 4. ed. São Paulo: Difel, 1985.

_____. *O Campesinato Brasileiro.* 2. ed. Petrópolis: Vozes, 1976.

_____. *O Mandonismo Local na Vida Política Brasileira.* São Paulo: Alfa-Ômega, 1976.

_____. *O Messianismo no Brasil e no Mundo.* 2. ed. São Paulo: Alfa-Omega, 1976.

QUEIROZ, Maria Isaura Pereira de et al. *Estudos de Sociologia e História.* São Paulo: Inep/Anhembi, 1957.

RIBEIRO, Joaquim. *Folclore dos Bandeirantes.* São Paulo: José Olympio, 1946.

RODRIGUES, José Honório. *Vida e História.* São Paulo: Perspectiva, 1986.

_____. *Filosofia e História.* Rio de Janeiro: Nova Fronteira, 1981.

_____. Periodização. *Teoria da História do Brasil: Introdução Metodológica.* 5. ed. São Paulo: Companhia Editora Nacional, 1978.

_____. *Independência: Revolução e Contra-Revolução.* Rio de Janeiro: Francisco Alves, 1975.

ROSA, João Guimarães. *Grande Sertão: Veredas.* Rio de Janeiro: José Olímpio, 1976.

SARAIVA, Antônio José; LOPES, Oscar. *História da Literatura Portuguesa.* Rio de Janeiro: CBP, 1969.

SCHAFF, Adam. *História e Verdade.* 3. ed. São Paulo: Martins Fontes, 1986.

SCHNAIDERMAN, Boris. *Semiótica Russa.* São Paulo: Perspectiva, 1979.

SERRÃO, Joel. *Dicionário de História de Portugal.* Porto: Figueirinhas, 1971. V. I-III.

SODRÉ, Nelson Werneck. *História da Burguesia Brasileira.* 3. ed. Rio de Janeiro: Civilização Brasileira, 1976.

_____. *Formação Histórica do Brasil.* Rio de Janeiro: Civilização Brasileira, 1973.

STAIGER, Emil. *Conceitos Fundamentais de Poética.* Rio de Janeiro: Tempo Brasileiro, 1972.

SZACHI, Jerzy. As *Utopias.* Rio de Janeiro: Paz e Terra, 1972.

VIEIRA, Pe. Antônio. *Obras Escolhidas.* Lisboa: Sá da Costa, 1954.

TAUNAY, Affonso d'Escragnolle. *A Grande Vida de Fernão Dias Pais.* 3. ed. São Paulo, 1977.

_____. *Índios! Ouro! Pedras!* São Paulo: Melhoramentos, 1926.

TYNIANOV, Iuri. *Théorie de la littérature.* Paris: Seuil, 1965.

A OBRA COMPLETA DE JORGE ANDRADE

Teatro

OBRAS REALIZADAS

1951 *O Noviço*
1951 *O Telescópio*
1952 *As Colunas do Templo*
1954 *A Moratória*
1957 *Pedreira das Almas*
1957-1963 *Vereda da Salvação*
1958 *Os Crimes Permitidos*
1960 *A Escada*
1960 *Os Vínculos*
1962 *Os Ossos do Barão*
1962-1978 *O Incêndio*
1963 *Senhora na Boca do Lixo*
1966 *Rasto Atrás*
1968 *A Receita*
1969 *As Confrarias*
1969 *O Sumidouro*
1972 *O Mundo Composto*
1978 *Milagre na Cela*
1978 *A Zebra*
1978 *A Loba*
1979 *Lady Chatterley em Botucatu*
1980 *A Corrente*

OBRAS PLANEJADAS
(projetadas, inacabadas ou reaproveitadas com outro título)

1957 *Sesmarias do Rosário*
1957 *Os Demônios Sobem ao Céu*
1957 *As Moças da Rua 14*
1958 *Adão e as Três Serpentes*
1961 *Bico do Pavão*
1963 *Allegro Ma Non Troppo*
1964 *Os Coronéis*
1967 *O Sapato no Living*
1968 *Barragem*
1968 *Usufruto*
1968 *O Náufrago*
1968 *Os Avaliados*
1968 *O Professor Subversivo*
1977 *Ressurreição às 18 Horas*
1984 Espécie de *Longa Jornada Noite Adentro*

320 METALINGUAGEM E TEATRO

Televisão, Literatura e Cinema

TELEVISÃO

1973-1974 *Os Ossos do Barão* (Globo)
1974 *Exercício Findo* (Globo)
1975-1976 *O Grito* (Globo)
1979 *As Gaivotas* (Tupi)
1980-1981 *Dulcineia Vai à Guerra* (Bandeirantes); a partir do cap. 41.
1981 *O Fiel e a Pedra* (Cultura)
1981 *O Velho Diplomata* (Cultura)
1981 *Memórias do Medo* (Cultura)
1981-1982 *Os Adolescentes* (Bandeirantes)
1982 *Senhora na Boca do Lixo* (Cultura); adaptação de Arlindo Pereira
1982 *A Escada* (Cultura); adaptação de Antunes Filho
1982 *Ninho de Serpentes* (Bandeirantes)
1983 *Sabor de Mel* (Bandeirantes)
1983 *Mulher Diaba* (Bandeirantes)
1997 *Os Ossos do Barão* (SBT); adaptação de Walter George Durst

LITERATURA

1973-1978 *Labirinto* (romance)
1984 *O Grito* (romance não realizado)

CINEMA

1964 *Vereda da Salvação* (roteiro)

Índice Remissivo

Adam Schaff 182, 183, 184
Abílio Pereira de Almeida 147-148
Adalberto Silva 40
Adão e as Três Serpentes 12
Adolescentes, Os 56
Affonso Furtado 205
Affonso d'Escragnolle Taunay 131, 170, 186, 202, 205, 206, 207
Agostinho Barbalho Bezerra 204
Alberto D'Aversa 19
Alberto Péres 30
Alcântara Machado 170, 171, 186, 196
Alda Garrido 154
Alexandre Marques 41
Alfredo Mesquita 15, 154, 156, 157
Allegro Ma Non Troppo 8, 13, 48
Almeida Garrett XVI, XVII, 217, 230, 253, 254, 255, 256, 258
Aluísio Jorge Andrade Franco 179
Alvarenga Peixoto 191
Alvaro Aguiar 30
Alzira Cunha 30
Amélia Rey-Colaço 30, 36, 282
Ana Blandina 28
Ana Lúcia Torre 45
Ana Paula Arósio 29
Anatol Rosenfeld 15, 164
Anita Sbano 22
Anne Ubersfeld XXII

Anselmo Duarte 25
Antígona XVII, 253
Antônio Abujamra 6N, 29, 73
Antonio Candido 4, 170, 191
Antonio Carlos Fontoura 160
Antônio Conselheiro 68
Antônio de Conti 213
Antônio Murilo 30
Pe. Antônio Vieira XVI, XVII, 217, 235, 253, 254, 255, 265, 271, 273, 274, 275, 276
Antunes Filho XVIII, XX, 21, 22, 23, 24, 25, 256, 156
Aracy Balabanian 22, 27, 280
Arena Conta Tiradentes 163, 186, 189, 228
Arena Conta Zumbi 162
Ariano Suassuna 3N, 132
Arlindo Pereira 32, 56
Armando Costa 160
Arthur Miller 16, 17, 22, 39, 131, 137, 247
Ary Fontoura 41
Associação Paulista dos Críticos de Arte 25, 45
Augusto Boal 157, 158, 160, 162, 163, 164, 165, 191
Aurea Campos 27, 280
Ausentes, Os 64
Auto dos 99% 160
Avaliados, Os 58, 73

Balzac 3

322 METALINGUAGEM E TEATRO

Barbara Heliodora 40
Barragem 13
Barretos xvi, xxn, 13, 15, 57, 179, 217
Baty, Gaston 155
Beaumarchais xvi, xvii, 161, 217, 230, 231,
  253, 258, 259, 260
Bellá Paes Leme 40
Bete Coelho 29
Beyla Genauer 15
Bia Seidl 29
Bico do Pavão 13, 68
Bodas de Fígaro, As 230, 258
Borba Gato 207n; 210
Brecht xvi, xxiv, 131, 156n, 157n, 160, 217,
  265, 266, 267
Büchner 161

"Caçador de Esmeraldas, O" 232, 270
Caio Prado Júnior 166, 167, 169, 170, 181,
  186, 189, 190
Canabrava Barreiros 202, 250, 208, 209, 210
Carla Neli 40
Carlos Drummond de Andrade 119, 125, 126,
  161
Carlos Eduardo Dolabella 30
Carlos Estevam 160
Carlos Prieto 40
Carmem Silva 35, 282, 284
Cartas Chilenas xvii, 228, 230, 260
Casa Grande e Senzala 170
Caso Oppenheimer, O 141, 167, 226, 251, 265
Castelo Branco 40
Castro Alves 161
Cecil Thiré 160
Cecília Meireles 161
Celso Furtado 166, 196
Chapecó 14
Charles Dullin 155
Chico de Assis 159, 160
Cirene Tostes 30
Clarisse Abujamra 29
Cláudio Manuel da Costa 191
Cleyde Yáconis 27, 29, 35, 280, 282
Clóvis Garcia 155
Colunas do Templo, As 11, 13, 34, 56, 58, 64,
  67, 75, 281
Conde de Castelo Melhor 213, 234
Condenação de Luculus, A 266
Confrarias, As xv, xvii, xviii, xx, xxi, 7, 10, 15,
  21, 30, 33, 35, 37, 46-49, 51-53, 61, 75, 76, 78-
  84, 90, 91, 93, 96, 97, 103, 108, 110, 112, 113,
  115, 117, 120, 121, 130, 133, 142, 143, 150,
  162, 167, 169, 179, 185, 186-214, 216, 222, 225,
  227-231, 233, 240, 242, 246, 250, 253-265, 286

Constantin-Weyer 39
Consuelo de Castro 56n, 72, 74n
Coronéis, Os 12, 13, 18, 48
Corrente, A 58, 72, 75
Crepúsculo dos Deuses 18, 291, 295
Crimes Permitidos, Os 11, 12
Christiana Guinle 29
Cruzeiro lá no Alto, O 17
Cuberos Neto 36, 282
Curtius xxivn
Cyro Del Nero 35, 282

D. Afonso vi 205, 212, 213, 214, 234
D. João v 214
D. Pedro ii 212n, 213, 214
D. Rodrigo de Castel Blanco 208, 210
Damiano Gozzella 22
Daniel Filho 18, 286, 299, 300
Daniel Machado 44
Daniela Camargo 29
Darci Penteado 19
Décio de Almeida Prado 4, 43, 154, 155, 222
Delmiro Gonçalves 12, 49, 50, 155
Dersy Cavalcanti 41
Demônios Sobem ao Céu, Os 14
Dias Gomes 156, 284, 292, 298, 300
Dina Lisboa 19, 28
Diogo de Vasconcelos 202, 206
Diogo Pacheco 19
Dona Maria Francisca Isabel de Saboia 213
Dostoiévski 131
Duca Rachid 29
Dulcina de Moraes 30, 154
Dulcineia Vai à Guerra 56

ead – Escola de Arte Dramática 4, 9
Edélcio Mostaço 17, 164
Editora Agir 15, 20
Editora Anhembi 20
Editora Brasiliense 22, 27, 41, 45
Editora Civilização Brasileira 29
Editora Paz e Terra 57
Editora Perspectiva 47, 49, 58, 79, 117, 123
Edla Van Steen 57
Edmée Cavalcanti 41
Edu Lobo 64, 162
Eduardo Tolentino xviii, xx, 44
Eles Não Usam Black-Tie 17, 157
Elísio de Albuquerque 17, 35, 282
Elza Gomes 30, 284
Emil Staiger 234, 238
Erasmo 130
Escada da Vida 37
Escada Mágica 37

ÍNDICE REMISSIVO

Escada, A XV, XVIII, XXI, 13, 14, 21, 23, 26-28, 32-38, 49, 51-53, 56, 63, 71, 73, 75, 76, 79, 84, 89, 91, 92, 96, 97, 101, 105-107, 110, 113, 114, 120-122, 131, 136, 139, 143, 149, 150, 156, 214, 218, 222-225, 232, 279-281, 283-286, 288, 291
Esther Mellinger 22
Estudos de Sociologia e História 22
Euclides da Cunha 70
Eva Todor 30, 31
Exercício Findo 56, 64, 66

Fábio Sabag 15, 18
"Fazendeiro do Ar" 120
Feiticeiras de Salém, As 22
Fernanda Montenegro 17, 19, 43
Fernando José 41
Fernando Torres 17
Fernão Dias 6, 50, 54, 88, 95, 97, 108-110, 116, 117, 123, 124, 131, 132, 134, 135, 138, 144, 149-151, 171, 177, 182, 184, 186, 196-199, 201, 202-211, 214, 223, 227, 232-244, 251, 265, 267-275, 288, 290, 293
Fiel e a Pedra, O 57
Flávio Migliaccio 35, 282
Flávio Phebo 20
Flávio Rangel 35, 161
Fleury 58, 60
Formação do Brasil Contemporâneo 170
Francisco Dantas 40
Francisco de Paula 163
Franco Zampari 155
Françoise Fourton 32
Frei Nicolau Emérico 193
Freira e a Tortura, A 60
Fuzis da Senhora Carrar, Os 160

Gaivotas, As 56, 57
Galante de Souza 143
Garcia Pais 208, 210
Getúlio Vargas 18, 176
Georges Pitoëff 155
Gianfrancesco Guarnieri 17, 35, 59, 157, 282
Gianni Ratto 15, 17, 40-45, 51, 88, 90-91, 100, 107, 140
Gilberto Freyre 170, 289
Górki 157, 173
Gota d'Água 21
Grace Moema 40
Grito, O 56-58, 61, 287, 301
Grotowski 23, 156N
Grupo Tapa XVIII, 44
Guilherme Bonfanti 44
Guimarães Rosa 69

Guiomar Manhani 40

Hedy Toledo 27, 280
Helena de Almeida Prado 2, 3, 6, 12, 18N, 27, 28, 34, 47, 48, 57, 218
Heimar Kipphardt XVI, 141, 167, 217, 226, 251, 265
Henriette Morineau 36, 282
Henrique Martins 29, 56
Henrique Oscar 44
Homero Capozzi 35-36, 282

Ibsen 131
Imara Reis 29
Incêndio, O 11, 14, 58, 62-64, 67, 75, 119
Iraci Benvenuto 41
Irene Ravache 59
Isabel Ribeiro 40
Isabel Tereza 40
Ítalo Rossi 19
Ivan de Albuquerque 36, 282
Ivani Ribeiro 56
Ivonne Hoffmann 30

J. C. Serroni 25, 26
J. J. de Barros Bella 12, 14
J. Guinsburg 47
J. Kristeva 248
Jaborandi 3, 18, 142, 148, 214
Jacques Copeau 155
Jaime Camargo 56
Jakobson XXII
Jardim das Cerejeiras, O 16, 99
Jayme Costa 154
Joana (personagem) 58, 59, 61, 63, 185
João Bittencourt 265
Joaquim Ribeiro 204, 211, 212
Jomar Nascimento 41
Jorge Amado 3N
Jorge de Lima 3N
José Carlo Júnior 40
José Celso 157N
José Egydio 36, 282
José Honório Rodrigues 165, 166, 179, 189
José Jansen 40
José Lins do Rego 3N
José Sbano 22
Josué Montello 57
Juca de Oliveira 29, 35, 159, 282
Junqueira 19, 59
Jupira (personagem) 6, 14, 40, 63, 68
Juscelino Kubitschek 21
Jussara Freire 29

324 METALINGUAGEM E TEATRO

Kalma Murtinho 15

Labirinto, O 23, 38, 57, 70, 88, 131-133, 167, 175, 176, 185, 217, 288, 298
Lady Chatterley em Botucatu 58, 73, 319
Laércio Laurelli 35, 282
Laura Cardoso 25, 32
Laurent Jenny 48, 251, 271
Lauro César Muniz 72, 282, 300
Lauro Góes 41
Lélia Abramo 22, 27, 84, 121, 147, 280
Lélia Surian 28, 280
Leo Gilson Ribeiro 59N
Leonardo Villar 19, 29, 38, 40, 284
Leoncio Basbaum 166
Leonor Rodrigues 203
Leontj Tymoszanko 35, 282
Leyla Perrone-Moisés 249, 250
Liberdade, Liberdade 161, 251
Loba, A XVII, 58, 63, 72, 75
Lola Tolentino 44
Longa Despedida 37, 282, 283
Longa Jornada Noite Adentro 39, 58, 74
Lope de Vega 160
Louis Jouvet 155
Lúcia Delor 30
Luciana Buarque 25
Luciana Petrucelli 17
Lucien Donnat 36, 282
Luís da Cunha Meneses 260
Luís de Lima 72
Luís Melo 25
Luís XIV 161, 213, 214
Luís XVI 258
Luiz Armando Queiroz 29
Luiz Carlos Saldanha 160
Luiz Linhares 35, 282

Malacacheta 21
Manuel Bandeira 161
Marc Fumaroli 129
Marco Aurélio Garcia 160
Marcos de Azeredo Coutinho 205
Marcos Lazarini 29
Maria Betim 117, 198, 199, 209, 239
Maria Célia Camargo 35, 282
Maria Della Costa 17, 43, 155
Maria Isaura Pereira de Queiroz 201
Maria José de Carvalho 19
Maria Luiza T. Carneiro 191, 193, 194
Maria Nilde Macellani 60
Marie Claire Vaneau 27, 280
Marilena Ansaldi 32
Marina Freire 28, 280

Mário Teixeira 29
Marta na Cela 44 61, 62
Marta (personagem) XVI, 28, 32, 33, 47, 48, 53, 54, 61-63, 66, 77, 79-98, 101, 102, 105-110, 113-116, 121, 122, 130, 134, 136, 137, 143-148, 1153, 169, 185, 187-189, 193, 194, 198, 201, 216, 217, 227-231, 233, 253, 254, 256, 259, 260, 262, 297
Martim Afonso de Souza 2, 106, 203, 281
Martins Lems 203
Matias Cardoso de Almeida 208
Maurice Vaneau 23, 27, 280
Maurício Nabuco 27, 280
Mauro Francini 19
Mauro Mendonça 72
Melhor Juiz, o Rei, O 160
Memórias do Medo 57
Miguel Arraes 159
Mika Lins 29
Milagre na Cela XVII, 8, 21, 25, 58, 60, 62, 63, 64, 75, 174, 184, 185
Millôr Fernandes 161, 251
Milton Morais 15, 17
Miriam Mehler 35, 60, 282
Moacyr Deriquém 64
Moças da Rua 14, As 14, 39, 48, 218
Molière 157N, 160
Montaigne 129, 130
Moratória, A XX, 2, 3, 7, 12, 13, 14, 16, 18, 19, 21, 24, 32N, 35, 41, 43, 44, 52, 53, 56, 73, 75, 78, 80, 81, 99, 101, 104, 105, 107, 111, 112, 115, 116, 124, 155, 157, 172, 179, 222, 247
Morte do Caixeiro Viajante, A 16
Moysés Baumstein 118
Mundo Composto, O 58, 63, 68, 75
Murilo Alvarenga 20

Nara Leão 161
Nathália Timberg 35, 282
Náufrago, O 58, 73
Nelson Rodrigues 16, 39, 44, 45, 71, 156
Nelson Werneck Sodré 166, 188
Nilda Maria 35, 282
Nilton Travesso 28
Ninho de Serpentes 29
Noel Silva 36, 282
Norman Westwater 22
Noviço, O 15, 45, 319

O'Neill 19, 74, 329
Odilon 154
Oduvaldo Vianna Filho, Vianinha 45, 159, 160
Olavo Bilac 131, 232, 265, 269, 270

ÍNDICE REMISSIVO

Oliveira Viana 203
Ossos do Barão, Os XVIII, 7, 8, 13, 21, 23, 24,
27-29, 32, 34, 35, 37, 48, 49, 52-54, 56, 58,
64, 73. 75, 78, 79, 85, 86, 88, 99, 106, 114,
115, 119, 124, 125, 156, 172, 175, 179, 203,
218, 222-224, 230, 279, 281-283, 286-288,
290, 291, 293, 299-301
Oscar Felipe 19
Osman Lins 57
Oswaldo Louzada 40
Otello Zeloni 27, 280
Othon Bastos 29

Pagador de Promessas, O 25
Paulo Afonso Grisolli 64
Paulo Autran 161
Paulo Francis 15
Paulo Freire 159
Paulo Gracindo 64, 66, 284
Paulo Mendonça 9, 155
Paulo Navarro 30
Paulo Nolasco 41
Paulo Roberto Hofacker 40
Patrice Pavis XXIII, 138N
Pedreira das Almas 2, 3, 8-10, 12-14, 19-21,
26, 31, 35, 48, 52, 53, 56, 58, 75, 78, 80, 81,
83, 87, 91, 99, 101, 107, 108, 112, 124, 125,
155, 162, 168, 169, 190
Pedro Dias Pais Leme 203
Pedro Taques 203, 206, 207
Peneira de Ouro 28
Pernambuco de Oliveira 30
Peter Ustinov 39
Peter Weiss 167
Petrônio Gontijo 29
Photo Finish 39
Pietà Fazendeira 43, 44, 88
Potiguar de Souza 40
Prazo, O 18
Procópio Ferreira 154
Professor Subversivo, O 58, 73

Queda, A 18

Raízes da Terra 2, 12, 15, 19
Raízes do Brasil 170, 186, 196N
Rasto Atrás XV, XVIII, XX, XXI, 10, 14, 16-18,
33, 35, 38, 39, 44, 45, 47, 49, 51-54, 63, 71,
73, 75, 76, 88, 90, 91, 95, 98, 107, 110, 112,
115, 116, 119, 120, 122, 131-135, 139, 141,
142-144, 149, 150, 167, 176, 214, 222, 224,
225, 227, 231, 241, 246, 247, 250-252, 286
Raul Cortez 22
Receita, A 58, 63, 67, 72, 75, 165

Regente Feijó 219, 220
Régis Cardoso 28, 284, 300
Rei Felipe 205
Renato Borghi 26, 157N
Renato Machado 40
Renato Restier 22
Ressurreição às 18 Horas 58
Revista Realidade 56, 57, 68
Revista Visão 57
Revolução na América do Sul 160
Richard Morse 197
Rodolfo Arena 40
Roger Martin du Gard 3
Roland Barthes 248
Rolf Hochhuth 167
Rosamaria Murtinho 72
Rubem Rocha Filho 31
Rubens de Falco 27, 29, 280
Rubens Herédia 44
Ruth de Souza 22, 284
Ruth Escobar 59
Ruthinéa de Moraes 35, 282

Sábato Magaldi XIX, 4, 12, 13, 14, 15, 16, 22,
24, 64, 155, 176
Sabor de Mel 6N, 56
Saint-Hilaire 143
Salomão Vasconcelos 209
Sandro Polloni 155
São Tomé das Letras 19
Sapato no Living, O 7, 58, 73
Scilla Mattos 41
Segredos de Laura 6N
Senhora na Boca do Lixo 13, 21, 29, 34, 35,
45, 47, 49, 52, 53, 56, 71, 75, 78, 79, 87, 89,
91, 106, 114, 126
Sérgio Britto 17, 19
Sérgio Buarque de Holanda 166, 169, 170,
172, 177, 181, 186, 196, 200, 203, 289
Sérgio Jockyman 56
Sermão da Primeira Oitava da Páscoa 254, 271
Sesmarias do Rosário 2, 12, 13, 19
Shakespeare 161
Sílvio Rocha 22, 28, 280
Sófocles XVI, XVII, 217, 253
Stanislávski 44, 156N
Stênio Garcia 22, 23, 35, 282
Sumidouro, O XV, XVIII, XX, XXI, 7, 10, 13, 15,
16, 21, 30, 33, 34, 35, 46-54, 72, 74, 75, 76, 78,
79, 86, 88, 91, 95, 96, 97, 106, 108, 110, 112,
115, 116, 120, 121, 123, 131, 134, 136, 144,
148, 150, 161, 163, 167, 169, 170, 171, 178,
179, 182, 183, 186, 187, 195-198, 200, 201,
202, 204, 205, 207-208, 214, 216, 222, 225,

227, 229, 231, 234, 241, 246, 250, 254, 256, 265, 266, 267, 269, 273, 274, 286, 287, 293
Suzana Negri 40

TBC – Teatro Brasileiro de Comédia 17, 19, 21, 22, 23, 25, 27, 32, 35, 49, 148, 154, 155, 156, 159, 221, 279, 282
Tarcísio Filho 29
Tartufo 160
Tchékhov 14, 44, 99, 131, 173, 247
Teatro Cultura Artística 16
Teatro de Arena 154, 156
Teatro do Rio 36, 282
Teatro Ginástico 27, 279
Teatro Gláucio Gil 30
Teatro Maria Della Costa 17, 43, 155
Teatro Nacional de Comédia 15, 40
Teatro Nacional Dona Maria II 36
Teatro Oficina 156N
Teatro Opinião 161
Teatro Ruth Escobar 59
Teatro Senac 72
Teatro Sesc Anchieta 25
Telescópio, O 2, 12, 13, 15, 16, 19, 24, 31, 35, 41, 52, 53, 66, 75, 78, 80, 87, 88, 98, 99, 107, 111, 114, 126, 179, 266
Teresa Thiériot 20
Testamento do Cangaceiro, O 160
Thaís Moniz Portinho 40
Tereza Rachel 15, 161
Thibault, Les 3
Tomás Antônio Gonzaga XVI, XVII, 163, 191, 217, 230, 253, 260, 262
Tony Giusti 45
Três Irmãs, As 14, 16
TV Bandeirantes 6N, 37, 38, 56, 282, 283
TV Cultura 31, 56, 57
TV Globo 18, 21, 28, 56, 64, 279, 282, 283, 285, 286

TV SBT 28
TV Tupi 56

Un Homme se penche sur son passé 39
Usufruto 13

Velho Diplomata, O 57
Vereda da Salvação XVII, XVIII, XX, 3, 11, 14, 21-23, 25, 26, 27, 32, 34, 35, 49, 52, 53, 59, 64, 68, 69, 70, 75, 84, 90, 99, 103, 104, 113, 121, 125, 147, 156, 172, 224, 226, 247, 281
Vestido de Noiva 16, 17, 39, 43, 45
Vicente (personagem) XVI, 14-16, 26, 28, 29, 33, 35, 36, 38, 40-42, 44-47, 50, 51, 53, 54, 71, 73, 76, 85, 91, 95-98, 101, 105-110, 112, 115-117, 119, 121-124, 130, 132-142, 148-151, 176, 183, 196, 213-217, 221-224, 231-237, 239-245, 252, 253, 268, 270, 272, 273, 280-284, 287-294, 298
Vida e Morte do Bandeirante 170, 186
Vínculos, Os 11, 12
Vigário, O 167
Visconde de Barbacena 260
Visconti 18

Waldir Fiori 40
Walter Avancini 56
Walter George Durst 28, 300
Walter Marins 59
Wanda Kosmo 17

Yan Michalski 13, 41
Yola Maia 22

Zé Carlos Machado 44
Zebra, A 58, 63, 70, 75
Zé Celso 157N
Zequinha de Abreu 17
Ziembinski 43, 44, 156

Este livro foi impresso na cidade de São Paulo,
nas oficinas da Markpress Brasil, em setembro de 2012,
para a Editora Perspectiva.